서양중세교회의 파문

서양중세교회의 파문

장 준 철 지음

혜안

책머리에

서양중세교회의 파문에 관심을 기울이기 시작한 지 매우 긴 세월이 지났다. 파문에 흥미를 느끼기 시작한 것은 중세 교황권과 세속권력의 첨예한 대립과 갈등을 들여다보면서부터였다. 젊은 시절 서양 중세사에 입문하면서 필자의 주된 관심은 교황권 이론이었다. 이미 서양에서는 교황권 이론이 충분히 논의되고 정리되어 있었기 때문에 그러한 주제가 진부하다고 보는 시각도 있었다. 그러나 오히려 필자는 교황권 이론에 대한 많은 연구성과와 자료들이 중세의 정치이론을 조망하고 접근하는 데 매우 유리한 환경이라고 판단하였다. 중세의 교황권 이론 연구를 진행할수록 그것은 단순한 이론이나 논리의 표방이 아니라 철저한 교회법적 논거를 토대로 전개된다는 것을 깨닫게 되었다. 그리고 연구작업은 교회법 또는 교령집에 대해 충분히 이해하고 숙지하지 않고는 한 걸음도 나아갈 수 없다는 부담도 가지게 되었다. 그러한 부담이 훗날 파문을 교회법적으로나 사법적으로 이해하는 데에 큰 도움을 주었다.

　중세의 황제나 왕들은 권력을 행사하는 데에 필요한 무력을 소유하고 있었으나, 교황과 교회는 교회법적 전통에 토대를 둔 영적인 권위에 의존할 수밖에 없었다. 교황 수위권과 영적 권위는 현실 속에서 관철하고자 하는 교회의 이상이었지 그 자체로 세속 권력을 압도할 수 있는 무기가 되지는 못했다. 로마 교회나 교황은 황제, 왕, 제후 들의 정치적 역학관계를 최대한 활용하여 현실 문제에 개입할 수 있는 힘을 얻었고, 한편으로는 교회법적 제재인 파문을 이용하여 정치적 강제력을 행사하고자 하였다. 그러한 이유로 중세의 교황들은 세속 권력을 통제하기 위해서 무수하게 파문을 선포하였다. 그러나 파문은 단지 정치적 목적으로만 부과한 것이 아니라 교회법을 위반하거나 교회 질서를 어지럽힌 자들에게 선포한 교회의 가장 극단적인 처벌이었다.

교권과 속권의 관계를 통해서 접하게 된 파문은 중세의 교회와 국가, 그리고 사회를 이해하기 위해서 반드시 거쳐야 할 관문이라고 판단되었다. 처음에는 논문 한 편 정도 작성해 보면 그 내용을 충분히 파악할 수 있지 않을까 하는 단순한 생각을 가졌다. 초기에 파문의 개념을 파악하는 과정에서 하이랜드(F. E. Hyland)의 고전적인 연구서를 만났고, 보돌라(E. Vodola)의 연구서를 통해서 사법적 파문에 대해 안목을 얻기도 하였다. 그렇지만 파문 제재가 가지고 있는 속성은 마치 미로와 같아서 파고들수록 어렵고 먼 길을 찾아가는 것만 같았다.

처음부터 목표는 교황의 보편적 지배권과 파문의 정치적 이용에 대한 파악이었다. 이를 위해서는 파문의 개념 정리와 함께 파문 선포 의식, 파문의 선고와 법적 권리의 상실 등 선행적으로 거쳐야 할 과제가 너무도 많았다. 파문을 쉽게 생각하고 덤벼들었던 무지의 대가를 톡톡히 치른 셈이다. 그만큼 많은 시간이 경과되어서야 마지막 주제에 도달할 수 있었다.

이제 교황 현세권과 보편적 지배권을 구성하는 과정에서 하나의 장으로 엮으려고 했던 파문을 미력하나마 매듭을 지을 수 있게 되어 조금은 가벼워진 마음으로 원래의 과업으로 돌아갈 수 있게 되었다.

오래 전 1년여 동안 매주 자료를 읽으면서 사사해주신 캔사스 대학의 브런디지(James A. Brundage) 교수는 교회법에 근거하여 교황권을 바라보는 필자의 시각을 교정해주셨고, 나아가서 파문 연구에 눈을 뜨게 하는 데에 큰 도움을 주셨다. 그리고 기나긴 여정 속에서 한단계 한단계 작업이 이루질 때마다 내용과 논리의 오류를 지적하고 교정해 준 아내의 도움이 매우 큰 힘이 되었다. 또한 필자의 저서 출간을 흔쾌히 수락하신 도서출판 혜안의 오일주 사장님께 감사를 드린다. 그리고 매우 성실하고 철저하게 교정과 교열을 해주신 김현숙 편집장님께 역시 깊은 감사를 드린다.

신용벌 연구실에서
장 준 철

목 차

서 문

1. 중세 유럽 사회의 이원성

중세 유럽 사회는 가톨릭 교회를 중심으로 이루어진 집단적 세계였다고 말한다. 중세 초기 유럽 사회는 게르만 왕국의 왕들이 기독교로 개종하면서 기독교화가 본격화될 토양이 마련되었다. 그 후 점차적으로 중세 기독교의 교리와 의식이 중세인들의 보편적 가치관과 세계관을 형성해 나가는 데에 크게 영향을 미치게 된다. 중세 사람들이 성직자·기사·농민으로 구성되어 있다고 하지만 사실상 성직자들은 지적·정신적 세계를 독점적으로 지배했으며, 다른 계층 사람들이 그들의 영적 권위를 벗어나서 독자적인 영역을 이룩하기는 쉽지 않았다.

프랑크 왕국을 세운 클로비스 왕은 496년 크리스마스 날 세례를 받고 가톨릭 신앙을 받아들였다. 가톨릭으로의 개종으로 인해 그는 갈리아 지방의 구 로마 귀족들로부터 대대적인 협력을 얻을 수 있었고, 서고트 족과의 전쟁에서 큰 승리를 이끌어낼 수 있었다. 게르만족들이 점진적으로 기독교에 개종한 것은 선교 활동의 결과이기도 하지만 그 외에도 개종이 그들에게 주는 현실적 이익이 그들의 개종을 부추기기도 하였다. 뿐만 아니라 기독교로의 개종을 통해서 그들은 문화인으로 인정받는 자부심도 가질 수 있었다.

프랑크 왕 샬마뉴가 800년 크리스마스 날 아침 교황 요한 3세로부터 로마 황제로서 대관을 받았던 것은 그의 명예와 권력을 신으로부터 부여받았

14

다는 것을 표방하는 상징적 의식이었다. 오토 대제는 962년 2월 13일 교황 요한 12세로부터 로마에서 황제로서의 대관을 받는다. 교황 요한은 '교황이 교회의 영적 수장이며 황제는 교회의 보호자'라는 것을 인정하는 오토를 황제로 인준하였다. 그러한 의식은 교황과 황제 사이에 서로의 정치적 영역을 인정하고 이를 명확히 하려는 현실정치적인 목적이 크게 작용하여 이루어진 것이라고 할 수 있다.

세속 권력이 교회로부터 권위를 인정받으려는 것은 군주들이 교회의 영적 권위를 벗어나기 어렵다는 현실적 인식의 발로이기도 했다. 동기가 무엇이었는가의 여부를 떠나서 결과적으로 중세 내내 교권과 속권은 긴밀한 관계를 유지하는가 하면, 때로는 소원해지거나 심지어 격렬하게 대립하는 양상을 보이기도 하였다. 때때로 군주들이 교황과 극도의 대립관계에 있을 때에도 그들이 기독교의 신앙을 버리고 이교적인 입장을 취하는 것은 아니었다. 중세의 국가들은 기독교를 국교로 선포하지는 않았지만 국가와 사회 전반적으로는 기독교의 믿음과 정신이 보편화되어 있었다.

쟈크 르고프는 중세 전기에는 구약성서에 "온전하고 정직하여 하나님을 경외하며 악에서 떠난 자"라고 소개되어 있는 욥이 이상적인 인간상이었으며, 13세기 후반부터는 지상의 권력자들 즉 교황, 황제, 왕, 주교, 대영주, 부유한 도시민과 같이 현실 세계 속에서 높은 지위를 누리거나 성공한 사람들을 동경의 대상으로 삼게 되었다고 주장하였다.[1] 시간이 경과하면서 추구하는 가치와 이상은 변화될 수 있지만 적어도 중세의 전성기[2]까지도 사회적 가치와 미덕은 항상 기독교 정신에 기초한 것이었다.

국가와 교회의 정치적 관계뿐 아니라 사회와 문화 및 경제 생활에 이르기까지 기독교적 정신과 이념이 항상 그 저변에 깔려 있었고, 그것이 하나의

---

1) Jacques Le Goff, *Medieval World: History of European Society* (Collins & Brown, 1990), p.5.
2) 서양 중세의 전성기(High Middle Ages)는 11세기에서 13세기까지를 말한다.

추진력이었으며 원동력이기도 하였다. 그러한 면에서 중세 유럽의 사회는 기독교를 중심으로 형성된 일원적 사회이고 집단적 사회라고 보는 것이 마땅할지 모른다. 그렇다고 할지라도 중세의 세계를 획일적이고 일원적인 사회로 바라보려는 경향은 지나친 단순화가 아닐 수 없다.

로마 세계로 이주해 들어온 게르만 족들은 자기들만의 독특한 전통과 관습을 가지고 있었으며, 기독교로 개종한 이후에도 조상들로부터 전해받은 생활양식을 여전히 간직하였다. 병에 걸리거나 산모가 아기를 낳을 때 고통이나 곤경으로부터 벗어나도록 해주기 위해 주문을 외우기도 하였고 그러한 풍습은 마녀 사냥의 공포가 몰아치는 시기까지도 지속되었다. 많은 저작물이 라틴어로 작성되고 야곱부스 드 보라진의 성인전이나 성 프란시스 아시시의 성시와 같은 기독교 문학이 널리 유포되었는가 하면 베오울프나 니벨룽겐의 반지, 샹송 드 롤랑과 같이 전설적이고 구전되어 오던 세속적인 이야기가 방언으로 작성되기도 하였다. 교회는 성직 계층을 중심으로 형성된 신분구조를 강조하고 교황을 계층 구조의 맨 꼭대기에 두려고 하였다. 그러나 세속 군주들은 그와 같은 로마교회의 주장을 신앙적이고 영적인 분야에서는 어느 정도 수용했지만 세속 정치나 국가 권력의 범위에 있어서까지 이를 인정하려고는 하지 않았다.

1122년 황제 하인리히 5세와 교황 칼릭스투스 사이에 체결된 보름스 협약에서 서임을 받는 주교에게 황제는 세속 권력을 상징하는 창(lance)을 수여하고 교황은 영적인 권력을 상징하는 주교장(主教杖, closier)을 수여하기로 하였다. 서임권 논쟁을 종결지은 이 협약은 주교가 현실 세계에서 황제와 교황 양자 모두에게 충성 서약을 하도록 한 것이었고, 한편으로는 세속 권력과 교회 권력의 영역을 명확히 구분하고 이를 명문화한 것이기도 했다.

울만은 기독교 사회를 의미하는 크리스티아누스(*Christianus*)의 이념은 왕권(*regnum*)과 사제권(*sacerdotium*)의 관계를 설명해줄 수 있는 이론적 배경이 될 수 있다고 주장하였다. 그에 따르면 크리스티아누스는 교회와 교육받은 성직 계층이 영혼의 구원을 목표로 하면서 현실 속에 설정한 사회다. 이러한 목표를 향해서 사람들을 이끌어가는 통치자는 바로 사제들이다. 그래서 사제에게는 보편적 공동체를 통치하는 주요 역할이 주어져 있다는 것이다. 그러한 면에서 울만은 그라티아누스를 포함한 중세의 교회법학자들이 이러한 기독교 사회의 속성을 정당화하였고, 영적인 삶에서뿐 아니라 현세적인 문제에 이르기까지 사제가 우월한 권력을 가지고 있다는 것을 지속적으로 주장했다고 보았다.3)

울만의 일원론적 성직자 정치론의 해석과는 달리 알퐁스 스틱클러와 프리드리히 캠프는 "중세의 교회법학자들이 교권과 속권은 본질적으로 각기의 영역에서 독립적으로 존재하며 상호 간에 동등한 권력을 소유한다는 것을 변함없이 인식하고 있었다"는 교속 병행주의적 입장을 보인다.4) 왕권과 사제권의 관계에 대한 그라티아누스의 관념을 집중적으로 연구한 스틱클러는 그라티아누스와 당시의 교회법학자들이 시민적 권력 기구의 독립성을 분명히 인식하였고, 세속 권력은 그 자체의 목적을 추구하며 교회 권력과 동등한 자체의 사법적 권력을 가지고 있다는 점을 인정하였다고 주장하였다. 스틱클러는 크리스티아누스를 기독교 사회와 동일하게 생각해서는 안 되며, 중세의 학자들이 그러한 사회를 위한 정치이론을 결코 추구하지는 않았다는 점을 강조하였다. 그의 견해에 따르면 크리스티아누스는 그리스도인들의 사법적 공동체를 지칭하는 것이 아니라, 그리스도인들의

3) Walter Ullmann, *The Growth of Papal Government in the Middle Ages*, 2nd ed. (London, 1962), passim; *Medieval Papalism* (London, 1949), passim.

4) Friedrich Kempf, "Die päpstliche Gewalt in der mittelalterlichen Welt," *Miscellanea Historica Pontificalis* 21 (1959), pp.153~166; "Das Problem der Christianitas in 12 und 13 Jahrhundert," *Historisches Jahrbuch* 79 (1961), pp.104~123; Alfons M. Stickler, "Concerning the Political Theories of the Medieval Canonists," *Tradition* 7 (1949~1951), pp.450~463; "De ecclesiae potestate coactiva mateiali apud Magistrum Gratianum," *Salesianum* 4 (1942), pp.2~23, 96~119.

종교적·문화적 세계를 의미하는 것이었다.

　성직자 정치론적 견해와 병행주의적 이론이 첨예하게 대립하는 것에 대해서 타이어니는 중세 시대에 어떠한 학자도 그와 같은 어느 한쪽의 극단적 이론에 집착하지 않았다고 양측 모두를 비판하였다. 그러한 용어가 왕권과 사제권에 관한 중세적 이론을 설명할 때 유용하게 이용될 수 있지만 그것은 현대의 학자들이 중세의 사상가들을 잘못 이해하고 규정한 개념이라고 보았다.5) 타이어니에 따르면 중세의 학자들은 교·속의 양 권력이 존재하지만 양자는 각기의 영역에서 독자적으로 정치적 기능을 수행한다고 여겼다. 사제는 유혈 사태로 벌어진 일반인의 사건에 대해 재판권을 행사할 수 없었으며, 세속 권력은 결혼 법이나 서약에 관련된 사건을 재판할 수 없었다. 두 권력 사이의 사법적 관계, 그리고 크리스티아누스 안에서 정부의 구조는 매우 복잡한 것이었다.

　타이어니가 두 대립된 견해를 가진 현대의 학자들이 중세 학자들의 견해를 왜곡하고 제대로 이해하지 못한 것이라고 주장하면서 논쟁을 종결시키고자 했으나 이는 타이어니가 바라본 것처럼 단순한 문제는 아니다. 타이어니는 중세에 끊임없이 제기되어 온 교황 수위권의 문제를 애써 묻어두려고 하였다. 그러나 사실상 12~13세기에 교황 수위권을 둘러싸고 교회법학자들 사이에 논쟁이 가열되었음을 부정할 수 없다. 교황권이 이론적으로 강화되어 가는 시기에 교황 수위권은 성직자 정치론으로 진전되어 갔으며, 이러한 형식의 교회 정치 이념은 교황 현세권의 범위를 확대하는 방향으로 진행되었다. 이 과정에서 교회법학자들은 그들이 세속 권력에 우호적인지 교황에게 충성하는지에 따라 서로 다른 입장을 보였다. 다른 한편으로는 교황 레오 1세의 교령과 교황 겔라시우스 1세의 교령, 위이시도르 법령, 그라티아누스 교령집 등에서 교황권에 관련된 사료를 어떻게

---

5) Brian Tierney, "The Continuity of Papal Theory in the Thirteenth Century. Some Methodological Considerations," *Mediaeval Studies* 27 (1965), pp.227~245.

해석하는지에 따라서 교회법학자들의 해석이 달라졌다. 그러한 문제는 교회와 국가가 지상에서 각각 어떠한 역할을 담당하며 각기의 영역은 어디까지인지, 교황권과 왕권은 서로 독립적이며 대등한 것인지, 아니면 교황이 지상에서 최고 수위권자인가 하는 점에 대해 논쟁이 격화되었다. 그런데 그라티아누스는 그의 교령집에서 두 권력 관계에 대해서 병행주의적 입장과 교황권 지상주의의 입장을 동시에 보여주고 있어서 그의 견해는 상당히 애매하게 보였다. 바로 이 점이 그라티아누스 이후의 교회법학자들에게 있어 두 권력 이론에 대한 견해가 양분되는 이유이기도 했다. 병행주의적 입장을 견지했던 교회법학자는 유명한 교령집 연구가(decretists)인 후구치오(Huguccio, d. 1210), 요한네스 테우토니쿠스(Johannes Teutonicus, d. 1245) 등이며, 성직자정치론적 입장에서 교황권지상주의를 지지했던 학자는 13세기 최고의 교령 연구가(decretalists)였던 교황 인노켄티우스 4세와 호스티엔시스(Hostiensis, d. 1271), 야곱푸스 비테르보(James of Viterbo, d. 1308), 에기디우스 콜로나(Egidius Colonna, ca. 1247~1316), 아우구스티누스 트리움푸스(Augustinus Triumphus, ca. 1275~1328) 등이었다.[6]

13세기에 교황권 지상주의와 교황권 제한주의의 논쟁이 격화되었고, 삐에르 듀보아(Pierre Dubois, 1250~1313)를 비롯한 왕권론자들은 세속적인 문제에 대한 교황권의 간섭을 배제하고, 왕과 교황 양자 모두 신으로부터 권력을 직접 부여받았다는 병행주의적 입장을 강력히 표명하기도 하였다.[7] 왕권론자들은 속권을 옹호하기 위한 이렇다 할 만한 자체의 법이론을 가지지 못하였고, 그들의 주장은 교회법 사상을 충분히 숙지하지 못한 상태에서 제기되었기 때문에 그러한 주장이 교회법학자들의 큰 관심을

---

6) Morimichi Watanabe, "Political Theory, Western Europe: After 1100," *Dictionary of the Middle Ages* 10, 20B-21A.

7) Heinrich Finke, *Vorreformationsgeschichtliche Forschungen: Aus den Tagen Bonifaz VIII* (Münster i. W.: Druck und Verlag der Aschendorffschen Buchhandlung, 1902), p.152.

끌지는 못했다. 그러나 교황권 지상주의를 비난하는 경향은 신학자들 자체
내에서도 나타났다. 도미니크(Dominic) 교단 출신인 존 파리(John of Paris,
d. 1306)는 젤라시우스의 교령 《두 권력(Duo Sunt)》을 상기시키면서 교권과
속권의 구분을 명백히 하고자 했다.8) 바로 그러한 정신이 마르실리우스
파두아(Marsilius of Padua, 1275~1342)로 이어졌다고 할 수 있다. 마르실리
우스는 그의 저서 《평화의 수호자(Defensor Pacis)》에서 아리스토텔레스의
사회·정치관을 분석하면서 인간의 기본적 권리와 통치권을 설명하고 교황
권의 기원과 성격을 규명함으로써 교황의 현세권 사상을 신랄하게 비판하였
다.9)

　이상에서 살펴본 바와 같이 서양 중세 세계는 가톨릭 교회를 중심으로
통합된 사회라고 보는 통념과는 달리 뚜렷한 이원성을 가진 사회였음을
보여준다. 기독교 정신이 사회와 문화 전반에 지배력을 가진 것처럼 보이나
세속적 삶과 문화도 엄연히 존재하였다. 교권과 속권이 서로의 영역을
넘나들기도 했지만 교회와 국가는 서로 분명히 다른 별개의 개체로서
기능하였다. 신정정치적 교권 이론도 그러한 현실을 넘어서지 못했고 세속
의 격렬한 저항에 부딪히게 되었다. 그러한 저항은 중세 사회의 이원성을
뚜렷하게 보여주고자 했던 의지의 발로였다.

　중세 유럽의 사회는 다른 분야에서와 같이 사법적인 면에서 뚜렷이
이원성을 가지고 있었다. 그러한 구조 속에서 파문은 어떻게 교회 법정과
세속 법정 사이에 가교를 형성했을까? 세속 권력은 교회 법정의 파문을
어느 선까지 국가의 사법 체계 안에 수용했을까? 교회 법정에서 판결한
파문이 황제와 국왕들에게 어떠한 위력을 발휘하게 될까? 이러한 문제의식

---

8) Jon Courtney Murray, "Contemporary Orientations of Catholic Thought on Church
　and State in the Light of History," *Theological Studies* II (1949), pp.194~198.
9) Marsilius of Padua, *Defensor Pacis*, (trans.) Alan Gewirth (Toronto: U of Toronto,
　1980) ; 박은구, 《서양중세정치사상연구》 (혜안, 2001).

을 가지고 중세교회의 파문 제재를 살펴보게 된다면 중세 사회가 가지는 이원성의 실체를 더욱 잘 파악할 수 있을 것이다.

2. 파문: 교회와 국가의 가교

파문은 교회법으로 규정되고 교회의 사법적 영역에 속하는 교회법적 제재이다. 그렇지만 서유럽의 왕국들이 기독교화하면서 파문과 같은 교회의 법적 제재가 점차적으로 국가의 사법적 체계 안에 수용되는 경향을 보이게 된다. 그러한 경향은 교회 법정에서 판결한 파문을 국가가 합법적인 형벌의 하나로 수용해 가는 데서, 그리고 이를 집행할 때 각 국의 왕들이 협력하는 과정에서 뚜렷이 나타났다.

프랑크의 샬마뉴 왕은 교구 주교회의에서 선포된 파문을 세속 법정이 시행하도록 명령하였다. 로타르 왕은 세 번의 경고에도 불구하고 십일세를 납부하지 않는 사람이나 납치범에게는 파문을 선포하도록 명령하였다. 귀도(Guy 또는 Guido of Spoleto, 891~894) 왕은 피해 보상을 거부하는 강도와 약탈자들을 파문에 처하라고 명령하였다. 이와 같이 세속 권력이 강제하는 파문은 교회가 독자적으로 선고하는 것보다 훨씬 심각한 결과를 가져왔다. 그것은 공적인 보호를 박탈하는 것으로서 교회 안에서뿐 아니라 국가 사회 안에서도 평안을 박탈당하는 것을 의미하는 것이었다. 파문된 자가 뉘우치지 않으면 왕이 그를 어떻게 처벌할지 결정할 때까지 지역을 관할하는 백작은 그를 구금해 두어야 했다. 그가 저지른 죄로 인해서 사회 공동체에 신의 진노가 내려온다고 생각했기 때문에 그는 공공의 적으로 간주되었다.

샬마뉴는 교회로부터 아나테마 파문을 당한 자가 완고함을 버리고 교회와 화해하면서 사면을 받지 않는 한 그를 숨겨주거나 도와주는 것을 금지하였

다.[10] 1229년 알비파 이단이 프랑스에서 크게 확산될 때 루이 9세는 왕의
이름으로 칙령 〈쿠피엔테스(*Cupientes*)〉를 반포하였는데 그 안에는 "파문된
자가 1년이 경과되면 법정 집행인에 의해서 재산을 몰수당하게 된다"고
규정하였다.[11] 그러한 분위기 속에서 지역의 주교들은 교회가 선포한 파문
을 국가가 강제하고 징벌하도록 지속적으로 요구하였다. 왕이 그러한 요구
를 수용하는 것은 교회에 협력하는 일이기도 하였고, 한편으로 봉건화된
왕국 내에서 왕의 권력을 강화하고 확대해 나갈 수 있는 좋은 기회가
되기도 하였다.

  잉글랜드에서는 주교가 파문된 자의 체포영장 청구서(*significavit*)를 상서
원에 제출하는 제도가 있었고, 그러한 문서가 오늘날까지 수천 통 남아
있다. 주교에 의해서 파문된 자가 참회를 하지 않은 채 40일 이상 완강하게
버틴다면 주교는 이 사실을 국가의 상서원에 통보하고 체포영장을 청구한
다. 왕의 상서원에서는 파문 선고의 절차에 하자가 없는 한 주지사에게
체포영장을 발부하였다. 주교가 체포영장을 신청하게 된 관행은 윌리엄
정복자로부터 처음 그 정신을 찾아볼 수 있다. 윌리엄 왕은 교회법을 위반한
자는 주교가 지정한 장소에 출두해야 한다는 법령을 제정하였다. 윌리엄은
봉건 법정에서는 영적인 사건(spiritual cases)을 다루지 않도록 하였다. 주교
는 왕으로부터 교구 내에서 교회법에 따라 재판할 수 있는 권위를 인정받았
고, 주교의 재판을 거부하는 자에 대해서 파문을 선포하고 세속적 무기를
사용할 수 있게 되었다.

  신성로마제국은 서임권 투쟁 이후로 교황 인노켄티우스 3세의 시대까지
교회와 긴밀한 관계를 유지하면서 교회의 주장과 요구를 국가의 법 규정에

---

10) Carlo Calisse, *A History of Italian Law* (Washington D.C.: Beard Books, 2001),
    pp.176~177.

11) Maurice Morel, *L'Excommunication et le pouvoir civil en France du droit canonique
    classique au commencement du XVe siècle* (Paris, 1926), pp.69~78.

22

적극적으로 반영하였다. 1187년 프리드리히 바바롯싸가 반포한 뉘른베르크 법령에서는 주교에 의해서 파문된 사람은 교회와 화해할 때까지 세속 재판관에 의해서도 공권 박탈의 처벌을 받도록 규정하였다. 나아가서 파문과 공권 박탈의 처벌을 받고도 1년 하루 동안 복종하지 않는다면 법적 보호권을 박탈당하게 되었다. 1220년 황제 프리드리히 2세가 반포한 법령 〈쿠피엔도(*Cupiendo*)〉에서는 교회의 자유를 침해한 죄목으로 파문을 당하고 나서 1년이 경과한 자는 교회의 사면을 받을 때까지 황제의 공권 박탈(imperial ban) 처벌을 받게 된다고 규정하였다.12)

　이처럼 세속 권력이 파문을 국가의 사법제도 안에 수용한 것은 교회와 국가의 긴밀한 협력 관계가 진전되었기 때문이다. 다른 한편으로는 이미 게르만 사회에 널리 퍼져 있었던 법적 보호권 박탈의 제도가 교회의 파문과 상당히 유사했기 때문에 세속 사회가 이를 받아들이는 데에 이질감이 적었다는 점을 또 다른 원인으로 들 수 있다.

　파문은 성서와 초기 기독교 사회에서 그 기원을 찾아볼 수 있으나 게르만 민족의 사회에서도 유사한 형태의 사회적 형벌이 존재하였다. 게르만 사회에서 희생자의 원한을 불러일으키는 범죄가 발생했을 때 가족이 이를 복수하거나 사회 공동체가 범죄자에게 '반(Bann, ban, bando, outlawry)'을 선포하였다. 게르만의 어원에서는 이를 평화의 상실(friedlosigkeit)이라고 불렀다. 이는 범죄자가 법적 보호권을 박탈당하는 것으로서 일종의 사회적 추방을 의미하였다. 그는 모든 사회 구성원의 적으로 간주되었고, 어느 누구로부터도 보호받을 수 없었다. 보호권을 박탈당한 범죄자는 누구의 호의도 기대할 수 없었고, 생존에 필요한 도움도 받을 수 없었다. 누구나 그에게 내려진 판결을 집행할 수가 있으며 그를 살해할 수도 있었다. 법은 그를 살해한 자에게 살인죄의 형벌을 적용하지 않으며, 그가 죽임을 당해도

12) Const. Friedrich II. post Lib. Feubor, 3. 8.

그의 친족들은 이를 복수할 수가 없었다. 법적으로는 그가 법적 보호권을 박탈당하는 '반'의 판결을 받는 순간 사망한 것을 의미하였다. 그가 아직은 살아 있다고 할지라도 그의 아내는 과부이고 그의 자녀들은 고아로 간주되었다.

반은 사회 공동체를 해롭게 한 공적이고 심각한 범죄자에게 형벌로서 부과되었다. 부족의 규모가 커지고 공권력이 확대될 때에 반역자나 공공의 안녕질서를 파괴한 자에게는 법적 보호권을 박탈하고 동시에 사형을 선고하였다.[13] 롬바르드의 법(Lombard Edict)에는 공공의 질서를 파괴하고 대역죄를 저지른 사람에 대해서 재산 몰수와 더불어 사형을 선고하는 규정이 있었다.[14] 법적 보호권이 박탈된 자는 모든 권리가 상실되고 불명예(infamous)자로 간주되었다. 그는 죽음이나 다른 어떠한 형태로든 신체적 위협에 노출되며 그의 재산은 공권력에 의해서 몰수되었다.

반의 벌을 받는 자를 죄의 경중을 따지지 않고 모두 사형에 처하는 것은 너무도 가혹한 일이었다. 따라서 게르만 사회에서는 생명에 위협이 되지 않는 다른 신체적 형벌을 가하거나 벌금을 지불하도록 하여 사형의 가혹함을 완화시키는 경향을 보이게 된다. 롬바르드의 법에서는 신체의 일부를 절단하는 등 갖가지의 체형이 있었다. 그 가운데 가장 일반적인 것이 손을 자르는 것이었고 눈을 상하게 하거나 코를 자르는 경우도 있었다. 또한 머리 가죽을 벗기거나 매질을 하고, 머리카락을 자르기도 하였다. 카롤링의 법에서는 자유민이 왕국의 지방행정관에게 저항을 하거나 군대의 보급품을 훼손한 자에게 범칙금을 내도록(pay the ban) 하였고, 돈을 지불할 능력이 없는 노예에게는 말뚝에 묶어 놓거나, 얼굴을 때리거나, 머리를 삭발하는 등의 체벌을 가하는 규정이 있었다.[15] 살인죄를 짓고 배상 능력이

---

13) Tacitus, *Germanis*, c.12.

14) C. Calisse, *A History of Italian Law*, p.303.

15) *Charlemagne*, c.47 *Capitularia* tomus I, (ed.) A. Boretius, MGH(Hannoverae, 1883).

없거나 속전을 지불하지 못하는 자는 피해자 가족의 노예가 되도록 하였다.[16] 이후의 법에서는 20솔리두스 정도의 금전적 보상이 될 때까지 일정 기간 노예로 봉사하도록 하였다.[17] 샬마뉴 왕은 금전의 한도를 폐지하고 범죄자가 개인이나 국가, 교회 등 피해 당사자에게 만족할 만큼 충분한 기간 동안 노예로서 봉사하도록 하였다.[18]

반의 처분을 받은 자를 감금하여 벌을 받도록 하기도 하였다. 이는 노예의 상태는 아니지만 자유를 박탈하는 한 방식이었다. 리우트프란트는 모든 재판관들에게 관할 구역 내에 감옥을 짓고 강도를 2~3년 동안 감금하도록 명령하였다.[19] 이러한 감금은 형벌의 한 방식이지만 특별히 범행자의 재판 도피를 방지하기 위한 것이기도 하였다. 반을 선포당한 범죄자를 추방하는 경우도 있다. 추방은 범죄자가 죽음의 위험으로부터 벗어날 수 있는 방도가 되기도 하였다. 그러나 추방된 자가 법적 보호권 박탈의 상태에 처해 있기 때문에 그 나라 안에서 잡힌다면 죽임을 당할 수도 있었다. 처음에 이 제도는 피해 당사자와의 합의나 군주의 호의로 사형을 감형해 주는 한 수단이었다. 그렇지만 그러한 경우에도 사형으로 처벌할 때 수반되는 재산 몰수, 공동체로부터의 격리와 같은 불이익은 받아야 했다. 국왕의 법이 확대되고 군주의 권력이 강화되는 카롤링 시대에 이르러서는 특정 범죄에 대해 추방이 자주 선고되었는데, 그에 대한 판결과 집행은 왕의 판단에 따라 이루어졌다. 경건왕 루이는 살인을 저질렀거나 다른 사람과 약혼한 사람을 납치한 자는 왕이 정한 기간 만큼 추방되어야 한다고 규정하였다. 로타르 왕은 주교의 선출을 방해하거나 교란한 자는 추방에 처하고, 그와 연합한 지도자들을 콜시카 섬으로 유배하도록 백작들에게 명령하였

---

16) *Liutprand*, c.63 *The Lombard Laws*, (trans.) Katherine Fisher Drew (Philadelphia: U of Pensylvania P., 1973).
17) *Liutprand*, c.121.
18) *Charlemagne*, c.31, c.34; *Louis the Pious*, c.8; *Lothar*, c.24.
19) *Liutprand*, c.80.

다.20)

반으로 처벌받는 자가 공동체로부터 격리되고 그로 인해 당하게 되는 불이익 가운데에는 소유한 재산의 상실도 있었다. 프랑크 왕국 초기의 법에서는 왕의 생명을 위태롭게 한 행위, 대역죄, 병영 탈주, 지방 장관에 대한 반란 등의 죄에 대해서 사형과 함께 재산 몰수를 시행하였다. 프랑크 왕국에서 사형과 재산 몰수를 결합하여 처벌하는 법은 로마법의 영향이기도 하다. 이와 유사한 형식으로 프랑크 왕국의 법에서는 법정으로부터 소환을 받고도 1년 하루 동안 법정에 출두하지 않는 불복종(*contumacia*) 자를 처벌하기 위해서 범행자의 재산을 압류하고 몰수하는 규정이 있다. 바로 그것이 반과 재산 몰수를 결합하여 시행하는 근거가 되었다. 살인 사건의 경우에 범행자의 재산은 법정 수수료(payment of the composition)를 제한 후에 왕과 피해자 가족에게 균등하게 분배되었다. 어떤 경우에는 피해자 가족이 몰수 재산의 전부를 받기도 하고, 인척이 없으면 국가에 귀속되기도 하였다. 서약을 위반했거나 상속을 목적으로 존속을 살해한 경우에는 모든 몰수 재산이 국가의 소유로 들어갔다.

공공의 적으로 지목되어 반으로 처벌받는 사람은 법적 권리를 상실하였다. 어떤 경우에는 반을 선포당한 후에 그 범인이 저지른 일로 인해서 더 이상 자격이 없다고 간주되는 특정 부분의 권리만을 박탈하기도 하였다. 가령 한 여자를 돌보고 지켜주어야 하는 사람이 그녀의 권리를 손상시켰거나, 함부로 대하고 나쁜 길로 이끌어 갔다면 그 사람은 그 여자에 대한 보호자로서의 권리를 상실한다.21) 노예 소유권을 이용해 범죄를 저질렀다면 그는 노예 소유권을 상실한다. 직무를 태만히 한 자는 그의 직책이 면직된다. 롬바르드의 법에서는 재판을 거부했거나 왕의 명령에 불복종한 재판관을 면직하도록 하는 규정이 있다.22)

---

20) *Charlemagne*, c.19; *Louis the Pious*, c.18, c.12, c.14; *Lothar*, c.37, 4.
21) *Rother*, c.195~197; *Liutprand*, c.12, 120.

봉건적 관계가 확산될 때 카롤링 시대의 법에서는 범죄자의 봉건적 권리 박탈이 빈번하게 언급되었다. 봉건제도 하에서는 충성과 명예가 은대지를 소유하고 공적 권력을 수행하는 데에 있어 매우 중요한 조건이었다. 법정에서 유죄가 확인되고 사형 판결을 받은 적이 있는 자는 그 후에 용서를 받았다고 할지라도 법정의 증인이 될 수 없고 소송을 제기할 수도 없으며 법정의 재판관이 될 수 없었다. 범인을 재판관에게 데려가기를 거부한 봉신은 그의 봉토 소유권과 그에 수반되는 권리들을 상실하게 된다.[23] 그 외에도 중죄를 저질렀다거나 주군의 명예를 훼손한 종신은 그와 같이 봉건적 관계로 소유하게 된 모든 권리를 상실하게 된다.[24]

게르만 인들의 사회적 전통 속에서 형성된 법적 보호권 박탈로서의 반과 교회의 파문 제재는 그 발생 기원이 완전히 다르지만 중세의 유럽 국가에서 이 두 가지 징계 조치는 서로가 매우 유사한 양상을 보이고 있다. 파문은 구약시대 부정한 자와 악행을 저지른 자를 추방하는 유대교의 전통과, 초기 기독교 시대에 신앙을 버리거나 음행을 행하는 자를 성도의 무리에서 내쫓는 관행에서 그 기원을 찾아볼 수 있다. 사도 바울은 양심을 거부하고 신앙을 버린 후메내오와 알렉산더의 영혼을 사탄에게 내어준다고 했으며, 고린도 교회의 성도들 가운데서 음행한 자를 성도의 무리에서 내쫓아 묵은 누룩이 새로운 누룩을 오염시키지 않도록 해야 한다고도 하였다.[25] 초기 기독교 시대 이후 중세에 이르기까지 교회에서는 공동체 내의 부패한 자들, 그리고 정통 교리에서 벗어난 이단들에 대해서 파문을 선포하고 그들을 성도들의 무리에서 격리시켰던 사례들을 수없이 찾아볼 수 있다. 그러나 일정한 형식을 갖추어 교회의 전례 의식을 진행하면서

---

22) *Rachi*, c.1, 10; *Astolf*, c.4.
23) *Charlemagne*, c.9; *Pepin*, c.7; *Louis the Pious*, c.22, 56; *Guido*, c.1, 3.
24) *A History of Italian Law*, pp.310~311.
25) 딤전 1장 20절; 고전 5장.

파문이 선포되는 것은 10세기 이후부터이며, 파문이 교회 법정에서 사법적인 형벌로서 선고되는 것은 12세기 이후부터라고 할 수 있다. 파문이 교회 법정의 사법적 형벌로서 자리를 잡게 되면서 파문은 단순히 교회로부터 파문된 자를 격리하는 것 외에 다양한 불이익이 부가되었다. 그와 같이 교회 법정의 사법적 제재로서 틀을 갖춘 파문은 게르만 족의 사회에서 시행되어 온 반과 여러 가지 면에서 유사한 점을 가지고 있다.

신의 진노를 불러일으켰거나 사회의 공동체를 훼손시키는 심각한 악행을 저지른 자를 처벌하는 반은 범행자를 공동체로부터 격리하거나 추방하였다. 이처럼 범행자를 공동체로부터 격리시키는 요소는 교회의 파문에서도 가장 본질적인 징계의 내용이다. 고린도 교회의 돌출된 문제들을 염려했던 사도 바울은 행실이 바르지 못한 자들을 성도의 공동체로부터 분리시켜야 한다고 권면하였다. 10세기 이후로 파문 의식이 전례 의식의 하나로 정착되어 나갈 때 파문된 자가 교회의 미사나 성사에 참여하지 못하도록 하고 다른 사람과의 접촉을 금지하는 것을 의식에서 상징적으로 보여주고자 했다.

게르만 사회에서 반으로 처벌을 받아 법적 보호권을 박탈당한 자는 시회 공동체 내에서 누릴 수 있었던 여러 가지 권리를 상실하게 된다. 이와 유사하게 교회로부터 파문을 받은 자들은 교회 내에서뿐 아니라 세속 사회에서의 권리까지도 상실당하는 불이익을 받았다. 게르만 사회에서는 반의 처벌을 받은 자는 불명예(*infamia*)자로 여겨졌고, 그러한 자에 대해서 갖가지 법적 권리가 박탈되었다. 아마도 반의 형벌에서 불명예와 권리의 상실에 대한 요소는 게르만 왕국이 확립된 이후에 로마법의 영향을 받은 것으로 생각된다. 로마법에서는 불명예 자에게서 법정에서의 증언 능력이나 유언권의 상실, 관직 취임권 박탈, 투표권과 형사고소권의 상실, 소송대리인 자격 상실, 소송대리인 선임자격 상실 등 갖가지 권리를 박탈하였다. 반을 선고받은 범행자가 봉토와 함께 여러 가지 봉건적 권리를 상실하

는 것과 재판관과 같은 공직에서 면직된다고 하는 것은 불명예자로서
법적 보호권을 박탈당하는 로마법적 요소와 매우 유사하다.

9세기에 《위 이시도르 법령집》에는 "모든 파문된 자는 불명예자(*infames*)"
라는 규정이 있다.[26] 이 규정은 불명예로 인해 초래되는 사법적 불이익을
파문된 자에 대해서도 동일하게 적용하려고 의도한 것이었다. 교황 알렉산
드로스 3세(1159~1181)의 교령 〈질의(*Quaesitum*, 1171~1179)〉에서는 파문
된 자는 모든 법적 구제 절차를 박탈당한다고 설명하였다.[27] 파문된 자는
소송을 제기할 수도 없었고, 증인으로서 법정에 설 수도 없었다. 또한
파문된 자는 재판관이 될 수도 없었으며 파문된 재판관에 의해 진행된
재판은 법적 구속력을 가질 수 없었다. 파문된 자가 파문된 사실을 드러내지
않은 채 법정에 소송을 제기하고 원고로서 재판에 참여하는 경우에 피고는
이를 법정에 고지하여 재판을 무위로 돌릴 수 있었다. 이를 파문 이의신청
(*exceptio*)이라고 말한다. 파문된 자의 사법적 자격 제한은 교황 인노켄티우스
3세(1198~1215)의 시기까지 강경한 상태로 유지되었다.

카롤링 시대에 반으로 처벌을 받은 봉신은 봉토를 몰수당하고 그가
소유했던 봉건적 권리를 모두 박탈당하는 사례들이 있다. 반이 봉건적
관계에 영향을 미쳤던 것처럼 파문도 봉건적 관계를 해제시키는 효력을
발휘하기도 하였다. 성직서임권 문제로 황제 하인리히 4세와 충돌하게
된 교황 그레고리우스 7세는 1076년 사순절 로마 주교회의에서 황제에게
파문을 선포하였다. 이때 교황은 봉신들이 황제에게 이미 행했거나 장차
행하게 될 봉건적 충성의 서약을 파문과 동시에 해제한다고 선언하였다.[28]
또한 교황 칼릭스투스 2세는 1119년 랭스 공의회에서 황제 하인리히 5세를

---

26) G. May, "Die Bedeutung der pseudoisidorischen Sammlung für die Infamie im kanonistischen Recht," *Österreichisches Archiv für Kirchenrecht* 12 (1961), pp.87~113.

27) 1, Comp. 1.23.2 *Quaesitum*.

28) Gregorius VII, *Register*, 3.10a.

파문하면서 왕에게 행한 충성의 서약으로부터 모든 사람을 해방한다고 하였다.29) 이와 같은 파문의 효력에 대해서 그라티아누스의 교령집에서는 파문된 자와 맺은 충성의 관계는 더 이상 구속력을 갖지 못한다는 점과, 파문된 자가 속죄하고 사면을 받지 않는 한 그에게 충성 서약을 이행하는 것을 금지한다고 규정함으로써 그에 대한 법적 정당성을 부여하였다.30)

1216년 플롱의 주교회의에서는 "세속 권력은 1년 하루가 지날 때까지 교회의 파문 하에 여전히 남아 있는 사람들을 체포하고 재산을 몰수해야 한다"고 규정하였다. 또한 13세기 후엽에 북 프랑스에서 사제 큐리알리스 (Curialis)는 저서 《교회법 총론》에서 "파문된 자는 선고 후 1년이 경과하면 투옥시키고 그의 재산을 몰수해야 한다"고 기술하였다. 이와 같이 파문된 자를 체포하고 재산을 몰수해야 한다는 강경한 주장은 13세기 프랑스에서 이단이 확산될 때 그들을 효율적으로 처벌하기 위해 만들어낸 새로운 조항이었다. 그렇다면 파문된 자를 구금하고 그의 재산도 몰수해야 한다는 것은 어디에 근거를 둔 것이었을까? 초기 기독교 시대로부터 지속되어 온 파문 제재는 격리하고 추방한다는 것이 기본 전제였고, 신체적 가해나 재산의 몰수와 같은 경제적 제재를 부가하지는 않았다. 이러한 부가적인 제재는 프랑크 왕국에서 이미 익숙한 게르만적 반의 처벌 양식을 모방한 것이라고 할 수 있다. 1년 하루라는 기간을 둔 것도 역시 반에서 시행하는 유예 기간을 그대로 수용한 것이었다.

공동체로부터 범행자를 격리시켜서 추방한다는 처벌 형식은 교회의 파문과 게르만 전통의 반, 양자 모두가 기본적으로 가지고 있는 속성이었다. 그러나 교회의 파문은 오랜 시간이 경과된 뒤에야 격리와 추방 이외에

---

29) *Decreta Synodalia* in Hostiensis Scholastici Relatio de Concilio Remensi *MGH Scriptores* XII, p.428.

30) *Concordia Discodantiun Canonum* C.XV q.VI c.III, IV, *Corpus Iuris Canonici*, Pars Prima.

갖가지 불이익과 제재가 부가되었다. 사법적인 권리나 봉건적 권리의 상실 등 법적 불이익, 그리고 일정 유예 기간을 경과하여 체포하고 재산을 몰수하는 신체적·경제적 제재 등 교회가 파문을 집행하면서 시행한 요소들이 반의 처벌 내용과 매우 유사하다. 영적인 죽음과 동일시하려 했던 교회의 파문과 그리고 사형과 동일한 형벌로서 사회적 죽음을 의미하는 게르만 사회의 반은 공동체 내에서 결코 용인할 수 없는 범죄자를 추방하고 처벌하는 최후의 형벌이었다. 이 두 형태의 형벌은 기본적인 속성이 매우 유사하였고 언제든지 어느 한쪽의 요소가 다른 한쪽으로 수용될 수 있는 가능성을 가지고 있었다. 그러한 유사성과 유동성으로 인해 반의 형벌 요소들이 교회의 파문 형벌에 자연스럽게 유입되었다고 할 수 있다.

이미 민족의 전통 속에 존재했던 반의 형벌에 익숙해져 있던 서유럽의 왕국들에게 교회의 파문은 그렇게 낯설고 생소한 것은 아니었다. 국가는 자체의 법과 사법 체계를 가지고 있었지만 국가의 법이 미치지 않는 영역에 교회의 법을 인정하였다. 국가는 교회가 사법적 제재를 통해서 그 권위를 유지할 수 있도록 협력하면서 국가와 교회 사이의 긴밀한 관계가 유지되었다. 중세 유럽의 세계에서 파문이나 참회고행은 바로 그와 같이 교회의 제도가 국가로부터 그 권위를 인정받으면서 국가와 교회 사이의 가교를 이루게 해준 중요한 요소라고 할 수 있을 것이다.

3. 파문: 교황의 정치적 도구

중세교회에서 규정한 파문은 교회법으로 정한 여러 형벌 가운데 가장 엄중한 최후의 형벌이었다. 파문은 '엑스코뮤니카티오(*excommunicatio*)'와 '아나테마(*anathema*)'의 두 가지 용어로 표현되었다. 325년 니케아 공의회에서 아리우스파가 이단으로 정죄될 때 그들에 대해서 아나테마 파문이 선포되었다. 381년 콘스탄티노플 공의회에서는 일곱 부류의 이단을 역시 아나테마로 단죄하였다. 이후 요아힘(Joachim of Flora)과 아모리(Amaury)의 교리를 이단으로 정죄했던 1215년의 제4차 라테란 공의회, 그리고 세 이단 부류를 정죄한 1563년의 트리엔트 공의회에 이르기까지 더 이상 용인할 수 없고 그리스도교 공동체로부터 추방할 수밖에 없는 자들을 아나테마 파문으로 단죄하였다. 이와 같이 아나테마는 주로 이단을 정죄하는 최후의 수단으로 이용되었기 때문에 아나테마를 이단 파문이라고 번역할 수 있다. 이에 비해 엑스코뮤니카티오 파문은 심각한 정도의 범죄에 해당하지만 후회하고 뉘우치며 회복할 수 있는 가능성이 있는 경우에 선포되었다. 제4차 라테란 공의회 〈법규 제1조〉에서는 교황 선출에 불의를 저지른 자들에 대해서 엑스코뮤니카티오를 선언한다고 규정하였다. 이때 엑스코뮤니카티오 파문은 그들을 영적으로 완전히 포기하고 사탄에게 영혼을 던져버리는 극단적인 처벌은 아니었다. 그들에게 내려진 파문은 언제든지 돌이킬 수 있는 성격의 벌이었고 그들의 잘못이 치유되고 속죄의 과정을 거친다면 언제든지 사면될 수 있는 것이었다. 따라서 아나테마에 비해서 엑스코뮤니카티오 파문은 치유적 성격의 정죄이고 교정벌이라고 할 수 있다.

　　고대의 보편공의회로부터 중세 전반기까지 아나테마와 엑스코뮤니카티오 파문은 구분되어 사용되었다. 그러나 11세기에 이르면 이 둘을 동시에 선언하는 경우가 빈번해진다. 교황 그레고리우스 7세가 황제 하인리히 4세를 파문할 때 교황은 두 파면을 동시에 선언한다. 교황은 황제가 이단과 같은 모습으로 교회의 권위를 훼손했고 더 이상 돌이킬 수 없는 상황에 이르렀다고 판단하였다. 1215년 제4차 라테란 공의회의 〈법규 제61조〉에서는 사라센에 무기를 날라주고 노예선에 철과 목재를 제공함으로써 그리스도와 그리스도인들을 대적한 사람들에 대해서 이 두 파문으로 동시에 단죄하였다. 점차적으로 죄의 내용이 이단인지 아닌지를 구분하지 않고 처벌의 강도를 더욱 강화하면서 범죄의 심각성을 표출하고자 하는 목적으로 두 파문을 동시에 적용하는 경향을 찾아볼 수 있다.

11세기 교회 개혁운동과 더불어 로마교회와 교황의 권력이 점차 확장되어 가는 과정에서 종교적이고 도덕적인 문제가 아닌 정치적 목적으로 파문이 이용되는 현상이 나타난다. 개혁을 적극적으로 추진했던 교황들은 교권의 강화를 위해서, 그리고 세속 권력을 압박하는 수단으로 파문을 적극적으로 활용하게 된다. 교황이 세속 권력에 맞서서 압박할 수 있는 가장 효율적인 수단은 파문과 성사금지령(*interdictio*)이었다. 성사금지령이 주로 일정 지역이나 집단에 대해 미사나 성사, 교회 묘지의 매장 등을 금지하는 것임에 비해, 파문은 전적으로 한 개인에게 부과하는 교회법적 형벌이었다. 이러한 교황의 무기들은 종교적 제재로서의 상징성을 가지지만 이러한 제재를 받은 세속 권력은 경우에 따라서 현실적 권력과 지위를 상실하는 정도까지 심각한 위협을 받게 된다. 그렇기 때문에 봉건 왕정이 국민국가로 변모해 가고 왕의 중앙집권적 권력이 확립되기 전까지는 각 국의 왕들은 교황의 파문을 결코 무시할 수가 없었던 것이다.

교황들은 11세기로부터 13세기까지 파문을 정치적으로 빈번하게 이용하였고, 당시의 현실 정치적 상황에 따라 그 유형을 여러 가지 형태로 나누어 볼 수 있다. 첫째는 11세기에 교황이 황제의 정치적 문제에 개입하여 황제의 정적들을 견제하고 제재를 가하기 위해서 파문을 사용한 경우를 들 수 있다. 이와 같이 세속 권력과 긴밀한 협력 관계에 있을 때 그 세속 권력자를 보호하기 위한 목적으로 파문을 선고했던 사례들을 찾아볼 수 있다.

둘째는 11세기 교회 개혁 시대에 교권 회복을 위해서 교권에 대립적인 세력을 압박하거나 응징하려는 목적으로 파문을 이용하였던 경향을 찾아볼 수 있다. 특별히 서임권 투쟁으로부터 시작된 교·속의 갈등과 충돌 속에서 파문이 교황의 강력한 무기로 자주 사용되었다. 첨예하게 대립된 상황에서 황제는 물리적 힘을 소유하고 있었고, 교황은 상징적이지만 파문밖에는 현실적인 강제력이 없었던 것이다.

　셋째는 교황령의 침해를 막고 이를 지키기 위한 목적으로 교황이 파문을 사용하는 사례들을 들 수 있다. 로마교회는 교황령의 남쪽에서 계속해서 세력이 확대되어 가는 노르만 왕국을 경계하고 그들의 교황령 침범에 대해서 극도로 긴장하게 된다. 따라서 교황령과 그 주변을 노르만 왕국으로부터 보호하고 지키려는 강력한 의지 속에서 교황들은 파문으로 그들의 행동을 저지하고자 하였다.

　넷째는 교황 중심의 유럽 질서체계를 확립해 가는 가운데서 파문을 중요한 정치적 도구로 활용했음을 알 수 있다. 기독교 세계가 교황을 구심점으로 형성되었다는 개념은 교황의 수위권을 근거로 한 것이었다. 교황 수위권 이념은 고대로부터 로마교회의 특수성과 함께 주장되어 왔지만 현실 속에 강력히 부각되기 시작한 것은 11세기 중엽 교회 개혁운동 이후부터라고 할 수 있다. 교황 수위권 이론은 성직자 정치론과 결합되면서 점차적으로 교황의 보편권으로 표현되었다. 즉 보편적 교황은 기독교 세계의 수장으로서 사제적 사목권과 함께 왕권적 재치권을 소유했다는 것이다. 13세기 말까지 보편적 교황이 소유한 현세권은 교회법을 통해 구체화되고 강화되어 갔으며, 이는 교황 보니파키우스의 교령 〈유일한 하나의 교회 (*unam sanctam*)〉에서 최고의 정점에 도달하게 된다. 보편적 교황이 행사하고자 했던 현세적 권력은 유럽 세계의 평화유지를 위해 사용될 수 있다고 보았고, 교황의 대영주권을 통해서 교·속이 긴밀한 관계를 유지해 나갈 수 있다고 생각하였다.

　10세기 후반 카롤링 시대에 효율적으로 유지되어 오던 지역의 통제력이 약화되었고, 특별히 프랑스의 남부 르와르 강 유역에서 사회적 불안은 매우 심하였다. 공권력의 해체로 인해 사회질서를 유지할 수 있는 힘이 사라졌다. 통제력이 사라지자 상쟁과 복수와 같은 야생의 정의가 난무하게 되었다. 싸움은 상류 계층의 놀이 문화가 되었고 복수가 정당화될 정도로 폭력이 확산되었다. 이러한 폭력은 사회 전반에 걸쳐 큰 피해를 입혔고 사회를 황폐화시키는 결과를 가져왔다. 폭력과 무질서는 스스로 방어할 수 있는 수단을 가지지 못한 교회와 농민들에게 큰 피해와 고통을 주었다. 994년 리모주(Limoges)의 평화 공의회를 시작으로 지역 교회의 주교들이 평화운동을 전개하였고 이 운동을 '신의 평화(Pax Dei)'라고 불렀다. 이는 그리스도가 교회에 전해준 평화를 회복하고자 하는 것으로서 일종의 종교적 운동의 형태를 취하였다. 평화는 폭력으로부터의 해방을 의미할 뿐 아니라 신성하게 유지되는 질서와 치유, 정의의 회복을 뜻하는 것이었다. 1063년 교회 개혁 시대의 중심적 인물의 한 사람이었던 페트로 다미아니는 리모주의 '신의 평화'법에 교황의 권위를 부여하여 이를 더욱 효과적으로 실행할 수 있도록 추진하였다. 교황 우르바누스 2세는 신의 평화에 대해 깊은 관심을 가졌고, 그가 소집한 1096년 클레르몽 공의회에 초기 평화 공의회의 정신과 규정들을 거의 그대로 도입하였다. 클레르몽 공의회에서 규정된 신의 평화와 휴전에 관한 규정은 1123년 제1차 라테란 공의회, 1139년 제2차 라테란 공의회, 1179년 제3차 라테란 공의회 등 교황들이 소집한 보편공의회에서 확인되고 재규정되면서 신의 평화운동은 유럽 전역으로 확대되었다. 이러한 법규는 1234년 교황 그레고리우스 9세가 편찬한《추가본(Liber Extra)》교령집에 삽입되기까지 중세 사회에서 강력한 구속력을 가지는 법으로서의 확고한 위치를 차지하게 되었다. 초기에는 지역의 주교가 중심이 되어 진행되었던 평화운동이 로마교회와 교황에 의해서 강력한 힘을 얻게 되었다. 교황은 신의 평화와 신의 휴전의 규정을 위반하는 군주나 귀족, 지역에 대해서 강력하게 전투행위를 중지하도록 하였으며, 이에 순응하지 않을 때에 그들을 제재할 수 있는 수단이 바로 파문이었다. 1227년 교황 호노리우스 3세는 밀라노와 파비아가 도시 간 분쟁을 지속하면서 휴전 규정을 위반하자 이들 도시에 대해 파문과 성무 금지령을 선포하게 된다.

 평화운동의 분위기는 성지 탈환을 위한 십자군 운동으로 이어졌고,
12~13세기의 교황들은 십자군 원정에 응하지 않거나 약속을 이행하지
않는 군주들을 파문으로 압박하였다. 교황 그레고리우스 9세는 황제 프리드
리히 2세를 십자군 원정에 출병시킴으로써 집요하게 교황령을 지배하고자
했던 그의 야망을 다른 곳으로 돌리려고 하였다. 그러나 이를 흔쾌히 받아들
이지 않고 십자군 원정을 계속 지연시켰던 황제에 대해서 두 번의 파문을
선고하였다. 1274년 프리드리히의 박해 속에서 교황으로 선출된 인노켄티
우스 4세는 교황령의 평화를 깨트리고 로마교회를 붕괴시킨 황제를 파문하
였다. 그러나 황제가 순응하지 않고 계속해서 강력하게 대항해 오자 황제를
폐위함으로써 치열했던 투쟁을 끝낼 수 있었다. 이와 같이 교황은 유럽
사회의 평화와 질서를 유지하는 임무를 교황의 보편적 지배권을 통해서
완수할 수 있다고 믿었다. 바로 그러한 목적을 달성하기 위해 교황이 이용할
수 있는 최후의 무기는 파문이었던 것이다.
 12~13세기에 교황의 보편적 지배권을 확립해 나아가는 과정에서 교황들
이 심혈을 기울여 추진했던 정책은 교황이 왕들과의 관계에서 봉건적
대영주권을 행사하는 일이었다. 서유럽 세계의 복잡한 국제 관계 속에서
교황은 표출된 문제들을 중재하거나 로마교회의 구상에 따라 지역의 정치적
문제를 해결해 나가고자 하였다. 그러나 교황이 영적인 권위만을 가지고
각 국가의 정치적 문제에 직·간접적으로 간섭하는 것은 쉬운 일이 아니었다.
교황은 그 국가의 왕과 주종 관계를 맺고 교황의 대영주권을 인정받음으로써
안정적으로 관계를 정립해 나갈 수 있었다. 11세기 교회 개혁 시대에
교황은 세속에 대한 영적 권력의 우월권을 봉건적 영주권이라는 가시적인
관계로 표출하고자 하였다. 헝가리의 솔로몬 왕이 교황에게 도움과 보호를
요청했을 때 그레고리우스 7세는 과거에 헝가리가 교황의 보호 하에 있었던
것을 상기시키면서 헝가리가 교황의 봉토이며 교황이 그 땅에 대해 영주권을
가지고 있음을 주장하였고, 왕은 그러한 관계를 인정하였다.[31]

　12~13세기에 교황들이 영주권을 지키기 위한 수단으로 파문을 이용했던 사례들을 찾아볼 수 있다. 교황 호노리우스 2세(1124~1130)는 아풀리아의 대공 윌리엄이 사망한 뒤 이를 차지하려고 했던 시칠리아의 왕 로게리우스를 파문한다. 이때 교황은 아풀리아가 교황의 봉토였고 윌리엄의 후사가 없었기 때문에 교황이 그의 영토를 몰수(escheat)해야 한다고 주장하였다. 1143년 포르투갈의 왕 아폰수 1세는 카스티야의 왕에게 영토가 복속되는 것을 피하기 위해서 교황의 봉건적 영주권을 받아들였다. 잉글랜드의 존 왕은 캔터베리 대주교의 임명을 둘러싸고 로마교회와 심각한 갈등에 빠지게 된다. 1208년 교황 인노켄티우스 3세는 잉글랜드 전역에 성사금지령을 선포하고, 1210년에는 존 왕에게 파문 선고를 하게 된다. 프랑스 필립 왕과의 전쟁에서 패배하고 힘이 크게 위축된 존의 입장에서는 교황과의 관계를 개선하지 않으면 위기를 극복할 수 없다고 판단하였다. 따라서 존 왕은 1213년 캔터베리 대주교 선출과 교회 재산의 관리권을 모두 교회에 양보하였다. 이와 함께 왕권을 교황에게 양도하고 잉글랜드를 성베드로의 지배에 구속시킬 것을 선언하였다.[32] 인노켄티우스 3세는 잉글랜드뿐 아니라 폴란드, 헝가리, 사르디니아, 불가리아 등에 대해서 대영주권을 행사하였다. 그 외에도 키에프의 대공, 프로방스 백, 남부 이탈리아와 시칠리아의 노르만 군주들, 아라곤의 왕들이 교황의 봉신이 되었다.

　어떠한 상황 속에서 봉건적 관계가 맺어졌든지 간에 교황의 영주권을 인정한 지역은 교황에게 종속된 교황 왕국의 일원이 되었다. 교황은 그들 지역에 대해서 보호자요 후원자로서 필요에 따라 현세적인 문제에 대해서 얼마든지 간섭할 수 있는 권위를 가지게 되었다. 그러한 면에서 볼 때 교황의 대영주권은 교황의 보편적 지배권 이상을 실현하는 데에 있어 매우 효율적인 수단이었다. 그러한 과정에서 교황의 권위와 봉건적 영주권

31) Gregorius VII, *Register* 11. 13.
32) Innocent III, *P.L.* 216, col.876.

을 강화하고 확산시키는 데에 파문은 교황의 보조적인 도구이자 무기로서
큰 위력을 발휘하였다고 할 수 있다.

4. 구성과 서술의 방향

파문이 중세 시대에 무수하게 선포되었고, 그것이 중세 사회 내에서 가졌던
중요성에 비해서 현대 학자들의 관심은 비교적 적은 편이다. 그렇다고
할지라도 중세의 파문을 이해할 수 있는 대표적인 현대의 연구물들을
다음과 같이 소개할 수 있다. 먼저 파문의 성격, 범위, 변천 등을 정리한
것으로는 하이랜드(F. E. Hyland)[33]와 곰멩징거(A. Gommenginger)[34]의 작
업을 들 수 있다. 보돌라(E. Vodola)[35]는 파문의 사회적·역사성을 중심으로
봉건적 관계, 법정에서의 적용 과정, 파문의 해석에 대한 변천 등의 내용을
부각시키며 학계의 관심을 크게 불러일으켰다. 로건(F. D. Logan)[36]은 세속
권력이 교회에서 선고한 파문을 어떠한 절차와 방식을 통해 집행했는지
잉글랜드 지역의 수많은 사례를 통해 설명하고 있다. 캠벨(G. J. Cambell)[37]

33) Francis Edward Hyland, *Excommunication: Its Nature, Historical Development and Effects* (Washington, D.C.: Catholic U of America, 1928); Herbert Thurston, *Excommunication by book, bell, and candle* (London: Catholic Truth Society, 1926); Richard E. Osgood, *The doctrine of excommunication*, Dissertation (Dallas Theological Seminary, 1950).

34) Alfons Gommenginger, "Bedeutet die Excommunication Verlust der Kirchengliedschaft?," *Zeitschrift für katholische Theologie* 73 (1951), pp.1~71.

35) Elisabeth Vodola, *Excommunication in the Middle Ages* (Berkeley/Los Angeles/London: U of Califonia P, 1986).

36) F. Donald Logan, *Excommunication and the Secular Arm in Medieval England: A Study in Legal Procedure from the Thirteenth to the Sixteenth Century* (Toronto: Pontifical Institute of Medieval Studies, 1968); Rosalind Hill, "The Theory and Practice of Excommunication in Medieval England," *History* 42 (1957), pp.1~11; Robert Copp Fowler, *Secular aid for excommunication* (London, 1914).

37) G. J. Cambell, "The Attitude of the Monarchy Toward the Use of Ecclesiastical

은 프랑스 지역에서 루이 9세 시대의 사례를 소개하고 있으며, 아이히만(E.
Eichmann)[38]은 독일 지역에서의 사례를 들어 세속 군주가 교회의 파문을
통고받고 강제력을 동원해 협력하는 과정을 설명하고 있다. 레아(H. C.
Lea)[39]는 교회의 현세적인 권력이 확대되는 과정에서 강제력인 파문이
중요한 구실을 했음을 주장하고 있다. 구약시대의 히브리 사회에서 찾아볼
수 있는 파문의 기원에 대해서는 호버리(W. Horbury)[40]가, 사도 시대에
집행된 파문의 성격과 의미에 대해서는 콜린즈(A. Y. Collins)[41]가 깊이
있게 추적하였다. 하비(Wilma Harvey)[42]는 파문을 정치적으로 이용한 사례
를 총정리하였다. 400년으로부터 1300년까지를 세 단계로 나누어 파문이
정치적으로 이용되는 사례를 일목요연하게 정리하고 각 단계의 특징을
규명하였다. 이외에도 각 주제에 관련된 연구들을 찾아볼 수 있으며 각
장에서 그러한 연구 내용에 대해 언급할 것이다.

　본서에서는 중세의 교회법적 해석을 토대로 파문의 개념을 설정한 뒤
이의 현실적 영향과 의미를 사법적·정치적 측면으로 나누어 고찰하려고
한다. 이를 위해 중세의 파문 제재에 관한 필자의 작업은 다음과 같이

　　　Censures in the Reign of St. Louis," *Speculum* 35 (1960), pp.535~555; Genevieve
　　　Steele Edwards, *Ritual excommunication in medieval France and England, 900-1200*,
　　　Dissertation (Stanford University, 1997).

38) Eduard Eichmann, "Das Excommunikationsprivileg des deutschen Kaisers im Mittelalter,"
　　　Zeitschrift der Savigny-Stiftung für Rechtgeschichte 32 (1911), pp.160~194.

39) Henry Charles Lea, *Studies in Church History: The Rise of the Temporal Power. Benefit
　　　of Clergy* (Philadelphia, 1869); James Lord, *Excommunication, or Observations on the
　　　act of supremacy, temporal and spiritual power* (London : Seeley, Burnside, and Seeley,
　　　1846).

40) William Horbury, "Extirpation and Excommunication," *Vetus Testamentum* xxxv, 1
　　　(1985), pp.13~37.

41) Adela Yarbro Collins, "The Function of 'Excomunication' in Paul," *The Harvard
　　　Theological Review* 73 (Jan/Apr., 1980), pp.251~263.

42) Wilma Harvey, *Excommunication as an Instrument of Papal Policy 400-1300 A.D.*
　　　(Mount Holyoke College, The requirement for the degree of B.A., 1934).

몇 가지 단계로 나누어 진행되었다. 첫째는 파문의 개념이 어디에서 시작했으며 어떻게 변화해 가는지, 파문의 종류가 무엇이며 파문의 집행과 사면은 어떻게 이루어지는지를 살펴보려고 한다. 이를 위해서 중세교회법의 기초적 원칙을 제공한 공의회의 법규에 규정된 파문의 개념을 검토하고자 한다. 둘째, 파문 의식의 형성과 파문장을 살펴보고자 한다. 교회의 파문이 빈번해지면서 일정한 파문 의식이 행해졌고 그 내용이 문서로 작성된다. 그러한 의식과 형식은 지역과 시기에 따라 다른 모습을 보인다. 따라서 파문에 대한 교회법적 이해와는 달리 현실 속에서 실행되었던 의식을 통해서 중세 인들이 파문에 대해서 가졌던 생각과 두려움을 더욱 감각적이고 생생하게 이해할 수 있을 것이다. 셋째, 파문과 사법적 자격 박탈을 살펴보고자 한다. 파문과 사법적 자격을 연관시키는 것은 12세기에 본격화된다. 이러한 관념은 로마법에서 연유하는 불명예효(infamy)가 중세교회법에 도입되었기 때문이다. 따라서 로마법의 불명예효가 교회법에 수용되는 과정을 검토함으로써 파문의 사법적 자격 박탈의 본질과 내용을 이해하고자 하였다. 또한 그와 같이 교회 법정에서 선고한 파문으로 인한 사법적 자격 상실이 세속 법정에서는 어떻게 받아들여졌는지를 추적해 보고자 한다. 넷째, 교황권 강화와 파문의 정치적 이용을 살펴보고자 한다. 파문은 교회의 질서를 유지하고 교회법 위반자를 처벌하고자 하는 종교적·영적인 제재 수단이었다. 그러한 원래의 취지와는 달리 교권은 파문을 무기로 세속 권력을 통제하고 교권 강화를 꾀하였다. 교황이 수위권을 표방하면서 유럽 사회에서 보편적 지배권을 강화해 나아갈 때 교황이 가장 쉽게 이용할 수 있었던 도구가 바로 파문이었다. 이러한 내용을 순서대로 살펴본다면 파문에 대한 관념이 시간이 지남에 따라 어떻게 변화하고 달라지는지, 그리고 파문이 어떠한 목적으로 이용되고 도구화되어 가는지를 이해할 수 있을 것이다.

제1장 파문의 기원과 개념

1. 파문의 기원

중세 시대에 행해진 파문은 구약 시대의 히브리 사회, 그리고 신약과 초대교
회 공동체에서 그 뿌리를 찾아볼 수 있다. 훈징거(Hunzinger)는 A.D. 70년
이전에 유대인 공동체에서 일반적 형태의 추방(ban) 제도가 있었다는 것을
부인한다.[1] 그러나 벨하우젠(Wellhausen)은 모세 5경 시대와 후대의 제사장
통치 시대에 범죄자를 공동체로부터 격리시키는 규정이 있었음을 설명하고
있다.[2] 종교성이 강한 히브리 사회에서는 파문과 같은 형식의 징계가
사회의 조직과 결속력을 견고하게 하는 데 있어 효율적인 도구였다. 고대의
히브리 사회에서 강력한 징계는 범죄자를 공동체로부터 추방하거나 저주하
는 것이었다. 이는 내쫓기는 것뿐 아니라 죽음을 의미하기도 하였다.[3]
특히 우상 숭배자와 공동체를 파괴한 자들에 대한 형벌은 죽음이었고
이는 하늘로부터 내려오는 것[4]임과 동시에 인간 사회로부터 가해지는
벌[5]이라고 생각하였다.[6]

---

1) C. H. Hunzinger, "Bann II," *Theologische Realenzklopädie* 5 (Berlin, 1980), pp.161~167.
2) J. Wellhausen, *Die Pharisäer und die Sadduzäer* (Greifald, 1874), p.35.
3) 레 26:14-39; 신 27:11-26, 28:15-68, 39:10-30.
4) 민 25:9; 신 4:3.
5) 출 22:19; 민 25:4-8; 신 8:7-19.
6) W. Horbury, "Extirpation and Excommunication," *Vetus Testamentum* xxxv, I (1985),

히브리 사회에서는 바빌로니아로부터 귀향한 이후에 범죄자나 결함이 있는 자를 공동체로부터 추방하고 격리하는 규정이 법제화되었다. 이는 성전 집회의 신성성, 그리고 유대인 공동체에 대한 충절과 연관되어 있었다. 이 두 가지 문제는 제2 사원시대(The period of the Second Temple)[7]에 더욱 첨예화되었다. 포크맨(Forkmann)은 그러한 법제화가 에스라 10장 8절과 느헤미야 13장 3절에 근거한다고 설명한다. 성전 집회의 참여에 대한 규정은 신명기 23장 2-9절에서 이미 나타나고 있다. 성전 집회에 참여가 금지된 자는 이방인이나 사생아 또는 신체적 결함이 있는 사람들이었다. 바빌로니아 유수 이후의 시기에는 할례받지 않은 자, 정결치 못한 자, 이방인 등이 그러한 범주에 속하는 것으로 언급되었다. 에스겔서 44장 6-9절에서는 패역한 자, 이방인과 무할례자가 성소를 더럽히지 못하게 하였다.[8]

공동체 내에서의 형벌은 저주와 재앙, 추방이 있다. 이러한 형벌로 초래되는 저주는 땅에서 추방되거나, 그에 해당하는 무리가 흩어져 버림을 당하는 것, 또한 재앙 받는 것을 의미하였다.[9] 특별히 이 형벌은 우상숭배자와 공동체를 파괴하는 자[10]들에게 부과되었으며, 이는 하늘로부터뿐 아니라 인간으로부터도 가해질 수 있다고 생각되었다.[11]

구약시대에 유대인 성전 집회나 공동체로부터의 추방(ban)은 저주(curse)로 해석[12]되었으며, 공동체로부터 격리되는 자들에게는 신으로부터 죽음의 형벌이 내려진다고 생각하였다. 이러한 면에서 구약시대의 추방은 히브리

---

p.17.

7) "Second Temple Period (536 BCE-70 AD)," *The New Jerusalem Mosaic* (http://jeru.huji.ac.il /ec1.htm).

8) W. Horbury, "Extirpation and Excommunication," p.18.

9) 레 26:14-39; 신 27:11-26, 28:15-68, 39:10-30.

10) 출 22:19; 민 25:4-8; 신명기 4:3.

11) W. Horbury, "Extirpation and Excommunication," p.20.

12) 수 6:17, 25.

42

인들의 사회에서 가장 극단적이고 엄중한 형벌이었다. 그것으로 당하게 되는 결과는 단순한 추방과 격리에 그치지 않고 죽음을 불러올 만큼 두려운 것이었다.

구약시대에 히브리인들이 추방과 연관해서 가졌던 형벌의 개념은 신약시대에까지 상당 부분 이어져 내려왔다. 그러나 초기 기독교 시대의 파문 징계가 전적으로 히브리의 관습에서만 기인한다고 할 수는 없다. 예수 그리스도가 영적 구원을 위한 완전한 사회로서 교회를 세웠고 그러한 결과로 교회의 파문권이 필연적으로 부여되었다는 점을 생각하지 않을 수 없다. 교회는 영혼 구원의 목적을 위해서 필요한 모든 수단을 강구한다. 그러한 수단의 하나가 나태한 자를 벌줄 수 있는 권리이고, 필요하다면 그들이 교회 안에서 교제할 수 없도록 징계할 수 있었다. 교회에 부여된 징계권은 마태복음 18장 18절에서 언급된 예수 그리스도의 말에서 그 뿌리를 찾아볼 수 있다. "너희가 땅에서 매면 하늘에서도 매일 것이요 무엇이든지 너희가 땅에서 풀면 하늘에서도 풀리리라"는 그리스도의 말은 죄를 용서할 수 있는 권리뿐 아니라 영적 사법권에 대한 언급이었다. 이러한 사법권은 교회의 적절한 정치를 위해서 필요하고 유용한 것을 모두 포함한다고 생각되었다. 이러한 점에서 그리스도가 교회에 파문의 권리를 부여하였다고 볼 수 있을 것이다.[13]

그리스도는 죄를 범한 사람이 두세 증인 앞에서도 말을 듣지 않으면 교회에 보고하고, 교회의 말도 듣지 않으면 이방인이나 세리와 같이 여기라고 하였다.[14] 여기서 교회는 교회의 지도자, 혹은 사역자를 뜻한다. 이는 사역자뿐 아니라 성도의 공동체를 함께 의미한다고 할 수 있다. 초대교회에서는 물의를 일으킨 죄인들이 모든 성도들 앞에서 규탄을 받았고 그가

---

13) F. E. Hyland, *Excommunication: Its Nature, Historical Development and Effects* (Washington, D.C.: Catholic U of America, 1928), p.15.
14) 마 18:15-17.

계속해서 굽히지 않으면 감독이 성도들 앞에서 그에게 파문을 선고하였다. 그리고 점차적으로 형벌권을 가진 감독만이 죄인을 징계할 수 있게 되었다.[15] 범죄자가 교회의 합법적인 지도자에게 불순종한다면 유태인이 이방인이나 세리를 경멸하는 것처럼 교회 안에서 그도 비천한 대우를 받게 되는 것이다. 유태인들은 전통적으로 이방인들과는 교제를 삼갔다. 또한 세리는 불공정하고 빈곤한 사람들을 억압하는 자의 상징이었기 때문에 유대인 사회에서는 세리를 불명예스럽게 생각하고 천대시하였다.[16]

그리스도에 의해서 교회에 부여된 파문권은 초대교회 시대부터 시행되었다. 사도 바울은 양심을 거부하고 신앙을 버린 후메내오와 알렉산더를 파문하였다.[17] 고린도 교회에 대해서는 음행과 토색과 우상숭배 하는 자들을 내쫓는 것이 마땅하다고 판단하였다. 그러한 사람들을 예수 그리스도의 이름과 능력으로 사단에게 내어주어서 육체로는 멸망되나 영은 주 예수 그리스도의 날에 구원을 얻도록 할 것이라고 가르쳤다.[18] 바울 사도는 범죄한 자를 사단에게 내어준다고 말하고 있는데 이는 그를 교회 밖으로 내쫓아서 사단의 왕국에 버리는 것을 의미하였다.

바울 서신에는 '아나테마(anathema)'에 관해서 몇 차례 언급한 것이 있다. 바울은 그리스도 공동체 내에서 주 예수 그리스도를 사랑하지 않는 사람과 바른 진리를 가르치지 않는 자들을 '아나테마'로 처벌하였다.[19] 바울 사도는 그리스도 교인들에게 죄 지은 형제들을 피하라고 자주 경고하였다.[20] 이러

---

15) MacEvilly, *An Exposition of the Epistles of Saint Paul*, etc., Vol. I (Dublin, 1875), p.328.

16) F. E. Hyland, *Excommunication: Its Nature, Historical Development and Effect*s, p.16; Melvin R. Storm, *Excommunication in the life and theology of the primitive Christian communities*, Dissertation (Baylor University, 1987).

17) 딤전 1:20.

18) 고전 5장.

19) King James Version 참조. 고전 16:17; 딛 3:10; 롬 9:3.

20) 롬 16:17; 딛 3:10; 고전 5:9; 요 10:11.

한 것은 파문까지는 받지 않을지라도 실제로는 그와 같이 간주되는 사람들에 대한 경고였다. 바울 서신을 통해서 볼 때 사도의 시대에는 파문의 형벌이 사용되었다는 것을 분명히 알 수 있다. 그러한 징계는 징벌을 목적으로 하기보다는 교정을 위하거나 보호를 우선적인 목적으로 한다는 점을 발견할 수 있다. 따라서 초대교회의 사도의 시대로부터 교회의 규율과 징계가 점차 공식화되고 형태를 갖추기 시작했다고 할 수 있는 것이다.

사도 시대의 규율과 징계는 다음 시대에 교회의 권징을 위한 모형이 되었다. 교황과 주교, 공의회는 이와 같은 모형을 계승하였다. 그러한 법규와 형식에 따라 중세 시대에 파문 형벌은 심각한 범죄를 저지르고 뉘우치지 않는 개인에게뿐 아니라, 같은 정도의 범죄를 저질렀다면 황제나 왕, 제후와 같은 공적인 위치에 있는 사람에게까지 가차없이 행해졌다.

2. 파문의 개념

4세기 교회 문서에 처음 나타나는 파문(*excommunicatio*)은 라틴어의 '*ex*'와 '*communicatio*'를 합성한 것으로서 공동체 내의 어느 한 사람을 교류와 왕래에서 분리시키고 격리시키는 것을 의미한다[21]. 교회법에서 파문은 그리스도인의 공동체 내에서 격리시키는(*seperatio a communione fidelium*) 조치 또는 격리된 상태를 뜻하는 것으로서 교회법에 따라 규정된 교정벌 (*censura*) 징계이다.[22] 세례받은 사람이 교회법을 어기거나 기독교 사회에 유해한 행위로 인해 경고를 받았음에도 이를 고치지 않고 법을 위반하고 불복종(*contumacia*)할 때 그가 그러한 행위를 그치고 사면을 받을 때까지

---

21) CANON 2257; Callistus Smith, *A Practical Commentary on the Code of Canon Law* vol. 2 (London: B. Herder, 1952), §2100.

22) F. E. Hyland, *Excommunication*, p.1.

영적인 것과 관련된 그의 특권을 박탈하는 형벌이다. 그러므로 파문의
징계는 위법 행위의 교정을 위해서 합법적인 권력자에 의해 가해지는
형벌이요, 위법 행위에 대한 징벌인 것이다. 말하자면 파문은 영적 권력으로
부터 선고되고 영적 삶을 제한하고 박탈하는 영적인 형벌(spiritual penalty)
인 것이다. 다만 그 형벌의 성격은 영적인 것이지만 부차적으로 재물이나
직책과 같이 세속적인 것을 박탈하는 것이기도 하다. 파문으로 박탈될
수 있는 영적인 권한에 속하는 것들은 성사의 집전과 참여, 대사(大赦)부
수혜, 교회 법정 소송권, 교회 묘지 내의 매장 등이 있으며, 그 외에도
성직록과 교회 재산의 관리 등 영적인 것에 연관된 현세적 요소들이 있다.
　　파문을 받는 대상은 기본적으로 세 가지의 조건에 해당되어야 한다.
첫째, 파문은 종교적이고 영적인 형벌이기 때문에, 이 형벌을 받는 대상은
세례를 받은 자여야 한다. 그리스도인이라 할지라도 그는 세례를 받은
이후에 비로소 교회의 사법권에 직접적으로 종속되는 것이다. 즉 세례는
교회법 위반자에게 교회법을 적용할 수 있는지의 여부를 정하는 데 있어
중요한 기준이 된다. 둘째, 파문의 대상은 외형상으로나 그리고 내면적이고
도덕적인 면에서 교회법이나 기독교의 교리를 위반한 죄를 저지른 위법자여
야 한다. 셋째, 파문을 받는 사람은 불순종한 사람이어야 한다. 이 세
번째 조건은 교회법에서 규정하고 있는 여타의 형벌과는 다른 요소이다.
파문의 징계는 치유적 성격의 형벌이고, 그것의 일차적인 목적은 범행자를
교정시키는 것이다. 그래서 파문은 불순종을 전제로 하여 선고되는 것이
다.[23]
　　교회법에 따르면 교정벌은 파문, 성사 금지(interdictum), 정직(suspensio)
등 세 가지가 있다. 성사 금지는 제재를 받는 사람이 교회와의 친교는
유지하는 반면 교회의 의식을 통해서 얻을 수 있는 특정한 혜택을 받지

---

23) F. E. Hyland, *Excommunication*, pp.2~3.

못하도록 하는 벌칙이다. 금지 처분을 받게 되면 미사나 전례에 교역자로서 참여하는 것이 금지되며, 성사나 준성사를 집전하거나 성사를 받는 것이 금지된다.[24) 이 벌칙은 성직자와 평신도 개인에게뿐 아니라, 공동체나 일정 지역에 부과될 수 있다. 정직은 성직자에게만 부과되는 처벌이다. 정직 처분을 받은 자는 사목권이나 재치권(裁治權)의 전부나 일부, 또는 직무에 결부된 권리나 임무가 금지된다.

성사 금지와 정직은 교정벌이거나 징벌의 형벌로 처벌된다. 이에 비해 파문은 언제나 치유를 목적으로 하는 교정벌로서 처벌된다. 따라서 이는 한정된 시간으로 제한되는 것이 아니고 범죄자가 명령 불복종을 포기하고 사면을 받을 때까지 지속되는 것으로 되어 있다. 파문은 반드시 사람에게만 적용되며 위법할 경우엔 성직자든 평신도든 누구에게나 선고된다. 파문을 당한 자와 접촉하는 사람에게도 그 영향이 미친다. 파문으로 처벌받은 자는 그리스도교 신도의 공동체로부터 격리되지만 성사 금지와 정직의 경우는 교회 내에서 친교를 유지할 수 있다. 후자의 두 형벌은 교회 안에서 신도나 교역자로서 가지는 권리를 일부 박탈하지만, 파문은 기독교인으로서의 사회적 신분에 연관된 권리까지도 박탈하는 것이다. 뿐만 아니라 파문은 개인의 구원과 영혼의 문제와 관련된 영적인 삶에 직접적으로 영향을 미치게 된다. 이에 비해 두 형벌은 개인의 영적인 문제를 건드리는 것은 아니다.[25) 이러한 면에서 파문은 두 형벌에 비해서 훨씬 더 엄중한 형벌이다. 그라티아누스 교령집(*Decretum Gratiani*, 1143)에서 모든 교회법적 형벌 가운데서 파문이 가장 준엄한 것이라고 언급하였다.[26) 이는 마치 사형과 같은 것이었다. 제롬이나 어거스틴은 이것을 아담이 낙원에서 추방

---

24) CANON 2257; C. Smith, *A Practical Commentary on the Code of Canon Law*, §2111~2118.

25) C. Smith, *A Practical Commentary on the Code of Canon Law*, pp.3~4.

26) Aemilus Fiedberg (ed.), *Corpus Iuris Canonici* (Graz: Akademishe Druck-U. Verlagsanstalt, 1956), Pars Secunda: Gregory IX's *Liber Extra*, II, 1 C. 10, X, de judiciis.

되는 것에 비유하였다.27) 그래서 파문은 그리스도의 교회로부터의 추방이라고 할 수 있는 것이다.

성도의 친교 공동체로부터 분리시킨다는 면에서 파문은 다른 교정벌과 다르다고 할 수 있다. 성도 간의 친교는 세 가지의 형태가 있다. 첫째로 내면적 친교로서 이를 통해 성도 간에 연합하고 그리스도와 연합한다. 이는 신의 은총과 신앙, 소망, 자비가 서로 결합되어 이루어진다는 데에 그 본질이 있다. 둘째, 외적인 친교로서 일상적인 삶에서 가질 수 있는 보통의 시민적이며 사회적인 관계이다. 셋째는 위의 두 가지 형태가 혼합된 것으로서 성사, 공중 기도, 미사, 교회의 투표, 기타 예배 의식과 같이 영적인 성격을 가지는 교회의 의식이 있다.28)

성도의 공동체에서 가질 수 있는 세 가지 형태의 친교 가운데 파문의 제재를 가해서 영향을 미칠 수 있는 것은 무엇일까? 교회는 파문이나 다른 수단을 통해서 신의 은총과 내적 선으로 구성된 순전히 내면적인 성격의 친교를 박탈할 수는 없다. 그러한 것은 죽을 죄(mortal sin)를 저질렀을 때에만 상실되는 것이다. 파문을 당한 자는 신의 은총과 덕행에서 떠나버린 것을 의미하지만 파문의 형벌이 그 자체를 파괴할 수는 없다. 파문의 상태에 있을지라도 완전한 참회를 통해서 신의 은총과 선을 회복할 수 있다. 교회는 영적인 목적을 위해서 성도를 인도해야 할 직무를 가지고 있으므로 이론상으로 사회적이고 일상적인 거래와 같은 외적인 친교를 금지할 수는 있다. 그보다는 파문을 통해서 단절시킬 수 있는 가장 적합한 형태는 혼합적 성격의 친교이다. 성도들은 친교를 통해서 그리스도가 교회의 사역을 통해 부여하고자 했던 기독교 사회의 모든 축복을 공유하는 것이다. 그런데 파문은 그러한 축복에 동참할 수 있는 기회를 박탈하는 것이다. 그래서

---

27) F. E. Hyland, *Excommunication*, p.4.

28) S. B. Smith, *Elements of Ecclesiastical Law*, vol.III, *Ecclesiastical Punishments*, 3ed. (New York, 1869), n.3190.

48

파문된 사람은 교회의 법적 보호로부터 제외되고 내적·외적 법정에서
사법적 권리의 행사가 금지되며, 투표 및 선출권이 박탈된다. 뿐만 아니라,
성사의 집전과 참여, 대사부의 특전, 참정권, 교회의 공중 기도, 성무에
보조할 수 있는 권리 등 그리스도 교회의 사역에 그리스도가 맡긴 축복된
영적인 권한을 모두 박탈당하는 것이다. 그러한 결과로 파문을 당한 자는
더 이상 그리스도인이 아니다.29)

악행으로 인해 파문을 받은 사람은 성만찬에 참여할 수 없을 뿐 아니라,
사도 바울의 가르침30)에 따라 성도들은 그와 친교해서는 안 되며 함께
식사하는 것도 금지되었다. 그러나 파문된 아버지와 그의 가족이 함께
식사하는 것은 허락되었다. 그 외에 누구든 그와 접촉하는 사람은 파문을
당하도록 되어 있었다.31) 파문된 사람이 결혼하기 위해서 혼례 미사를
올려줄 수 있는 사제를 찾아 식을 올린다면 그 혼례 미사를 집전한 사제에게
도 파문이 부과된다. 성직을 가진 자의 부친이 파문을 당한 경우에 아들이
부친과 함께 거주하며 접촉한다면 그 역시 파문을 당하게 된다. 아들이
성직서품을 받을 때에 출가를 한 것으로 간주되기 때문에 이 아들은 파문된
자의 가족 범주에 더 이상 들지 않는다. 그래서 파문을 당한 부친에게
의존하고 있는 사제는 그의 부친이 파문을 당했다는 것을 알게 되는 순간
가급적 빨리 그를 떠나야 한다.32)

가난한 친척이 파문을 당했다면 그를 식탁에 맞아들여서는 안 된다.
그를 다른 식탁에 앉히거나 같은 식탁이라면 한쪽 구석에 앉혀서 별도의

---

29) C. A. Kerin, "Canonical Excommunication," *New Catholic Encyclopaedia* vol.5, p.706;
   F. E. Hyland, *Excommunication: Its Nature, Historical Development and Effects*, pp.6~7.
30) 고전 5: 11.
31) Aemilus Fiedberg (ed.), *Corpus Iuris Canonici, pars prima* (Graz: Akademishe Druck-U.
   Verlagsanstalt, 1956), *Decretum Gratiani*, C.11 q.3 cc.16~19 and c.28.
32) N. M. Haring, "Peter Canter's view on ecclesiastical excommunication and its practical
   consequence," *Medieval Studies* vol. 9 (1949), p.105.

그릇에 음식을 주어 먹도록 해서도 안 된다. 다만 뜰에서 사람들에게 보이도록 음식을 먹도록 하는 것이라면 어느 정도 무방하다. 또한 그에게 음식을 사먹도록 돈을 주어서도 안 된다. 그가 식사할 때 사용한 식사 도구나 탁자보 등을 부수거나 태우면 그가 몹시 창피함을 느끼게 될 것이다. 토마스 베케트로부터 파문을 당한 런던의 주교 폴리오(Gilbert Foliot, 1163~1188)가 바로 그러한 꼴을 당하였다.[33] 한 수사가 파문을 당하고 도망을 갔을 때 그를 쫓아간 수도원장이 그가 돌아오도록 설득하기 위해 그와 식사를 했다면 수도원장 역시 파문되었다. 클루니 수도원의 수도원장 휴(Hugh the Great, d. 1109)는 그 같은 파문을 무릅쓰고 수사의 귀환을 설득하기 위해 행동으로 본을 보였던 사람으로 잘 알려져 있다.[34]

파문을 당한 사람이 예배당에 들어오면 성도들이 밖으로 나갈 필요는 없다. 성도들이 교회 밖으로 나가는 자체로는 그에게 창피를 줄 수 없는 것이다. 미사중에 그가 들어오면 미사가 중지되어야 한다. 파문된 자가 설교와 봉헌 시간에 들어오면 사제는 미사를 중단하지 않고 계속 진행한다. 봉헌 후에 그가 성체를 받기를 기다린다. 그리고 나서 성례를 멈추고 힘센 교구민으로 하여금 침입자를 강제로 끌어내도록 한다. 파문된 자가 헌물을 사제에게 주려고 한다면 교회법에서 1년에 세 번 내도록 되어 있는 정기적 헌물 외에는 아무것도 받지 않고 거절해야 한다.[35]

파문당한 자로부터 선물을 받거나 그에게 물건을 사고판다든지, 어떠한 형태로든 거래를 하기 위해 그와 접촉한 자가 반드시 파문을 당하는 것은 아니지만, 그와 같은 접촉은 죄라고 간주되었다. 단, 어떤 경우에는 파문된

---

33) N. M. Haring, "Peter Canter's view on ecclesiastical excommunication and its practical consequence," p.105.

34) N. M. Haring, "Peter Canter's view on ecclesiastical excommunication and its practical consequence," p.105.

35) N. M. Haring, "Peter Canter's view on ecclesiastical excommunication and its practical consequence," p.106.

자와 접촉을 해도 죄가 되지 않았다. 여행중에 파문된 자에게 길을 물어볼 수도 있고 강도를 만나면 도움을 청할 수도 있다. 파문된 자가 유능한 법률가이고 그의 자문을 얻지 못하면 큰 손실을 볼 경우 그가 파문된 자라는 것을 알면서 그와 접촉하게 된다. 이와 같은 상황들은 불가피한 것으로 여기고 그러한 접촉은 죄된 것으로 보지는 않았다. 파문된 사람은 교회에서의 신학 강좌나 설교 장소에 참석할 수 없다. 이단자들을 개전시키기 위한 설교는 교회 밖에서 행해야 하고 가톨릭교도는 소수 불가피한 사람 외에는 이에 참석시켜서는 안 된다. 교회 내에서 파문당한 자를 위한 특별 기도는 금지되었다. 그러나 교회 밖에서 사적으로 하는 것은 가능했다. 교회에 불을 지르거나 성직자를 죽이면 도시 전체가 파문의 상태에 놓이게 된다. 범죄에 가담한 모든 시민은 선고에 준하는 파문을 받게 된다. 그 도시가 부당한 공격을 받을 경우에는 도시민들이 방어를 위해 지원하는 것은 정당하다. 그러나 방어를 위해서 누구도 용병으로 고용되어서는 안 된다. 이를 지키지 않으면 그들 역시 파문에 처하게 된다.[36]

어거스틴의 서한에서 가장의 죄로 인해 전 가족을 파문한 동료 사제를 비난한 것[37]으로 볼 때 가족일지라도 파문당한 자와 접촉하면 그 죄가 연좌되는 사례들이 있었던 것으로 생각된다. 결백한 사람도 죄에 오염될 수 있는 가능성이 있고 파문된 자와 접촉하는 모든 사람은 그 죄에 물드는 것으로 여겼다. 교황 그레고리우스 7세(1079~1083)의 교령 〈우리들의 많은 죄로 인하여(Quoniam multos)〉는 "파문당한 가장과 접촉한 아내나 그 자녀들이 파문되지는 않는다"[38]고 규정함으로써 그와 같은 연좌제의 전통을 무너뜨린 것으로 보인다. 12세기에 이에 대한 논쟁이 가열되었다. 그라티아

---

36) N. M. Haring, "Peter Canter's view on ecclesiastical excommunication and its practical consequence," pp.106~107.

37) *Decretum Gratiani*, C.24 q.3 c.1.

38) *Decretum Gratiani*, C.11 q.3 c.103.

누스는 접촉을 구실로 파문당한 자의 가족에게 파문이 확대되는 것을 격렬히 반대하였다. 반면 다른 교회법학자들은 그의 견해에 동조하지 않았다. 제1세대 교령집 연구가(decretist)라고 할 수 있는 파우카팔레아(Paucapalea)는 가족들이 어느 정도 범죄를 조장하는 데 가담했다면 그와 함께 파문될 수 있다고 여겼다. 후구치오(Huguccio, d. 1270)는 죄의 과중한 정도에 따라 전 가족의 파문이 결정된다고까지 말하였다. 1198년에 반포된 교령 〈우리들의 많은 죄로 인하여〉를 통해서 교황 인노켄티우스 3세(1198~1216)는 교제가 용인된 사람을 제외하고는 누구도 파문당한 자와 접촉해서는 안 된다고 선언하였다. 인노켄티우스의 신중함에도 불구하고 프랑스에서는 전 가족에게 파문이 가해지는 일이 자주 있었다. 1200년경 랭스의 대주교는 교회 재산을 침해한 사람을 파문했고 동시에 그의 가족이 교회에 오는 것을 금지했으며 그의 땅을 금지령 하에 두었다. 이와 같이 〈우리들의 많은 죄로 인하여〉의 완화된 내용은 현실적으로는 제대로 실행되지 않고 오랫동안 무시되었다. 그러나 오랜 시간이 지난 1329년경 랭스의 법정에서 행해진 판례를 보면 그러한 관행이 점차 달라지는 모습을 찾아볼 수 있다. 여기에서는 가족의 의무를 지속하기 위해서 파문당한 자와 계속 접촉하는 그의 처자에 대해서 성찬 금지와 교회 매장을 금지하는 처벌이 크게 감소되었다. 비슷한 시기에 교황의 법정에서도 부당하게 피해를 입은 가족이 구제될 수 있는 방안이 제기되었다.[39]

　파문으로 인해 초래되는 가족 관계에 대한 해석만큼이나 그로 인한 봉건적 관계의 파기에 관해서도 다양한 해석이 제기되었다. 12세기의 주교 회의의 규정에서는 목동, 농부, 집꾼, 노예, 마부 등 임금을 받고 시중을 드는 모든 사람들은 〈우리들의 많은 죄로 인하여〉에 의거해서 파문된 주인과 접촉해도 무방하다고 언급하고 있다. 나아가서 교회법은 파문과

---

39) Elisabeth Vodola, *Excommunication in the Middle Ages* (Berkeley/Los Angeles/ London: U of Califonia P, 1986), pp.59~63.

52

연관해서 봉건적 관계를 규정하였다. 사실상 봉건적 관계는 교회법의 범위에 속하지는 않는다. 그러나 파문의 규정은 결과적으로는 봉건적 관계에까지 그 영향을 미쳤다. 교회법에서는 봉건적 신분의 사람이 파문 상태에 있는 동안은 다른 사람과의 봉건적 관계가 중지되어야 한다는 점을 계속적으로 제기하였다.[40] 12세기 후반에 교회법학자 후구치오는 "종신은 파문된 주군을 위해 싸우거나, 돕거나, 방어해서도 안 되며, 그를 위해 법정을 열거나 그를 방문하거나, 그와 여행에 동행하거나, 먹고 마셔서는 안 된다"고 설명하고 있다.[41] 제3차 라테란 공의회에서는 종신이 이단인 경우에 그의 신종선서에 입각한 봉건적 관계가 해제되어야 한다고 규정하였다.[42]

이와 같이 교회법에서는 파문으로 인해 봉건적 관계가 파기될 수 있음을 명백히 하고 있다. 그렇다면 그러한 교회법적 관점이 현실 속에서는 어떻게 받아들여졌을까? 실제적으로는 강경한 어투의 교회법적 규정이 반드시 그대로 받아들여지거나 지켜지지는 않았으며, 때로는 그것을 그대로 지킬 수 있는 상황이 못 될 때가 많았다. 그 한 예를 중세 역사상 가장 강력한 교황권을 행사했던 인노켄티우스 3세가 악명 높은 이단 혐의를 받고 있던 뚜르의 백작 라이몽 6세에 대항해서 벌인 투쟁 과정에서 찾아볼 수 있다. 이 사건이 진행되고 있을 때 교황은 신실한 가톨릭 제후들에게 백작의 땅을 몰수하도록 유도하였다. 그러나 법령 〈대영주 법의 준수(*salvo jure domini principalis*)〉라는 봉건법에 저촉을 받아 교황의 그러한 요구가 뜻대로 시행될 수 없었다.[43]

---

40) *Decretum Gratiani*, C.15 q.6 cc.4~6.
41) E. Vodola, *Excommunication in the Middle Ages*, p.67.
42) Norman P. Tanner S. J. (ed.), *Lateran III in Decrees of the Ecumenical Council*s Vol. I: *Nicaea I to Lateran V* (London: Sheed & Ward Limited, 1990), c.27(COD 225).
43) E. Vodola, *Excommunication in the Middle Ages*, pp.67~68.

파문으로 인해 초래될 수 있는 봉건적 관계의 파기에 대한 교회법적 해석은 교황 인노켄티우스 4세(1243~1254)를 거치면서 변형되기 시작하였다. 그러나 이미 교황 호노리우스 2세(1216~1227)가 레텔 백작에게 대항해서 취한 태도에 그러한 변화가 예시되고 있다. 교황은 레텔 백작이 파문을 당하고도 계속해서 불순종하였고 이는 이단을 닮아 가는 것이기 때문에 그의 봉신들과 맺고 있는 주종 관계를 해제시키겠다고 위협하였다. 이러한 호노리우스의 견해는 그의 교령에 반영되었다. 여기서 그는 단지 파문만을 통해서는 봉건적 결속이 해제될 수 없다는 점을 묵시적으로 인정하고 있다.[44] 또한 1225년 반 성직자 모의로 거듭 파문을 받았던 브리타뉴의 피에르 드뢰(Pierro de Dreux)의 사건에서도 그러한 예를 찾아볼 수 있다. 교황 그레고리우스 9세(1227~1241)는 완고하고 불순종해서 변화를 보이지 않는 피에르에게 봉건적 관계를 맺고 있는 봉신들과의 신종 관계를 해제시키겠다는 강경한 입장을 취하였다. 이러한 분위기 속에서 프랑스 왕의 응징적인 공격이 가시화되자 1230년에 이르러 비로소 피에르는 사면을 모색하게 된다.[45]

교황 선출과 서품 이후 신성로마 황제 프리드리히 2세(1215~1250)에 맞서서 심각한 갈등과 투쟁을 겪어야 했던 인노켄티우스 4세는 이미 파문 상태에 있는 프리드리히가 제후들과 맺고 있는 봉건적 관계에 대해 법적 실효성이 상실되었음을 상기시켰다. 1245년 리용 공의회에서는 프리드리히가 교황과도 봉건적 관계를 맺고 있는 시칠리아 왕국의 제후들의 권리를 침해했다고 맹렬히 규탄하였다. 황제와의 투쟁으로 정치적 위기를 맞고 있었음에도 불구하고 인노켄티우스는 매우 현실적인 교회법학자였다. 그는 봉건적 서약의 해제를 위해서는 별도의 사법적 조치가 필요하다는 학문적 해석을 가했던 것이다.[46] 그것은 파문 그 자체가 봉건적 서약을 무효화시키

---

44) *Liber Extra*, X5, 37, 13.
45) E. Vodola, *Excommunication in the Middle Ages*, p.69.

54

는 것이 아니라 파문 이후에도 지속되는 불순종(*contumacia*)과 같은 악한
행위 때문에 결정되는 결과라고 보았다.

중세의 전성기에 파문에 관한 규정이 완성되어 갈 무렵 교회법적 해석을
들여다본다면 파문이 봉건적 관계를 해제시킬 수 있는 직접적인 법적
근거가 되지는 않았다는 점을 알 수 있다. 그렇다고 할지라도 파문에 불복하
여 그 죄가 가중되는 경우에는 파문된 자를 이단으로 간주하고 그의 재산을
몰수하게 된다. 이는 동시에 그가 봉신과 맺고 있는 봉건적 관계를 해제할
수 있는 근거가 된다고 보았다. 바로 그러한 근거와 해석을 토대로 해서
교회와 세속 권력이 충돌하는 곳에는 항상 파문이 교회의 일차적 무기가
되었고, 교회가 후속적으로 봉건적 관계의 해제라는 현실적 무기를 동원하
는 일이 빈번하였다.

3. 파문의 종류

초대교회 시대의 계율에서는 '용서받지 못할 파문(mortal excommunication)'
과 '치유의 파문(medicinal excommunication)'이 있었다. 파문의 일차적 목적
은 파문당한 자가 혐의받은 죄를 인정하고 참회하게 함으로써 온전한
그리스도 공동체의 일원으로 회복되게 하는 치유적 성격이었다. 그러나
죄의 내용이 과중하거나 참회의 모습을 보이지 않은 자에게는 더 이상
관용하거나 회복을 기대할 수 없는 파문이 부과된다. 이러한 파문을 '용서받
지 못할 파문'이라고 한다.

용서받지 못할 파문을 당한 자는 교회 안에서 친교를 완전히 금지당하고
성만찬, 성도의 공중 기도, 어떠한 형식이든 예배에서 설교를 듣는 일에

---

46) O. Hageneder, "Excommunikation und Thronfolgverlust bei Innozenz III," *Römische historische Mitteilungen* 11 (1957~1958), p.28.

참여할 수 없게 된다. 용서받지 못할 파문은 다음과 같은 네 가지의 처벌을 전제로 하고 있다. 첫째, 이것은 아담의 낙원 추방과 비유된다. 둘째, 이 징계를 받게 되면 인근 교회, 때로는 기독교 세계의 전 교회에 공시하여 이 선고를 인준하도록 하는 동시에 그 징계를 받은 자를 그들의 공동체 친교에 받아들이지 않도록 하였다. 셋째, 한 교회에서 파문된 자는 다른 모든 교회에서도 파문되는 것으로 간주된다. 다른 지역의 주교나 교회가 그를 받아들일 수 없다. 공적으로나 사적으로 친교에 파문된 자를 받아들이도록 한 자는 같은 형벌을 받게 된다. 넷째, 용서받지 못할 파문에 처해진 자는 시민 생활, 사회 생활 등 일상 생활에서 교제가 금지된다.[47]

용서받지 못할 파문은 초기 기독교 시대로부터 내려왔다. 이는 사도 시대에 영혼을 사탄에게 던져주는 것과 같은 결과를 의미하였다. 용서받지 못할 파문은 본질적으로 '아나테마'[48]와 같은 성격의 형벌이다. 신약성서에서 '아나테마'는 신으로부터의 분리, 또는 성도 사회로부터의 분리를 의미한다.[49] 일찍부터 교회에서는 이 말이 그리스도인 공동체로부터 완전히 추방한다는 뜻을 가진 형벌의 용어로 사용되었다. 일반적으로는 이단 혐의자를

---

47) F. E. Hyland, *Excommunication*, pp.19~20.
48) "Anathema," *Encyclopedia Brittanica*, Vol. I. *anathema*는 '분리하다,' '높은 곳에 두다'라는 뜻으로, 그리스어 ἀνάθημα로부터 연유한 말로서 전쟁에 앞서거나, 신에게 감사를 올리거나, 신을 달래기 위해 신에게 바치는 제물을 지칭할 때 사용한 말이다. 그러한 제물은 모든 사람들이 볼 수 있도록 사원의 벽에 매달아 놓았다. 때로는 범인이나 적의 머리, 팔, 다리 등 혐오스런 것을 매달기도 했는데 그러한 면에서 *anathema*는 사람들에게 겁을 주고 경고하기 위해 사람들에게 보이는 저주받은 것, 혐오스런 것을 의미하게 되었다. 구약성서에서는 국가나 개인뿐 아니라 동물과 무생물에게까지도 *anathema*의 형벌이 부과되었다. 신으로부터 *anathema* 되었다는 것은 완전히 제거되는 것, 즉 죽음을 의미하였다. 모든 것을 진멸하라는 신의 명령을 거스르고 사울 왕이 아말렉 왕 아각을 살려두고 양과 소, 기름진 것을 살려 전리품으로 가져온 것(삼상 15:9-23)에 대해 신이 진노하였고 사울은 *anathema*의 상태에 놓이게 되었다. 도성이 *anathema*에 놓이게 되면 모든 주민이 진멸되고, 성이 불살라지고, 다시는 재건되지 못한다는 것을 의미하였다. 여리고 성이 바로 그러한 운명을 맞았다(여 6:17).
49) 롬 9:3; 갈 1:9.

56

처벌하는 파문을 선고할 때 이를 적용하였다. 고대 보편공의회에서 이단을 단죄할 때는 반드시 아나테마로 정죄하였다. 이러한 관념은 교황 그레고리우스 9세 시기까지 지속되었다. 투르 공의회의 법령을 보면 교회 재산의 강탈자는 파문될 뿐 아니라 '아나테마'된다고 언급되었다. 이 두 용어의 구분은 교황 요한 8세(872~882)의 서한 가운데 대제후 보소의 도망가 버린 아내 엥길트루드에 관한 내용에서 가장 잘 나타나고 있다. 교황 요한은 교황 니콜라스 1세(857~867)와 다수의 주교들에 의해서 그녀가 수차례 견책된 것을 지적하면서 "엥길트루드가 성도의 사회에서 쫓겨나는 파문의 처벌을 받았을 뿐 아니라, 그리스도의 몸, 즉 교회로부터 단절되는 '아나테마'의 상태에 놓이게 되었다"고 선언하였다.[50] 랭스의 대주교 힝크마르는 자신의 조카인 론의 주교 힝크마르에게 보낸 서한에서 말하기를 '아나테마'는 신구약성서 모두에서 신으로부터 단절되는 것으로 묘사되었다고 설명하였다. 그러한 면에서 그는 조카인 힝크마르 주교가 엄중한 '아나테마'의 위험에 처해 있음을 경고하였다.[51]

교황 그레고리우스 9세의 시기에 이르면 '아나테마'라는 말은 중징계 파문(major excommunication)을 지칭하게 되었고, '엑스코뮤니카티오'의 용어는 경징계 파문(minor excommunication)을 의미하였다. 그러나 그레고리우스 9세는 여전히 엑스코뮤니카티오를 중징계 파문으로서 이해되어야 한다고 주장했지만[52] 그 이후로 형벌을 선고한다는 형식상의 문제를 제외하고는 두 용어는 내용상 거의 구분이 없어지게 되었다. 차이라고 한다면 교회법전에서 로마의 전례서(*Pontificale Romanum*)에 기술된 정식죄(*sollemnitas*)를 처벌할 때 특별히 '아나테마'라고 지칭할 정도였다.[53]

50) *Decretum Gratiani*, C.III q.4 c.13; MGH Epp.VII, p.280.
51) Hincmar of Reims, *Opusculum LV capitulorum*, c.33 *P.L.* 126.433.
52) *Liber Extra*, V.39, C.59, X, *de sententia excommunicationis*.
53) CANON 2257; Smith, *A Practical Commentary on the Code of Canon Law*, §2100.

  13세기 중엽까지 '아나테마'와 '엑스코뮤니카티오'의 두 용어를 사용함에 있어서 의미상의 차이가 없어졌다고 할지라도 파문의 경중에 따라서, 또는 성격에 따라서 내용상의 구분은 분명히 존재하였다. 경징계 파문은 성사를 받을 권리를 박탈하는 형벌을 말한다.[54] 사실 성사권을 박탈한다는 것은 매우 엄중한 형벌이다. 그렇기 때문에 경징계라는 것은 그것이 단순히 경미한 벌칙이기 때문이라고 할 수는 없다. 중징계 파문과 비교해서 경징계 파문은 다음과 같은 성격을 가지고 있다. 첫째, 이 파문은 비교적 경미한 범죄를 범해서 용서받을 만한 죄를 저지른 사람에게 적용된다. 둘째, 이 징계를 받은 사람에게서 권리를 행사하고 의례에 참여할 수 있는 권한을 크게 제한하는 것은 아니다. 셋째, 죄를 지은 내용에 대해서 좀 더 용이하게 사죄받을 수 있고 나아가 간소한 절차를 거쳐 사면받을 수 있다.[55]

  중세의 신학자들은 경징계 파문의 상태에 있으면서도 성사에 참여하는 사람은 무거운 죄를 저지르는 것이라고 가르쳤다. 그렇다고 할지라도 경징계 파문을 당한 사제가 집전하는 성사는 고해성사를 제외하고는 유효하다고 인정되었다. 또한 고해성사에 있어서도 성사를 집전할 때 잘못이 없거나, 참회자가 집전자의 파문 사실을 모르고 있을 때, 또는 그러한 성사 과정에서 악의가 없이 사죄를 받는다면 그 고해성사조차도 유효한 것으로 간주되었다. 경징계 파문의 상태에 있을 때 성사를 집전한다면 이것이 유죄인지에 대해서는 상당한 논란이 있었다. 그레고리우스 9세는 그러한 사람이 성사를 집전하면 죄를 짓는다는 것은 분명하지만 무거운(*graviter*) 죄를 범하는 것은 아니라고 주장하였으며, 이는 당시 교회법학자들의 일반적인 견해였다. 중세의 학자들은 그레고리우스 9세가 "경징계 파문을 당한 바로 그 사람이 없이는 성사를 진행할 수 없는 불가피한 상황"을 감안한 것이라고 해석하였다.[56] 원래의 취지에 비해 간접적이기는 하지만 경징계 파문은

---

54) *Liber Extra*, V.27, C.10, X, *de clerico excommunicationis*.

55) F. E. Hyland, *Excommunication*, p.32.

성직록을 받는 성직에 선출되는 것을 금지하는 내용도 포함하고 있다. 성사를 받는 것이 금지된다면 이것은 경징계 파문을 받은 자에게 직접적인 결과이고, 성직록을 받는 것이 금지되는 것은 간접적인 결과라 할 수 있다.[57]

중징계 파문의 상태에 있는 사람과 교제한 사람에게 경징계 파문이 부과된다. 중세시대에 시간이 경과되면서 접촉이 금지된 사람의 수가 감소함에 따라 접촉 위반으로 인한 경징계 파문 선고의 수가 점차 줄어들었다. 더욱이 교황 마르티누스 5세(1417~1431) 시대의 교령 〈절대 파문에 대해(Ad vitanda)〉의 제정 이후로 그 중요성이 거의 없어졌다. 특히 교령 〈사도좌(Apostolicae Sedis)〉의 제정 이후로 경징계 파문은 더 이상 존재하지 않게 되었다.[58]

파문은 그 성격에 따라서 '절대 파문(vitandi)'과 '관용 파문(tolerati)'으로 구분된다. 이 구분은 1418년 교황 마르티누스 5세가 선포한 교령 〈절대 파문에 대해〉를 통해 정식으로 법적 인정을 받게 되었다.[59] 초기 기독교 사회에서는 과중한 죄로 인해서 파문을 받은 사람을 종교적으로뿐 아니라 일상적인 사회 생활에서도 접촉하거나 교제를 나누어서는 안 되도록 되어 있었다. 그러나 12세기까지 일부 교제가 허용되고 그러한 강경한 규제가 완화되는 과정이 있었다. 더욱이 파문에 해당되는 죄의 가지 수가 증가하면서 일상 생활에서의 접촉까지 규제하게 된 파문 형벌은 중세인들의 삶에 막대한 지장을 초래하였다. 따라서 일상 생활에서까지도 접촉이 금지되는 파문과 이를 허용하는 파문의 구분이 불가피하게 되었다.

이 교령에 따라 성도는 종교적 활동에서나 일상 생활에서 관용 파문자와의 접촉을 피하지 않아도 되었다. 반면에 절대 파문자에 대해서는 여전히

---

56) F. E. Hyland, *Excommunication*, p.32.

57) *Liber Extra*, V.27, C.10, X, *se clerico excomm*.

58) F. E. Hyland, *Excommunication*, p.34.

59) F. E. Hyland, *Excommunication*, p.41.

모든 면에서 접촉이 금지되었다. 절대 파문자가 성도 공동체로부터 추방을 당하고 이교도와 같이 배척을 받으며 누구도 그를 상대해 주지 않는 것에 비해서, 관용 파문자는 여전히 성도 공동체의 일원으로서 예배에 참여할 수 있었으며 완전한 배척을 받지는 않았다.[60]

절대 파문에 해당하는 경우는 다음과 같은 네 가지 사항이 필수적으로 충족되어야 한다. 첫째, 반드시 이름을 지명하거나 다른 사람과 혼동되지 않도록 바로 그 당사자를 지목해야 한다. 둘째, 절대 파문은 반드시 사도좌 (Apostolic See)에 의해서 선고되어야 한다. 여기서 사도좌는 교황뿐 아니라 교황이 보편 교회를 위해서 일하는 교황청 성성, 법정, 집무실을 의미한다. 사도좌보다 낮은 서열에서는 결코 절대 파문을 선고할 수 없다. 셋째, 절대 파문은 공적으로 선포되는 것이 필수 요건이다. 파문의 선고는 교황청 공보(Acta Apostolicae Sedis)에 기록됨과 동시에 일정한 때와 장소에 이를 공시하여 모든 성도가 공지하도록 되어 있었다. 넷째, 파문의 법령이나 선고문에 파문된 자와의 접촉을 피해야 한다는 것이 분명히 명시되어야 한다.[61]

절대 파문을 위해서는 위의 네 가지 사항이 하나도 빠짐없이 동시에 모두 갖추어져야 한다. 넷 중 어느 하나라도 결여된다면 절대 파문이라 할 수 없었다. 그러나 예외적인 조항이 있다. 교황의 신체에 상해를 입힌 사람은 자동적으로 파문이 초래되는 '자동 파문 선고(latae sententiae)' 상태에 들어가며, 이 경우는 위와 같은 네 가지 요건이 갖추어지지 않더라도 범죄를 저지르는 순간 절대 파문을 당하는 결과가 된다.[62] 이 밖에 절대 파문에 해당하지 않는 것은 모두가 관용 파문으로 간주되었다.

---

60) CANON 2258, 2267; C. Smith, *A Practical Commentary on the Code of Canon Law*, §2100.

61) F. E. Hyland, *Excommunication*, p.45.

62) CANON 2343 §1; C. Smith, *A Practical Commentary on the Code of Canon Law*, §2198.

60

새로운 형태의 파문인 '자동 파문'은 1139년 제2차 라테란 공의회에서 선포된 법령 제14조 〈악마의 선동(Si quis suadente)〉에 의해 탄생했다. 이는 범죄가 저질러졌을 때 일정한 형식을 거치지 않고도 즉각 파문의 법적 효력이 발생한다는 내용의 법령이었다. 특히 교황의 결정 사항 거부, 성직자 구타나 상해,[63] 이단, 성직매매 등의 범죄가 이에 해당되었다.[64] 그러나 그라티아누스와 같이 중세 전성기에 명성을 날린 일부 교회법학자는 '자동 파문'의 개념을 완전히 거부하였다. 제2차 라테란 공의회 직후에 교령집을 편찬한 그라티아누스는 재판 없이 죄인의 추방을 요구하는 '자동 파문'을 인정하지 않았다.[65] 그라티아누스는 사도 바울이 단순한 죄인이 아니라 사법적 선고를 거쳐서 명명된 죄인과의 접촉을 기피하도록 성도들에게 훈계했음을 지적하였다.[66] 이러한 그라티아누스의 사법적 견해는 당시의 교회법적 관념에 크게 영향을 끼쳤다. 그러나 이단의 확산으로 위기를 겪고 있던 교회는 이를 처리할 수 있는 특수한 법적 조치가 절실한 상황이었다. 12세기 후반에 이단이 민중의 지지를 얻으며 널리 확산되는 위태한 상황 속에서 '자동 파문'은 상당한 설득력을 얻게 되었다. 1179년 제3차 라테란 공의회에서는 이단의 무리에 가담하거나 옹호하고 숨겨준 사람들을 모두 파문하였다. 이로부터 몇 년 뒤 1184년 베로나 공의회에서는 황제와 교황의 연합 법령을 통해서 로마교회의 교리에 위배되는 다른 성사 이론을 믿거나 가르치는 사람들을 모두 파문하였다.[67]

1170년대에 교회법학자 파벤티누스(Johannes Faventinus)는 그라티아누

---

63) C. Smith, *A Practical Commentary on the Code of Canon Law*, §2198.
64) Peter Huizing S. J., "The earliest Development of Excommunication *Latae Sententiae* by Gratian and the earliest decretists," *Studia Gratiana* III (MCMLV), pp.277~320. 이 논문에서 후이징(Huizing)은 자동 파문 선고(*Latae Sententiae*)의 적용과 해석을 둘러싸고 제기된 교령집 연구가들의 다양한 견해를 소개하고 있다.
65) *Decretum Gratiani*, C.11, q.3, d.p, c.24.
66) *Decretum Gratiani*, C.11, q.3, d.p, c.21; 고전 5:11.
67) E. Vodola, *Excommunication in the Middle Ages*, p.30.

스의 견해를 재고찰하면서 교회가 이단의 죄인에게 공식적으로 파문을 선고한 뒤에야 파문의 형벌이 이단과 연합한 자들에게도 효력을 발휘할 수 있다고 주장하였다. 그러나 1180년대에 이르면 교회법학자들은 '자동 파문 선고'에 대한 그라티아누스 식의 거부감을 극복하게 된다. 새로운 형태의 파문은 12세기 그라티아누스 교령집 주석가인 후구치오에 의해서 공식적으로 받아들여졌다. 후구치오는 '자동 파문'에 사전 경고의 절차가 생략되었다는 주장에 대해 반박하면서 '자동 파문'을 구체화한 법령 그 자체가 경고의 의미를 가지는 것이라고 말하였다. 이 파문은 성직자와 신앙을 위협하는 범죄를 처벌함으로써 중세교회의 영적·물질적 영역을 보호하려는 목적으로 주로 이용되었다.[68] 따라서 이 파문은 12세기 이후 교회의 승인을 받지 않고 교회 재산에 부과하는 과세, 교회 자유의 침해, 교황 문서의 위조, 사라센에 대한 협조, 교황권의 안전을 위협하는 각종 행위들을 효과적으로 저지할 수 있는 막강한 무기가 되었다.

4. 파문의 선고와 사면

중세 시대에 교회의 파문은 법정의 판결이 없이도 선고될 수 있었고 파문을 선언하는 것은 주교의 권한이었다. 12세기까지의 관례에 따르면 주교가 통지받지 못하거나 주교나 대주교가 파문을 요구하지 않는 것이라면 교구 사제는 파문을 할 수 없도록 되어 있다. 범행자는 범행을 저지른 곳이 아니라 그의 거주지 법정에서 재판을 받도록 되어 있었다. 그러나 중세의 신학자 칸토르(Cantor, d. 1190)는 "파리에 살지 않는 사람이 파리에서 범행을 하고 그의 거주지로 도망했다면 거주지의 법정에서 재판을 하는 것이

---

68) Rosalind Hill, "The Theory and Practice of Excommunication in Medieval England," p.9.

아니라 파리의 법정으로 송환해야 한다"고 주장하기도 하였다.69) 주교는 자신의 교구 밖에서 다른 곳에 사는 사람을 파문할 수 있다. 자격이 있는 재판관이 일단 파문을 선고하면 그것의 정당성 여부에 상관없이 구속력을 가지며 그 선고에 복종해야 한다. 그러나 자격있는 재판관이 선고했을지라도 적절한 법적 절차를 거치지 않았다면 '불특정 선고(sententia diffinitiua)'의 경우는 법적 구속력을 가지지 못한다. 그러므로 '불특정 선고'를 제외하고는 적절한 재판 절차를 거치지 않았을지라도 일단 선고된 파문은 법적 구속력을 가지게 되는 것이다.70)

13세기까지 파문 선고 권한은 사법권을 가지고 있는 고위 성직자 즉, 주교, 부주교, 성당참사원장, 수도원장 등과 그들로부터 위임을 받은 재판관들에 한정되었다. 그러나 고위 성직자 계열에 있지 못한 사제나 수사라 할지라도 파문을 할 수는 있었다. 파문이 결정되면 3주에 걸쳐 일요일마다 앞으로 있을 파문을 공지하도록 되어 있다. 한편으로 파문 대상자에게는 파문 선고 이전에 파문의 통지문이 전달되어야 한다. 그러한 절차가 진행되는 가운데에도 그가 참회하지 않는다면 엄중한 파문이 선고된다. 전례서에 따르면 한 사람의 주교와 열두 명의 사제가 교회의 제단에 둥글게 서서 파문의 의식을 행하도록 되어 있다. 방울을 울리고 초를 던지는 가운데 교회의 공동체로부터 이 부패하고 건강치 못한 사람을 성도의 공동체로부터 분리해 내는 것을 상징적으로 보여준다. 그 순간 그는 그리스도인이 아니고 이교도가 된다.

중세 시대에 완전한 형태로 진행된 파문의 의식은 드물었다. 영국의 법정에서 파문된 15,000명을 대상으로 분석한 결과, 제대로 된 파문 의식

---

69) N. M. Haring, "Peter Canter's view on ecclesiastical excommunication and its practical consequence," p.108.

70) N. M. Haring, "Peter Canter's view on ecclesiastical excommunication and its practical consequence," p.108.

속에서 처리된 것이 한 건도 없었다.[71] 대부분의 경우에 법정의 재판에서 재판관이 "나는 그대를 파문한다(excomunico te)"라고 하는 말과 함께 파문이 선고되었다. 중세의 전성기에 독일의 트리에르 지방에서 작성된 기록을 보면 형식을 갖추어 진행된 파문은 불과 몇 차례밖에 없었다.[72] 중세 후기에 가서야 엄격한 형식 절차를 거쳐 대부분의 파문이 선고되었던 것을 알 수 있다. 의식을 갖추고 행했던지 간소하게 행해졌던지 파문의 선고장은 지역 교구 교회에, 때로는 광범위하게 유포되어 공중에 널리 알려지게 된다.

파문의 효력은 파문당한 자가 충분히 만족할 만한 변화를 교회에 보일 때까지 지속된다. 파문의 일차적 목적은 치유이기 때문에 참회하고 변화되는 모습을 보이면 사죄함을 받을 수 있고 사면도 받을 수 있다. 파문당한 자를 성도의 친교로부터 배제하는 것은 사면을 받아서 교회와 화해하고 사회에서 원래의 위치로 환원하도록 유도하기 위한 것이었다. 파문의 사면을 위해서는 사죄 선언이 있어야 한다. 중세 전반기에는 대부분 사죄 선언과 사면이 동시에 이루어졌다. 그러나 사죄 선언이 사면을 의미하는 것은 아니었다. 12세기 이후로는 사죄 선언과 파문의 사면이 구분되어 진행되었다.

파문의 사면은 형벌을 부과한 직책자나 그의 후계자, 또는 대리자에 의해서 시행된다. 교황은 보편적 직권자(universal ordinary)로서 누구든 사면할 수 있다.[73] 교회법적 형벌을 사면할 수 있는 권리는 고해자가 속해 있는 교구의 주교에게 부여되어 있었다. 만약에 한 십자군 병사가 예루살렘을 향해 가는 중에 성직자를 구타하여 교회법적 형벌을 받았다면

---

71) F. Donald Logan, "Excommunication," *Dictionary of the Middle Ages* vol.4, pp.536~537.

72) Brain A. Pavlac, "Excommunication and Territorial Politics in High Medieval Trier," *Church History* vol.60 (March 1991), pp.20~36.

73) F. Logan, "Excommunication," p.537.

64

어떤 사제나 주교도 그를 사면할 수 없다. 그러나 범죄자가 로마로 가는 도상에서 사망할 염려가 있다면 로마로 떠나기 전에 주교로부터 사면을 받을 수 있다.

사면을 받기 위해서는 그릇된 행위를 즉각 중지하고 참회를 하며 만족할 만한 변화를 보여야 한다. 그러한 모습은 회개와 경건한 행위, 구호, 성지 순례, 피해보상을 통해서 보여줄 수 있다. 정신적 피해나 물질적 피해를 보상한다는 약속은 사면을 위해 중요한 조건이기도 하다. 보상을 약속했다면 고해를 한 뒤에 파문이 정지될 수 있다. 가령 파리에서 범죄를 해서 파문을 당한 사람이 거주지인 쾰른으로 옮긴 후에 파리의 시민에게 보상하겠다고 결심을 밝혔다면 쾰른에서는 사면되지만 그가 실제로 보상을 할 때까지는 파리에서는 파문이 지속된다. 파문된 사람이 배상을 하려고 하면서도 저지른 죄에 대해서는 진심으로 후회하거나 미안한 생각을 하지 않는다면 그는 사면될 수 없었다.74)

맺음말

중세의 파문은 구약시대의 히브리 사회와 초기 기독교 사회에서 행해진 관행에 그 뿌리를 두고 있다. 범죄자와 정결치 못한 자를 공동체로부터 격리시키면서 민족의 결속력과 순수성을 유지하려는 노력이 히브리 사회에서 추방(ban)이라는 법적 제재를 강화시켰다. 초대교회 시대에 파문의 징계와 형벌은 영적 구원을 추구하는 사회를 완성시키고 교회의 권위를 지키려는 데 있어 하나의 중요한 수단이었다. 그러한 목적으로 사용된 교회의 파문권은 예수 그리스도로부터 사도들에게 부여된 것이라고 여겼다.

74) N. M. Haring, "Peter Canter's view on ecclesiastical excommunication and its practical consequence," p.109.

사도 시대의 규율과 징계는 중세교회에서 행해진 권징의 모형이었다. 파문은 교황과 주교, 공의회가 교회의 법을 위반하거나 교회의 권위를 거부한 자를 다스릴 수 있는 가장 엄한 형벌이었다. 그렇지만 중세교회에서의 파문은 징벌 그 자체를 위한 것이라기보다는 일종의 교정벌이었다.

영적 권력으로부터 선고되는 파문은 위법자의 영적인 삶을 제한하고 박탈하는 영적인 형벌이다. 그러나 이는 부차적으로 재물이나 직책과 같이 현세적인 것을 박탈하는 결과를 가져온다. 중세에 선포된 파문의 사례 가운데에는 사제의 독신주의 위반, 성직매매, 이단적 사상과 태도, 변절과 배교 등 순전히 영적인 문제에 관련된 것들이 무수히 많았다. 그와 동시에 파문으로 인해 법적 보호를 받지 못하고 소송권이나 봉건적 권리를 박탈당하는 경우도 수없이 찾아볼 수 있다. 특히 교·속의 대립이 첨예화될 때 교회의 강력한 무기는 바로 파문이라는 강제적 수단이었다.

기독교 사회에서 파문은 세 단계 과정을 거쳐 변화된다. 첫째, 400년경까지 파문은 단순히 성도 공동체로부터 격리되는 것을 의미하였다. 이때에 파문은 선고라는 형식적 절차보다는 파문의 상태를 더욱 중시하였다.

두 번째 단계는 5세기에서 11세기까지 중세의 전반부로서 파문 선고의 형식적 절차가 점차 강조되었다. 범죄를 저지른 사람에게 처벌되는 파문의 제재는 교회의 특별한 명령이나 교황권에 반항하는 등 불순종(contumacia)을 전제로 하였다. 범죄는 외부 법정(external forum)에 속하는 공적인 죄이고, 파문은 범죄자가 순종하고 참회할 수 있도록 절제시키기 위해서 법정에서 사용되는 형벌이었다. 파문될 수 있는 죄의 목록이 유포되었으나, 범죄가 자동적으로 형벌을 유발시킨다는 것은 아니었다. 이는 위반자를 파문의 선고에 처할 수 있다는 가능성을 주지시키려는 것이었다.

세 번째 단계는 11세기 후반 그레고리우스 개혁 시대부터라고 할 수 있다. 이 시기에 파문은 이단을 회복시키려는 목적과 함께 그리스도인들을 교회 법규에 복종시키려는 의도로 이용되었다. 개혁자들은 잠재적인 방해

66

자들을 파문으로 위협하면서 그들의 개혁 목적에 일치하는 법령을 규정하고 이를 강력히 시행하고자 하였다.[75]

중세 전성기에 교회법의 체계화와 발달로 파문에 대한 법적 해석과 규정이 더욱 구체화되었다. 법규에 따른 형식과 절차가 실제 얼마나 지켜졌는지의 여부를 떠나서 적어도 법령 상으로는 파문의 선고와 집행의 형식적 절차를 중요시하게 되었다. 형식의 강조에도 불구하고 일부 특정한 범죄에 해당된다면 선고의 절차를 거치지 않고도 자동적으로 파문 상태에 처하게 된다는 '자동 파문'의 관념은 파문의 위력을 더욱 강화시켰다.

법에 대한 연구와 관심이 높아지는 시기에 중세인들의 삶에서 파문 형벌은 누구도 무시할 수 없는 가장 엄중한 형벌이었다. 이단과 같은 순전히 영적인 문제뿐 아니라, 사법적 권리나 봉건적 관계에 이르기까지 평신도의 일상적이고 사회적인 삶에 그 영향이 미치지 않는 곳이 없었다. 특히 교회와 세속 권력이 충돌하는 곳에서는 반드시 파문이 연관되었다. 그러므로 파문의 성격과 본질에 대한 명확한 인식은 중세인들의 삶과 역사에 대한 바른 이해를 도와주리라 생각한다.

---

75) F. Logan, "Excommunication," p.536.

제2장 보편공의회의 파문 법규

1. 보편공의회의 권위와 파문

기독교 공동체 내에서 갖가지 범죄를 행한 자와 법을 위반한 자를 처벌하기 위해 시행된 파문 제재는 성서에 그 근거를 가지고 있으나 실제 이의 시행 과정에서는 현실적이고 강력한 권위에 의존하지 않을 수 없었다. 중세 시대에 시행된 파문의 징계는 지역과 시기를 막론하고 교회법에 근거하여 실행하도록 되어 있다. 교회법 내에는 공의회 법규와 교황의 교령, 지역 교회의 권위를 가지는 결정과 판례 등이 교회법적 징계의 기준이 되었다.

교황의 교령과 함께 보편공의회[1])의 법규는 중세 기독교 세계에서 항상

---

1) 세계 공의회 문헌이 정리되어 있는 서적은 다양하다. 그 중 일부를 소개하면 P. Crabbe, *Concilia omnia, tam generalia, quam particularia* 2vols. (Cologne, 1538); Karl Joseph von Hefele, *Histoire des conciles d'après les documents originaux* (Paris, Letouzey, 1907); Périclès-Pierre Joannou, *Discipline générale antique Fonti/Pontificia commissione per la redazione del codice di diritto canonico orientale* ; fasc.9 (Grottaferrata Roma: Tipografia Italo-Orientale) "S. Nilo" (1962~1964); Friedrich von Lauchert, *Die Kanones der wichtigsten altkirchlichen Concilien nebst den apostolischen Kanones* (Freibrug I. Br., 1896); Giuseppe Catalani & Antonio de Rossi, *Sacrosancta concilia oecumenica, prolegomenis, & commentariis illustrata ad Sanctissimum Patrem Clementem XII. in Pontificem Maximum* tomus I (Romæ : Typis Antonii de Rubeis, 1736~1749); Aemilius Friedberg, *Corpus Iuris Canonici* (Graz: Akademische Druck-U. Verlagsanstalt, 1956); Jean Hardouin, *Conciliorum Collectio Regia Maxima, ad Philippi Labbei et Gabrielis Cossartu labores haud modica accessione facta, et emendationibus plurimis additis;*

68

높은 권위를 지녔다. 지역 교회와 교황이 선포한 파문 징계가 개별적이고
구체적인 사안을 두고서 선고된 것이라고 한다면, 공의회의 법규는 주로
징계의 원칙과 원리, 절차에 관한 내용을 규정하고 있다. 공의회의 법규가
규정될 때에 그 문제에 관해서 신학자나 교회법학자들의 해석과 토론이
전개되기 때문에 공의회에서 규정된 법규는 신학적 또는 교회법적 해석이
결론적으로 집약된 것이라 할 수 있다. 따라서 오랜 기간 동안에 걸쳐서
중요한 문제가 발생할 때마다 소집된 공의회의 법규를 면밀히 분석해
본다면 파문 징계의 성격을 파악하는 데에 큰 도움을 얻을 수 있을 것이다.

초대교회 이래로 기독교에서는 정통 교리의 확립과 기독교 사회의 효율적
인 질서 유지를 위해서 많은 회의가 소집되었다.2) 그 가운데 가장 높은
권위를 인정받는 것은 325년 니케아 공의회로부터 1962년 제2차 바티칸
공의회에 이르기까지 21차례의 보편공의회(general councils)라 할 수 있다.
그 밖에도 지역의 현안 문제를 해결하기 위해서 곳곳에서 주교회의(synod)가
수없이 소집되었다. 무수하게 소집된 주교 회의에서는 항상 교회법적 권위
를 중시하였으며, 특별히 보편공의회의 신학적·교회법적 전통을 존중하였
다. 기독교 신학과 교리의 확립을 위해서, 교회의 정치와 질서 유지를
위해서, 그리고 신학적 교리의 정통성을 유지하기 위해서 수없이 징계가

---

cum novis Indicibus (Parisüs: Typographia Regia, 1715); Giuseppe Alberigo (ed.),
Conciliorum Oecumenicorum Decreta (Basilae: Herder, 1972) 등이 있다. 이상의 공의회
문헌들을 토대로 하여 새로이 편집하여 정리한 공의회 문헌들이 있다. 탄너(Norman
P. Tanner)는 *Decrees of the Ecumenical Councils* (Sheed & Ward and Georgetown
UP, 1990)에서 알베리고(Alberigo)가 편집한 문헌을 영문으로 번역하여 라틴어
원문과 병립시켜 편집하였다. H. J. Schroeder, *Disciplinary Decrees of the General
Councils: Text, Translation, and Commentary* (St. Louise and London: B. Herder Book
Co., 1937). 또한 위에 소개된 문헌들을 중심으로 공의회 문헌의 편집과 그것의
영역, 주석을 작성하였다. 여기에서는 탄너(Tanner)와 쉬로더(Schroeder)가 편집한
문헌을 중심적으로 이용하기로 한다.

2) "History of General Councils," *New Catholic Encyclopedia* Vol. IV (1967), pp.373~375;
"General Councils," *Catholic Encyclopedia* (http://www.newadvent.org/cathen/04423f.
htm).

언급되고 규정되었다. 각 지역의 주교회의와 교회 법정에서 파문 징계를
선포할 때는 반드시 공의회의 법규가 일차적인 기준이 되었다. 그만큼
중세 세계에서 공의회의 권위는 강한 위력을 발휘하였다.

교회법적 징계에 관한 공의회의 규정은 중세교회에서 부각된 각종 현안
문제를 풀어 나가는 데 있어 결코 피할 수 없는 규범이었다. 이러한 중요성에
도 불구하고 중세교회의 징계를 주제로 삼은 연구서들은 공의회의 징계
규정과 그 의미에 대해서는 높은 비중을 두지는 않았다. 성사금지령을
다룬 콘란(E. J. Conran)³⁾은 파문과 성사금지령에 관련된 공의회의 내용을
일부 언급하고 있다. 같은 주제로 교회의 징계와 제재를 연구한 크렌빌(E.
B. Krenbiel)⁴⁾은 주로 교황의 서한과 지역 주교회의 선고문, 교회 법정의
판결문 등에 의존하면서 내용을 설명하고 있다. 또한 파문에 대해 교과서적
인 연구서를 출간했던 하이랜드(F. E. Hyland)⁵⁾ 역시 공의회의 법규를
거의 언급하지 않고 있다. 비교적 최근에 파문에 대한 연구로 각광을 받았던
보돌라(E. Vodola)⁶⁾ 역시 공의회의 법규를 부분적으로 참고하여 설명하고
있다.

이와 같이 공의회의 법규에 대해 별도의 탐구가 시도되지 않은 것은
교황의 서한이나 파문 선고문을 근거로 하여 실제 문제를 다루려는 현실성을
무엇보다도 더욱 중요시했기 때문이다. 그러나 공의회의 법규가 중세교회
의 교회법적 징계의 기본 원리와 규범을 마련한 것이라고 본다면 공의회
법규에 규정된 파문 징계에 대해서 전반적인 검토가 선행되어야 할 것이다.

---

3) Edward James Conran, *The Interdict*, Dissertation (The Catholic U of America, 1930).
4) Edward B. Krenbiel, *The Interdict: Its History and Its Operation* (Washington: The American Historical Association, 1909).
5) Francis Edward Hyland, *Excommunication: Its Nature, Historical Development and Effects*, Dissertation (The Catholic U of America, 1928).
6) Elisabeth Vodola, *Excommunication in the Middle Ages* (Berkeley/Los Angeles/ London: U of Califonia P, 1986).

이를 통해서 공의회의 원칙이 현실 속에 어떻게 투영되고 현실과의 괴리는 어떠했는지를 파악할 수 있을 것이다.

기독교의 정통 교리를 확립하고 이를 일관성 있게 유지하며 기독교 사회의 질서를 바로잡기 위해서는 이를 뒷받침할 수 있는 신학적 해석이 필요하다. 뿐만 아니라 이를 거부하고 저항하는 세력을 막기 위해서는 교회법적 징계가 요구되었다. 그러한 면에서 보편공의회는 부각된 문제의 해결과 치유를 목적으로 교회법적 징계를 규정하는 입법의 기구이기도 했다. 공의회에서 제기된 안건들은 정통 기독교와 기독교 사회의 건강한 존속을 저해하는 중대한 문제들이라고 판단되었기 때문에 이를 치리하기 위한 방법도 엄중하고 극단적일 수밖에 없었다. 325년 니케아 공의회로부터 1274년 제2차 리옹 공의회까지를 본다면 '아나테마'와 '엑스코뮤니카티오'가 언급되지 않은 공의회가 하나도 없다. 시대적으로 기독교가 도전을 받고 위기에 처할 때에는 그것에 대한 언급 횟수가 많아지는 것을 알 수 있다.

열두 차례의 공의회 법규에서 언급된 징계 내용 가운데 '아나테마'는 143회, '엑스코뮤니카티오'는 267회가 언급되어 있다. 이와 같이 법규 속에 파문이라는 낱말이 수없이 언급된 것으로 볼 때 공의회는 기독교 세계를 총괄하기 위한 의식이나 관례 상의 행사로 소집되었다기보다는 긴급하게 대두된 현안들을 처리하고 위반자들을 징계할 필요가 절실할 때 소집된 것으로 보인다. 그러한 면에서 보편공의회의 법규는 주로 징계법령이라고 할 수 있다.

이들 보편공의회의 징계 법규에서 파문을 언급한 내용은 다음과 같이 몇 가지로 분류해 볼 수 있다. 첫째, 이단 대책에 관한 것으로는 325년 제1차 니케아 공의회에서 787년 제2차 니케아 공의회까지, 1179년 제3차 라테란 공의회와 1215년 제4차 라테란 공의회의 법규들이 있다. 둘째, 기독교 세계의 평화와 질서 유지를 위해 파문 징계가 규정된 것은 1123년 제1차 라테란 공의회로부터 1245년 제1차 리용 공의회까지의 법규들이다. 이들 법규는 사투 금지와 휴전, 교회 및 성직자 재산 침탈, 폭력에 대한 제재를 규정하는 내용이다. 셋째는 파문의 성격과 절차를 시사하는 법규로 서 1123년 제1차 라테란 공의회에서 1274년 제2차 리용 공의회까지 여섯 차례의 공의회를 들 수 있다. 넷째, 성지를 향한 십자군 전쟁이 시작된 이래 개최된 공의회들에서는 십자군 원정 서약 이행을 촉구하고, 사라센과 접촉하거나 거래를 하면서 사라센을 이롭게 하는 행위를 방지하기 위해서 파문 징계를 자주 언급하고 있다.

2. 이단 파문 법규

이단 파문 법규의 규정은 각기의 시대에 부각된 이단의 문제를 공의회와 법의 권위를 통해 해결하고자 하는 의지의 표현이었다. 각 시대마다 첨예한 관심의 대상이 되었던 이단은 종류가 다양하다. 그렇다고 할지라도 제1차 니케아 공의회로부터 제3차 콘스탄티노플 공의회까지 이단을 둘러싸고 전개된 신학논쟁은 일련의 연속선상에서 진행되었다. 그러한 면에서 볼 때 이단 파문 법규 분석은 개최된 공의회 순서에 따라 고찰하는 것이 효율적일 것이다.

파문으로 처벌하고자 했던 것은 이단뿐 아니라 배교자, 교계제도의 위반, 비도덕적 행위 등 그 부류가 다양하였다. 이러한 문제들에 대한 공의회의 대응 과정을 검토하면서 먼저 다음과 같이 파문에 관한 질문을 던져볼 수 있을 것이다. ① 적용된 파문의 성격이 무엇인가? ② 파문의 종류는 어떠한 것이 있을까? ③ 파문 징계 대상은 구분되는 것일까? ④ 파문을 당한 사람에 대한 처리는 어떻게 하는 것일까?

1) 325년 제1차 니케아 공의회[7]

제1차 니케아 공의회에서 파문이 언급된 내용은 세 부분으로 구분된다. 첫째는 〈318명 주교들의 신앙고백서〉[8]로서 이단의 실체를 밝히고 이를 단죄하는 내용이다. 둘째는 공의회 법규에 따라 엑스코뮤니카티오 파문을 당한 자의 처리와 그 절차에 관한 〈법규 제5조〉와 담당 교회를 떠난 성직자의 처벌에 관한 〈법규 제16조〉이다. 셋째는 〈이집트인에게 보내는 편지〉[9]로서 아리우스와 그의 추종자들, 그리고 신성모독적 용어와 표현을 단죄하는 내용이다.

이 공의회에서 언급된 파문의 내용은 그 경중에 따라 구분되고 있다. 〈318명 주교들의 신앙고백서〉와 〈이집트인에게 보내는 편지〉에서는 이단자들과 이단적 용어 및 표현을 단죄할 때 '아나테마'를 적용하고 있다. 〈법규 제5조〉와 〈법규 제16조〉에서 파문된 자의 출교와 영접에 관해 규정할 때, 그리고 교회법을 무시하고 담당교회를 떠난 성직자를 단죄할 때 '엑스코뮤니카티오'를 적용하고 있다.

이와 같이 325년 니케아 공의회의 내용에서 파문을 의미하는 두 가지 용어인 '아나테마'와 '엑스코뮤니카티오'는 구분하여 사용되고 있다.[10]

---

7) Joannou, *Discipline générale antique*, pp.17~70; Hefele, *Histoire des conciles d'après les documents originaux* I, pp.33~49; Hubert Jedin, *Kleine Konzilgeschichte* / 최석우 옮김, 《세계공의회사》(왜관: 분도출판사, 2005); Klaus Schatz, *Allgemeine Konzilien-Brenn punkte der Kirchengeschichte* / 이종한 옮김, 《보편공의회사》 (왜관: 분도출판사, 2005), pp.34~54.

8) T. E. Pllard, "The Creeds of A.D. 325: Antioch, Caesarea, Nicaea," *Scottish Journal of Theology* 13 (1960), pp.278~300.

9) R. P. Hanson, *The Search for the Christian Doctrine of God: The Arian Controversy* (Edinburgh, 1988), pp.318~381; Schroeder, *Disciplinary Decrees of the General Councils* pp.8~9.

10) 이 두 종류의 징계에 대한 개념은 다음과 같은 자료를 통해 이해의 폭을 넓힐 수 있다. Gary Hope, *Dialogue on Anathema and Excommunication: What do these words mean, and how do they apply to modern Protestants?* (Available: http://www.catholicoutlook.com/tim1.php, 2005); Dave Amstrong, *The Catholic Understanding*

이들 징계는 성서적 관념 위에서 초대교회 시대의 관행에 따라 적용되고
선고되었다. 신약의 바울 서신에서 '아나테마'는 다른 복음을 전하는 자(갈
1:8-9),[11] 또는 주를 사랑하지 않는 자(고전 16:22)[12]나 바른 믿음을 가지지
못하고 신성모독한 자(딤전 1:19-20)[13]를 처벌하는 징계이다. 이때 '아나테
마'의 파문은 더 이상 감내할 수 없어서 쫓아버릴 수밖에 없는 저주를
의미한다. 이는 그들을 더 이상 성도의 무리에 둘 수 없고 차라리 사탄에게
내어주는 것이 낫다고 보는 체념적인 상황이다. 즉 이것은 이단과 같이
그리스도인을 오염시키고 교회를 파괴하는 매우 위험스러운 대상에게
부과하는 징벌이다.

이에 비해서 '엑스코뮤니카티오'는 음행을 했거나(고전5:1-2)[14] 탐욕스
러운 자, 우상숭배하는 자(고전 5:11)[15] 등 부도덕한 행위로 인해 교회를
해롭게 하는 사람에게 가한 제재로서 출교를 의미하였다. 사도 바울은
"그와 같이 악한 행위를 하는 자를 내어쫓으라"고 말하고 있다. 그 밖에도
게으르고 전통을 따르지 않는 형제들에게서 떠나도록 하고 있는 것(살후
3:6)은 그리스도인들이 오염되지 않도록 하는 하나의 방안이었다. 이와
같이 행위로써 그리스도 공동체에 해악을 끼치는 자들을 분리시키는 것
역시 준엄한 징계로써 다루어졌다. 그러나 이것은 치유 불가능한 자에게
선고하는 저주의 벌이라기보다는 언젠가 그릇된 행위를 뉘우치고 다시

of the Anathemas of Trent and Excommunication (Available: http://ic.net/~erasmus/
RAZ71.HTM 20 May, 2003); JOSEPH N. GIGNAC, "Anathema," *Catholic Encyclopedia*
(Available: http://www.newadvent.org/cathen/01455e.htm, 2003).

11) 라틴어 성경(Latin Vulgate)을 영역한 *Douay-Rheims Bible*(구약은 1609~1610년
번역, 신약은 1749~1752년 번역) (Available: http://drbo.org/); *Epistle Of Saint Paul
To The Galatians* 1:8; 1:9. 이들 성서의 구절에는 아나테마의 징계가 분명히 언급되어
있다.

12) *First Epistle Of Saint Paul To The Corinthians* 16:22.

13) *First Epistle Of Saint Paul To Timothy* 1:19; 1:20.

14) 고전 5: 1-2 ; *Douay-Rheims Bible* 참조.

15) 고전 5: 11; *Douay-Rheims Bible* 참조.

74

성도의 무리에 복귀할 것을 기대하면서 부과하는 벌이다.[16]

위와 같은 신약의 내용을 통해서 볼 때 파문 징계에 대한 사도교회의 관행은 4세기의 교회에서도 거의 변하지 않고 적용된 것으로 보인다. 아리우 스파 신학은 그리스도론의 본질을 무력화시켜 버리고 그리스도교 교회를 근본적으로 허물어 버리는 너무도 심대한 위협이라고 판정되었다. 공의회 는 이러한 위협을 제거하고 더 이상 오염되지 않도록 하는 방책을 강구하지 않을 수 없었다. 그 결과가 〈318명 주교들의 신앙고백서〉와 〈이집트인에게 보내는 편지〉에 언급된 '아나테마'이다.

이에 비해 〈법규 제5조〉와 〈법규 제16조〉에서 '엑스코뮤니카티오' 처벌 을 받은 자와 접촉했거나 자신의 담당 교회를 떠난 사제가 '엑스코뮤니카티 오' 처벌을 받게 된 경우는 이단과 같이 교리나 신학적인 문제가 아니고 교회법의 위반 정도에 불과한 행위의 문제였다. 이것은 도덕적이거나 윤리 적인 문제일 수도 있고 단순한 교회법 위반일 수도 있다. 이러한 행위는 교회나 그리스도인 공동체에 치명적으로 위해가 되는 것은 아니다. 잘못된 행위를 반성하고 참회한다면 사면될 수 있는 징계로 처벌된 것이다.

325년 니케아 공의회의 규정을 보면 아나테마와 엑스코뮤니카티오는 분명히 구분되었고 처벌에 있어 경중의 차이가 있었다. 아나테마는 이단과 같이 돌이킬 수 없는 중죄를 저지른 자에게 선고되는 벌이었다. 엑스코뮤니 카티오는 이보다는 덜 심각하고 덜 위중한 경우에 적용되었고, 그리고 참회하고 돌이키는 자에게 언제나 사면의 길이 열려 있었다.

2) 381년 콘스탄티노플 공의회[17]

---

16) 고후 2: 6; 고후 2: 7; 고전 5: 5; 갈 6: 1.

17) N. G. King, "The 150 Fathers of the Council of Constantine 381," *Studia Patristica* (Berlin: Akademie-Verlag, 1957); Turner, "Canons attributed to the Council of Constantinople 381," *Journal of Theological Studies* XV (1914), pp.161~174; Joannou, *Discipline générale antique Fonti*, pp.14~43; Hefele *Histoire des conciles d'après les*

325년 니케아 공의회에서 아리우스 신학을 이단으로 확정했음에도 불구하고 니코메디아의 주교 에우세비우스의 건의를 받아들인 콘스탄티누스는 아리우스를 다시 받아들였고 아타나시우스는 오히려 트리에르로 추방을 당하게 된다. 그리스도의 본성을 두고 대립된 논쟁은 종식되지 않았고 아타나시우스는 그의 완고함으로 인해서 황제 발렌스(Valens, 364~378) 때까지 다섯 차례나 추방당하는 신세가 되었다. 안티오키아에 근거를 가지고 있는 아리우스파 자체도 세 부류로 분파가 나뉘었다.[18] 375년 가톨릭 신앙이 독실한 황제 그라티아누스(Gratianus, 375~383)가 재위하면서 동방의 정제로 등극시킨 테오도시우스(Theodsius, 379~395)와 함께 아리우스 문제를 철저하게 해결하기 위해서 381년 콘스탄티노플 공의회를 소집하게 된다.[19] 이 공의회에서는 먼저 150명 주교들의 신앙고백(The exposition of the 150 father)을 선포하여 니케아 신경(Ncea Creed)을 재확인하였다.

381년 콘스탄티노플 공의회에서는 7개의 법규가 결의되었다. 〈법규 제1조〉에서는 일곱 부류의 이단[20]을 아나테마로 단죄하였다. 수십 년 동안 지속되어 온 이단 논쟁과 이단의 확산을 일소하고자 하는 의지가 공의회의 법규에 확연히 나타나고 있다. 당시 서방에서는 아리우스주의가 거의 소멸되어 명맥을 찾아볼 수 없었지만 동방에서는 그렇지가 않았다. 아리우스의 거듭된 복권과 안티오키아 학파를 중심으로 한 이단적 교리의 확산은 걷잡을 수 없는 상황을 초래하였다. 독실한 가톨릭적 신앙을 가진 황제로서는 창궐하는 이단을 척결하기 위해 취할 수 있는 방안은 공의회를 소집하여 의견을 통합하고 이단을 단죄하는 것이었다. 공의회에서는 참석한 주교 150명의 이름으로 니케아 신경을 재확인하고 당시에 확인된 이단

documents originaux I, pp.114~134; 이종환, 《보편공의회사》, pp.55~63.

18) Schroeder, *Disciplinary Decrees of the General Councils*, p.60.

19) 아우구스트 프란쯘 지음, 최석우 옮김, 《教會史》(분도출판사, 1996), pp.93~100; 김성태, 《세계교회사 I》(바오로딸, 1995), pp.362~369.

20) Schroeder, *Disciplinary Decrees of the General Councils*, pp.63~64.

교파들에 대해서 아나테마로 징계하는 법규를 결의하였다. 그만큼 아나테마는 교회에서 법으로 제재를 가할 수 있는 징계로는 최후의 수단이고 가장 강력한 것이었다.

〈법규 제6조〉는 '엑스코뮤니카티오' 파문을 당한 자와 이단의 법적 자격 제한을 규정하고 있다. 법규의 내용으로 미루어 볼 때 교회의 안정된 질서를 무너뜨리며 혼란에 빠트리고, 교회를 담당한 정통파 주교(orthodox bishops)를 증오하며 고발하고 중상하는 자들이 많았던 것으로 보인다. 이러한 이유로 사전 심사를 받지 않은 고발은 법적으로 인정받지 못하도록 하였다. 또한 이단이 정통파 주교를 고발하는 것을 막기 위해 고발자의 신분과 지위를 심사하도록 하였다. 교회로부터 탄핵되었거나, 추방되었거나, 아니면 엑스코뮤니카티오 파문을 당한 사람은 그들 자신이 먼저 죄를 깨끗이 할 때까지는 주교를 고발하는 것이 허용되지 않았다. 반면에 공의회는 이단이 아니거나 파문받지 아니한 사람이 주교를 고발했을 때는 그들로 하여금 관구(province)의 주교들에게 고발장을 제출하고 그 죄를 입증하도록 규정하였다. 이 법규에서는 이단 또는 파문된 자가 정통교회와 주교를 법정에 고발하지 못하도록 그들의 권한을 엄격히 제한하거나 박탈함으로써 교회의 질서를 바로잡고자 하였다. 이 법규는 파문된 자의 법적 권한 제한을 명시한 것으로 이후의 기독교 사회에서 중요한 기준이 되었다.

3) 431년 에베소 공의회[21]

에베소 공의회는 콘스탄티노플의 총대주교 네스토리우스(Nestorius)와

---

21) I. Ruker, "Ephesinische Konzilakten in armenisch-georgischer Überlieferung," *Sitzungsber Bayerische Ak. W.* (1930), p.3 ; Hefele, *Histoire des conciles d'après les documents originaux* II, pp.219~377; Schwartz, "Zur Vorgeschichte des Ephesus Konzils," *Historische Zeitschrift* CXII (1914), pp.137~163; Schroeder, *Disciplinary Decrees of the General Councils*, pp.71~74; 이종환, 《보편공의회사》, pp.61~70.

알렉산드리아의 주교 키릴리우스(Cyrilius) 사이에서 그리스도론을 둘러싸
고 벌어진 신학적 논쟁의 결과로 소집되었다. 키릴리우스는 네스토리우스
파의 신학이 타르수스(Tarsus)의 주교 디오도루스(Diodorus, d. 392)[22]에서
부터 시작한다고 보았다. 네스토리우스에 따르면 그리스도 안에 있는 두
본성은 뚜렷이 구분되는 두 개의 인격이며, 하나의 도덕적 인격(moral
person) 안에 연합되어 있다. 나사렛 예수와 신의 말씀(divine word)은 두
개의 구분되는 인격이다. 그리스도의 신성과 인성은 외적이고 도덕적인
연합으로 이루어진 것이다. 말씀이 마리아의 아들인 인간 예수 안에 거하고
성육신(incarnation)은 말씀이 인간 안에 거하는 것에 불과하다. 말씀은
동정녀의 출생이 아니고 말씀이 고통을 당하는 것도 아니며 말씀이 거하는
육체가 고통을 당한 것이다. 신은 태어날 수 없고 고통당하고 죽을 수도
없다. 마리아는 신의 어머니가 아니고 인간 그리스도의 어머니이다. 뿐만
아니라, 마리아는 여신이 아니고 아들과 같은 인성을 지니고 있는 것이다.[23]
키릴리우스는 이러한 네스토리우스의 해석을 이단으로 보고 강력히 공격하
였다.

　에베소 공의회에서 낭독되고 채택된 강령 가운데 아나테마를 언급한
문서는 네 종류이다. 첫째는 키릴리우스가 제안한 열두 가지 아나테마를
들 수 있다. 이 문서는 430년 알렉산드리아 주교회의에서 키릴리우스의
주도 하에 작성되었고 에베소 공의회에서 채택되었다. 그 내용은 네스토리
우스의 이단적 해석을 열두 가지로 나누어 지적하고 모두에 대해서 아나테마
로 단죄하였다.

---

22) Schroeder, *Disciplinary Decrees of the General Councils*, p.69. 디오드루스는 그리스도의
　　본성을 뚜렷이 구분하고 그리스도의 완전한 인성을 강조하였다. 이것은 그리스도의
　　인성론을 강조하는 안디옥 학파의 교리를 따른 것으로, 그리스도의 신성을 강조하는
　　알렉산드리아 학파와 대립되는 해석이었다.
23) Schroeder, *Disciplinary Decrees of the General Councils*, p.70; 아우구스트 프란쯘,
　　《敎會史》, p.101.

둘째는 동방 교회 주교들의 제명에 대한 공의회의 서한이다. 이 서한은 네스토리우스파의 이단적 교리가 더 이상 지속되지 않도록 하기 위해 이에 동조했던 동방 교회 주교들에 대해서는 그들의 직책을 면직하며 모든 사제권을 박탈한다는 내용을 담고 있다. 또한 누구든지 에베소 공의회의 결정을 전복시키려 한다면 주교나 사제의 경우에는 직책을 면직하며 평신도는 엑스코뮤니카티오 파문을 당해야 한다고 기술되었다.

셋째는 니케아 신경을 재확인하는 신조이다. 431년 7월 21에 열린 제6차 회기에서 채택된 것으로, 니케아 신조의 권위를 다시 한번 재확인하고 그 외의 어떠한 신경도 허용되지 않는다는 점을 강조하였다. 즉 헬레니즘과 유대주의자의 전향을 위한다는 명분으로 그들에게 유리한 새 신조를 만들어서는 안 된다는 것과 사제 카리시우스(Charisius)와 네스토리우스의 가르침은 성스러운 보편공의회에서 단죄된다는 점을 특별히 기술하였다. 이 신조 안에는 파문의 단죄가 두 번 언급되고 있다. 주교나 기타 성직자의 경우에 맡겨진 직분을 모두 박탈하며 평신도의 경우에는 아나테마 파문으로 처벌된다고 규정하였다.

마지막으로 불경스러운 메살리우스와 에우키테스에 대한 규탄이다. 이 문서에서는 이들을 단죄한 아나테마에 서명한 성직자는 그 직위를 유지하게 되고 평신도는 성도의 무리에 동참할 수 있음을 설명하고 있다. 그러나 이를 거부하고 그와 같은 이단자들을 아나테마로 단죄하지 않는다면, 사제나 부제 등의 성직자들은 교회 안에서 담당하고 있는 성직과 성체성사권을 박탈당하며, 평신도는 아나테마 파문을 당하게 된다. 또한 그들이 편찬하고 아세티콘(Asceticon)으로 불리는 불경스러운 이단의 책들은 아나테마로 단죄되어야 한다는 것으로 결말짓고 있다.

431년의 에베소 공의회는 이단과 그들의 동조자, 이단들이 작성한 책에 대해서 아나테마로 단죄하고 있다. 그런데 공의회의 문서들에서 특이한 내용이 나타나고 있다. 두 번째의 동방 주교들의 제명에 관한 문서와 세 번째의 니케아 신조를 재천명한 문서에는 공의회의 결의를 거부하거나, 이단적 입장을 견지하고 있는 성직자들에 대해서 그들의 성직을 면직하고 모든 자격을 박탈하는 동시에 그들에게 동조하는 평신도에 대해서는 아나테마로 단죄한다고 규정하였다. 이러한 형식의 처벌은 그 이후의 공의회 법규에서 수없이 나타난다. 동등한 행위에 대해 성직자와 평신도를 다른 방식으로 징계한 이유가 무엇인지는 문서 내용만으로는 알 수 없다. 그러나 징계의 내용 면에서는 두 신분 사이에 차이를 두지는 않은 것으로 생각된다. 다만 성직자의 경우에 그의 직분을 면직하고 모든 성사 권한을 박탈한 것은 이미 그를 그리스도인 공동체로부터 격리하고 출교하는 것을 의미한다고 할 수 있다. 이에 비해 성직을 담당하지 않는 평신도에 대해서는 아나테마를 통해서 징계의 실질적인 효과를 기대할 수 있었던 것이다. 바로 그러한 이유로 인해 공의회 규정에서 성직자와 평신도를 구별하여 징계한 것처럼 표현된 것이다.

4) 451년 칼케돈 공의회[24]

에베소 공의회를 주도하였던 키릴리우스의 추종자들은 네스토리우스에 대해 심한 혐오감을 가지고 있었다. 그들 가운데 일부는 네스토리우스 신학에 맞서 극단적으로 반대 방향으로 나아가면서 그리스도의 인성을 극소화시키고 신성 하나만을 강조하였다. 그리스도의 인성은 그 자체의 적절한 활동과 동질성을 가지지 못하고 대신에 신성에 완전히 흡수되어 버린다는 것이었다. 그러한 해석 역시 네스토리우스 신학에 결코 뒤지지

---

24) A. Grillmeier and H. Bacht, *Das Konzil von Chalkedon,* 3vols. (Wirzburg, 1951~1954); R. V. Seller, *The Council of Chalcedon* (London, 1953); A. Grillmeier, "Der Neu-Chalkedonismus," *Historisches Jahrbuch* 77 (1958), pp.151~166; W. de Vries, "Die Struktur der Kirche gemäß dem Konzil von Chalcedon," *Orient. Christ. Per.* 35 (1965), pp.63~122; Hefele, *Histoire des conciles d'après les documents originaux* II, pp.499~816; 이종환, 《보편공의회사》, pp.75~90.

않는 위험한 이단성을 드러내는 것이었다. 이러한 이단적 신학은 단성론 (Monophysitism)이라고 불렸으며 에우티케주의(Eutychianism)로 지칭되기도 하였다.

단성론은 키릴리우스의 후계자로서 알렉산드리아의 주교였던 디오스코루스(Dioscorus)가 주창하였다. 그와 함께 콘스탄티노플 외곽의 수도원장으로 있던 에우티케스(Eutyches)[25])가 연합하여 그들의 교리를 옹호하였다. 에우티케스와 디오스코루스의 끈질긴 요청으로 황제 테오도시우스 2세 (401~450)는 440년 3월 30일 공의회 소집에 동의하였다. 이 공의회에는 127명의 동방 주교들이 참석하였고 황제는 디오스코루스에게 공의회를 관장하도록 하였다. 이 공의회에는 콘스탄티노플의 총대주교 플라비우스와 도리라에움의 주교 에우세비우스의 적대자들, 그리고 에우티케스를 파문하고 면직시켰던 사람들을 적대시하는 성직자들만이 참석하였다. 이 회의는 에우티케스 이단을 정통으로 선언하였고, 이에 반대한 사람들은 황제에 의해서 추방되었다. 플라비우스는 그들 패거리로부터 습격을 받고 얼마 후 사망하였다.

교황 레오 1세는 이를 도둑 공의회(Robber Council)로 규정하고 황제에게 새로운 보편공의회 소집을 요청하였으나 황제는 이에 응하지 않았다. 450년 황제의 갑작스런 죽음으로 분위기는 역전되었다. 황제 테오도시우스 2세를 계승한 황제의 누이 풀케리아(Pulcheria)는 황제 위를 마르시아누스(Marcianus)에게 물려주었다. 풀케리아와 마르시아누스는 정통 교리를 열렬히 따르는 자들이었기 때문에 교황의 제의를 호의적으로 받아들였다. 451년 5월 17일 마르시아누스는 서방의 황제 발렌티니아누스(Valentinianus) 3세와

---

25) Schroeder, *Disciplinary Decrees of the General Councils*, pp.78~79. 에우티케스는 키릴리우스의 추종자로서 네스토리우스파에 대한 완고한 적대자였다. 448년 도리레움(Dorylaeum)의 주교 에우세비우스(Eusebius)에 의해 이단으로 낙인찍혔고, 콘스탄티노플의 대주교 파비앙(St. Flavian)이 소집한 주교회의에서 파문되고 수도원 운영권을 박탈당했다.

함께 니케아에 공의회를 소집하였다. 그러나 황제의 도착 지연으로 인해 회의 장소가 칼케돈으로 옮겨지게 되었고 451년 10월 8일 공의회가 개최되었다. 지지자 없이 참석한 디오스코루스는 주교직이 면직되었을 뿐 아니라, 황제에 의해서 강그라로 추방되었으며 3년 후 그곳에서 사망하였다.

칼케돈 공의회의 2차 회기에서는 니케아 신경, 니케아-콘스탄티노플 신조, 키릴리우스가 네스토리우스에게 보내는 서한, 키릴리우스가 안티오크의 주교 요한에게 보내는 서한, 교황 레오가 플라비우스에게 보내는 교리 서신 등을 낭독하고 이를 채택하였다. 다섯 번째 회기에서는 신앙고백(Definition of the faith)을 통과시킨다. 이 신조에서는 단성론 이단을 따른 자들, 그리고 정통 교리 외에 다른 교리나 신조를 만드는 자들에 대해 아나테마 파문으로 단죄한다는 것을 밝히고 있다.

칼케돈 공의회는 단성론에 대한 징계와 추방을 위해 소집되었으나 그동안 교회의 질서를 어지럽게 만든 여러 가지 그릇된 관행과 위법 행위를 규탄하는 법규 30개를 규정하여 반포하였다. 그 중 5개의 법규가 파문으로 단죄하는 내용이다. 〈법규 제2조〉는 성직매매 금지 규정이다. 3세기까지 초기 기독교에서는 성직매매 관행을 찾아볼 수 없다. 그러나 기독교 박해가 끝났을 때 교회 내에 세속적 정신이 만연되고, 주교직은 세속적 야망의 대상이 되었다. 주교직은 교회의 직책이었으나 지역 사회에서 상당한 행정적 권력을 행사하기 시작하였고 그러한 권력은 시간이 지나면서 점점 강화되었다. 이제 주교는 영적 지배자일 뿐 아니라, 행정관으로서 역할도 겸임하게 되었다. 그 밖에도 법규에서는 시골 지역의 주교직(chorepiscopus), 사제, 부제 등 성직이 금전으로 거래되지 않아야 한다는 것을 규정하였다. 주교는 금전을 받고 성직을 서품해서도 안 되고, 탐욕을 채우기 위해서 교회의 재산 관리자, 교회의 법적 변호인,[26] 교회관리인[27] 등과 같은 교회의 관리자

---

26) 교회의 법적 변호인(advocate)은 일종의 법률변호사(defensor)로서 세속의 법정이나 황제의 권력으로부터 교회의 권리와 재산을 방어하고 지키는 직책이다. 서방에서는

들을 임명해서도 안 된다.[28] 성직매매에 관련된 성직자는 면직되고 모든 권한이 박탈될 것이며, 평신도인 경우에는 아나테마 파문으로 처벌되도록 규정되었다.

〈법규 제7조〉에서는 사제에 속하거나 수사가 된 사람은 군사적 봉사나 세속 관직을 맡지 않도록 되어 있는데 이를 어기는 자에게 아나테마의 처벌이 적용됨을 규정하고 있다. 〈법규 제15조〉에서는 40세 이상의 여성만 이 긴밀한 심사를 거쳐서 부제로 서품될 수 있으며 상당 기간 동안 목회사역에 종사하고도 결혼을 한다면 그녀는 남편과 함께 아나테마 처벌을 받도록 규정되어 있다. 이 경우 그 부제는 신의 은총을 경시한 것으로 보고 무거운 형벌을 부과하였다. 〈법규 제27조〉는 여성의 납치에 대한 처벌을 규정하고 있다. 결혼할 목적으로 여성을 강제로 납치한 사람과, 동조자, 강간을 부추기는 자는 성직자일 경우 면직되고 평신도는 아나테마 파문으로 처벌된다.[29]

〈법규 제4조〉는 수도원과 수사들의 질서 유지를 위한 규정이다. 이 법규는 마르시아누스가 제안한 내용을 약간의 자구 수정만을 하여 채택한 것으로 알려져 있다. 이는 당시 동방의 수사들이 교회의 문제나 도시 행정의 문제에 간여하면서 오만하고 무질서하고 광적인 행동을 취하는 것을 규제하

법률 전문가를 평신도 가운데에서 선발하여 이 직책을 맡겼으나 교황 그레고리우스 1세 이후부터는 법률적 식견이 높은 성직자를 이 직책에 임명하였다.

27) C.8 C.I q.1. 교회관리인은 masionnarium이라고 불리기도 한 직책으로서 교회 재산관리인 또는 교회지기 역할을 한 것으로 알려지고 있다. 교황 그레고리우스 1세 때에는 성구보관인(sacristan, 또는 교회지기)으로서 교회의 촛불을 밝히는 것이 그의 임무이기도 했다.

28) 〈법규 제2조〉; Schroeder, *Disciplinary Decrees of the General Councils*, pp.86~87.

29) 고대 로마법에서는 여성의 납치에 대해 관대하였다 결혼할 목적이나 욕망의 충족을 위해서 납치를 한 경우에 그 여자가 동의할 경우 결혼이 허용되었다. 황제 콘스탄티누스는 여성을 보호하고 사회적 질서를 유지하기 위해 그러한 결혼을 금지하였다. 뿐만 아니라 납치범과 그 동조자는 사형에 처하고 그들의 재산을 몰수하도록 규정하였다. 초기 3세기 동안 기독교인들 사이에서는 이러한 범죄가 없었다. 그러나 박해가 끝나고 세속화될 때 수많은 부녀자 납치가 행해졌다. 4, 5세기 이후 9세기까지 기독교 황제들은 그러한 죄악을 근절하기 위해 많은 노력을 기울이게 된다.

기 위해 마련된 것이다. 이들은 교리 논쟁에도 가담하여 극단적 행동을 서슴지 않았다. 이 법규에서는 주교의 허락 없이는 어떠한 수도원도 세워질 수 없으며, 모든 수사들은 관구 주교(ordinary)에게 복종할 것을 규정하였다. 동방과 서방 교회 모두는 교회법 규정에서 주교의 특권과 권위를 강조하는 경향을 보였다.[30] 수사들은 불가피한 목적을 수행하기 위해 주교의 허락을 받는 경우를 제외하고는 소속 수도원을 떠나지 않아야 하고, 교회의 문제이건 세속적인 문제이건 간에 이에 간여해서는 안 된다. 이 법규에서는 그러한 결정 사항을 위반한 경우 엑스코뮤니카티오 파문으로 처벌한다는 점을 규정하고 있다.

〈법규 제8조〉에서도 역시 엑스코뮤니카티오 처벌의 규정이 있다. 구빈원과 수도원, 순교자 성역을 담당하는 성직자는 교부들의 전통에 따라서 그 지역 주교의 재치권(jurisdiction) 아래에 속해 있다. 그들은 주교에 불순종하거나 반항해서는 안 된다. 이를 어기고 불복하는 경우에 사제는 교회법적 처벌을 받게 되며, 수사나 평신도는 엑스코뮤니카티오 처벌을 받게 된다.

〈법규 제16조〉에서는 주 하나님에게 헌신하기로 한 동정녀와 수사의 결혼 불허용이 규정되어 있다. 이를 위반하고 결혼을 한다면 엑스코뮤니카티오 처벌을 받는다. 〈법규 제20조〉에서는 한 교회를 섬기고 있는 성직자가 정당한 절차 없이 다른 교회로 이전한 경우에 그와 그를 받아준 주교 모두를 엑스코뮤니카티오로 처벌하도록 규정하였다.

451년 칼케돈 공의회에서 채택된 문서와 법규를 통해서 볼 때 이단과 신의 은총을 경시하는 자에게는 아나테마로 엄중히 처벌했음을 확인할 수 있다. 이에 비해 성직자의 담당 교회 이탈이나 주교에 대한 수사들의 불복종과 같은 교회 내의 질서를 위반하는 경우에는 비교적 정도가 약한

---

30) Blumenstok, *Der Päpstlich Schultz im Mittelalter* (Innsbruk, 1890); Schreiber, *Kurie und Kloster im 12. Jahrhundert* (Stuttgart, 1910); Hüfner, *Das Rechtinstitut der klösterliche Exemtion in der abendliechen Kirche* (Mainz, 1907).

엑스코뮤니카티오 파문 제재로 규정하고 있다.

5) 제2·3차 콘스탄티노플 공의회[31]

553년 개최된 제2차 콘스탄티노플 공의회와 689년의 제3차 콘스탄티노플 공의회는 계속 이어지는 이단을 규탄하고 징계하기 위해 소집된 공의회들이다. 이들 공의회에서는 이단에 대한 선고문과 규탄문이 채택되었으나 특별히 법규가 규정되지는 않았다. 제2차 콘스탄티노플 공의회에서는 네스토리우스파의 교리를 가르치고 유포한 세 명의 수사 신부, 테오도르 몹수에스티아(Theodore of Mopsuestia, d. 428), 테오도레트 키루스(Theodoret of Cyrus, d. 458), 이바스 에데싸(Ibas of Edessa, d. 457)의 글과 주장에 대해서 토론하고 이들의 주장을 제재하고자 하였다. 〈세 명의 참사원에 대한 선언문〉에서는 아폴리나리우스(Apollinarius)와 네스토리우스파의 이단적 교리 계승자들과 그들의 주장을 정죄하고 있다. 이 선언문에서는 아나테마가 총 22회 언급되고 있다. 첫째는 과거 공의회에서 내려진 결정을 확인하는 가운데 사용된 것이 4회이다. 두 번째는 이단자들에 대한 공의회의 선고를 표명한 것이 13회이다. 세 번째는 이단자들이 파문에 대해 취한 자세를 규탄하기 위해 사용된 것이 2회이다. 넷째는 사후의 파문을 설명하면서 사용된 것이 3회이다.

689년 콘스탄티노플 공의회는 아폴리나리아파(Appolinarianism)에 그 뿌리를 두고 있으며 단성론(Monophysitism)의 여파로 생성된 모노셀리트파(Monothelitism) 이단 문제를 다루고 있다. 이단에 대한 규탄 과정에서 엑스코뮤니카티오 파문을 1회 언급하고 있다.

---

31) F. Diekamp, *Die origenistischen Streitigkeiten im 6. Jahrhundert und das 5 allgemeine Konzil* (Münster, 1899); Tanner, *Decrees of Ecumenical Councils*, pp.106~130; Hefele, *Histoire des conciles d'après les documents originaux* II, pp.560~581; 이종환, 《보편공의회사》, pp.93~107.

6) 1179년 제3차 라테란 공의회[32]

869년 제4차 콘스탄티노플 공의회까지 여덟 차례 동방에서 소집된 공의회 가운데 여섯 차례는 그리스도의 신성과 인성에 대한 해석을 둘러싼 이단의 정의와 이에 대한 응징을 목적으로 개최되었다고 할 수 있다. 1123년 제1차 라테란 공의회에서 1545년 트리엔트 공의회까지 열한 차례의 공의회는 서방에서 개최되었는데 이들 공의회는 서유럽 사회에서 교회의 위상을 정의하며 질서를 세워가는 데에 주된 소집 목적이 있었다. 따라서 공의회에서 규정된 법규도 이단의 문제보다는 교회를 보호하고 질서를 확립하는 데에 높은 비중을 두고 있다.

이단을 규제하는 법규는 1179년 제3차 라테란 공의회에서 제정되었다. 〈법규 제27조〉는 이단과 그들을 옹호하고 받아들이는 사람들을 아나테마 파문으로 단죄하는 규정이다. 11세기 중엽부터 프랑스의 남부 가스코뉴, 알비, 툴루즈 등지에서 카타리(Cathari),[33] 파타리(Patarini), 파울리시아니 (Pauliciani) 등 이단들이 만연하였다.[34] 공의회에서는 이단과 그들을 옹호하고 받아들이는 자들에게 아나테마 파문을 선고하였다. 그리고 그들에게 은신처를 제공하거나 자신들의 땅에 들어오도록 하고, 그들과 거래를 한다면 아나테마의 형벌에 처한다는 것을 규정하였다. 이러한 죄를 범한 상태에서 사망한 자들의 명복을 위해서 교회에 헌물을 납부할 수 없으며, 그들은

---

32) W. Holtzmann, "Die Register Papst Alexander III in den Hinden der Kanonisten," *Quellen und Forschungen aus italienischen Archives und Bibliotheken* 30 (1940), pp.16~17; S Kuttner, "Brief Note, Concerning the Canons of the Third Lateran Council," *Traditio* 13 (1957), pp.505~506; Hefele, *Histoire des conciles d'après les documents originaux* II, pp.1086~1112; 이종환,《보편공의회사》, pp.131~138.

33) "Cathari," *Catholic Encyclopedia* (Available: http://www.newadvent.org/cathen/ 03435a. htm).

34) Peter Segl. *Ketzer im Mittelalter* (Müchen: Bayerischer Schulbuch Verlag, 1999); Peter Segl, *Geschichtsdenken und Geschichtsbewußt sein hoch-mittelalterlicher Ketzergruppen* (Berlin: Akademie Verlag, 1998).

교회 묘지에 매장될 수 없도록 하였다.

7) 1215년 제4차 라테란 공의회[35]

1215년 제4차 라테란 공의회의 〈법규 제3조〉는 모든 이단을 아나테마로 단죄하고 이를 실행하는 과정과 절차를 규정하고 있다. 아나테마 파문을 받은 이단은 적절한 재판을 통해 처벌될 수 있도록 세속 군주나 영장집행관 (bailiffs)에게 위탁된다. 성직자의 경우는 우선적으로 그의 직책을 면직하고 성직록을 박탈하며, 세속인의 경우는 재산을 몰수한다. 이단 혐의를 둘 때에는 당사자가 반론을 제기하지 못하도록 혐의 내용과 성격에 대해서 심사숙고해야 한다. 그가 결백을 입증하지 못한다면 아나테마 파문을 받아야 하고, 2년 동안 엑스코뮤니카티오 파문의 상태에 머물러 있었다면 이단으로 간주된다.

세속 군주는 신앙의 수호를 위해서 그들의 사법적 관할 하에 있는 지역에서 이단을 근절하는 데에 최선을 다해야 한다. 이를 위해 성직자나 세속 군주 모두는 이 법의 준수를 서약해야 하며, 이단 근절의 의무를 충실히 이행하지 않는다면 그들 역시 수도대주교나 관구 주교로부터 파문을 받게 된다. 군주가 파문을 당한 뒤에 1년 동안 사죄(satisfaction)하지 않는다면 이를 교황에게 보고하고, 그 군주의 봉신들이 그와 맺은 주종관계로부터 해제되도록 하며, 그의 영지는 신앙을 수호하는 가톨릭교도가 소유하도록

35) M. Gibbs and K. Lang, "Special Reference to the General Council of 1215," in *Bishops and Reform, 1215~1272* (Oxford, 1934) pp.95~173; H. Tillmannn, *Innocenz III* (Bonn, 1954); S Kuttner and A. Garcia y Garcia, "A new eyewitness account of the Fourth Lateran Council," *Traditio* 20 (1964), pp.115~178; F. Gillmann, "Der Kommentar des Vincentius Hispanus zu den Kanones des vierten Laterankonzils (1215)," *Archiv für katholisches Kirchenrecht* 109 (1929), pp.223~274; F. Gillmann, "Hat Johannes Teutonicus zu den Konstitutionem des 4. Laterankonzils (1215) als solchen einen Apparat verfaßst?", *Archiv für katholisches Kirchenrechts* 117 (1937), pp.453~466; 이종환, 《보편공의회사》, pp.137~141.

한다. 이러한 법규의 실행을 방해하지 않는 한 군주는 주군(chief ruler)으로서의 권리를 존중받게 되고 행동의 자유가 허용된다.

　이러한 취지와 유사한 내용이 이 법규의 뒷부분에서 다시 언급된다. 즉 이단을 전파하고 협력하며 옹호한 자들에 대해서 엑스코뮤니카티오 파문을 선고하게 되는데, 1년 동안 이를 사죄하지 않는다면 그는 불명예(infamy)자가 되고 공직이나 회의 기구에 참여할 수 없다. 또한 다른 사람을 선출할 수 있는 선거권을 가지지 못하고 법정에서 증언할 수 있는 권리를 가지지 못한다. 그는 유언을 남길 수 없으며 상속을 받을 수도 없다. 소송에서 그는 다른 사람에게 관련된 사실을 설명할 의무가 있지만 다른 사람은 그에게 해명할 필요가 없다. 그가 재판관이라면 그의 판결은 어떠한 강제력도 없으며 어떠한 소송도 그에게 의뢰되어서는 안 된다. 그가 변호인이라면 누구도 그에게 변론을 의뢰를 하지 않도록 한다. 공증인이라면 그가 작성한 증서는 효력이 없도록 해야 한다.

　교회에서 출교당한(ostracized) 뒤에 자신의 행동을 고치지 않는다면 그의 행동이 회복될 때까지 파문 상태에 있어야 한다. 사제는 그와 같이 오염된 사람들에게 성사를 베풀어서는 안 되며, 교회의 묘지에 매장해 주어서도 안 되며, 구호금이나 헌물을 주어서도 안 된다. 그들이 가진 직책을 면직시키고 교황의 특별한 승인이 없이는 그 자리에 복귀시키지 못한다.

3. 아나테마와 엑스코뮤니카티오

초기 기독교의 계율에서는 '용서받지 못할 파문(*mortal excommunicatio*)'과 '치유의 파문(*medicinal excommunication*)'의 두 종류 파문이 있었다.[36] 사도 시대에 용서받지 못할 파문은 '아나테마'를 두고 말하는 것이었다. 이는

---

36) 장준철, 〈중세 유럽의 파문 제재〉, 《전남사학》 19, 2002, pp.649~650.

더 이상 회심을 기대할 수 없어서 성도의 무리에서 추방하고 그 영혼을 사탄에게 던져주어 버리는 최후의 수단이었다.[37] 이러한 징계는 더 이상 치유될 수 없고 위로받을 수 없는 자에게 가한 저주였다.[38] 그러므로 신약성서에서의 아나테마는 신으로부터 분리되는 것이요, 성도 사회로부터 완전히 격리되는 것을 의미하였다.

아나테마에 비해 치유될 수 있는 파문(excommunicatio)은 죄의 내용이 과중할지라도 회개하고 뉘우치면 언제든지 영접받을 수 있다는 것을 가정하며 가해지는 징계이다.[39] 사도 바울은 음행을 했거나, 탐욕을 부리거나, 우상을 숭배하는 등과 같은 부도덕한 행위로 교회를 어지럽히는 자들과 함께 먹지도 말고 무리 가운데서 내어쫓으라고 가르쳤다.[40] 이와 같은 준엄한 조치는 그리스도인들이 그와 같은 세속적인 행위에 오염되지 않도록 하는 방안이었다. 그러나 이러한 징벌은 더 이상 돌이킬 수 없이 구제 불가능한 죄를 저지른 행위자를 저주하며 영적 파멸의 상태로 쫓아버리는 것을 의미하는 것은 아니었다. 그러한 행위자가 자신의 그릇된 행위를 뉘우치고 회개하며 다시 성도의 공동체에 돌아올 것을 바라면서 취하는 교정벌이었다.[41]

이상과 같이 성서와 초대교회 사도 시대의 관념과 관행에 기초한 아나테마와 엑스코뮤니카티오의 파문 징계는 이후 고대와 중세교회의 중징계법에 거의 그대로 적용되었다.[42] 12세기의 교회법학자 그라티아누스는 아나테마는 종교적 공동체와 사회적 활동으로부터 완전히 격리되는 것을

---

37) 고전 5:5; 딤 1:19-20.
38) 고전 16:22.
39) 갈 6:1.
40) 고전 5:11-13.
41) 장준철, 〈보편공의회 이단 파문 법규의 분석〉, 《서양중세사연구》 16, 2005, p.8.
42) Gary Hoge, *Dialogue on Anathema and Excommunication: What do these words mean, and how do they apply to modern Protestants?* (Available: http://www.catholic outlook.com/tim1.php, 2005).

의미하고, 엑스코뮤니카티오는 성체성사를 비롯한 성사의 참여를 금지하는 것에 불과하다고 하였다.[43] 이는 두 가지 형태의 파문을 엄격히 구분하는 교회법적 해석이라 할 수 있다.

지역에 따라 파문 징계의 절차상에 다소의 차이는 있을지라도 수많은 지역 주교회에서 사도 시대의 처벌 규정을 그대로 이어가려는 흔적이 역력히 나타나고 있다. 지역 주교회의는 지역의 현안 문제를 처리하는 데 있어 로마교회의 신학적 체계와 교회법 질서를 손상하지 않고 반영해야 했고, 반면에 지역 주교회의에서 수없이 논의되고 검토된 내용들이 보편공의회에서 재확인되고 집약되는 과정을 찾아볼 수 있다. 그러한 면에서 지역 주교회의와 보편공의회는 상호 보족적인 관계에 있었고, 보편공의회에서 규정한 법령은 당시 기독교 사회의 교회법적 관점과 이해가 집약된 것이라고 할 수 있다.

보편공의회에서 적용한 아나테마의 징계는 주로 이단에 적용하고 있는데 그러한 사례를 다음과 같이 공의회 별로 정리해볼 수 있다.

325년 제1차 니케아 공의회 – 아리우스와 그의 추종자들, 신성 모독적 용어와 표현의 단죄

381년 콘스탄티노플 공의회 – 니케아 신경의 재확인과 더불어 아리우스와 안티오키아 학파를 이단으로 단죄

431년 에베소 공의회 – 네스토리우스의 그리스도 양성론과 그의 동조자들, 아세티콘(Asceticon)과 같은 이단의 책들에 대한 단죄

451년 칼케돈 공의회 – 디오스코루스와 에우티케스의 단성론과 그의 추종자들에 대한 단죄

553년 제2차 콘스탄티노플 공의회 – 아폴리나리우스와 네스토리우스파의 이단적 교리 계승자들과 그들의 주장을 단죄

---

43) Aemilius Friedberg (ed.), *Corpus Iuris Canonici* (Graz: Akademische Fruck-U. Verlanganstalt, 1950), Pars Prima, *Decretum Gratiani,* C.11 q.3 d.p c.24.

1179년 제3차 라테란 공의회 - 프랑스의 남부 가스코뉴, 알비, 툴루즈 등지에
　서 창궐한 카타리, 파타리, 파울리시아니 등의 이단들에 대한 단죄
1215년 제4차 라테란 공의회 - 수도원장 요아힘과 그의 교리에 대한 단죄
1414~1418년 콘스탄스 공의회 - 존 위클리프와 그의 교리를 가르치는
　자에 대한 단죄
1431~1445년 바젤 공의회 - 성부·성자·성령의 삼위를 구분하지 않고 서로
　간의 차이를 구분하지 않는 사벨리우스(Sabellius), 성부 하나님만이 진정한
　신이고 성자와 성령은 창조의 질서 안에 있다고 주장하는 아리아파(Arians),
　에우노미아파(Eunomians), 마케도니아파(Macedonians)에 대한 단죄, 그 밖
　에도 마니케파(Manichees), 에비온(Ebion), 케린투스(Cerinthus), 마르시온
　(Marcion), 파울 나모사타(Paul of Samosata), 폰티누스(Phontinus) 등의 이단
　자들을 단죄
1545년 트리엔트 공의회 - 불가타 성서의 권위, 원죄설, 의인화, 성사론,
　세례, 견진, 성체성사론, 고해성사론, 도유성사론, 미사 등 로마 가톨릭
　교회의 기본 교리와 신학에 대한 확인과 이에 대한 다른 견해의 단죄[44]

　이상에서 알 수 있는 바와 같이 4세기에서 16세기까지 열아홉 차례의
공의회 전반에 걸쳐서 아나테마 파문은 이단적 교리나 사상에 대해서,
그리고 이를 가르치고 유포하거나 동조하는 자를 단죄하고 제재를 가할
때 주로 적용되었다. 그렇다고 아나테마가 오로지 이단을 단죄하는 용도로
만 선언된 것은 아니다. 이단 사상이나 이단자가 기독교의 본질을 훼손하고
근본을 와해시킬 만큼 심각한 위험이 있다고 판단되기 때문에 준엄한
심판으로서 아나테마를 선고한 것이다. 그렇기 때문에 이단이 아닐지라도
기독교 사회의 질서를 심각하게 무너뜨릴 수 있다고 생각되는 행위에
아나테마가 적용되었다. 다음과 같은 공의회 법규에서 그러한 사례를 찾아

---

44) Dave Amstrong, *The Catholic Understanding of the Anathemas of Trent and Excommunication* (Available: http://www.ic.net/~erasmus/RAZ71.HTM, May 20, 2003).

볼 수 있다.

451년 칼케돈 공의회[45]

〈법규 제2조〉 성직매매에 관련된 성직자는 면직되고 모든 권한이 박탈될 것이며, 평신도의 경우에는 아나테마 파문으로 처벌된다.

〈법규 제7조〉 사제에 속하거나 수사가 된 사람은 군사적 봉사나 세속 관직을 맡지 않도록 되어 있으며 이를 어기는 자에게는 아나테마의 처벌이 적용된다.

〈법규 제15조〉 … 여성 부제의 결혼 … 아나테마 처벌을 받는다.

〈법규 제27조〉 … 여성의 납치와 강간 … 아나테마 파문으로 처벌된다.

1123년 제1차 라테란 공의회

〈법규 제12조〉 …. 세속인의 제단 헌물 탈취 행위와 교회의 재산을 침탈 …. 아나테마의 형벌을 받는다.

〈법규 제15조〉 휴전(truce)의 위반 …. 아나테마로 처벌

〈법규 제20조〉 … 교회와 성직자의 재산 침탈 … 아나테마의 검으로 가격해야 한다.

1139년 제2차 라테란 공의회

〈법규 제15조〉 사제와 수사에게 폭행하여 신성모독의 죄를 범하는 자에게는 아나테마의 속박을 받게 된다.

1179년 제3차 라테란 공의회

〈법규 제14조〉 평신도(속인)가 주교의 권위를 무시하고 자의로 교회에 사제를 임면하거나 교회의 재물과 기타 소유물을 임의로 전용하고, 교회와 성직자들에게 세금과 기부금을 부과한다면 그 평신도는 아나테마의 형벌로 처벌되어야 한다.

---

45) N. P. Tanner, *Decree of the Ecumenical Councils* vol. 1: *Nicaea I to Lateran V*, pp.75~104; H. J. Schroeder, *Disciplinary Decrees of the General Councils: Text, Translation, and Commentary*, pp.78~127.

〈법규 제19조〉 ··· 교회나 성직자 소유의 재산을 점유하는 것과 주교나 다른 고위 성직자의 재치권을 침해하는 것 ··· 아나테마의 형벌로 처벌한다.
〈법규 제26조〉 ···소송에서 그리스도인보다 유태인에게 유리하게 하는 사람은 아나테마의 처벌을 받게 된다.

1215년 제4차 라테란 공의회
〈법규 제9조〉 교회에 대해서 과세할 수 없으나 공공의 선을 위해서 교회는 자발적으로 기부할 수 있다. 라테란 공의회는 교회와 성직자에게 세금과 기부금을 강요하는 사람들이나 도시의 행정관에 맞서서 교회 면제권을 규정하며, 이 규정에 반하는 행위는 아나테마의 형벌로 금지한다.
〈법규 제 71조〉 ···. 성지 여행자 나포와 약탈, 해적과 내통하는 자 ··· 아나테마의 처벌을 받는다.

1245년 제1차 리용 공의회
〈법규 제5조〉 ··· 노예선에 무기와 철과 목재를 제공함으로써 그리스도와 그리스도인에 피해를 주는 악한 그리스도인들에 대해서 아나테마로 처벌한다.

1274년 제2차 리용 공의회
〈법규 제16조〉 중혼한 성직자는 모든 성직의 특권을 박탈하며 세속 법의 처벌에 양도한다. 중혼자가 성직자 의상을 착용하면 아나테마로 처벌한다.

위에서 알 수 있는 바와 같이 아나테마는 이단을 정죄하는 것 외에도 성직매매, 부녀자 납치, 휴전 위반, 성직자 폭행, 교회 재산 침탈 등 다양한 범죄에 적용되었다. 그와 같이 적용 대상이 다양했을지라도 아나테마는 확실히 성서적 전통에 따라서 이단이나 그에 버금가는 심각한 범죄를 근절하려는 목적으로 사용되었다. 이에 비해 엑스코뮤니카티오는 그보다는 비중이 작은 문제들을 처벌할 때 적용하고 있다. 엑스코뮤니카티오를 적용한 공의회의 법규 가운데서 다음과 같은 일부 사례를 통해 그와 같은 형벌의 성격을 이해할 수 있다.

451년 칼케돈 공의회
〈법규 제4조〉 노예는 주인의 동의가 없이는 수도원에 들어가 수사가 될 수 없다 이러한 결정을 위반하면 엑스코뮤니카티오 처벌된다.
〈법규 제8조〉 … 주교 재치권에 복종하지 않으면 … 수사나 평신도는 엑스코뮤니카티오 처벌을 받는다.
〈법규 제16조〉 … 서원한 처녀나 수사의 결혼 … 엑스코뮤니카티오 처벌을 받도록 한다.

1123년 제1차 라테란 공의회
〈법규 제10조〉 … 예루살렘에 있는 이들의 집과 재산을 탈취하고 가족의 생명을 위태롭게 한 자는 누구든지 엑스코뮤니카티오 형벌을 받게 된다.

1139년 제2차 라테란 공의회
〈법규 제5조〉 주교가 사망한 뒤에 누구도 그의 재산을 점유해서는 안 되며 이는 교회의 필요에 따라 사용될 수 있도록 교회의 재정관이나 성직자의 관리 하에 남아 있어야 한다. 만일 이를 위반하고 그 재물을 사적으로 전용하는 자는 엑스코뮤니카티오 형벌을 받는다.
〈법규 제18조〉 … 악의와 복수심으로 방화를 저지르고 … 공모한다면 파문되도록 한다.

1179년 제3차 라테란 공의회
〈법규 제1조〉 … 교황 선출시 추기경 내의 분열 조장 … 엑스코뮤니카티오 처벌을 받게 된다.

1215년 제4차 라테란 공의회
〈법규 제61조〉 … 성지 회복을 위한 십자군 원정 출병을 지체 … 엑스코뮤니카티오와 금지령을 무기로 사용하도록 하였다.

위에서 알 수 있는 바와 같이 공의회 법규에서는 교리와 신학적 문제와 같이 기독교의 근본을 송두리째 흔들어 버릴 수 있는 이단의 문제가 아니라면 대체적으로 엑스코뮤니카티오로 처벌하였다. 따라서 공의회 법규에서는 일부 사례를 제외하고 대체로 이단적 교리와 이단자의 처리에 관한 한 아나테마를 적용한 것이 일반적이라 할 수 있다. 아나테마의 처벌은 더 이상 돌이킬 수 없는 막다른 골목에 다다른 최악의 상황에서 선언한 최후의 징계였다. 이와는 달리 심대한 사안이지만 범죄에 대해서 후회하고 뉘우치며 회복할 수 있는 가능성이 있다면 아나테마보다는 엑스코뮤니카티오로 처벌하였다. 그러한 면에서 엑스코뮤니카티오는 치유를 전제로 하는 교정벌이라고 할 수 있는 것이다. 제4차 라테란 공의회 〈법규 제1조〉를 보면 교황 선출에 불의를 저지른 자들에 대해서 엑스코뮤니카티오를 선언하지만 그들을 영적으로 완전히 포기하고 사탄에게 영혼을 던져버리는 극단적인 처벌은 아니었다. 그들의 영성체 참여를 금지했으나 종부 성사마저 거부한 것은 아니었다. 그들에게 내려진 파문은 언제든지 돌이킬 수 있는 성격의 벌이었고 그들의 잘못이 치유되고 회개 과정을 거친다면 원래의 상태로 회복될 수 있다는 것을 전제로 한 것이었다.

아나테마와 엑스코뮤니카티오는 본질적으로 경중의 차이가 있었고 이 두 가지 파문에 적용한 범죄의 내용도 확연히 달랐다. 그러한 차이에도 불구하고 12·13세기에 이르면 두 형벌 사이의 간격이 좁혀지는 과정을 찾아볼 수 있다. 451년 칼케돈 공의회 〈법규 제8조〉에서 주교 재치권 불복종을 엑스코뮤니카티오로 처벌하는데, 1179년 제3차 라테란 공의회에서는 아나테마로 처벌하고 있다. 또한 성직자 결혼의 처벌에 대해서 451년 칼케돈 공의회 〈법규 제16조〉에서는 엑스코뮤니카티오로 처벌하였으나 1274년 제2차 리용 공의회에서는 아나테마로 처벌하였다.

아나테마와 엑스코뮤니카티오 형벌을 거의 구분하지 않게 된 상황은 엄중하고 돌이킬 수 없는 최후의 처벌이라는 아나테마의 개념이 약화되었던지 아니면 치유 가능성을 기대하면서 선고하는 엑스코뮤니카티오의 성격이 이전보다 더욱 강력해진 경우일 것이다. 1215년 제4차 라테란 공의회의 〈법규 제3조〉에서는 이단을 단죄할 때 엑스코뮤니카티오와 아나테마를 동시에 적용하였다. 그러한 사례는 〈법규 제61조〉에서 사라센에 무기를 날라주고 노예선에 철과 목재를 제공함으로써 그리스도와 그리스도인들에게 대적한 사람들을 처벌할 때 이 두 형벌을 동시에 적용하였다.[46] 이 경우에 처벌의 강도를 훨씬 더 강조하기 위해서 가장 강력한 내용의 형벌을 동시에 적용했으나 내부적으로는 여전히 두 형벌의 차이를 의식하고 있는 것이다. 그럼에도 불구하고 13세기에는 두 형벌의 간격[47]이 고대의 공의회 규정에서보다는 훨씬 좁혀지고 이전만큼 엄격하게 구분되지 않았다.

4. 자동 파문

파문 형벌은 신약성서와 사도 시대의 징벌제도를 근거로 시행되어 왔다. 그리고 그 기본 성격이 크게 변하지 않고 교회법과 제도에 적용되었다고 할 수 있다. 그러나 시대가 경과하면서 죄의 정도에 따라 강도가 다른 파문이 적용되었다. 파문의 종류가 시대에 따라 변하기도 하였고 그 절차와 형식도 변하였다. 특별히 고대교회에서 존재하지 않았던 중세의 특이한 파문은 바로 자동 파문 제도다.

---

46) 또 다른 사례로서 1245년 제1차 리용 공의회 〈법규 제5조〉와 1274년 제2차 리용 공의회 〈법규 제1조〉, 1431~45년 바젤 공의회 〈반교황 펠릭스 5세에 대한 프로렌스 주교회의의 경고〉를 들 수 있다.

47) Clyde Pharr, *A Thirteenth Century Formula of Anathema* (Baltimore, Md.: Johns Hopkins Press, 1945); Henry C. Lea, *The Rise of the Temporal Power-Benefit of Clergy-Excommunication-The Early Church and Slavery. Studies in Church History* (Philadelphia: Jenry C. Lea's Don & Co, 1883), p.333, 교황 요한 8세(872~882)는 교황서한에서 아나테마를 185번 언급하였다. 이미 아나테마는 혼란의 시기에 교황의 권위를 세우려는 한 방편으로 정치적이며 세속적인 압박의 수단으로 사용되었음을 알 수 있다.

96

12세기 교령집 연구가(decretists)들은 파문의 형벌이 작용할 수 있는 경우를 두 가지로 구분하였다.[48] 하나는 범죄가 발생하는 즉시 파문 형벌에 구속되는 것이고, 다른 하나는 재판관이나 법정의 선고가 내려진 후에 파문의 효력이 발생하는 것이다. 범죄에 대한 경고나 파문의 절차 없이 행해지는 전자의 경우는 교회법적으로 규정되어 있는 한, 주교의 파문 선고가 없어도 범행을 저지른 사람은 자동적으로 파문 상태에 처하게 된다.

자동 파문이 처음으로 적용된 범죄 대상은 성직자에 대한 폭행이었다. 이전에는 성직자에게 폭행을 가한 사람에게 벌금이나 엄중한 참회고행의 벌을 부과하였고, 이따금 파문을 선고하였다.[49] 862~863년의 로마 주교회의(Synod)의 〈법규 제14조〉에서는 주교에게 신체적으로 해를 입힌 사람은 사실상의 파문(*ipso facto excommunicatio*) 상태에 놓인다고 규정하였다. 이 법규가 자동 파문에 대해 문헌상으로 남겨진 것 중 최초의 것이라 할 수 있다. 12세기에 아놀드 브레스키아(Arnold of Brescia)에 의해서 성직자에 대한 반감이 고조될 때 성직자나 교회에 속해 있는 사람들의 무기 소지가 금지되자[50] 성직자들은 신체적 위해나 폭행에 그대로 노출되었고 이를 효과적으로 제재할 만한 수단이 없었다. 따라서 교회는 성직자 보호를 위해서 적극적이고 철저한 방안을 강구하지 않을 수 없었다.

교황 인노켄티우스 2세의 주재로 소집된 랭스 주교회의에서는 〈법규 제13조〉〈악마의 선동(*Si quis suadente diabolo*)〉이라는 법령을 제정하여 성직자 폭행의 문제를 대비하고자 하였다. 이 법령에서는 사제나 수사에게 악의를 가지고 폭행을 하는 자는 '사실상의 아나테마(*ipso facto anathema*)'에

---

48) Peter Huizing S. J. "The earlist Development of Excommunication *Latae Sententiae* by Gratian and the earliest decretists," *Studia Gratiana* III (MCMLV), p.280.

49) Pietro Gasparri, *Codex Juris Canonici* (Neo-Eboraci: Kenedy, 1918), c.2343, no.4.

50) Schroeder, *Disciplinary Decrees of the General Councils: Text, Translation, and Commentary*, p.205.

처한다는 것과 이 경우에 사망의 위험이 있는 경우를 제외하고는 오로지
교황으로부터만 사면을 받을 수 있다고 규정하였다. 성직자 폭행을 제재하
기 위해 규정한 이 법령은 1139년 제2차 라테란 공의회의 〈법규 제15조〉를
통해 재천명된다.

보편공의회의 법령을 통해서 자동 파문은 공식적으로 확인되고 보편적으
로 적용될 수 있는 근거를 가지게 되었다. 그렇지만 일정한 절차를 거쳐
선고되어야 했던 파문이 그러한 절차를 생략하고 자동적으로 그 효력을
발휘하도록 하는 것이 과연 정당한 것인지에 대해서 교회법학자들 사이에
논란이 제기되었다.[51] 교회법을 집대성한 교회법학자 그라티아누스는 사전
경고의 절차도 없이 자동적으로 효력을 가지는 자동 파문에 대해서 거부
입장을 가졌다.[52] 그러나 교회법학자 롤란두스(Rolandus), 파벤티누스
(Johannes Faventinus)[53] 등은 자동 파문에 대해 심각한 위험성을 어느 정도
방지할 수 있는 한 방도라는 입장을 가졌다. 이러한 논란을 거치면서 후구치
오(Huguccio)에 의해서 자동 파문은 교회법적 타당성을 인정받게 되고
공식화되기에 이른다.[54]

자동 파문에 대한 제2차 라테란 공의회의 공식적인 규정 이후로 공의회의

---

51) R. H. Helmholz, "Excommunication as a Legal Sanction; the attitudes of the medieval canonists," *Zeitschrift der Savigny-Stiftung für Rechtgeschite, kanonistische Abteilung* 99 (1982), pp.204~218.

52) *Decretum Gratiani* C.11 q.3 d.p c.24.

53) 요한네스 파벤티누스(Johannes Faventinus)의 견해는 라우렌티우스 히스파누스 (Laurentius Hispanus)의 *Glossa Palatina*(ca.1210) C.11 q.3 d.p c.24 v. *Subiaceat*에 인용되어 있으며, 현대 사가들에 의해서 정리 해석되었다. P. Huizing, *Doctrina Decretistarum de excommunicatione usque ad Glossam ordinariam Johannis Teutonici* (Rome, 1952), p.50; Josephus Zeliauskas, *De excommunicatione vitiata apud glossatores, 1140-1350* (Zürich: Pas Verlag, 1967), p.179; A. Stickler, "Jean de Faenza," *Dictionnaire de droit canonique* 6. pp.99~102.

54) Peter Huizing S. J., "The earlist Development of Excommunication *Latae Sententiae* by Gratian and the earliest decretists," pp.290~291; Huguccio, Summa. C.11 q.3 c.41 v. *Non poterint*. Admont 7 fol 230rb.

98

법규들에는 이에 대한 언급이 빈번하게 나타나고 그 대상도 다양해짐을 알 수 있다. 그러한 사례 가운데 일부를 다음과 같이 정리해 볼 수 있다.

1245년 제1차 리용 공의회

〈황제 프리드리히 2세의 폐위 교령〉－황제 직위로부터 폐위되는 프리드리히 2세에게 맺고 있는 모든 봉건적 서약과 충성의 서약을 해제하며 이후로는 누구도 그에게 황제로 대하거나 복종해서도 안 되며 그에게 조언을 하거나 도움을 주고 혜택을 베풀면 자동적으로 파문에 놓이게 된다.

1274년 제2차 리용 공의회

〈법규 제2조〉 … . 교황 선출시 추기경들과 비밀 접촉과 내통, 모의하는 자 …. 자동 파문에 처하게 된다.

〈법규 제11조〉 … 성직자 선출시 압력 행사와 보복 행위자 … 자동적으로 파문을 당하게 된다는 점을 알도록 해야 한다.

〈법규 20조〉[55] 교회, 수도원, 기타 성역에서 칙허 특권, 후견권, 방어권과 변호권 등의 탈취를 시도하고, 성직이 공석일 때 그들의 소유를 점유하려고 하는 사람은 자동 파문 하에 놓이게 된다. 교회의 성직자, 수도원의 수사, 기타 성역에 속한 사람들이 이러한 범행을 부추기고 동조한다면 역시 같은 방식으로 자동적인 파문을 당하게 된다.

〈법규 제22조〉 … 교회의 부동산과 재산권의 침해 … 자동 파문의 상태에 놓인다.

---

55) Phillips, *Das Regalienrecht in Frankreich* (Halle, 1873); Makower, *Die Verfassung der Kirche in England* (Berlin, 1984); Michelet, *Du droit de régale* (Ligué, 1900). 이 법령은 프랑스와 잉글랜드 지역 주교들의 긴급한 요청으로 규정된 법령이다. 중세 시대에 많은 군주들이 주장한 권리가 *regalia*이다. 중세 초기에 일부 지역에서는 세속 군주가 궐석 교회의 후견권을 위임받았다. 그러나 후에는 이러한 후견권이 지배권(*dominium*) 또는 이용권(*usus*)으로 바뀐다. 처음에는 권리가 주교구나 수도원의 궐석 시에만 행사되었으나 후기에 가면 주교나 수도원장의 사망 이후 잔여 기간으로 확대되었다. 그리고 재정의 확대를 위해서 그 기간 이후에 더 오랫동안 시행되었다. 이러한 폐해를 줄이기 위해 이 법령은 해당 기간이 경과된 주교구에서 세속권력법 또는 왕권법(*jus regalia*)의 연장을 파문의 형벌로 금지하는 내용을 규정하였다.

〈법규 제31조〉 … 왕이나 제후, 기타 봉신과 그들의 가신이 파문재판관에 대해 보복 … 사실상의 파문 선고 상태에 놓이게 된다.

1311~1312년 비엔나 공의회

〈법규 제1조 성전기사단과 성지의 문제에 관한 로마 교황청의 칙령〉-성회의 동의로 공의회는 성전기사단과 교단의 규율, 예법과 명칭 등을 영원히 폐지한다. 이제로부터 이 교단에 들어가거나 기사단 복장을 받아 입고 성전기사단으로 행동하는 것을 금지한다. 이를 어기고 행동하는 사람은 자동적으로 파문의 상태에 들어간다. 그리고 모든 기사단원과 그들의 재산은 교황의 관리 하에 맡겨진다.

〈법규 제14조〉 … 수도원장을 해치려는 목적으로 수사나 수사 신부가 제후 법정에 제소하는 행위 … 그들은 자동 파문에 처하게 된다는 것을 결정한다.

〈법규 제16조〉 … 베긴수녀회에 대한 제재 … 이를 따르지 아니하면 자동적으로 파문이 발효된다.

〈법규 제26조〉 … 주교나 종교재판관, 그들의 대리자들이 이단 혐의자들에 대해서 심리를 진행할 때 … 양심과 정의를 저버리고 누군가를 심판한다면 주교와 수도원장은 3년 동안 직분이 정지되고 다른 신분의 사람은 자동적으로 파문된다.

〈법규 제27조〉 … 이단 종교재판관들의 분별없고 사악한 행위 … 이를 어기는 자는 자동적으로 파문 선고 처분을 받는다.

〈법규 제31조〉 본당 신부의 특별한 허락 없이 도유를 행하고, 사제와 평신도에게 성체성사를 행하고, 혼배 성사를 진행하고, 교회법상 파문된 자나 관구 주교에 의해서나 주교회의 법으로 파문 선고된 자를 사면하려고 하고, 형벌이나 죄를 면제해 주려고 하는 수사는 자동 파문을 당하게 된다. 이들의 파문은 교황으로부터만 사면된다. 지역의 주교는 이들이 파문되었다는 것을 공적으로 알려야 한다.

〈법규 제35조〉 탁발승 수사가 집이나 모종의 장소를 획득하고, 이를 교환하거나 타인에게 이전하는 것을 금지하는 법규를 위반한다면 자동적으로 파문에 놓이게 된다.

설교를 행하는 수사가 설교를 듣는 신도들로 하여금 교회에 정당한 십일조

헌금을 하지 않도록 유도한다면 자동 파문의 상태에 놓이게 된다. 수사나 재속 사제가 신도들로 하여금 교회가 아닌 곳에 매장지를 선택하도록 서약하거나 약속하도록 하고 마음을 바꾸지 못하도록 한다면 자동적으로 파문 상태에 놓이게 된다.

1431~1445년 바젤-페라라-프로렌스-로마 공의회
〈주교 선출과 안수에 관한 법령〉-… 성직매매에 가담한 자 … 모두 자동적으로 파문의 형벌을 받게 된다.

1545년 트리엔트 공의회
〈제5장: 수녀원 담장과 안전을 위한 조치〉 일반적으로는 모든 수도원이 주교의 관할 하에 있고 일부는 교황에게 속해 있다는 교황 보니파키우스 8세의 법령을 재확인하면서 성회는 주교들이 수도원을 특별히 보호해야 하고 파괴된 수녀원을 복구해야 한다고 명령한다. 파괴되지 않았으면 잘 보존하고 교회의 징계나 형벌을 통해 불복하는 자를 제재하고 필요하다면 세속 권력의 도움을 요청해야 한다. 성회는 기독교 군주들이 지원하도록 명령하고 이를 따르지 않으면 사실상의 파문 고통을 당하게 된다.

이상에서 알아본 공의회 법규 내용을 통해서 자동 파문에 관한 몇 가지 사실들을 찾아볼 수 있다. 랭스 주교회의와 제2차 라테란 공의회에서 자동 파문을 언급할 때 그 대상은 당시 횡행하던 성직자 폭행에 관련된 것이었다. 그만큼 속인들의 폭행으로부터 성직자의 신변을 안전하게 보호하는 일은 매우 긴급한 현안 문제였다. 그러므로 자동 파문은 자주 빈번하게 발생하는 사건에 효율적으로 대처하고 응징할 수 있는 제재 수단이었다. 이러한 제재의 내면에는 발생한 사건에 대해서 복잡한 절차를 거치지 않고도 자동적으로 신속히 응징을 한다는 것과, 이와 같이 강도 높은 법적 규정을 가시적으로 공표함으로써 언제든지 있을 수 있는 사건을 미리 방지하려는 의도가 있었다.

이러한 의도를 담고 있는 자동 파문은 성직자 폭행이 아닌 다른 성격의 사건에도 얼마든지 적용될 수 있는 가능성이 있었다. 범행이나 법규 위반을 신속히 처리해야 하고 사전에 강력히 경고해 미연에 방지해야 할 사안은 얼마든지 있었다. 성직자 폭행에 대한 자동 파문 제재는 그러한 속성을 가진 사건의 한 모형이고 모델이었다. 이는 동일한 방식으로 제재해야 하는 사건들을 처리하는 데에 효율적인 기준을 마련해 준 것이다.

1139년 제2차 라테란 공의회 이후에 개최된 공의회들의 법규에서 자동 파문에 대한 언급의 횟수가 점차적으로 증가하였다. 1245년 제1차 리용 공의회로부터 1545년 트리엔트 공의회까지 자동 파문에 대한 언급은 총 39회[56]이다. 적용 대상도 위의 공의회 법규에서 알 수 있는 바와 같이 다양해지고 있다. 최초에 자동 파문이 규정되고 적용될 때에는 성직자의 신체적 보호를 목적으로 시행되었으나, 앞에서 언급한 바와 같이 두 가지 의도 위에서 제재할 필요가 있다고 생각되는 문제에는 종류를 가리지 않고 적용되었다. 트리엔트 공의회까지 자동 파문이 적용된 내용을 분석해 보면 교황 선출에 관한 위반 사항 4건, 세속 권력의 교회·수도원 재산과 성직록 침해 4건, 성전기사단 해체와 경고 3건, 주교의 사법권 보호 2건, 주교·종교재판관의 재판 권력 남용 2건, 주교 폭행 1건, 수사의 성품권과 수도회의 질서 유지 7건, 주교 선출과 성직매매 3건, 공의회의 정통성과 권위 강조 4건, 사회질서와 개혁 2건, 황제 폐위와 관련자 제재 1건, 바른 설교의 강조 1건 등이다. 이와 같이 새로운 형태로 출현한 자동 파문은 13세기 후반 이래로 공의회에서 점차 보편화되어 가는 것을 확인할 수 있다.

---

56) 1245년 제1차 리용 공의회(1회), 1274년 제2차 리용 공의회(4회), 1311~1312년 비엔나 공의회(17회), 1414~1418년 콘스탄스 공의회(1회), 1431~1445년 바젤 공의회(6회), 1512~1517년 제5차 라텐란 공의회(8회).

5. 파문의 절차와 부수적 효력

파문은 징계와 형벌의 한 형태로서 교회법에 규정되었고 실제 교회 법정에서
형벌로서 선고되었다. 파문을 선고할 수 있는 사법권을 소유한 재판관은
고위 성직자의 신분에 속하는 주교, 부주교, 성당참사원장, 수도원장 등과
이들로부터 위임을 받은 재판관들이었다. 그렇지만 고위 성직자 계열에
있지 못한 사제나 수사들도 때때로 파문을 선고하기도 하였다.57) 그러나
원칙적으로는 주교가 파문 선언의 권한을 가진 것으로 되어 있었다.

주교 관구 내에서 파문이 선고될 때는 주교의 이름으로 행해졌다. 이러한
이유로 1139년 제2차 라테란 공의회의 〈법규 제3조〉에서 한 주교 관구
내에서 파문당한 자를 다른 관구의 주교가 받아들이는 것을 금지하였다.
뿐만 아니라 그는 반드시 파문을 선고한 주교로부터 사면을 받아야 하며,
그가 사면받기 전에는 누구도 그와의 접촉이 금지되어 있으며 이를 위반하면
같은 처벌을 받게 된다. 사투를 금지하는 법령58)에서는 세 차례의 경고
이후에도 금지 법규를 지키지 않으면 주교가 직접 파문을 선고하고 이를
인근 지역의 주교들에게 서면으로 그의 행위를 알리도록 하고 있다. 파문은
일요일이나 축제일에 관구나 도시의 교회에서 공개적으로 선포하며, 그러
한 의식으로 종을 울리고 초를 태우면서 진행하도록 하였다.59)

엑스코뮤니카티오 파문은 개인의 영적인 죽음을 의도하는 것이 아니라
치유를 목적으로 하고 교정을 위한 징계이기 때문에 교회의 재판관은
이를 선포함에 있어 교정과 치유에 합당한 여건을 조성해 주도록 주의를
기울여야 한다. 파문을 선고하는 사람은 누구를 막론하고 선고문을 문서로
작성해야 하고 그 선고문에는 파문의 이유가 반드시 제시되어야 한다.60)

57) F. Dolnald Logan, "Excommunication," *Dictionary of the Middle Ages* vol. 4, pp.536~537.
58) 1139년 제2차 라테란 공의회 〈법규 제12조〉, N. P. Tanner, *Decree of the Ecumenical Councils* vol. 1: *Nicaea I to Lateran V*, pp.199~200.
59) 1311~1312년 비엔나 공의회 〈법규 제17조〉.

파문 선고문은 공공 기록물로 등록되어야 하며 인증 인장이 첨부되어야
한다. 파문당한 사람이 선고문의 사본을 요구한다면 1개월 안에 그 문서를
제공받을 수 있어야 했다. 이러한 규정을 위반한 재판관에 대해서는 교회의
신성한 직무 수행을 1개월간 정직시킨다. 상소 의뢰를 받은 상급 재판관은
신중하지 못한 선고문을 무효화시키며, 파문을 선고한 재판관이 모든 경비
를 배상하도록 하며, 파문당한 자가 입은 모든 손해를 보상하도록 하였다.
이러한 절차를 통해 심사숙고하지 않고 파문을 선고한 것이 얼마나 엄중한
것인지 배우도록 하였다. 정직이나 성사금지령의 경우도 이와 마찬가지로
준수되어야 했다.

제4차 라테란 공의회의 〈법령 제47조〉에서는 억울한 피해 발생의 가능성
을 염려하여 부당한 파문을 규제하는 조항을 규정하고 있다. 이는 파문
선고를 신중하게 진행하도록 그것의 절차를 재차 강조하는 내용이다. 이
법령은 사전 경고 없이 파문을 선고하고 선포하는 것을 금지하고 있다.
그 파문의 혐의가 정당한 것일지라도 절차를 규정대로 지키지 않으면
과오를 범한 파문 재판관은 한 달 동안 교회의 출입이 금지되고 선포된
처벌을 수정하도록 하였다.

그와 같은 규제에도 불구하고 파문재판관의 위법 행위가 발생했을 때
재판관이 이를 철회하려 하지 않는다면 피해를 당한 사람은 상급 재판관에게
부당한 파문의 재심을 상소할 수 있다. 시간이 지체될 위험이 없다면 상급
재판관은 일정 기간 내에 사면하도록 지시하는 동시에 그 사람을 원심
재판관에게 돌려보내야 한다. 시간이 지체될 위험이 있다면 상급 재판관이
충분한 사유를 붙여서 그 자신이나 다른 사람의 이름으로 직접 그의 사면을
진행한다. 재판관의 선고가 부당하다는 것이 명백히 밝혀지면 그 재판관은
파문당한 자에게 모든 경비와 손실을 배상해야 한다. 무고한 사람을 그렇게

---

60) 1245년 제1차 리옹 공의회 〈법규 제3조〉.

처벌하는 것은 사소한 문제가 아닌 매우 중대한 사안으로 간주되기 때문에
잘못의 정도가 과중할 때는 상급 재판관의 판단에 따라서 벌을 주도록
해야 한다.

　파문당한 자가 이의를 제기했으나 타당한 이유를 제시하지 못한다면,
상급 재판관은 그가 이의 제기로 발생한 손실을 배상하도록 가중 처벌한다.
그러나 원심 재판관이 자신의 잘못을 인정하고 그 선고를 철회할 준비가
되어 있더라도, 파문된 자가 제기한 의혹에 타당성이 없다면 그 탄원은
받아들이지 않는다. 이러한 규정은 교회법적 절차를 제대로 따르지 않는다
면 그것은 다른 사람을 상해하는 잘못을 범하게 된다는 교훈을 얻도록
하기 위한 것이었다.

　교회 재판관의 판결에 대한 이의 제기는 〈법규 제48조〉에서 다시 상세히
규정되고 있다. 여기에서는 사전 경고 없이는 어떠한 파문도 선고되어서는
안 된다는 점을 강조하고 있다. 혐의가 있어 경고를 받은 사람이 조사를
피하려는 한 방편으로 재판관에 대해 이의를 제기한다면 재판관의 면전에서
그가 의심하는 이유를 지적해야 하고, 그를 고소한 사람이나 아니면 재판관
과 함께 중재자를 선택하도록 하였다. 만일 당사자가 이에 합의하지 않으면
그와 재판관이 각기 한 사람씩을 추천해서 그들로 하여금 의심 사안을
조사하도록 한다. 그들 역시 합의에 이르지 못하면 제3자를 정하고 그가
더 많은 권한을 위임받아서 조사를 진행하도록 한다. 일정한 시한을 정해
두고 그 안에 재판관에 대한 혐의가 입증되지 않는다면 재판관이 다시
권한을 가지고 사법권을 행사하도록 한다. 그러나 그 혐의가 입증된다면
재판관은 혐의를 제기한 사람의 동의를 얻어 제3의 사람이나 그의 상급
재판관에게 그 사건을 위임해야 한다.61)

---

61) 1245년 제1차 리용 공의회 〈법규 제11조〉(Schroeder 305; Mansi, XXIII, 605에서는
　　〈법규 제11조〉로 편집되어 있으나 St. Michael's Depot에서는 〈법규 제17조〉로
　　편집되어 있다)은 제4차 라테란 공의회 〈법령 48〉의 내용과 연장선상에 있다고

법규에서는 파문 이전에 경고를 받은 사람이 항소를 제기하는 경우에
그의 자백이나 다른 근거를 통해서 유죄가 명백하다고 인정된다면 그러한
항소를 일종의 도발로 여기고 이를 결코 용납하지 않는다는 점을 분명히
하고 있다. 그러나 그의 유죄 판정이 여전히 의문시된다면 항소 제기로
재판을 방해하지 않는다는 조건 하에서 타당한 항소 이유를 재판관 앞에서
설명할 기회가 주어진다. 그가 항소를 제기하고도 이를 계속할 의사가
없다면 재판관은 절차를 진행한다. 항소의 사유가 상급 재판관 앞에서
인정된다면 상급 재판관이 이 소송의 재판권을 행사하도록 한다. 그러나
항고인이 증거를 제시하지 못한다면 사건은 원래의 재판관에게로 돌아간다.

1245년 제1차 리용 공의회의 두 번째 회기에 작성된 〈법규 제8조〉에서는
항소와 사면과 관련된 두 가지 문제를 제기하고 이에 대한 해결책을 제시하
고 있다. 하나의 문제는 파문당한 사람이 파문 선고의 무효를 주장하면서
상급 재판관에게 조심스럽게 사면을 청원한다면 이의신청이 없이도 그를
사면해야 하는지를 질문하는 경우이다. 둘째는 정당한 항소에도 불구하고
파문되었거나, 선고의 오류를 법정에서 입증할 수 있다고 주장하는 사람이
그 증거 제시를 위해 준비하는 동안 그가 재판에 참여할 수 없는 것인지의
질문이다.

첫 번째 질문의 경우에 원심 재판관이 명백한 근거를 토대로 범행자를
파문했다는 점을 공언하지 못한다면 비록 그가 동의하지 않는다고 하더라도
사면 청원은 거부되어서는 안 된다고 규정하고 있다. 이러한 상황에서

할 수 있다. 재판관에 대해서 합법적인 의심의 이유가 있고 법에 따라 중재자들이
선정되었을 경우 중재자들이 합의를 이루지 못하고도 제3자를 선택하고자 하지
않을 때 재판관은 그들에 대해 파문 선고를 선포해야 한다. 왜냐하면 그러한
상황이 부당하게 소송을 지연시키고 소송 종결을 위해 한 발짝도 나아갈 수 없게
하는 결과를 낳았기 때문이다. 따라서 필히 이러한 무질서를 바로잡기 위해 재판관은
중재자들이 합의하거나 제3자를 정하도록 하는 시기를 일정하게 정하게 해야
한다. 그렇지 않으면 재판관 자신이 논란이 되고 있는 사건을 직접 결정하는
절차를 밟아야 한다.

재판관은 그의 이의신청을 반증할 수 있도록 8일간의 기간을 부여받는다. 재판관의 반증이 입증되고 파문당한 자가 자신의 행위를 바르게 수정하지 않는다면 그 판결문은 폐기되지 않는다. 그러나 그 범행이 명백하다는 것을 입증하지 못하고 여전히 의문 상태로 남아 있다면 파문당한 자가 법정에 출두할 것을 분명히 약속한다는 조건 하에서 그는 사면될 수 있다. 두 번째 질문의 경우에 증거를 제출하도록 허용된 사람이 증거물을 준비하고 제출하는 동안에는 재판에 참여할 수 없다. 그러나 법정 밖에서의 직무, 성직 임명(postulation), 선거, 기타 합법적인 행위를 하는 것은 허용된다.

파문을 무기로 재판관이 저지르는 금전적 부정을 막으려는 노력도 공의회의 법규에 나타나고 있다. 제4차 라테란 공의회 〈법규 제49조〉는 파문을 금전과 연계시키지 못하게 하는 내용을 담고 있다. 이 법령은 파문을 위협하여 금품을 강요하거나 금품을 목적으로 파문을 사면해 주는 것을 금지하고 있다. 특별히 파문된 사람이 사면될 때 관습적으로 벌금형을 부과하는 지역에서는 이러한 관행을 더 이상 행하지 않도록 엄격히 금지하였다. 파문 선고가 부당하다면 파문을 선고한 자는 교회의 징계를 받아야 하고 그가 강요한 금전을 반환해야 할 뿐만 아니라 피해자가 입은 손해를 배상해 주어야 한다.

일정한 절차를 거쳐서 혐의가 입증된다면 파문을 당한 자는 기독교 공동체로부터 격리되며, 누구도 그와 접촉하는 것이 금지되었다. 파문된 자는 미사와 성찬 의식에 참여할 수가 없다. 사제의 경우는 미사와 성사를 집전할 권한이 박탈된다. 그가 파문을 사면받지 못하고 사망한다면 교회의 묘지에 매장되는 권한을 박탈하도록 규정되었다.[62] 제2차 라테란 공의회의 법규에서는 파문과 교회 묘지 매장권의 박탈이 연계되고 있으며 이는 공의회 법령 가운데 처음 나타나는 것으로 그 이전 공의회의 법령들에서는

---

62) 1139년 제2차 라테란 공의회 〈법규 제18조〉; 1215년 제4차 라테란 공의회 〈법규 제3조, 제57조〉.

찾아볼 수 없다.

파문 선고는 세속적인 관계와 법적 지위에까지 영향을 끼칠 만큼 그
위력이 대단하였다. 세속 군주나 제후들이 교회의 재산을 침탈하고 노약자
나 부녀자와 같은 약자를 괴롭히고 피해를 준다면 이단과 같은 처벌을
받으며, 그러한 행위가 지속된다면 그들과 맺은 신종 선서나 충성 서약이
해제된다는 점을 경고하였다.[63] 또한 세속 군주나 제후가 신앙의 수호를
위해서 의무를 충실히 이행하지 않으면 주교로부터 파문을 당하고 그의
신하들과 맺고 있는 봉건적 관계가 해제되는 결과를 가져온다.

1215년 제4차 라테란 공의회 〈법규 제3조〉에서는 교회가 징계한 이단을
근절해야 하는 의무를 세속 군주가 제대로 이행하지 않는다면 그는 수도대주
교나 관구주교로부터 파문을 받도록 규정하였다. 그가 1년 동안 사죄하지
않으면 이를 교황에게 보고하고 그의 봉신들은 신종 선서로부터 해제되며
그의 영지는 신앙을 수호하는 가톨릭교도가 지배하도록 하였다. 이러한
규정으로 볼 때 파문은 단순히 교회법으로 처리되는 형벌의 상태에 그치는
것이 아니고, 현실 사회에서 처해 있는 모든 관계와 활동에까지 영향을
미치는 것이다.

파문을 당한 자가 사회의 활동을 규제받고 사회적·법적 권리를 행사하지
못하도록 한 규정은 비단 군주나 제후뿐 아니라 모든 신분의 사람들에게
동일하게 적용되었다. 같은 공의회 〈법규 제3조〉의 후반부에서 이단적
교리를 가르치고 협력하고 옹호한 자들에 대해서 엑스코뮤니카티오 파문을
선고하게 되는데 1년 동안 이를 사죄하지 않는다면 그는 공민권이 박탈되고,
공직이나 회의 기구에 참여할 수 없음을 규정하고 있다. 또한 그는 다른
사람을 선출할 수 있는 선거권을 소유하지 못하고 법정에서 증언할 수
있는 권리도 가지지 못한다.

---

63) 1179년 제3차 라테란 공의회 〈법규 제27조〉.

맺음말

보편공의회 가운데 동방에서 개최된 처음 일곱 차례의 공의회는 주로 황제의 권위로 소집된다. 이에 비해 1123년 제1차 라테란 공의회 이후에 소집된 공의회들은 서방에서 개최되었고 교황이 소집하고 회의를 주도하였다. 공의회가 소집되는 배경은 시기에 따라 각기 다르지만 매 시기마다 첨예한 현안 문제를 해결하고자 하는 의지가 반영된 것이라 할 수 있다. 특별히 제3차 콘스탄티노플 공의회까지 처음 여섯 차례의 공의회는 기독교 공인 이후로 지속적으로 제기된 신학적 논쟁의 결과 정통과 이단을 확정하는 계기가 되었다는 점에서 초기 기독교사에서 매우 중요한 의미를 가진다.

공의회는 정통 교리를 확정하는 최고의 권위를 가졌을 뿐 아니라, 기독교 사회에서 빈번히 일어나는 갖가지 문제를 처리하고 교회의 질서를 세워 나아가는 데 있어서도 중요한 기준을 마련하기도 하였다. 그만큼 공의회는 긴급히 대처할 문제를 처리해야 하고 강력한 최후의 결정을 내려야 하기 때문에 교회와 기독교 사회에 위해가 되는 문제에 대해서는 단호히 단죄하였다. 그러한 면에서 공의회는 수없이 많은 징계 법규를 규정하였다. 공의회에서 규정된 법규들을 분석해 볼 때 가장 준엄한 단죄는 파문이었다. 파문의 대상은 이단 문제뿐 아니라, 성직자의 직무 태만, 평화를 위협하는 사투, 십자군 출병 거부 등 그 수를 헤아릴 수 없다.

이단을 방지하고 단죄하려는 강한 의지 속에서 개최된 공의회는 초기 여섯 차례의 공의회이고, 제3차 라테란 공의회(1179)와 제4차 라테란 공의회(1215)는 이단 문제로 소집된 것은 아니지만 당시 남 프랑스 지역에서부터 확산되는 이단의 문제가 중요한 의제의 하나였다. 이단을 단죄하고 강력히 응징하는 처벌은 아나테마 파문이었다. 공의회의 법규에서 규정된 엑스코뮤니카티오 파문 역시 매우 준엄한 징계였으나 그 대상은 아나테마의 경우와는 뚜렷이 구분되고 있음을 알 수 있다. 아나테마 파문은 신약의 갈라디아서 1:8의 "우리들이나, 또는 하늘에서 온 천사일지라도, 우리가 여러분에게 전한 것과 다른 복음을 여러분에게 전한다면, 마땅히 저주를 받아야 합니다"의 전례를 그대로 따르고 있다고 할 수 있다. 적어도 초창기의 공의회로부터 중세 시대에 이르기까지 이단을 단죄하는 경우에는 반드시 아나테마 파문으로 처벌했다는 점을 확인할 수 있다. 즉 이단과 같이 기독교의 근본을 무력화시키고 더 이상 돌이킬 수 없는 중죄를 저지른 자에게 아나테마 파문이 선고되었다.

이에 비해 엑스코뮤니카티오 파문은 이단과 같은 신학적 문제가 아닌 교회법 위반 같은 행위를 저질렀을 때 주로 적용되었다. 그것이 도덕적이거나 윤리적인 문제일 수도 있고 단순히 교회법의 위반일 수도 있다. 그러한 정도의 죄가 기독교 사회를 붕괴시키는 치명적인 것이라고는 보이지 않았다. 그러한 면에서 볼 때 공의회에서 적용되고 있는 아나테마와 엑스코뮤니카티오는 분명히 경중의 차이가 있다고 할 수 있는 것이다.

그 밖에 공의회의 징계에서 찾아볼 수 있는 특이한 내용은 신분에 따라 징계 내용이 다르게 표현되어 있다는 점이다. 431년 에베소 공의회 이후로 빈번하게 적용되는 바와 같이 파문의 대상이 될 수 있는 죄를 범한 경우 성직자에 대해서는 모든 성직을 면직하고 성사의 권한을 박탈하고, 평신도의 경우에는 파문을 적용하였다. 외면적으로 볼 때 신분에 따라 징계의 정도가 다른 것처럼 보인다. 그러나 내용상으로는 그 정도가 동등한 것이라고 할 수 있다. 성직자의 경우는 그러한 처벌의 상태로 모든 권한과 보호받을 권리를 상실하며 때로는 추방되어 비천한 상태로 전락해 버리기 때문에 평신도가 파문의 징계를 받는 것과 차이가 없다. 그렇다고 해서 성직자에게는 파문을 선고하지 않는 것은 아니다. 사안에 따라서 성직자들이 파문에 처해지는 경우가 얼마든지 있었음을 간과해서는 안 될 것이다.

11세기 이후 교회 개혁 운동이 활발해지고 교회법이 점차 체계화되면서 기독교 사회의 질서를 바로잡아 가는 데 필요한 법적 조치와 규제를 명확히 해야 할 필요성이 절실하였다. 특별히 교회법상 가장 강력한 처벌인 아나테마와 엑스코뮤니카티오 파문에 대해서는 좀 더 명확히 그 실체를 규명하고 이를 적용해야 할 필요가 있었다. 그러한 이유로 1139년 제2차 라테란 공의회로부터 파문의 성격에 대한 규정이 나타나기 시작한다. 1215년 제4차 라테란 공의회에서는 파문 그 자체의 절차와 성격에 대해서 집중적으로 언급하고 있다. 따라서 11세기 이후의 보편공의회의 규정을 통해서 파문에 대한 개념을 상당 부분 명확히 정리해 볼 수 있다.

파문은 대체로 아나테마와 엑스코뮤니카티오로 나누어지는데 일반적으로 이해하는 바와 같은 교정벌로서의 파문은 엑스코뮤니카티오 파문을 가리킨다고 할 수 있다. 보편공의회에서 적용되는 아나테마는 용서받을 수 없는, 그 영혼을 사탄에 던져버리고 저주의 형벌이라는 점에서 이를 교정벌이라고 말할 수는 없다.

파문을 결정하고 선고할 때는 그 범죄의 내용을 확인하고 범죄자에게 몇 차례 경고를 한 뒤에도 여전히 뉘우치지 않고 완강히 저항하고 버틸 때 비로소 교회 법정에서 파문을 선고하는 것이 일반적이다. 그러나 1139년 제2차 라테란 공의회 〈법규 제15조〉에 사전 경고나 파문의 선고라는 법적 절차를 거치지 않고 단지 법으로 규정된 내용에 의해서 파문이 자동적으로 내려지는 조항이 나타난다. 이와 같은 자동 파문은 고대의 공의회에서는 전혀 그 개념을 찾아볼 수 없는 중세 후반기의 독특한 파문 절차라 할 수 있다.

그 밖에도 보편공의회의 법규를 통해서 파문의 법적 효력과 파문 선고와 관련된 사법적 문제들을 명확히 하려는 노력이 역력히 나타나고 있다. 그만큼 파문은 가장 강력한 교회의 형벌이면서 중세 기독교 사회에 보편적으로 적용되고 있었음을 의미한다. 파문된 자를 기독교 공동체에서 격리하고 부수적으로 그의 법적 권리를 박탈해 버림으로써 교회의 권위를 확고하게 유지하고자 하였다. 공민권을 상실하고, 소송에서 변론이나 청원권을 행사하지 못하고, 군주나 제후의 경우는 모든 봉건적 관계를 해체당하는 등 파문의 부수적 효력은 파문당한 자를 죽음의 상태로 만들어 버리는 엄청난 결과를 가져왔다.

　보편공의회의 규정은 기독교 세계에서 가장 높은 권위를 지녔고 교회법의 표준적 모형을 수립했다고 할 수 있다. 따라서 공의회 법규에 규정된 조항들은 부분적이지만 중세교회 파문 제재의 내용과 성격을 명확히 파악할 수 있는 매우 귀중한 사료들이라 생각된다.

제3장 중세교회 파문 의식의 역사와 파문장

베어메쉬(Albert Vermeesch)는 그의 논문[1]에서 파문을 당시의 세속법적으로 해석해 본다면 법적 보호권 박탈(outlawry)이나 추방(ban)에 해당한다고 하였다. 파문은 교회 질서를 문란하게 하거나 범죄를 저지른 자들에 대해서 그와 같은 제재를 가함으로써 그리스도인 공동체가 더 이상 오염되지 않도록 하는 데 가장 큰 목적이 있었다. 그리스도인 공동체로부터 추방하는 가장 엄중한 징벌로서 파문은 구약시대 히브리인들의 사회에서 그 원형을 찾아볼 수 있지만 중세교회의 파문 제재는 사도 시대로부터 이어져 내려온 것이라고 할 수 있다.

성서나 고대의 많은 문헌 속에서 파문을 의미하는 내용이 수없이 발견되고 있으나 그 속에서 파문을 진행하는 절차나 의식은 찾아볼 수 없다. 파문이 뚜렷한 형식과 틀을 갖추어 그 의식을 진행하고 선포하는 절차는 9세기 말 이후에 비로소 나타난다고 할 수 있다. 이 시기에 이르러 파문 의식은 그리스도교 공동체로부터 악행자를 추방하는 절차를 진행하는 전례 의식으로서 행해지게 된다.

중세 전성기까지 대부분의 파문 의식은 미사와 같은 집회에서 여러 명의 사제들과 많은 신도들이 참여하는 가운데서 행해졌기 때문에 주교들은

---

1) Albert Vermeesch, "L'Exclusion de la communauté dans l'anciene droit Germanique, dans la paix de Dieu et dans le droit communal," *Miscellanea J. Gessler* 2 (Deurne, 1948), pp.1250~1261.

이를 전례 의식의 하나로 여기게 되었다. 파문 의식은 시기와 지역에 따라서 일정한 형식을 갖추고 문서화되는데, 이를 파문장이라고 한다. 파문장은 선고의 주체 또는 권위, 징벌, 저주의 내용을 공통적으로 포함하고 있으나 시기와 지역에 따라 강조하는 내용과 사용하는 용어, 각 주제에 관련된 내용의 길이가 각기 달랐다. 그것은 당시의 교회와 성직자들의 파문에 대한 이해가 서로 상이했던 점도 있고, 사안에 따라 변형된 파문 의식을 진행했기 때문이다. 그렇기 때문에 파문 의식을 담고 있는 파문장들은 12세기 중엽 이후 교회법에서 파문에 대한 검토와 논란을 거쳐 그 성격을 좀 더 구체적으로 분명하게 규정하기 전까지 중세인들이 파문을 어떻게 이해하고 있었는지를 파악하는 데 중요한 단서가 될 수 있다.

그러한 면에서 본 장은 교회법으로 규정되고 사법적으로 정형화되기 전까지 중세인들의 파문에 대한 인식을 추적해 보는 것을 우선적인 목표로 설정하였다. 이를 위해 현재까지 전해지는 파문 의식서 사본들을 시기와 지역, 내용의 성격에 따라 분류하고 그러한 사본들을 통해서 파문 의식을 어떠한 관점에서 진행하고 어떠한 제재 효과를 기대했는지 살펴보고자 한다.

레이놀드(R. E. Reynold)는 파문장의 유형을 전체적으로 구분하고 조직적으로 분석하기보다는 주교 전례서 파문장을 중심으로 파문 의식의 성격을 분석하였다.[2] 리틀(L. K. Little)은 저주를 중심으로 파문 의식을 파헤치고 있다. 특별히 파문장에서 자주 언급되고 같은 의미로 이해될 위험성을 가진 엑스코뮤니카티오(excommunicatio)와 아나테마(anathema)의 성격을 명확히 규명하려고 하였다.[3] 현존하는 파문장을 최대한 수집하여 파문 의식과

---

2) Roger E. Reynolds, "Rites of Separation and Reconciliation in the Early Middle Ages," *Collected studies series* (Varium Reprint, 1994), pp.405~437.

3) Lester K. Little, *Benedictine maledictions: liturgical cursing in Romanesque France* (Ithaca: Cornell UP, 1996).

파문장에 대한 전체적인 유형 분류를 시도하며 조직적인 분석 작업에 심혈을 기울인 연구로는 에드워드(G. S. Edward)의 《중세 프랑스와 잉글랜드의 파문 의식》[4]을 들 수 있다. 이 연구서는 부분에 따라서는 너무 장황하며, 중세 이래 20세기까지 교회법과 주교 전례서에서 모델이 된 멍드의 파문장에 대해서는 일목요연하게 정리하지 못하고 산만하게 흘려버린 아쉬움도 보이고 있다.

1. 10세기 이전의 파문 형식

파문 의식에 사용된 파문장은 10세기 초 이전에는 거의 사용되지 않은 것으로 알려져 있다. 신앙적 공동체로부터 격리시키는 형식은 히브리인들의 회당과 초기 그리스도교 교회 모두에서 찾아볼 수 있다. 그러나 그러한 사례들이 파문 의식의 형식을 보여주는 것은 아니다. 사도 바울이 양심과 신앙을 버린 후메내오와 알렉산더를 파문할 때,[5] 그리고 음행자와 토색자, 우상숭배자를 내쫓고 그 영혼을 사탄에게 내어준다고 선언할 때,[6] 그 절차와 내용은 중세의 파문장과 같은 형식을 갖춘 것은 아니었다. 또한 4세기 초에 니케아 공의회에서 아리우스를 이단으로 확정하고 파문할 때나 390년 밀라노의 주교 암부로시우스가 황제 테오도시우스를 파문할 때에 중세의 파문 의식에서 진행된 것과 같은 절차나 언어를 사용한 흔적을 찾아볼 수 없다.

314년 프랑스 아를르 지역 공의회와 650년 샬롱과 루앵 공의회에서 형벌로서 파문을 선포한 기록이 있다. 이들 공의회의 징계에서는 성체성사

---

4) Genevieve S. Edward, *Ritual Excommunication in Medieval France and England 900-1200*, Dissertation (Stanford University, 1997).

5) 딤전 1:20.

6) 고전 5장.

의 집전이나 참여의 금지, 교회 건물의 출입이나 교회의 모든 활동 참여의
금지, 그리스도교 공동체로부터의 완전한 추방 등의 내용을 규정하고 있었
다. 그렇다고 할지라도 이들 공의회의 사료들에는 9세기 이후에 나타나는
파문 의식과 같은 내용이 보이지 않는다.

파문 선언 의식이 처음 나타나는 것은 6세기 무렵이다. 그레고리우스
투르는 《프랑크 민족의 역사》에서 578년의 사건을 묘사하면서 그 흔적을
보여주었다. 이 책에서는 네우스트리아의 왕 칠페릭(King Chilperic of
Neustria, 539~584)이 악행자에게 저주의 옷을 입히고 영구적으로 그와
교제를 단절하는 방안으로 시편 108편을 그의 머리에 낭송하며 저주하도록
주교회의에 제안하는 장면이 나온다.[7] 그 밖에도 567년 투르의 시노드에서
는 엑스코뮤니카티오나 아나테마로 파문된 자에 대해서는 그의 머리 위에
시편 108편을 읽고 저주를 하는 것에 대해 언급하였다.[8] 이러한 형식은
후기의 파문 의식에 비하면 매우 미흡하고 간단한 것이지만 파문 의식의
초기적 형태라고 할 수 있다.

7세기와 8세기의 파문 의식에 대한 사료는 거의 발견되지 않는다. 그것은
이 시기에는 갈리아 지방이 외부의 침략을 받고 교회가 침탈되는 일이
많아서 공의회가 거의 열리지 못했기 때문이다. 9세기 후반이 되어서야
갖가지 형태의 파문 의식이 유럽 북서부 지방에서 실행된 흔적들이 나타난
다. 랭스의 주교 힝크마르가 주재한 845~846년 모(Meaux)의 공의회에서는
아나테마와 마라난타의 처벌을 받는 자에게 영원한 죽음과 지탄을 함축하는
말들을 사용하여 저주하는 파문 의식이 언급되었다.[9] 855년 마꽁 공의회의

7) *Historia Francorum* V. 18, (ed.) Bruno Krusch, *Monumenta Germaniae Historica, Scroptores rerum Merovingicarum* I. 1. 2nd ed. (Hannover, 1951), p.223.
8) R. E. Reynolds, "Rites of Separation and Reconciliation in the Early Middle Ages," p.409.
9) R. E. Reynolds, "Rites of Separation and Reconciliation in the Early Middle Ages," pp.406~407.

116

법규에서는 후기의 파문 의식과 유사한 용어들을 사용하게 된다. 가증한
범죄를 길게 나열한다거나 '저주한다(*damnare*)'와 같은 동사들을 사용해서
파문 강도를 높게 표현하였다. 그 대신에 '성체성사 참여를 금지한다
(*communione privere*)'나 '격리한다(*secludare*)', 또는 '중지한다(*suspendere*)'와
같은 소극적인 표현은 사용하지 않았다.[10] 이와 같이 서서히 단순한 형태의
파문 의식과 용어들이 때때로 보이기는 하지만 그러한 것들은 다양한
절차를 담고 있는 후기의 전형적인 파문 의식에 비하면 매우 초보적인
것이라 할 수 있다.

2. 비정규적 파문장

일정한 형식의 틀을 갖추어 하나의 의식으로서 파문을 실행하게 된 것은
9세기 후엽에서 10세기 이후부터라고 할 수 있다. 파문은 주교에 의해서
선포되고 전례 형식을 취하게 되었다. 파문 의식을 담고 있는 문서를 파문장
이라고 할 수 있으며, 이것은 파문 선포의 당위성과 선포의 권위, 파문의
결과로 초래되는 각종 금지 규정, 현세 및 내세의 저주 등을 포함하고
있다. 파문장은 작성된 시기와 활용된 지역에 따라서 각기 그 내용과 형식을
달리하였다.

　　파문 의식을 담고 있는 파문장은 비정규적 파문장(*occasional formulae*),
로마-게르마니아 주교 전례서(*Pontifical Romano- Germanicum*, 또는 *PRG*)
파문장, 신의 권위(*auctoritate dei*) 파문장, 멍드(*William Durand of Mende
formula*) 파문장, 일반적 형식의 파문장(*general formulae*) 등으로 구분할 수
있다. 이러한 유형의 파문장을 순서대로 분석해 보기로 한다.

---

10) G. S. Edward, *Ritual Excommunication in Medieval France and England 900-1200*,
　　p.17.

먼저 비정규적 파문장(*occasional formulae*)은 특별한 사건을 위해서 작성된 파문장으로서 이들 파문장들은 서로 언어적 유사성이 거의 없다. 이 파문장은 수가 극히 적고 대부분 10세기에 작성된 것들로, 그 안에 사건이 일어난 역사적 배경이 풍부하게 담겨 있다. 이러한 부류에 속하는 것들 가운데 가장 오래된 것은 900년 7월 6일에 작성된 파문장으로서, 랭스의 대주교 풀크(Fulk)를 살해한 자에 대해 선고한 것이었다. 풀크를 살해한 자는 플랑드르 백작 볼드윈 2세(Baldwin II)의 추종 세력인 윈마르(Winemar)였다.[11] 풀크의 뒤를 이어 랭스 대주교가 된 에르베(Hervé)는 랭스 주교좌 성당에서 풀크가 사망한 3주 후에 파문 의식서를 작성하였다. 에르베는 인근의 다른 지역 교회에서도 파문 사실을 알 수 있도록 파문장을 담고 있는 서한을 여러 지역에 유포하였다. 이 파문장은 899년에서 915년 사이에 라인 지방의 연대기 작가 레기노(Regino von Prüm)가 작성한 법령집과 디오니시스-하드리아나 법령집(*Collectio Dionysia-Hadriana*, 뷔르셀 박물관에 소장) 사본의 공백 지면에 삽입되어 전해지고 있다. 그리고 사본에 따라서 그 내용이 약간 변형되기도 했고 다른 어휘를 사용하기도 했다.

비정규적 파문장을 대표하는 이 랭스의 파문장은 그 대상자에 대한 저주와 처벌의 내용을 성서적 근거 위에서 설명하는 형식으로 되어 있으며 그러한 형식은 후기의 파문장에 영향을 미치게 된다. 에르베가 선포한 파문장은 파문 선고의 주체와 증인, 살인 사건에 대한 설명, 파문의 정당성, 파문된 자에게 내려지는 벌의 내용을 담고 있다.

전임 대주교 풀크의 살해자들에 대한 랭스의 이 파문장은 900년 7월 6일이라는 파문 날짜를 분명히 밝히고 있으며, 파문 선고자인 에르베 주교와 11명의 증인으로 인근 지역 주교들의 이름을 나열하고 있다. 그리고 살인자들이 얼마나 심각한 범죄를 저질렀는지 그들의 이름과 행위를 설명하였

---

11) François-Louis Ganshof, *La Flandre sous les premiers comtes*, 3rd edn. (Brussels, 1949), pp.18~23.

118

다.12) 다음으로 그들을 그리스도교 신자들의 공동체에서 격리하고 규탄하
는 내용이 소개되고 있으며, 그들을 저주하고 파문하는 언어가 사용되었
다. 범죄자들에 대해서 엄마의 품에서 어린아이를 떼어내는 것처럼 교회로부터
그들을 추방한다고 하였다.13) 엑스코뮤니카티오라는 용어는 사본에 따라
제목에만 있기도 하고 내용에 제시되어 있기도 한다. 풀크의 파문장에서는
그들을 영원히 아나테마 아래 둔다고 하면서 그들에 대한 저주(maledictio)를
강조하였다.14)

　900년 랭스의 파문장은 저주로 인해 닥치는 두려움을 크게 환기시켰다.
죄인의 파문은 사람의 힘으로 회복될 수 없고 하나님과 죄인의 화해는
가시적인 교회의 권능 밖에 있다고 보았다. 그와 같은 심각성을 주지시키기
위해 레기노의 사본에서는 영혼의 치유라는 말은 아예 생략해 버렸다.
뷔르셀의 사본에서는 '깨닫지 않거나, 속죄하지 않으면(nisi rescipiscant et
satisfaciant)'이라는 구절을 첨가할 정도였다. 회중이 제창하는 기도문(litany)
형식으로 된 저주 문구는 구약 신명기 28:15-19절과 45절 내용을 인용하였
다.15) 랭스의 파문장은 파문을 내세에서의 저주로 연결시키면서 신약 고린

---

12) J. P. Migne (ed.), *Scriptorum ecclesiasticorum qui in VII saeculi secunda parte floruerunt. Patrologiae Cursus Completus*, Series Latina vol. 87 (Paris, 1853), p.929, "de occisione nimirum patris et pastoris nostri Folconis ab impiis perpetrata, qui pro regni utilitate, et totius sanctae Ecclesiae statu, pro viribus die noctuque desudans, ac seipsum in defensione omnium Ecclesiarum in hoc regno consistentium muro protectionis opponens, res enim earum a Balduino Comite filio Balduini ac Judith."

13) J. P. Migne (ed.), *Scriptorum ecclesiasticorum qui in VII saeculi secunda parte floruerunt.* p.930, "ipsos a santae matris Ecclesiae gremio segregamus, ac perpetuae maledictionis anathemate condemnamus."

14) G. S. Edward, *Ritual Excommunication in Medieval France and England 900-1200*, pp.34~35, 134~138.

15) G. S. Edward, *Ritual Excommunication in Medieval France and England 900-1200.* 중세의 파문 의식을 알게 해주는 9~10세기 사료들은 구약성서의 저주 문구를 중심으로 이루어져 있었다. 중세의 파문 의식과 파문장들의 내용을 살펴보면, 신약성서의 구절을 인용하는 횟수는 많지 않고 대부분 구약성서의 구절을 인용하였다. 중세의 파문장은 민수기 16장 33절에서 모세가 악행자 다단과 아비론을 저주하

도전서 16장 22절의 아나테마 마라난타(anathema marananta)와 연결시키고 있다. 이 시기에는 마라난타를 심판의 날에 그리고 영원히 파멸되는 저주로 이해하였다.[16)]

파문의 결과로 벌을 받는 자들에 대해서 "그들이 뉘우치지 않는 한, 그들에게 인사하지 말고, 미사를 베풀어 주지 말며, 고해도 받지 말고, 영성체에 참여시키지 말라"고 하였다. 또한 예레미야 22장 19절의 저주와 같이 "성문 밖에 던져지고 나귀의 무덤에 매장되도록 하라"고 하였다. 이러한 관념에 따라서 파문당한 자는 성스러운 땅에 매장될 수가 없었다.[17)] 파문장의 마지막 부분에서는 단호한 신체적 행위를 통해서 파문의 엄중함을 각인시키고자 하였다. 랭스의 파문장에서는 "우리가 우리의 손으로부터 던지는 불이 꺼지는 것과 같이 그들의 영혼의 불빛이 영원히 꺼지도록 될지어다"[18)]라면서 끝을 맺는다.

이와 같은 파문장은 주교에 의해서 교회에서 선포되었다. 이 시기에는

는 구절을 원형으로 삼았다. 에드워드(Genevieve Edward)가 그의 학위논문에 부록으로 모아 놓은 60편의 파문장 중 24편이 다단과 아비론의 저주를 언급하고 있으며, 세 편이 사도행전 5장의 아나니와 삽비라를 인용하였다. 또한 신약 마태복음 16장 19절 베드로의 매고 푸는 권한에 관해서는 5편에서 인용하였으며, 구약 신명기 28장 20절에서 모세가 말한 저주의 구절들은 35편에서 인용되었다. 그 외에 욥기 21장 14절, 예레미아 22장 19절, 시편 68장 29절과 82장 12-18절의 내용이 다수의 파문장에 언급되었다. 이와 같이 볼 때 중세의 파문장에서는 신약성서의 내용보다는 구약성서의 저주에 관한 구절이 그것의 원형으로 간주되었다는 것을 알 수 있다.

16) Andre Duchesne (ed.), *Historiae Francorum Scriptores* vol. 2 (Paris, 1636), p.585, "Sintque anathema maranatha, et pereant in secundo Adventu Domini."

17) A. Duchesne (ed.), *Historiae Francorum Scriptores*, p.585, "Nullus ergo eis Christianus vel Ave dicat. Nullus Presbyter Missas aliquando celebrare, nec si infirmati fuerint, confessiones eorum recipere, vel sacrosanctam communionem eis, nisi resipurerint, etiam in ipso fine vitae suae praesumat unquam dare."

18) A. Duchesne (ed.), *Historiae Francorum Scriptores*, p.585, "Et sicut hae lucernae de nostris projectae manibus hodie extinguuntur, sic eorum lucerna in aeternum extinguatur."

아직 그러한 파문을 강제할 수 있을 만큼 세속 권력의 도움을 받을 수 없었지만 파문의 영향력이 그렇게 미미한 것은 아니었다. 당시는 그리스도교 신앙이 절대적인 것은 아니었지만 적어도 일반화되어 있었던 시기이기 때문에 일반인들은 그리스도교의 권위로 부과되는 벌을 영적인 면에서 수긍하고 그것이 현실 생활에도 영향을 미칠 수 있다고 보았다. 그러한 예는 구전되어 온 랭스의 윈마르 파문 이야기에서 찾아볼 수 있다.

946년 성당 기록사 플로도아르(Flodoard)가 완성한 《랭스 교회사》에서 파문을 당한 윈마르의 말로에 대해서 기록하고 있다. 그 내용에 따르면, 파문과 저주에 빠진 윈마르는 신으로부터 치유될 수 없는 상해를 입었고 그의 살은 썩어들어 갔으며 몸에서 핏덩어리가 흘러나왔고 살아 있는 상태에서 벌레가 몸을 파먹었기 때문에 악취가 나는 그에게 누구도 접근할 수가 없었다. 그래서 그는 가장 비천한 모습으로 비참한 죽음을 당하게 되었다는 것이다.[19] 플로도아르는 꼼꼼한 역사 기록자였다. 그는 랭스에서 교육을 받았고 특별히 에르베 대주교의 삶에 대한 많은 자료를 수집하였으며 풀크 주교의 살인에 대해 마치 목격자처럼 상세히 설명하였다. 그의 설명을 통해서 볼 때 윈마르는 퇴행성 질병으로 자연사한 것으로는 보이지 않는다. 그러한 그의 죽음에 대해 당시의 사람들은 윈마르가 죄를 사죄받지 못했고 파문으로 인해 그 같은 지경에 이르렀다고 여겼다. 플로도아르는 이와 같은 세간의 여론을 그의 역사책에 옮겨놓은 것으로 보인다. 10세기 말에 랭스 지역의 성 레미 수도원의 수사이며 역사가였던 리헤르가 수종을 앓아 처참한 상태에 있었던 윈마르의 질병에 대해 세밀하게 기록하였다.[20]

---

19) Flodoard de Reims, *Historia Remensis Ecclesiae* (ed.), Ioh. Heller and G. Waitz, *M.GH. S.S.* 13 (1881), p.575, "Denique Winemarus, eius interemptor, ab episcopis regni Francorum cum suis complicibus excommunicatus et anathematizatus, insuper insanabili a deo percussus est vulnere, ita ut computrescentibus carnibus et exundante sanie, vivus devoraretur a vermibus, et dum propter immanitatem foetoris nullus ad eum accedere posset, misserrimam vitam miserabili decessu finivit."

아마도 리헤르는 플로도아르가 그의 역사책에서 설명한 윈마르의 질병을 더욱 부풀려 묘사한 것으로 볼 수 있을 것이다. 그러나 파문을 받아 그처럼 처참한 질병을 앓았다는 리헤르의 설명을 통해 짐작할 수 있는 것은, 파문이 신체에 병을 가져온다는 믿음이 10세기 사람들의 마음속에 적지 않게 자리 잡고 있었다는 점이다. 10세기는 봉건화로 인해서 왕의 권력이 매우 미약한 상태에 있었기 때문에 교회가 중앙 권력으로부터 지원을 받을 수 없었던 위기의 시대였다. 무력을 소유하지 못한 교회가 인근 지역의 유력자들로부터 침탈을 받더라도 왕은 그들을 보호해 줄 수가 없었다. 교회는 스스로를 지킬 수 있는 다른 대안을 찾아야 했고, 그와 같은 교회의 필요를 충족시켜 줄 수 있는 길이 바로 초자연적인 힘에 의존하는 것이었다. 이러한 상황은 교회로부터 받은 저주는 영적인 파멸을 의미할 뿐 아니라 육체적 파괴를 가져온다는 믿음을 이전보다 더욱 강하게 고취시켰다.

초기의 파문 의식에서 사용된 용어들은 교회법에 기초를 둔 것은 아니었다. 대신 각기의 파문장에서 자체의 방식에 따라 필요한 용어를 취사선택하였다. 초기의 의식서에서 파문을 부과하는 데 사용한 말은 '파문한다 (*excommunicare*)'가 아니라 '격리한다(*separare*)'나 '규탄한다(*condemnare*)'였다. 풀크의 살인자들에 대한 파문 의식서에서는 그들을 성스러운 어머니인 교회의 품으로부터 추방하고 영원한 저주인 아나테마를 선고한다고 언급하였다. 구약시대에 율법을 위반한 자들에게 선고했던 모세의 저주가 10세기 랭스의 파문 의식에서는 주교의 살인자들에게 적용되었다. 그들은 그리스도인으로서 삶과 죽음으로부터 단절되는 것이며, 종부성사도 받을 수 없게 된다. 파문된 자들에 대한 저주는 영적인 삶의 파멸을 의미하였다. 파문 의식서에서는 마지막으로 촛불을 던져 짓밟아 끄는 것으로 파문된 자의 영적인 죽음을 상징적으로 보여주고자 하였다. 중세 후기의 신학과 교회법

---

20) Richer of Saint-Rémy, *Histoire de France*(888-995), Bk.1, Ch.18, ed. and trans. Robert Latouche vol. 1 (Paris: Champion, 1930), pp.44~47.

에서는 파문된 자가 모두 영적인 죽음을 당하게 된다는 것을 부인하였지만 적어도 초기의 파문 의식서에는 아나테마 파문을 당하는 심각한 범죄인에 대해서는 영적으로 파멸 상태에 이르는 것을 당연한 것으로 여겼다.

3. 주교 전례서 파문장[21]

10세기 비정규적 파문과 동시대에 사용되었으면서 매우 광범위하게 유포되었던 것으로 로마-게르마니아 주교 전례서(*Pontifical Romano-Germanicum*, 또는 *PRG*)[22]의 파문장이 있다. 이러한 형식의 파문장은 로마 주교 전례서에 담겨서 사용된 이후로 20세기 중엽까지 1000년 이상 통용되었다. 이것은 10세기에서 16세기까지 28개의 전례서 사본에 담겨 유포되었고, 비정규적 파문장이나 신의 권위 파문장에 비해 그 수가 매우 많았다.

주교 전례서 파문장은 9세기 후반과 10세기 초 중엽까지 프랑스 북동부 지역과 라인 지방에서 처음 작성된 것으로 추정된다. 그러나 프랑스에서는 그러한 형식의 파문장이 극히 소수만이 전파되었고 잉글랜드에서는 15세기까지 전혀 찾아볼 수 없었다.[23] 이러한 형식의 파문장이 널리 확산되고

---

21) 로마-게르마니아 주교 전례서(Pontifical Romano-Germanicum, 또는 PRG)가 원래 명칭이지만 여기서는 주교 전례서 파문장으로 줄여 사용하고자 한다.

22) Jan Józef Janicki, "The rite of excomminication as contained in the medieval Roman pontifical" (Available: http://upjp2.edu.pl/download/czytelnia/janicki_rite.pdf). 'pontifical' 은 주교용 전례서로서 기도문, 각종 성사 예식 등 주교가 예식을 집전하는 데 필요한 전례 의식이 포함되어 있다. 주교 전례서는 ① 성사 예식서(*Liber sacramentorum*)와 기도서, ② 주교 집전 전례 기능에 속하는 미사와 규정들(*Ordines Romani*), ③ 축성 미사(*Benedictionale*) 등 고대교회의 세 가지 문헌을 토대로 작성되었다. 10세기에 마인쯔의 성 알반(Alban) 수도원에서 로마와 갈리아 전통의 예식서를 결합한 새로운 형태의 예식서가 작성되었는데 이것을 바로 로마-게르마니아 주교 전례서(Pontifical Romano-Germanicum)라고 부른다. 이 전례서는 독일, 프랑스, 잉글랜드, 이탈리아 지역에 널리 유포되었다.

23) G. S. Edward, *Ritual Excommunication in Medieval France and England 900-1200*,

보편화된 지역은 신성로마제국으로 12세기까지 주로 이 지역에서 통용되었으며, 일부 이탈리아 지역으로도 전파되었다. 그리고 로마-게르마니아 주교 전례서의 파문장들은 내용상 큰 차이를 보이지 않는다.

주교 전례서 파문장 가운데 초기 4개의 파문장이 처음으로 독일 지역의 푸륌(Purüm) 수도원장 레기노(c. 845~915)가 편집한 법령집에 포함되었으며, 이것들은 900년에서 906년 사이에 작성된 것으로 알려지고 있다.[24] 10세기 초기의 법령집에 파문장이 편집됨으로써 주교 전례서 파문장은 널리 사용될 만큼 큰 영향력을 가지게 되었다. 레기노는 역사 연대기 작가였으며, 전례 성가 목록을 작성하고 교회법을 편찬하는 일에 이르기까지 활발한 집필 활동을 한 인물이었다. 그가 편찬한 교회법령집 안에 4개의 파문 의식서와 파문장의 활용에 대한 주교의 강론이 수집되어 있다.

9세기 후반에서 10세기 초·중엽까지 다섯 종류의 파문장이 작성되어 유포되었다. 이 파문장들은 주교 전례서에 포함되어 사용되었으며 주교들은 목적에 따라서 적합한 형태를 선택하여 활용하였다. 레기노 법령집에 편집되어 있는 파문 의식서를 중심으로 이들 파문장들을 다음과 같이 성격에 따라 몇 개의 그룹으로 나눌 수 있다. 리틀(L. K. Little)은 형식과 용도에 따라 레기노 법령집 〈제412~413조〉의 두 파문장을 '엑스코뮤니카티오(*excommunicatio*)' 부류로 보았고, 〈제416조〉의 '더 큰 두려움의 파문(*terribilior excommunicatio*)', 〈제417조〉의 '짧은 파문(*excommunication brevis*)' 등 4개의 파문장을 구분하여 설명하고 있다.[25] 그러나 에드워드(G. S.

pp.60~61.

24) Regino of Purüm, *Libri duo de synodalibus causis et discilinis ecclesiasticus*, (ed.) F.G.A. Wasserschleben (Leipzig: Guil. Englemann, 1840), pp.369~375.

25) Lester K. Little, *Benedictine maledictions: liturgical cursing in Romanesque France* (Ithaca: Cornell UP, 1996), pp.37~38. 리틀(Little)은 《레기노 법령집》 414조와 415조를 파문장 그 자체가 아니라 주교가 파문장의 내용과 활용에 대해 설명하는 강론으로 보고 있다.

124

Edward)는 〈제414조〉와 〈제415조〉를 파문장의 한 형식으로 보고 다음과 같이 분류한다.[26] 첫째, 레기노 법령집 〈제412조〉와 〈제413조〉의 '파문하는 주교(*Epicopus cum excommunicare*)' 파문장은 전형적인 형태의 파문 의식이 필요할 때 채택하였다. 둘째, 레기노 법령집 〈제414조〉의 '사랑하는 청중에게(*Audistis dilectissimi*)'와 〈제415조〉의 '주님에게(*Dominicis igitur*)' 파문장은 파문 선고의 엄중함을 신도들의 공동체에 각인시켜 이를 잘 지키도록 하고자 할 때 사용되었다. 셋째, 레기노 법령집 〈제416조〉의 '더 큰 두려움의 파문장'은 야기될 수 있는 영원한 영적 저주를 강조하여 범행자를 두려움 속에서 복종하도록 유도할 목적으로 활용되었다.[27] 넷째, 법령 〈제417조〉의 '짧은 파문장'은 매우 간략한 파문 의식이 필요할 때 사용할 수 있도록 간결하게 한 문장으로 구성한 파문장이었다.

　레기노의 법령에 소개된 바와 같은 각기 다른 성격의 파문 의식서가 주교 전례서에 삽입되었고, 주교는 범행의 성격에 부합하는 것을 채택하여 사용할 수 있었다. 주교 전례서 파문장들은 파문장의 길이와 사용된 어휘가 매우 다양한 형식으로 구성되었다. 그럼에도 불구하고 주교 전례서 파문장들은 서로가 공통된 요소들을 가지고 있다. 파문장의 주제와 목적에서 공통적이고 일관성이 있었을 뿐 아니라 파문을 의미하고 응징하기 위해 사용된 동사도 유사성을 가지고 있다. 그 밖에도 그들 파문장들은 모두가 파문의 제재를 정당화하는 말들을 가지고 있었고, 이러한 제재에 권위를 부여하기 위해서 신이나 성인들과 같은 초자연적인 존재의 이름을 끌어들였다. 그뿐만 아니라 신도들이 파문된 자를 어떻게 대해야 하는지를 가르쳤으

---

26) G. S. Edward, *Ritual Excommunication in Medieval France and England 900-1200*, pp.60~61.
27) R. Reynolds, "Rites of Sepraration and Reconcilation in the early Middle Ages," p.413. *terribilior excommunicatio*는 특별히 신성모독자, 낭비자, 도둑질, 약탈자, 살인자 등 가장 추악한 범죄자들을 향해서 선포되었다. 그래서 신명기 17장과 28장의 강력한 저주 내용을 파문장에 도입하였다.

며, 파문된 자가 만족할 만큼 뉘우치며 참회하는 모습을 보여준다면 사면될
수 있다는 가능성을 보여주었다. 또한 '짧은 파문장'을 제외한 다른 형태의
파문장들은 파문된 자가 내세에서 겪어야 되는 운명에 대해서도 언급하였
다. 이와 같은 주교 전례서의 파문장은 10세기 초와 중기에 사용된 전형적인
파문 의식이라고 할 수 있다.

1) 레기노 법령집 〈제412~413조〉의 파문장

주교 전례서 파문장의 사본들은 비정규적 파문장이나 신의 권위 파문장에
비해 다른 특징을 가지고 있으며 모두가 똑같이 일정한 형식을 취한 것은
아니었다. 초기의 주교 전례서 파문장을 담고 있는 레기노의 교령집에서
보여주는 파문장들은 강조하고자 하는 내용이 서로 다른 비중으로 다루어지
고 있다.

레기노 법령집 〈제412~413조〉의 파문하는 주교(*Episcopus cum excommunicare*)
파문장은 매우 합리적이고 온건한 파문 의식을 가지고 있다. 레기노는
그에 비해 더 큰 두려움(*Terribilior*) 파문장이 좀 더 공포스러운 파문 의식이라
고 그 성격을 비교하였다. 중세 후기에 파문 제재가 어떻게 실행되었고,
그 성격은 어떻게 구성되어야 하는지에 대한 모형을 찾을 때 레기노 법령집
〈제412~413조〉의 파문하는 주교(*Episcopus cum excommunicare*) 파문장이
항상 정통의 파문 의식이라고 간주되었다. 그만큼 10세기 초기의 이 주교
전례서 파문장은 중세의 성직자들에게 가장 유용하고 완전한 교과서와도
같은 정통의 파문 의식서였다고 할 수 있다. 그랬기 때문에 파문하는 주교
파문장은 초기의 다른 파문장들에 비해 더 오랫동안 잔존했던 것이다.

파문하는 주교 파문장의 주요 특징을 레기노 법령집 〈제413조〉의 파문장
을 통해서 살펴보기로 한다. 우선 〈제413조〉 파문장의 형식에서 나타나는
특징은 서두에 파문 이유를 장황하게 설명하고 있다는 점이다. 그 내용은

126

파문된 자가 교회의 훈계와 경고를 무시하고 경멸했다는 점을 강조하는 것이다. 그릇된 행위를 바로잡도록 세 번을 요구했으나 이를 무시하였고, 참회도 거절했으며, 여전히 사탄이 그의 마음을 강팍하도록 했기 때문에 그를 파문한다고 하였다.[28] 여기에서 파문된 자의 용서할 수 없는 죄는 그가 원래 행했던 범행이나 실수보다는 교회의 경고와 선도를 무시하고 불복종했다는 점이다. 이와 같은 불복종에 관한 내용은 비정규적 파문장과 같은 초기의 파문장에서는 언급되지 않았으며 주교 전례서 파문장에 처음으로 나타나는 중요한 특징이라고 할 수 있다. 파문에서 불복종을 강조하는 관념은 파문의 성격을 규정하는 12~13세기 교회법에서 파문의 중심적 요소로 자리 잡게 된다.

파문의 이유를 제기한 서두의 언급에 뒤이어 파문을 선고하는 주체와 그 권위가 제시된다. 〈제413조〉의 파문장에서는 동역자들, 그리고 지지자들과 함께 "우리가 전능한 신 성부, 성자, 성령 그리고 베드로 사도와 모든 성인들의 심판에 따라 그를 격리한다"고 하였다. 후기에 나타나는 신의 권위 파문장이 성인들의 이름을 장황하게 열거하여 그 권위를 내세우려 한 데 비해, 주교 전례서의 파문장에서는 삼위일체 하나님의 권위를 중심에 두고 베드로 사도와 성인들의 권위를 부가하는 형식을 취하고 있다.[29]

법령집 〈제413조〉 파문장의 마지막 부분에는 파문 의식을 진행하는

28) Cyrille Vogel and Reinhard Elze, *Le Pontifical Romano-Germanique du Diexième Siècle*, Studi e Testi 226 (Vatican, 1963), 1, pp.308~311, "Igitur quia monit nostra et crebras exhortationes contemnit, quia tertio secundum dominicum preceptum vocatus ad emendationem et penitentiam venire despexit, quia culpam suam necdum cognoscit, nec, missa nobis legatione, qui causam ipsius exequimur, quia noster parrochianus est, veniam postulavit."

29) Cyrille Vogel and Reinhard Elze, *Le Pontifical Romano-Germanique du Diexième Siècle*, "cum universis complicibus et communicatoribus fautoribusque suis, iudicio Dei omnioptentis patris et filii et spiritus sancti et beati petri pricipis apostolorum et omnium sactorum necnon et nostrae midiocritatis auctoritate et potestate nobis collate ligandi et solvendi in caelo et in terra."

전례에 대해 규정하고 있다. 파문하는 주교(*Episcopus cum excommunicare*)는 파문 선고와 함께 진행하는 절차를 제시하였다. 파문장이 낭독되면 그곳에 출석한 모든 사람들이 "아멘" 또는 "그렇게 될지어다. 그렇게 될지어다. 그가 아나테마 파문될지어다"라고 세 번 응답하도록 규정하였다. 이것은 참관하는 사람들이 파문의 목격자요 증인으로서 파문을 승인하는 것을 상징하며, 이러한 절차를 통해 사회 전체가 이를 받아들인다는 것을 의도하고자 한 것이었다. 이 파문의식의 두 번째 절차는 12명의 사제가 촛불을 들고 파문을 선고하는 주교의 주변을 둘러싸고 서서 촛불을 땅바닥에 던져 버리는 의식을 하도록 하는 것이었다.

파문하는 주교의 두 번째 주제는 파문된 자와의 접촉 금지와 파문 사실 유포의 두 가지 규정을 담고 있다. 이 규정에서 주교는 일반 평신도들이 알 수 있는 말로 파문의 사실을 설명하고 그것이 얼마나 무서운 저주인가를 이해시키도록 되어 있다. 누구도 그와는 교제해서는 안 되며, 식사를 같이 해서도 안 되고, 대화를 나누거나 집에 받아들여서도 안 된다고 규정하였다. 이러한 규정을 통해서 파문된 자는 교회뿐만 아니라 사회 공동체로부터도 추방되도록 하였다. 교회의 권력자들은 파문된 자와의 접촉을 죄로 취급하여 공동체의 구성원들이 파문을 인정하고 이를 받아들이도록 강제하고자 하였다. 13세기 교회법에서는 이러한 금지 규정을 어기고 파문된 자와 접촉한 자를 경징계 파문(minor excommunication)으로 처벌하고 단지 영성체 의식에만 참여하지 못하도록 규정하였다. 그러나 10세기에 파문 의식이 처음 규정되는 시기에는 추방된 자와 접촉하는 자들에게 그와 똑같은 정도의 파문이 내려진다고 생각하였다.

다음 규정에서는 파문을 선고하는 주교는 교구(diocese)의 사제들에게 이를 알리는 서신을 보내도록 하였다, 이를 전해받은 본당 사제들은 전달받은 파문장을 일요일 미사에서 낭독함으로써 누구도 이 사실을 모른 채 파문된 자와 접촉하는 일이 없도록 규정하였다. 파문 공지는 관구(province)

내의 다른 주교들에게도 전달되도록 하였다. 이 법령집에서는 그러한 규정의 선례로서 400년경 개최된 톨레도 공의회의 법령을 인용하였다.

이와 같은 레기노 법령집 규정은 파문 의식과 절차에 관한 최초의 교회법 규정이라고 할 수 있다. 그러한 교회법적 규정은 11세기에 부르크하르트 보름스의 교령집에 편입되었다. 12세기 중엽 그라티아누스의 교령집에서는 부르크하르트의 교령들 가운데서 다른 내용은 모두 제거하고 촛불을 던지는 의식과 파문 사실을 교구에 공지하는 정도의 내용을 간소화하여 포함하였다. 그라티아누스는 파문의 절차에서 촛불 의식과 파문 공지를 매우 중요한 요소로 간주하였던 것으로 보인다.

2) 레기노 법령집 〈제414조〉와 〈제415조〉 파문장

레기노의 법령집 〈제412조〉와 〈제413조〉가 유사한 성격을 가지는 파문 의식인 것처럼 레기노 법령집 〈제414조〉 사랑하는 청중에게(*Audistis dilectisimi*)와 〈제415조〉 주님에게(*Dominicus igitur*)는 강론(*allocutio*)과 파문 의식이 짝을 이루는 동일한 성격의 파문장이라고 할 수 있다. 사랑하는 청중에게 파문장의 서문은 레기노 법령집 〈제412조〉 파문하는 주교 파문장에 비해 절반 정도밖에 되지 않을 만큼 간결하게 구성되어 있다.

주님에게 파문장은 파문 의식에 참여한 자에 초점을 맞춘 것으로서 내용은 간결하게 구성되어 있다. 여기에서는 청중을 의식 행위의 주체로 여기고 "여러분들과 함께, 우리는 그를 격리한다(*Una vobiscum... excludimus*)"라고 표현하고 있는데 이는 다른 파문장들에서는 보기 드문 내용이다. 레기노 법령집 〈제412~413조〉에서는 부수적인 것처럼 주서로 처리하고 있는 주제, '파문된 자는 어떻게 처리되는가'에 대한 강론이 3분의 1이상 더 길게 언급되어 있다.

그런데 주님에게 파문장의 마지막 부분에서는 그 이전까지 견지해 온 제재에 대한 확신감을 슬며시 내려놓고 있다. 이러한 상황은 주교가 파문을 선포했으나 그것이 관철되지 못하는 어려움이 있음을 암시하는 것이다. 그러한 문제의 개연성이 "이 파문에 의해서 그가 제재되지 않고 우리에게 맡겨진 무리로부터 떨어지지 않는다면 이것을 위해 매일 기도하기를 멈추지 않을 것이다"와 같은 표현으로 귀결되었다.[30] 파문을 강행할 수 없을 만큼 주교의 권위가 무기력한 것은 여러 가지 원인이 있을 수 있다. 파문된 자가 매우 강력한 힘을 소유했거나, 주교와 파문 선고에 대한 공권력의 지지가 미약하다면 주교는 파문된 자를 교회 공동체로부터 추방하는 등 갖가지 강제력을 강행할 수 없을 것이다. 그와 같은 상황에 봉착했을 때 주교는 매일 기도하면서 신의 권능을 통해서 파문된 자가 저주에 빠지도록 하거나 개전의 변화를 기대할 수밖에 없다. 이러한 기도는 파문의 강제력이 현실적으로 효력을 거두지 못하게 되었을 때 의지할 수 있는 최후의 수단이면서, 한편으로는 파문된 자에 대한 또 다른 잠재적인 위협이기도 하였다. 사후에 자신을 위한 지속적인 기도를 바라면서 수도원이나 교회에 재산을 헌납하는 시대에 그러한 조치는 상당한 위력을 지녔다고 볼 수 있다. 현실의 교회가 가하는 어떠한 제재보다도 파문을 저주로 이해하도록 하거나 지옥으로 가도록 하는 초자연적인 힘을 발휘하는 것으로 본다면 그것은 또 하나의 강력한 영적 무기가 될 수 있었을 것이다.[31]

　뿐만 아니라 랭스의 파문장에서는 구약 신명기 28장의 저주 내용을 통해서 두려움을 주고자 했던 데 비해, 〈제414조〉의 파문장에서는 신약 고린도전서 5장의 구절들[32]을 인용하면서, 그리스도교 공동체, 즉 영적인

30) Cyrille Vogel and Reinhard Elze, *Le Pontifical Romano-Germanique du Diexième Siècle*, "Si vero, nec ista excommunicatione territus, gregem nobis commissum neglexerit dimittere, non cessabimus taliter cotidie praecantare."

31) Genevieve S. Edward, *Ritual Excommunication in Medieval France and England 900-1200*, p.69.

32) 고린도 전서 5장 2절, 3-5절, 6절, 9절, 11절, 13절; 7장 15절.

공동체로부터 파문된 자를 추방하며 그들의 영혼을 사탄에게 넘겨준다는 공포감을 주고자 의도하였다. 재물이나, 부귀 영화와 같은 현세적인 삶의 복을 박탈당하는 저주보다는 영적인 삶으로부터의 추방이나 영적인 파멸의 두려움을 조장함으로써 훨씬 더 심각한 저주를 인식시켜 주고자 하였다.

레기노 법령집 〈제414조〉와 〈제415조〉의 파문장은 전례서에 포함된 빈도수가 높지 않으며 거의 사용되지 않은 것으로 보인다. 11세기 이전에는 이 파문장의 필사본이 매우 드물었던 것으로 볼 때 이것은 실제 통용되었던 파문장으로 볼 수는 없다. 이것은 12세기가 지나서야 아주 드물게 이용되었다. 그러한 면에서 리틀은 레기노 법령집 〈제414조〉와 〈제415조〉를 실제 활용 가능한 파문장이라기보다는 파문에 대한 설명서요 지침서라고 보고 있다.[33]

특이하게도 레기노 법령집 〈제415조〉의 파문장은 중세 후기 잉글랜드에서 사용된 네 개의 주교 전례서에 담겨져 잔존하였다. 이 편집본에서는 레기노 법령집 〈제416조〉 더 큰 두려움의 파문장으로부터 촛불을 던지는 의식을 도입하였고, 이전의 다른 파문 의식으로부터 "그렇게 될지어다. 그렇게 될지어다. 아멘"의 외침을 추가하였다. 엑서터(Exeter)의 주교 존 그랜디선(John de Grandison, c. 1337~1369)이 교회법령집 안에서 이 파문 의식을 채택한 것으로 알려지고 있다.[34] 그는 〈제415조〉 파문장의 마지막 부분인 주교의 기도 부분을 삭제하고 촛불 의식과 외침의 절차를 추가 편집하였다. 존 그랜디선은 흑사병으로 야기된 사회적 혼란 속에서 악행자들을 제재할 수 있는 강력한 초자연적인 힘에 의존할 수 있는 수단이

---

33) Lester K. Little, *Benedictine maledictions: liturgical cursing in Romanesque France*, p.37.
34) W. H. Frere, "Bp. Grandison's form of excommunication," *Pontifical Services Illustrated from Miniatures of the XVth and XVIth Centuries*, Alcuin Club Collections III (London: Longmans, 1901), pp.87~91.

필요했던 것으로 보인다. 그러나 이보다 후대에 작성된 신의 권위 파문장에 비하면 그 강도가 그리 강하지 않으며, 큰 두려움을 조장하여 파문의 위력을 최대한 강화하려는 경향은 신의 권위 파문장이나 일반 파문장과 같은 다른 형식의 파문 의식에서 뚜렷하게 나타난다.

3) 레기노 법령집 〈제416조〉와 〈제417조〉 파문장

레기노 법령집 〈제416조〉 주교 전례서 파문장 '더 큰 두려움(Terribilior)' 은 비정규적 파문 의식인 900년 랭스의 파문장에 토대를 두고 작성되었다. 다만 랭스의 파문장에서는 '분리한다(segregere)'와 '저주한다(condemnare)'를 사용하여 강력한 제재 의지를 표현했으나 〈제416조〉의 더 큰 두려움의 파문장에서는 '다른 좀 더 두려운 파문(Item alia terribilior excommunication)'이 라는 직접적인 표현을 제목으로 붙였다.[35] 그럼으로써 더욱 두려운 느낌을 제목에서부터 보여주고자 했다.

서두의 강론(allocutio)에서는 파문 선고를 교회법령과 성부, 성자, 성령의 권능, 그리고 베드로 사도의 권위에 그 근거를 두고 있다. 특별히 교회법령을 언급함으로써 교회법적 규정의 위반 행위에 대한 처벌이라는 점을 암시하고 있다. 그리고 그러한 위반 행위가 어떠한 것인지 상세히 열거하고[36] 위반자 들을 성스런 어머니 교회의 품으로부터 분리한다고 선언한다. 그리고 그들 이 받게 되는 저주는 신명기 28장 16~19절, 28장 45절, 고린도전서 16장 22절의 구절 내용에 따라 구체화되고 있다.

더 큰 두려움의 파문장은 랭스 파문장에서와 같이 저주의 강도를 명확히

---

35) Michel Andrieu, *Les Ordines Romani du Haut Moyen Age*, I. Les Manuscripts, passim Spicilegium Sacrum Lovaniense, Etudes e Documents 11 (Louvain, 1965); Cyrille Vogel and Reinhard Elze, *Le Pontifical Romano-Germanique du Dixième Siècle,* Studi e Testi 226 (Vatican, 1963), I, pp.313~314.

36) 그러한 위반 행위로서 교회에 해를 끼친 자, 침입자, 파괴자, 강탈자, 살인자 등을 언급하고 있다.

132

느끼도록 하기 위해서 고린도 전서 16장 22절의 '아나테마 마라나타'의
저주를 인용하였다. "아나테마 마라나타의 저주에 빠지게 하라, 그래서
주님이 재림할 때에 영혼이 파멸되도록 하라"[37]고 표현하고 있다. 이러한
초기의 파문장에서는 서구 기독교에서 '마라나타(maranatha)'를 심판의
날에 영혼이 파멸되는 저주로 이해하고 있었던 오류를 그대로 받아들였다고
할 수 있다. 잉글랜드와 프랑스에서 극히 소수의 파문장에서 그 내용이
보이기는 하지만 후기에 신의 권위 파문장에서는 이에 대한 언급이 전혀
나타나지 않는다.

랭스의 파문장에서와 같이 더 큰 두려움의 파문장에서도 파문된 자가
성스러운 땅에 매장되는 것을 금지하는 내용을 담고 있다. 이를 위해 예레미
야 22장 19절을 비유하여 "그들은 나귀의 무덤에 묻히도록 하라, 두엄자리
무더기 땅 위에 버려지도록 하라"[38]라고 표현하였다.

더 큰 두려움의 파문장 뒷부분에서는 파문 의식의 마지막을 장식하는
촛불 던지는 의식이 묘사되어 있다. 이 의식을 통해서 일반인의 마음속에
파문과 저주의 엄중함과 무서움을 함께 느끼고 공유하도록 의도하고 있다.
"그들이 깨닫지 못한다면, 그리고 자신들의 행위를 정정하거나 적당한
참회를 통해서 그들이 상처를 준 하나님의 교회에 속죄하지 않는다면
오늘 이 불빛이 우리의 손으로 던져져서 꺼지는 것처럼 그들의 불빛도
영원히 소멸될 것이다"[39]라고 끝을 맺고 있다. 이러한 의식은 영적인 세계와
파문된 자를 갈라놓는 매우 심각한 순간이요, 라틴어를 모르는 참석자들조
차도 감성적 동요를 일으키게 만드는 극적인 행위라고 할 수 있다.

---

37) Cyrille Vogel and Reinhard Elze, *Le Pontifical Romano-Germanique du Dixième Siècle*, p.313, "sintque anathema maranatha, id est pereant in secundo adventu domini."
38) "Sepultura asini sepeliantur et in sterquilinium sint super faciem terrae."
39) "Et sicut hae lucernae de manibus nostris proiectae hodie extinguuntur, sic eorum lucerna in aeternum extinguatur, nisi forte resipuerint et aecclesiae Dei, quamleserunt, per emendationem et condignam penitentiam satisfecerint."

레기노 법령집 〈제417조〉의 '짧은 파문장'은 '더 큰 두려움의 파문장'과 함께 가장 널리 유포된 파문장이었다. 이 형식의 파문장은 그라티아누스의 교령집에 편입될 만큼 당시에 상당히 정평이 난 것으로 판단된다. 짧은 파문장은 이전의 주교 전례서 파문장의 전형적 형식이라고 할 수 있는 더 큰 두려움의 파문장에서 4분의 3 이상 분량의 내용을 가져왔다. 그러나 그 파문장 전체의 분량은 더 큰 두려움의 파문장의 5분의 1에 불과할 만큼 간결한 것이 특징이다.

짧은 파문장은 파문의 정당성을 강조하는 서두에서는 더 큰 두려움의 파문장을 거의 그대로 따르고 있다. 그러나 권위를 내세우는 구절에서는 성자와 베드로 사도를 삭제하고 성부 하나님과 성령만 남겨두었다. 더 큰 두려움의 파문장에서는 '격리한다(separare)'와 '제거한다(excludere)'의 두 개의 동사를 사용해서 교회와 신도의 공동체로부터 추방하는 형식을 취한 것에 비해 짧은 파문장에서는 하나의 동사 '쫓아낸다(eliminare)'를 사용해서 교회의 품에서 떼어내고 동시에 전체 그리스도교 사회의 공동체로부터 추방한다는 두 가지 의미를 표현하였다. 그리고 짧은 파문장에서 완전히 생략되어 있는 부분은 더 큰 두려움의 파문장의 저주 문구들이다. 촛불을 던지는 행위를 통해 영혼의 파멸과 내세의 저주를 말하는 내용이 빠져 있다. 이러한 것으로 볼 때 짧은 파문장은 내용을 간결하게 축소했다는 의미와는 별도로, 그 의도하는 방향이 더 큰 두려움의 파문장이 의도했던 것과는 다르다는 것을 알 수 있다. 그리스도교 신자의 무리에서 격리한다는 것보다 전 그리스도교 사회의 공동체로부터 추방한다는 것은 훨씬 더 파문된 자의 활동 반경을 좁힌 것이라고 할 수 있다. 이러한 언급 속에는 파문의 엄중함을 보여줌으로써 경각심을 일깨우고자 하는 의도가 강하게 내포되어 있다. 나아가 영혼의 파멸과 내세의 저주 등과 같은 구절을 생략함으로써 사후 세계나 영적인 삶과 같은 관념적인 것보다는 인간 사회로부터의 추방을 강조함으로써 파문 형벌의 무서움에 대한 현실 감각을 더욱 강화하고

134

자 한 것으로 보인다.

레기노 법령집의 파문 의식을 통해서 볼 때 파문장의 선포와 강론에
이어 공통적으로 진행하는 의식이 있음을 알 수 있다. 이에 대해서 레기노
자신도 선고문 낭독 이후의 진행 절차에 대해 몇 가지로 요약하여 정리하였
다. 첫째, 모든 참석자는 "아멘(*Amen*)"을 하거나, "그렇게 될지어다, 그렇게
될지어다(*Fiat! Fiat!*)"라고 하거나, "아나테마 저주를 받을지어다(*Anathema
sit*)"라고 세 차례 말해야 한다. 둘째, "12명의 사제들은 불타는 촛불을
손에 들고 주교 주변에 모여야 한다. 파문이나 아나테마가 선포되면 사제들
은 촛불을 바닥에 던지고 발로 밟아야 한다"고 한 분명한 문구에 따라
불을 끄는 의식을 진행하게 된다. 셋째, 주교는 모두가 이해할 수 있는
언어로 사람들에게 이 파문에 대해 설명하고 파문된 사람과 어떠한 접촉도
하지 않도록 경고해야 한다. 그와 접촉하면 같은 운명을 당하게 되며,
그 시점부터 그는 그리스도인이 아니라 이교도가 된다는 점을 상기시키게
된다. 마지막으로 주교는 인근 교구의 사제들에게 파문 사실을 알리는
서한을 보내게 되며, 일요일 미사에서 복음서를 읽은 뒤에 대중에게 이를
공표해야 한다.[40]

레기노의 법령에 담겨 있는 네 부류의 주교 전례서 파문장은 널리 유포되
었고, 다음 세기에 교회법학자들에 의해 여러 교령집에 편입되었다. 부르크
하르트(Burchard von Worms)는 1008년과 1012년 사이에 그의 교령집
(*Decretum Libri Viginti*)에 4개의 파문장을 거의 수정하지 않고 받아들였다.[41]
1094년 이보(Ivo de Chartres) 역시 그의 교령집(*Panormia*)에 비판적 검토를
거쳐 짧은 파문장을 생략하고 3개의 파문장을 포함시켰다.[42] 또한 1140년

40) L. K. Little, *Benedictine maledictions: liturgical cursing in Romanesque France*, pp.35~37.
41) Burchard of Worms, *Decretum Libri XX*, Liber XI, Cap.2-7, in Migne, *PL* 140, pp.856~859.
42) Ivo of Chartes, *Decretum,* pars XIV, cap.75-79, in Migne, *PL* 161, pp.844~848.

그라티아누스는 4개 중 2개의 파문장을 교령집에 포함시키게 된다.[43] 그 이후 교회법에서 파문장에 대한 큰 관심은 그레고리우스 9세의 교령집[44] 을 통해서 표명된다.

교회법에서 파문에 대한 관심은 그라티아누스의 교령집을 계기로 그 성격이 달라진다. 12세기 중엽 이후로 교회법에서는 파문장에 대한 비중을 그 의식이나 형식에 두기보다는 파문 자체의 엄중함을 더욱 강조하는 데 두었다. 주교 전례서의 파문장은 지속적으로 교회법의 관심 대상이 되었지만 12세기 말 이후로는 교회법에서 미약해지는 것을 알 수 있다. 그러한 면에서 주교 전례서의 파문장은 11세기에 가장 대중화되었으며 널리 유포되었다고 할 수 있다.

4. 신의 권위 파문장

중세의 파문 의식에서 가장 전형적이고 가장 오랫동안 유포되어 사용된 파문장은 '신의 권위(auctoritate dei) 파문장'이다. 이 명칭은 파문장의 초두에 시작되는 구절을 하나의 특징으로 여기고 이러한 형식의 파문장을 통칭해서 붙인 이름이다. 주교 전례서 파문장이 9세기 말에 출현하고 10세기 초·중반 까지 활용되다가 더 이상 지속되지 못하고 교회법에 편입되어 화석화된 것에 비하여, 신의 권위 파문장은 10세기 후반에 출현하여 11~12세기에 잉글랜드와 프랑스에서 광범위하게 활용되었고 16세기까지도 잔존하였다. 그러한 면에서 본다면 신의 권위 파문장은 다른 유형의 파문장보다는 훨씬 더 중세의 전형적인 파문 의식을 보여주는 것이라고 할 수 있다.

43) *Decretum Magistri Gratinani*, C.XI q.3 c.107, (ed.) Friedberg, *Corpus Iuris Canonici* I (Graz: Akademische Druck-U, Verlagsanstalt, 1955), p.674.

44) *Decretales Gregorii IX*, Lib. V, Tit.39. c.59, (ed.) Friedberg, *Corpus Iuris Canonici* II, p.912.

주교 전례서 파문장은 전례서에 제시된 형식으로서의 파문장이기 때문에 특정한 시행 시기와 장소나 대상자에 대해 기록하고 있지 않다 이에 비해 신의 권위 파문 의식을 담고 있는 필사본들은 그 파문 의식이 언제, 어디서, 어떻게 행해졌는지에 대한 정보를 상당히 보여준다. 다만 신의 권위 파문장 가운데 4분의 1 정도의 분량에 해당하는 것들은 전례서에 담겨 있는 것들이기 때문에 그러한 정보를 발견할 수는 없다.

지금까지 남아 있는 신의 권위 파문장은 46개 정도이며 이들 대부분이 잉글랜드 남부와 프랑스 북동부 지역에서 작성되고 유포된 것들이다. 신의 권위 파문장들은 그 내용에서 온건한 것과 극단적으로 엄격한 것의 두 부류로 구분된다. 공포감을 주는 정도가 너무 강하지 않고 내용이 그렇게 길지 않은 파문장은 캉브레(Cambrai) 성당에서 작성한 순교사나 전례서 편집물 속에 들어 있는 것이 대표적인 것으로서 작성 연대는 대략 1173년 이후 시기로 추정하고 있다. 극단적이고 엄격한 부류에 속하는 것은 두 가지가 있는데 그 하나는 로체스터(Rochester) 성당의 고대 잉글랜드의 《로펜시스 법령집(*Textus Roffensis*)》안에 포함된 파문장으로서 매우 짧은 형식이지만 내용은 매우 극단적으로 엄중하며 1122년경에 작성된 것으로 추정된다. 이 파문장은 사법적 파문장으로서의 형식을 가지고 있다. 또 다른 하나의 극단적 형식의 파문장은 매우 긴 내용을 가지고 있으며 가장 심하게 공포감을 주는 파문장으로서 12세기에 더비셔(Derbyshire) 지방 윈체스터(Winchester)의 전례서인 《얼리의 주서(*Red book of Earley*)》에 포함되었다. 이상과 같이 서로 상이한 파문장들을 비교해 나가면 신의 권위 파문장의 특성을 좀 더 명확히 파악할 수 있을 것이다.

1) 캉브레의 온건한 파문장

캉브레(Cambrai) 파문장은 다른 신의 권위 파문장들과 마찬가지로 "전능

한 아버지 하나님의 권위와 성자, 성령, 수석 사도인 베드로 그리고 신에
의해서 세워진 모든 사명자들의 권위에 따라"라는 말로 서두를 시작한다.
신의 권위 파문장들은 46개 파문장 가운데 6개를 제외하고 거의 예외없이
서두에 도입부로서 "신의 권위로부터(ex auctoritate dei)" 또는 "신의 권위에
의해서(auctoritate dei)"라는 말을 언급하였다. 비정규적 파문장이나 주교
전례서 파문장에서도 삼위일체 신이나 베드로 사도와 성인들의 권위를
언급하고 있다. 그러나 이들 파문장에서는 그러한 말을 서두에 시작하는
말로서 언급한 것이 아니라 내용의 중간 정도에 배치하고 있다. 그만큼
캉브레에서는 파문 선고의 권위에 높은 비중을 두었다고 할 수 있다.

캉브레 파문장에서는 위에 소개한 다섯 권위자만을 권위의 원천으로
언급하고 있다. 이에 비해 다른 신의 권위 파문장들은 지역에서 숭배하는
성인이나 천사들, 사도 바울이나 성모 마리아에 이르기까지 수많은 권위를
열거하였고, 그 수가 9개 이상 되는 파문장들이 많았다. 이에 비해 캉브레
파문장은 오직 천상의 존재에 그 권위의 원천을 두고자 하였다.

캉브레 파문장은 파문을 발효시킨다는 것을 표현하기 위해서 여러 개의
활성 동사를 사용하였다. 비정규적 파문장이나 주교 전례서 파문장에서
볼 수 있는 바와 같이 중세 라틴어에서는 파문 제재를 선고하는 데에 있어
반드시 엑스콤뮤니카티오(excommunicatio)만이 그 의미를 독점적으로 표현하
는 것은 아니었다. 일부 파문 의식서 사본에서는 이 용어가 전혀 사용되지
않기도 했다. 대부분의 파문장에서는 다른 유사어를 사용함으로써 엑스콤뮤
니카티오의 의미를 더욱 강화하였다. 캉브레 파문장에서는 'excommunicare,'
'damnare,' 'anathematizare,' 'excludere,' 'sequestrare' 등의 5개 동사를 공통적으
로 사용하여 파문 제재의 엄중함을 표현하였다.

파문으로 인해 초래되는 영적인 벌을 고취시키는 저주의 문구는 짧게
기술되었다. 다른 형태의 신의 권위 파문장에서는 공포를 주는 문구가
페이지 전체를 차지할 만큼 길고 장황하게 기술되어 있다. 그에 비해 캉브레

파문장은 다음과 같이 불과 몇 줄로 구성되어 있다.

> "우리가 그들을 파문함으로써 그들은 성령의 검으로 찔리게 된다. 그들이 다단과 아비론과 함께 지옥에 내려가 살도록 하라. 악마와 그의 천사에게 그를 넘겨주어 고문당하도록 하라. 끝이 없이 고문당하도록 하고 영원히 소멸되도록 하라."[45]

이 인용문에서 '성령의 검(*Gladius spiritus*)'은 에베소서 6장 17절에 근거를 둔 것이고, '찌른다(*transverberare*)'는 외경 유디트서 5장 28절의 형식을 따른 것이다. 또한 민수기 16장 33절의 모세의 지도에 반기를 든 "다단과 아비론이 지옥으로 떨어지는(*descenderunt vivi in infernum*) 것과 같은 형벌을 받는다"는 것을 비유적으로 표현하였다. "고통을 주고 고문을 당하게 하라 (*torrere*)"는 마카베 제2서 9장 6절에서, "영원히 소멸되도록 하라(*aeternum perere*)"는 요한복음 10장 28절에 있는 구절을 토대로 한 것으로 분석된다. 중세 시대에는 성서와 같은 옛 문헌의 구절을 인용하여 문장을 기술하는 관행이 매우 보편적으로 행해졌다. 파문 의식서의 두려움을 조성하는 내용도 그 같은 형식에 따라 성서의 구절을 조합하여 작성된 것이라 할 수 있다.

마지막 저주의 문구는 "촛불을 땅바닥에 던지고 불이 꺼지는 것처럼 영혼의 불이 어둠 속에 소멸되고 지옥의 영원한 불구덩이에 떨어지는 저주를 받도록 하라"고 기술되었다. 46개의 신의 권위 파문장 가운데 네 개만을 제외하고 모두가 촛불을 던지는 의식이 포함되어 있으며, 이는 모두 캉브레 파문장의 저주 문구를 그대로 수용한 것이다. 여기서 두려움을 느끼게 하는 저주의 문구는 파문된 자가 형벌을 통해 저주의 내용과 같은 파멸로 끝나도록 하는 데 근본적 목적이 있는 것은 아니었다. 저주의 내용은

---

45) Cambrai, Bibliothèque municipale ms. 193, fol.159.

파문된 자에게 깊은 경각심을 가지게 하기 위한 것이었지 그 자체가 목적은 아니었다. 그렇기 때문에 그러한 저주를 피할 수 있는 방안도 제시되었다. 그에 따르면 자신의 죄를 뉘우치고 교회와 화해한다면 그러한 저주를 피하는 것이 얼마든지 가능하였다. 그러나 이를 깨닫지 못하고 하나님의 교회에 만족할 만한 속죄의 모습을 보이지 못한다면 그러한 저주가 모두 일어날 것이라고 경고하였다. 그러한 면에서 볼 때 '깨닫고 속죄하지 않는다면(*nisi resipuerint, et satisfactionem fecerint*)'의 문구는 신의 권위 파문장에서 다른 어떠한 내용보다도 높은 비중을 두고 강조한 조건문이라고 할 수 있다. 두 개의 파문장을 제외한 모든 신의 권위 파문장이 이와 같은 형식을 취하였다.

캉브레 파문장에서는 "그렇게 될지어다, 그렇게 될지어다(*Fiat! Fiat!*)"라고 외치는 말로 끝을 맺는다. 이것은 파문 의식에 참여한 성직자나 평신도가 낭송하도록 하는 말로서 파문된 자를 추방하는 데에 그들이 증인임과 동시에 함께 동참했다는 의미를 상징화하기 위한 것이었다.[46] 신의 권위

---

46) Roger Reynolds, "Rites of Separation and Reconciliation in the early Middle Ages," *Collected studies series* (Varium Reprint, 1994), pp.418~420. 파문에서 성직자와 신도들이 탄원기도(*clamor*)를 하는 절차는 악행자를 공동체로부터 분리시키는 의식의 하나로 진행된다. 간결한 탄원기도(*minor clamor*)로부터 본 탄원기도(*great clamor*)에 이르기까지 다양한 형태의 외침이 있다. 간결한 탄원기도는 미사중에 하는 것으로서 주기도문(*Pater noster*)과 주님의 평화(*Pax Domini sit semper vobiscum*) 기원문 사이에 행한다. 모든 참석자가 바닥에 엎드려 있는 동안 사제는 성체를 붙들고 제단 앞에 무릎을 꿇고 부제는 기도문 형식의 간결한 탄원기도(minor clamor)를 낭송한다. 다음으로 시편 24편을 낭독한 후 모든 참석자들이 아멘이라고 큰 소리로 말한다. 본 탄원기도(great clamor)는 미사를 드리는 날 주기도문의 "우리를 악에서 구하옵시며(*Libera nos a malo*)"의 구절을 낭송한 뒤 재단 앞의 통로 길 위에 거친 천을 깐다. 모든 사제들은 바닥에 엎드리고 가장 낮고 비천한 목소리로 시편 73편을 노래하고 종이 두 번 울린다. 한 사제가 성체와 성물 앞에 서서 큰 소리로 중세의 사본 '*in spiritus humilitatis*'에 있는 탄원기도(*clamor*)의 문구를 큰 소리로 말한다. 이 외침의 기도는 교회 재산의 침탈자를 언급하고 기도의 비천함을 강조한다. 비천함은 몸이 비천하게 십자가에 못 박히고 그의 복음의 말씀이 거친 천 위에 놓여 있는 예수를 향한 것이다. 일어나소서(*Exurge*)! 그리고 악행자들의 교만함

140

파문장들 가운데 반수 가량이 이 외침의 구절로 끝을 맺는다.

일부 캉브레 파문장은 13세기 초기의 전례서에 삽입되었고, 이를 캉브레의 주교들이 사용할 수 있도록 하였다. 캉브레의 파문장은 비교적 온건한 저주를 언급했지만 파문된 자가 내세에서 당하게 되는 운명에 관해서는 짧은 파문장과 같은 주교 전례서 파문장보다는 좀 더 많은 두려움과 무서움을 주고자 하였다. 그러한 의도에서 캉브레의 주교들은 파문장에서 다른 어떤 요소보다도 초월적인 신의 권위를 부각시키고자 했다.

프랑스 북동부 지역에 위치한 캉브레는 12세 후엽에 파문 의식이 전례서에 삽입되어 전파될 때 지리적 중심지에 있었다. 그러한 지리적 여건 덕택으로 캉브레 파문장은 다른 지역으로 신속하게 전파될 수 있었다고 할 수 있다.

2) 로체스터의 극히 간소한 파문장

신의 권위 파문장 가운데 내용의 길이가 매우 짧고 두려움을 적게 주는 파문 의식은 로체스터(Rochester)의 법령집 《로펜시스 법령집(*Textus Roffensis*)》 필사본47)에 편집되어 있는 한 파문장에서 나타난다. 《로펜시스

(*superbia*)을 깨트리소서! 하고 예수께 간구한다. 그리고 성물들은 제자리에 갖다 놓고 사제는 주기도문의 "우리가 우리 죄를 사해준 것 같이 주께서 우리 죄를 사해주시고(*Liber nos quaesmumus domine*)"를 낮은 소리로 계속 낭송한다. 이러한 의식은 13세기 투르의 성 마르티누스(St.-Martin) 문헌에 소개되고 있는데 실제는 훨씬 오래 전부터 행해져 온 관행으로 추정된다; Patrick Geary, "L'humiliation des saints," *Annales: Economies, Sociétés, Civilisations*, XXXIV (1979), pp.29~33.

47) Peter Sawye (ed.), *Textus Roffensis: Rochester Cathdral Library Manuscript A.3.5. Early English Manuscripts in Facsimile*, vol.7 (Copenhagen: Rosenkilde and Baggar, 1957~1962); Thoma Hearne, *Textus Roffensis*, 55-59 (Oxford; E. Tejatro Sheldoniano, 1720); Felix Liebermann, *Die Gesetze de Angelsachen* 1 (Halle a S.: Max Niermeyer, 1903), pp.439~440; Mary P. Richards, *Texts and Their Traditions in the Medieval Library Rochester Cathedral Priory* (Philadelphia: American Philosophical Society, 1988). *Textus Roffensis*는 로체스터 성당 도서관에 보관되어 있던 필사본이다. 원래 이름은 《에르눌프 주교가 사목하는 로체스터 교회의 책(*Textus de ecclesia Roffensi per*

법령집》에는 두 개의 파문장이 들어 있는데 그 중 하나가 가장 간소한 파문장으로서 대표적인 것이다. 앵글로 색슨의 사료집인 이 필사본은 1122년 10월에서 1123년 2월 사이에 작성된 것으로 추정된다. 첫 번째 파문장은 일반적인 파문장 정도의 분량으로 내용이 구성되어 있다. 그러나 두 번째 파문장은 첫 번째 파문장을 축약한 것으로 보이고 그 내용이 매우 간략하지만, 뚜렷한 성격을 가진 파문장의 하나로 간주될 수 있기 때문에 상당히 주목할 만하다.

다음은 《로펜시스 법령집》 필사본의 두 번째 파문장 전문 내용이다.

> "전능하신 하나님의 권위와 성자와 성령, 성모 마리아, 모든 성인과 참사원의 권위에 따라 우리는 그 악행자들과 음모에 가담한 자들에게 엑스코뮤니카티오와 아나테마의 파문을 선고하고 성 어머니 교회의 영역으로부터 추방한다. 그리고 그들이 잘못된 행위를 뉘우치고 속죄하지 않는다면 다가올 내세의 삶에 이르기 전에 그들의 불빛은 소멸될 것이다. 그렇게 될지어다! 그렇게 될지어다! 아멘."[48]

이와 같이 매우 간결하고 짧은 파문장의 내용에서 다음과 같은 몇 가지 특징을 발견할 수 있다. 《로펜시스 법령집》의 파문장은 저주의 문구가 생략되어 있고 내용 전체의 4분의 3이 파문 선고의 권위에 대한 것으로 구성되어 있다. 도입부에서 다른 신의 권위 파문장이 많게는 23명의 권위자를 언급하고 있는 것에 비해 이 파문장은 오직 여섯 권위자를 도입하여

Ernulphum episcopum》이다. 이 필사본은 1122년과 1124년에 작성된 두 종류의 필사본이 1300년경에 하나로 묶인 것이다. 첫 필사본은 캔트의 왕 에설버트(Aethelbert, 560~616)의 법으로부터 시작되어 1100년 헨리 1세의 대관식 법령까지를 포함한 앵글로 색슨의 법이다. 두 번째 필사본은 로체스터 성당 등록 문서집으로서 교구 내의 각종 문서뿐 아니라 왕의 특허장, 로체스터 성당에 대한 왕의 지원장 등이 포함되어 있다.

48) Peter Sawye (ed.), *Textus Roffensis: Rochester Cathdral Library Manuscript A.3.5.*, p.11.

권위의 주체를 최소한으로 줄이고 있다. 권위 문구에서 특이한 것은 성모 마리아(*beata dei genitricis Maria*)와 성스런 어머니 교회(*sancta Mater Ecclesia*)가 새롭게 추가되었다는 점이다. 교회를 우리의 어머니라고 지칭한 사람은 사도 바울이었다.[49] 바울은 모성을 교회의 속성으로 설명하였다. 파문장에서 교회를 어머니의 품과 같은 것으로 언급한 것은 배교자도 하나님의 택한 백성 가운데 속하였고 성령과 물로 거듭난 교회의 자녀이기 때문이었다.[50]

파문 선고의 효력을 발생시키기 위해서 세 개의 동사 '*excommunicare*', '*anathemazare*', '*sequestrare*'를 사용하고 있는데 세 개의 동사를 통해서도 의도하는 목적을 충분히 달성할 수 있을 것으로 보았던 것 같다. "깨닫지 않는다면(*nisi resipuerint*) 그들의 영혼의 불빛이 꺼질 것"이라고 하며 촛불을 던지는 의식이나 "그렇게 될지어다"라고 하면서 외치는 형식은 이미 일반적으로 대부분의 파문 의식에서 시행하고 있는 것이었다. 다만 이 파문장에서 "악행자와 그 음모에 가담한 자(*consentaneis quoque vel participes*)를 똑같이 파문한다"고 한 구절은 사법적 관념에서 사용된 독특한 내용이라고 할 수 있다. 《로펜시스 법령집》의 파문장이 내용을 최소화시킨 간결한 의식서임에도 불구하고 특별히 사법적 색채가 강한 구절을 포함한 것은 어떠한 의미가 있을까? 이 의식서는 아마도 다른 파문장에 덧붙여 보충적으로 작성된 것으로 보인다. 파문된 자와 음모자, 또 그 음모에 가담한 자에게 압박을 주고 강력히 경고해야 할 필요가 있었던 것 같다. 이와 같이 동조자를 제재할 의도로 작성된 형식은 신의 권위 파문장 가운데 3분의 1 정도의 파문장에서 발견된다. 그 중에 4분의 1 정도의 파문장이 《로펜시스 법령집》의 파문장처럼 간소한 내용으로 구성되어 있다.

---

49) 갈라디아서 4장 26절.

50) Jan Józef Janicki, "The rite of excomminication as contained in the medieval Roman pontifical," p.6 (Available: http://upjp2.edu.pl/download/czytelnia/janicki_rite.pdf).

간결한 파문장들은 11세기에서 15세기까지에 걸쳐 유포된 것으로 알려지고 있다. 긴 내용을 담고 있는 10세기 초 레기노(Regino of Prûm) 법령집의 파문장으로부터 간결한 내용으로 구성된 12세기 초의 《로펜시스 법령집》의 파문장에 이르기까지 다양한 파문 의식들을 분석해 볼 때 중세의 성직자들은 그들이 수행하는 파문 의식에서 어느 정도를 경고해야 할지, 그리고 어느 정도나 두려움을 조성해야 할지 그 정도에 따라 이용할 수 있는 다양한 파문장을 필요로 했던 것으로 보인다.

3) 달리의 파문장

가장 극단적인 형태로 공포감을 주는 파문 의식은 12세기 초반 작성되어 잉글랜드 더비셔(Derbyshire), 달리 데일(Darley Dale)의 성 헬렌(St. Helen) 교회에 보관되었던 《달리의 주서(Red Book of Darley)》의 파문장이다. 이 파문장은 《달리의 주서》의 뒷부분 5쪽을 차지할 정도로 매우 긴 장문으로 구성되어 있다.

달리의 파문장51)은 신의 권위 파문장 가운데에서 가장 극단적으로 두려움과 공포감을 주기 위한 의도로 작성된 것이라고 할 수 있다. 그러한 의도를 강력하게 표현하기 위해서 저주 문구를 다양하고 장황한 내용으로 구성하였다. 일반적인 파문 의식과 마찬가지로 권위, 저주, 촛불 끄기, 청중의 외침 등 그 구성 요소는 별로 다른 점이 없다. 그러나 파문장의 중심을 이루는 권위와 저주의 주제에서 엄청나게 많은 새로운 내용을 첨가하여 파문의 위력을 강화하고자 하였다.

51) Cambridge, Corpus Christi College Ms.422, pp.310~315; Christopher Hohler, "The Red Book of Darley," *Nordiskt kollokrium* II, I. *Latinsk Liturgiforskning* (Hasselby Sott, 1972), pp.39~47; Montague Rhodes Ajames, *A Descriptive Catalogue of the Manuscripts in the Library of Corpus Christi College, Cambridge* 2vols. (Cambridge: University Press, 1912).

달리의 파문장은 도입부에서 매우 긴 권위자의 목록을 기록하고 있는데 그 성격이나 수적인 면에서 타의 추종을 불허할 만큼 압도적이다. 권위의 문구에 포함된 권위의 주체는 성부 하나님, 성자의 말씀, 성령의 능력을 포함해서 그 수가 50개나 된다. 성자 예수에 대해서는 특별히 '말씀(verbo)'으로 표현했으며, 성령에 대해서는 '능력(virtute)'을 상징적으로 표현하고 있다. 50개의 권위를 상징하는 주체에 대해서 그 비중을 똑같이 두지는 않았다. 특별히 예수 그리스도의 삶을 강림과 탄생, 수난, 죽음과 승천, 재림으로 언급하고 있으며, 재림의 때에 심판자로서 오는 예수의 역할을 마태복음 25장 32절의 염소로부터 양을 골라내는 구절을 들어 묘사하였다. 이와 같이 수사적 꾸밈을 통해서 강조하는 형식은 다른 파문장들에서는 거의 찾아볼 수 없는 내용이다. 그 밖에도 천사의 계보로부터 사도들, 성인들, 수사, 그리고 계시록의 144,000명에 대한 언급에 이르기까지 압도적으로 많은 수의 권위자를 열거하고 있다.

달리의 파문장이 가장 공포스럽다고 하는 것은 다른 파문장들에 비해 극단적인 저주 문구를 사용하여 파문에 대한 두려움을 극대화시키고 있기 때문이다. 저주 문구의 도입부에서 "아버지와 아들과 성령에 의해서 저주받은 자와 그의 자손이 아나테마 파문을 받게 하고 악마의 올무에 걸려 사슬에 매이고 지옥에서 악마와 하나가 되게 하라"는 말로 시작한다. 그리고 이어서 성서 속의 저주받은 인물인 다단과 아비론, 삽비라와 아나니아, 가룻 유다와 빌라도와 연합시키라고 하고 있다.

저주 문구에서는 비정규적 파문장이나 주교 전례서 파문장에도 공통적으로 포함되어 있는 신명기 28장의 저주 문구를 도입하고 있다. 그러나 후기의 신의 권위 파문장에서는 신명기 28장의 문구를 그대로 사용하지 않고 변형해서 서술하고 있으며, 그것의 형식만을 따르고 있다. 달리의 파문장에서는 그러한 신명기의 구절을 중세적인 것으로 표현하고 있다. 신명기 28장 16절에서는 "성읍에서도 저주를 받을 것이요, 들에서도 받을

것이요"라고 기록되어 있는데 달리의 파문장에서는 "하늘과 땅에서 저주를
받게 하며 성 안에서나 밖에서 저주를 받게 하라, 말을 타고 갈 때나
내렸을 때, 먹을 때나 마실 때, 앉아 있을 때나 서 있을 때"[52) 등으로
변형시켜 표현하고 있다.

　신명기 28장 35절 "여호와께서 네 무릎과 다리를 쳐서 고치지 못할
심한 종기를 생기게 하여 발바닥에서부터 정수리까지 이르게 하시리라"와
같은 구절에 기초해서 발끝에서부터 머리끝까지 신체의 기관을 저주의
대상으로 삼았다. 달리의 파문장에서는 20개의 신체 기관을 저주의 대상으
로 삼고 있다. 이러한 해부 조직에 대한 저주 형식은 12세기 잉글랜드
남부의 로체스터(Rochester), 더비(Derby), 애빙턴(Abington) 등에서 행해진
파문 의식에서 시작되었다. 이러한 경향은 해협을 건너 노르망디 지방으로
건너갔고, 리르(Lyre)나 페껑(Fecamp) 지역의 파문장에 수용되면서 프랑스
의 동북부 지역으로 확산되었다.

　이전의 다른 파문장에서는 파문된 자가 성스러운 땅에 묻힐 수 없다는
것을 직접적으로 표현했다. 그런데 달리의 파문장에서는 그에 머무르지
않고 예레미야 22장 19절이나 신명기 28장 20절과 같은 구절을 토대로
공포를 불러일으키는 죽음의 저주를 다음과 같이 형상화하고 있다.

　"주님이 그에게 배고픔과 목마름과 분노, 환난을 겪도록 하게 하시고,
　영원한 밤과 꺼지지 않는 불, 연기와 고통이 가득하지만 그가 어떠한 도움도
　얻지 못하며 매일 매일 모든 악이 증가하는 지옥의 심연으로 떨어질 때까지
　악한 천사를 풀어놓게 하신다."[53)

52) Cambridge, Copus Christi College Ms.422, pp.310~315; Genevieve S. Edward, *Ritual Excommunication in Medieval France and England 900-1200*, Dissertation (Stanford University, 1997), p.253.
53) G. S. Edward, *Ritual Excommunication in Medieval France and England 900-1200*, p.254.

　파문된 자는 신성한 땅에 묻힐 수 없는 정도가 아니라 악한 천사가 그의 영혼을 지옥으로 밀어넣음으로써 헤어날 수 없는 고통 속에 빠지게 된다고 묘사하고 있다. 이와 같은 비참한 영혼의 저주는 파문된 자가 겪을 수 있는 고통 가운데 최악의 상태라고 할 수 있다. 내세에서 겪어야 할 저주를 실감하게 묘사함으로써 달리의 파문장은 두려움과 공포감을 극대화하고 있다.

　달리의 파문장에서는 이전 시대 다른 형식의 파문장들에서 찾아볼 수 없는 강력한 저주를 더욱 현실성 있게 느끼도록 하기 위해서 성서에서 대표적인 인물들을 선별하여 저주를 내리는 주체로 삼았다. 파문된 자는 에녹과 엘리야, 노아, 사드락, 메삭, 아벳느고, 모세, 여호수아, 요나 등에 의해서 저주를 받는다고 묘사하였다. 저주의 강도를 더욱 강화하기 위해서 성모 마리아와 미카엘, 가브리엘, 라파엘 같은 천사들, 계시록의 24장로, 144,000명의 의인, 순교자에 이르기까지 신령한 인물들을 상징화하여 저주의 주체로 서술하였다. 이와 같은 신령한 인물들을 저주의 주체로 표현하는 파문 의식은 12세기 이후에 다른 7개의 신의 권위 파문장에서도 나타난다.

　달리의 파문장과 같이 극단적인 공포를 조장하는 신의 권위 파문장에서 그 저주의 정도는 교회가 성도의 잘못을 제재하고 징계하는 것이라기보다는 맞서 싸워야 하는 적을 영적으로 파멸시키기 위해 짜놓은 주술적 문구라는 생각이 들 정도였다. 그와 같이 섬뜩한 저주는 타락한 천사와 사탄을 끌어들여 그 강도를 더욱 높이고 있다. 루시퍼와 사탄, 아폴로와 아스타로트, 아마와 사마(불레셋과 가나안의 여신) 등이 파문된 자를 지옥의 심연으로 끌고 들어가도록 염원하는 문구를 부가하였다.

　달리의 파문장은 저주 문구에 이어서 시편 109편의 구절 "그에게 인애를 베풀 자가 없게 하시며 그의 고아에게 은혜를 베풀 자도 없게 하시며,"(12절) "그의 자녀는 고아가 되고 그의 아내는 과부가 되며, 그의 자녀들은 유리하며 구걸하고 그들의 황폐한 집을 떠나 빌어먹게 하소서"(9, 10절)를 그대로 인용하고 있다.

달리의 파문장은 극단적인 공포감을 조성하는 저주 문구를 크게 확대하였다는 것 외에도 파문된 자에게 부여될 수 있는 어떠한 도움이나 회복의 가능성을 완전히 배제해 버렸다는 점에서 더욱 강경하고 배타적인 파문 의식이었다고 할 수 있다. 파문은 가장 엄중한 교회의 형벌로서 파문된 자를 교회와 공동체로부터 격리시켜 다른 사람에게 같은 죄가 오염되는 것을 방지하는 것을 목적으로 하지만 그것이 파문 제재가 의도하는 최후의 결과는 아니었다. 파문 제재는 가장 극단적 형벌이지만 그 내면에서는 항상 파문된 자의 속죄와 회복과 치유를 전제로 하였다. 그런데 달리의 파문장은 시편의 구절을 도입하면서 죄인에 대한 신의 용서와 은총과 같은 신학적 관점을 상실했으며, 파문 제재의 치유적 성격을 제거해 버렸다.

9세기에서 10세기로 이어지는 비정규적 파문장이나 주교 전례서 파문장의 파문 의식에서는 파문을 불러일으키는 죄에 대해 그 심각성을 주지시키고 파문 제재의 엄중함을 거듭 강조했지만 파문된 자가 깨닫고 속죄할 수 있는 가능성과 여지를 항상 열어두고 있었다. 파문의 형벌도 언제나 사죄를 전제로 해서 선포하였던 것이다. 그러나 달리의 파문장은 그러한 가능성을 완전히 배격하였다. 저주의 문구가 매우 길고 갖가지 처참한 내용을 포함하고 있다는 점에서뿐 아니라 이와 같이 속죄와 회복의 가능성을 완전히 닫아 버렸다는 점에서 달리의 파문장은 중세 시대에 통용된 파문 의식 가운데 가장 극단적인 형태였다고 할 수 있다.

5. 멍드의 파문장

멍드(Mende)의 주교(1292~1295)이며 교회법학자였던 윌리엄 두란트 (William Durand the Elder)는 특별히 아나테마의 성격을 가진 파문 의식서를 작성하여 그의 주교 전례서 안에 〈파문을 위한 절차〉라는 항목으로 삽입하였다.[54] 멍드의 파문장으로 불리는 이 파문장은 대부분의 내용이 이전의 주교 전례서 파문장(*Pontifical Romano-Germani cum*)을 기초로 해서 작성되어 있다. 윌리엄 주교는 그 시대에 로마에서 사용되는 전례서에서 어떠한 파문장도 발견할 수 없었다. 따라서 그는 레기노(Regino of Prûm) 법령집에 담긴 파문 관련 문헌에 관심을 가졌고, 그러한 정보는 레기노 법령집의 파문장을 거의 그대로 수용한 부르크하르트(Burchard of Worms)의 교령집을 통해서 얻을 수 있었다.

윌리엄 주교는 레기노 법령집 〈제412조〉 파문하는 주교(*Episcopus cum excommunicare*) 파문장의 서두 강론(*allocutio*) 가운데 많은 내용을 심하게 편집하여 잘라냈던 것에 비해 〈제413조〉의 파문장에서는 약간만 편집하고 핵심적인 저주 문구를 그대로 남겨두었다.[55] 멍드의 파문장은 파문하는 주교의 파문장을 기초로 했지만 이 파문장의 계속해서 되풀이되는 서두 강론(*allocutio*) 부분을 그 의미를 손상시키지 않는 범위 내에서 절반 가량 생략해 버렸다.[56] 그러나 멍드의 파문장은 다른 주교 전례서의 파문장에 비해 다양한 내용으로 구성되어 있으며 그 길이도 월등하게 길게 작성되어

54) Michel Andrieu, *Le Pontifical de Guilaume Durund,* Vol. III in *Le Pontifical romain au moyen-âge,* Studi e Testi 88 (Vatican, 1940), pp.609~615.

55) 'Ordo excommunicandi et absolvendi' Chapeter VIII, Book III, in *Pontificale Romanum* or William Durand the Elder, Bishop of Mende: dampnatum eum diabolo et angelis eius et omnibus reprobis in ignem eternum iudicamus; Available: http://www.sanctamissa.org/en/resources/books-1962/documents/Pontifi caleRomanumofLeoXIII.pdf

56) G. S. Edward, *Ritual Excommunication in Medieval France and England 900-1200,* p.63.

있다. 뿐만 아니라, 멍드의 파문장은 어느 한 사례의 파문을 진행하는
의식이 아니라, 다양한 형태의 파문의 성격과 그에 따른 파문의 진행 의식,
그리고 사면 절차와 내용에 대해 상당히 구체적으로 정리하고 있다.

윌리엄 주교는 파문을 범죄와 위반의 정도에 따라 경징계 파문(*minor
excommunicatio*), 중징계 파문(*maior excommunicatio*), 아나테마(*anathema*) 등
세 가지로 구분하여 설명하고 각각의 파문 형식과 사면 절차를 기술하였
다.[57] 13세기 말에는 이미 교회법에서 경징계 파문과 중징계 파문을 구분하
여 이해하고 있었기 때문에 그러한 교회법적 관념이 주교 전례서의 파문장에
적용되었다고 할 수 있다.

경징계 파문은 파문된 자와 먹고, 마시고, 대화하거나 함께 기도하는
등 접촉을 통해서 유발되며, 이들에 대해서는 자신들의 위반 행위를 자백하
고 고백하면 사제가 간소한 절차를 거쳐 사면해 줄 수 있다.[58] 중징계
파문은 악행을 저지르고 서너 차례의 경고를 받고도 계속해서 이를 무시하고
그 행위를 바로잡지 않을 때 선포된다. 이들의 사면은 참사원이나 대리인을
통해서 세 가지 조건이 충족될 때 행해진다. 첫째, 교회의 명령을 따라야
하고 악행을 만족할 만큼 사죄해야 한다. 둘째, 파문된 자는 셔츠만을
입고서 교회 문 앞에서 사면자에게 머리 숙여 절을 해야 하고, 사면자는
시편 송을 암송하면서 하나님의 자비를 구한다. 셋째, 피해자에게 속죄를
하고 적정한 법적 절차를 거쳐 사면 절차가 진행되며 교황이나 교황 특사로
부터 사면을 받아야 한다.[59]

---

57) M. Andrieu, *Le Pontifical de Guilaume Durund,* p. 609, "Super excommunicationis
et absolutionis forma, prenotandum est quod triplex est excommunicatio, videlicet
minor, maior et anathema."

58) M. Andrieu, *Le Pontifical de Guilaume Durund*, p.609. Teliter enim excommunicatus
confiteatur proprio sacerdoti, dicens; "Confiteor Deo et tibi quod sum excommunicatus,
quia participavi tali exommunicatio in oratione, vel locutione, vel bibendo, vel comendendo
cum eo."

59) M. Andrieu, *Le Pontifical de Guilaume Durund*, p.610; Maior vero excommunicatio

이에 비해 아나테마 파문은 악마에게 설득되어 그리스도교를 배교하고 하나님의 교회를 두려워하지 않는 자에게 선포된다. 교회의 재산을 침탈하고 하나님의 교회를 파괴하고 그리스도의 청빈을 짓밟는 행위를 저지른 자들이 그러한 부류에 속한다. 아나테마를 받은 자가 참회를 하고 용서를 구하면서 그릇된 행위의 교정을 약속한다면, 그를 파문한 주교는 교회 문 앞에서 12명의 사제와 함께 시편 송과 기도를 하며 사면 절차를 진행하게 된다.

이상과 같이 세 가지의 파문을 구분하면서 사례에 따라 파문 선고와 사면 절차를 상세하게 소개한 멍드의 파문장은 아나테마의 선고장 가운데 가장 완전한 형태의 파문 의식을 보여주고 있다. 먼저 파문된 자가 저지른 죄에 대해서 그것이 얼마나 악한 것인지 서론적으로 언급하고 있다. 그리고 고린도 전서 5장 11절과 13절의 구절을 인용하면서 그가 신앙의 공동체로부터 격리되어야 하는 당위성을 밝히고 있다. 그리고 파문과 동시에 그가 주위로부터 어떻게 격리되어야 하는지를 제시한다. 그렇지만 그가 깨닫고 속죄한다면 심판의 날에 구원을 받게 된다는 가능성을 보여준다. 이어서 모든 참석자가 "그렇게 될지어다(*fiat!*)"를 외치는 절차, 12명의 사제가 타는 촛불을 바닥에 던져 짓밟는 의식, 파문 사실을 이웃 지역의 주교들에게 알려서 그와 접촉하지 못하도록 하는 절차 등을 상세히 기술하고 있다. 이는 전형적인 로마-게르마니아 주교 전례서의 형식을 따르는 것이었다. 그러나 각 주제의 내용은 매우 간결한 형식을 취하고 있다. 파문의 주체가

---

profertur hoc modo; "Cum ego talis talem tertio et etiam quarto ad malitiam convincendam legitime monuerim, ut tale quid faciat, vel non faciat, ipso vero mandatum huismodi contempserit adimplere, quia nil videretur obedientia prodesse humilibus, si contemptus contumacibus non obesset, idcirco, auctoritate Dei omnipotentis, patris et filii et spiritus sancti, et beatorum apostolorum Petri et Pauli et omnium sanctorum, exigent ipsius contumacia, ipsum excommunico in hiis scriptis et tamdiu ipsum vitandum denuntio, donec adimpleverit quid mandatur, ut spiritus eius in die iudicii salvus fiat."

되는 권위로 성부, 성자, 성령, 사도 베드로를 비롯한 다섯 존재를 매우 간략하게 언급하고 있을 뿐이다. 또한 신의 권위 파문장들이 장황하게 갖가지 저주를 늘어놓으면서 공포를 조장했던 것과는 달리 멍드의 파문장에서는 저주의 기원문(litany)을 매우 간략히 한 문장으로 기술하고 있다.

멍드의 파문장은 파문 의식에 필요한 내용과 절차를 모두 구비하고 있으나 그 내용을 전혀 과장해서 표현하고 있지는 않다. 마치 법정에서 선고문을 낭독하는 것처럼 간결하고 명쾌한 논리로 해야 할 진술만을 표명하는 것과 같은 느낌을 준다. 파문장 안에는 파문 선언자의 격한 감정이나 분노가 표출되지 않는다. 매우 객관적이고 냉철하며 합리적인 판결문처럼 보이는 것이다. 이와 같이 파문장이 핵심적인 내용을 유지하면서도 간단명료하게 필요한 절차를 진행시켜 나가는 것은 교회법학의 영향이라고 할 수 있다. 이미 파문에 대한 개념과 사법적 제재는 교회법학자들에 의해서 많은 토론과 검토를 거쳤다. 파문은 하나의 형벌로서 교회 전례 의식을 벗어나서 교회 법정에서 법률적 검토와 심리를 통해서 선고되었다. 바로 그러한 교회법적 규정과 교회 법정의 사법적 절차와 형식이 주교 전례서의 파문에도 영향을 미치게 되었고, 그것이 바로 멍드의 파문장으로 하여금 그 같은 내용과 형식을 가지게 한 배경이라고 할 수 있을 것이다.

멍드의 파문장은 10세기에 다른 주교 전례서 파문장들이 그랬던 것처럼 많은 전례서에 필사되어 전해졌다. 윌리엄 주교의 전례서는 특별히 프랑스 남부 지역과 이탈리아 북부 지역에서 신속하게 유포되고 많은 인기를 끌었고 2세기 동안 교황청의 주교 전례서와 쌍벽을 이룰 정도로 경쟁적인 전례서였다. 그런데 교황청의 주교 전례서에는 파문 의식서가 없었다. 1485년 윌리엄 주교 전례서가 인쇄되기 시작하였고, 그 무렵 윌리엄 주교의 이름은 지워지고 대신 단순히 로마주교 전례서(*Pontifical Romanum*)로 불리게 되었다. 그리고 그것은 1585년 트리엔트 개혁 공의회에서 공식적인 로마주교 전례서로 채택되었고 1962년 제2차 바티칸 공의회가 개최될

때까지 가톨릭의 공식적인 파문 의식 문서로 인정을 받았다. 그렇기 때문에
10세기초의 주교 전례서 파문장을 기초로 하여 아나테마 파문장을 작성한
멍드의 파문장은 공적 파문 의식의 모형이 되었다. 멍드의 파문장이 16세기
로부터 20세기 중엽까지 로마주교 전례서의 공식적인 파문장이 되었기
때문에 그러한 면에서 볼 때 바로 최초의 주교 전례서 파문장인 파문하는
주교 파문장이 멍드의 파문장을 통해 매우 오랜 기간 잔존하였다고 할
수 있다.

6. 일반 파문장

13세기 후반부터 15세기 이후까지 교회에서 전례 형식을 통해 파문을
선고하는 절차가 대폭 감소하게 된다. 이전과 같이 교회의 전례 의식 중에
파문을 선고하는 것도 어느 정도 유지되고는 있었지만 그 수가 크게 줄어든
다. 12세기 후반에서부터 13세기 전반에 걸쳐 교회에서 행해진 파문 제재는
상당한 변화를 겪게 된다.

　그동안 악행자에 대한 파문은 교회 건물 안에서 전례 의식의 하나로
행해졌으나 교회법의 정비와 함께 점차적으로 파문은 교회 법정에서 심리를
거쳐 판결 형식으로 선고를 하게 된다. 전례 의식에서 파문을 선고할 때는
"우리는 파문한다"와 같이 전례에 참여한 사람들이 공동으로 파문을 선고하
는 형식을 취했다. 그러나 법정에서 선고를 하게 되면서부터는《그레고리우
스 9세의 교령집(1230~1234)》의 법령에 따라서 "나는 그를 파문한다"라고
하면서 선고의 주체가 재판관 한 사람으로 바뀌게 된다.

　12세기 중엽까지 파문 의식을 보여주는 파문장 사본은 대부분이 서술체
형식이거나 전례서의 일부로서 유포되었다. 그러나 12세기 중엽《그라티아
누스 교령집》이 편집된 이후로 파문에 대한 교회법적 분석과 주석 작업이

활발하게 이루어졌다. 교회법에서 파문의 개념과 성격에 대한 명확한 설명은 최초의 《그라티아누스 교령집》 연구가(decretist)인 파우카팔레아(Paucapalea)에 의해서 시작된다. 그러한 작업은 《그레고리우스 9세의 교령집》에 대한 주석가라고 할 수 있는 교령 연구가(decretalist)들에 의해서 지속적으로 이루어지고, 중세 전성기의 교회법적 규정과 해석이 스페인의 제수이트 교단 신학자 프란세스코(Francesco Suarez, 1548~1617)에 의해서 작성된 논설 《교회법 권징조례서》60)에 총괄적으로 정리됨으로써 파문의 교회법이 완전한 형태로 틀을 갖추게 되었다. 이와 같은 파문의 교회법적 규정이 중세의 전성기에 교회 법정의 파문 선고와 절차를 진행하는 데에 기준을 마련해 주었고, 그것이 바로 교회의 전례 형식에서 교회 법정으로 파문 형벌이 이전되는 중요한 계기도 되었다.

파문 제재의 교회 법정 이전과 함께 파문의 내용을 전시적으로 보여주기 위한 목적으로 일반화된 파문장이 유포된다. 일반 파문장은 13세기 자동 파문(*Latae sententiae*)과 경징계 파문(*minor excommunicatio*)의 시행과 밀접한 관계가 있다고 할 수 있다. 자동 파문은 주교나 교회 법정 재판관의 판결로 선고되는 것이 아니라, 악행자가 범행을 저지르는 행동 그 자체로 자동적으로 파문이 적용되는 것을 말한다.61) 이러한 파문은 일정한 파문 절차나 의식을 필요로 하지 않기 때문에 교회에서는 이에 대한 경고와 더불어 평소에 이를 주지시킬 필요가 있었다. 그러한 이유로 교회에서는 1년에 서너 차례 일반 파문장을 낭독하게 하는 관행이 시행되었다. 경징계 파문은 휴그 피사(Hugh of Pisa, d. 1210)와 요한네스 테우토니쿠스(Johannes Teutonicus, d. 1245)와 같은 교령집 연구가들에 의해 그 개념이 정립되었다.62) 경징계 파문을 받은 자는 성체성사에 참여하는 것만 금지되며, 공동체

60) Francesco Suarez, *Disputationum de consuris in Opea Omnia* (Mainz, 1616~1630).
61) E. Vodola, *Excommunication in the Middle Ages* (Berkeley, 1986), pp.28~35, 139~144.
62) E. Vodola, *Excommunication in the Middle Ages*, pp.41~42.

154

로부터 격리된다거나 교회 묘지에 매장을 금지당하는 것과 같은 제재를 받지 않는다. 그러한 사람은 교구 사제에 의해서도 사면받을 수 있는 경미한 파문에 속한다. 따라서 이 같은 경징계 파문의 선고를 위해서 저주 문구로 가득 차 있는 파문장을 필요로 하지 않았다. 이에 공식적인 파문 절차가 요구되지 않는 경우를 대비하여 일반 파문장의 존재를 사전에 알리는 것이 오히려 효과적이었다.

완전한 형식을 갖춘 일반 파문장은 13세기 후엽에 출현하지만 그러한 형식의 파문장은 이미 잉글랜드의 대주교 스테픈 랑톤(Stephen Langton)이 주재한 1222년의 옥스퍼드 공의회에서 규정되었다. 랑톤은 존 왕의 대헌장을 승인하였고 이를 재선포할 때 중심적인 역할을 하였다. 1220년 어린 왕이었던 헨리 3세로 하여금 대헌장을 재반포하도록 하면서 이를 위반하는 자에 대해서는 파문을 하겠다고 선포하였다. 이때 랑톤이 사전에 선포한 형식은 일반 파문과 같은 것이었다. 그 이후에도 대헌장이 재반포될 때나 의회에서 그에 관련된 특별한 조항을 재확인할 때 이전과 같이 파문 제재를 무기로 법의 실효성을 유지하고자 하였다. 이에 따라 잉글랜드 교회에서는 대헌장과 삼림헌장(*Forest Charter*)을 1년에 서너 차례 일반 파문 형식으로 낭독하였다. 이러한 방식은 토너먼트, 고리대금업, 매춘과 같은 범행에도 적용하여 실행되었다.

일반 파문장은 신의 권위 파문장을 토대로 작성되었다. 그리고 여기에 파문을 초래할 수 있는 갖가지 비행, 즉 매춘, 고리대금업, 토너먼트 결투, 공성기(siege machine) 제작, 사라센족에 대한 무기 판매 등의 행위를 파문장에 예시하였다. 신의 권위 문구 부분에서는 상당한 공포감을 주고 있으며, 저주의 주체를 열거하는 구절에서는 지역 성인들의 이름을 추가하였다.[63]

63) C. L. Feltoe and Eliis H. Minns, *Vetus Liber Archidiaconi Eliensis*, Cambridge Antiquarian Society, Octave Series XLVIII (Cambridge, 1917), pp.27·224; Felix Liebermann, *Gesetze de Angelsachsen* I (Halle: Max Niemeyer, 1903), p.441.

　14~15세기에 일반 파문장은 십일조를 거출할 목적으로 매우 빈번하게 이용되었다. 십일조의 체불로 인해 파문된 상태에서 사망한 한 농부는 교회 묘지에 묻힐 수 없었다. 다른 곳에 매장된 채무자를 교회 묘지에 이장하기 위해서는 그의 상속자가 십일조를 대신 지불해야 한다. 이러한 사례의 기록은 흔하게 찾아볼 수 있다.64) 초서(Chaucer)는 그의 작품 《사제 (Priest)》에서 십일조를 내지 않아 저주를 받은 이야기를 소개하고 있다.65) 십일조를 납부하지 않은 자가 있을지라도 교구 사제에게는 그 자신이 파문 의식을 수행할 자격이 없다. 그러나 일반 파문장을 낭독함으로써 실제 파문 의식을 진행하는 것 이상으로 경각심을 주고 깨우칠 수가 있었다.

　14~15세기까지도 비공식적인 파문 의식이 상당히 나타났으며, 한편으로 빈도수는 적을지라도 신의 권위 파문장도 여전히 작성되고 있었다. 그러나 그러한 파문 의식들보다는 이 시기에 일반 파문장이 훨씬 보편화되었다. 그리고 일반 파문장은 라틴어나 프랑스어, 영어, 독일어와 같은 지역어로 작성되어 일반인들이 쉽게 이해할 수 있게 되었다.

맺음말

범행자를 파문으로 처벌하여 공동체로부터 추방하는 형벌은 멀리 구약시대의 히브리 사회로까지 거슬러 올라가 찾아볼 수 있고, 초대교회의 사도시대에도 그와 같은 엄중한 처벌을 한 흔적을 발견할 수 있지만 일정한 형식과 의식을 갖추어 그러한 처벌을 시행한 것은 9세기에 와서야 비로소 나타난다. 9세기 말에서 10세기에 특정한 사건에 맞추어 파문장이 작성되고

---

64) Lucien Febvre, "Excommunication for Debts in Franche-Comt," trans. K. Folca in *A New Kind of History*, (ed.) Peter Burke (New York, 1973), pp.160~184.
65) Chaucer, *Canterbury Tales*, "General Prologue," Line 486, ed F. N. Robinson, *The Works of Geoffrey Chaucer*, 2nd edn. (Boston, 1957), p.22.

선포되는 '비정규적 파문장'이 출현하는데, 900년 랭스의 파문장이 대표적
이라고 할 수 있다. 초기 형태인 이 파문장에서는 범행자를 아나테마로
낙인 찍으면서 영원한 파멸과 저주로 연결시키고 있다. 교회의 품으로부터
추방하며, 성스러운 땅에 매장될 수도 없으며, 촛불이 밟혀 꺼지는 것처럼
영혼의 빛이 소멸된다고 선언하는 처벌과 저주를 파문장 속에 명확히
기술하였다. 이와 같은 초기의 파문 의식서는 이후에 출현하는 파문장에서
사용될 기본 요건을 모두 갖추었다. 그렇다고 할지라도 후기의 파문장들은
시대적 상황이나 지역적 형편에 따라 각기 다른 용어를 사용하고, 강조하는
내용도 크게 달라진다.

파문 의식을 담은 파문장은 작성된 시기와 유포된 지역, 그 형태와
성격에 따라 비정규적 파문장, 주교 전례서 파문장, 신의 권위 파문장,
멍드 파문장, 일반 파문장 등 크게 다섯 종류로 구분될 수 있다. 비정규적
파문장은 특정한 사건을 제재하기 위해 작성된 것으로 일정한 형태를
갖추었다기보다는 비행을 구체적으로 언급하고 그에 관련된 자들을 파문하
고 저주하는 형식을 취하고 있다. 이에 비해 주교 전례서 파문장은 언제나
발생할 수 있는 악행에 대비해서 전례서에 포함시켜 두었다가 필요할
때 대상자 이름만 추가해서 사용하는 예전용 파문장이다.

비정규적 파문장과 유사한 시기에 로마-게르마니아 주교 전례서 파문장
이 출현하여 매우 광범하게 유포되었다. 주교 전례서 파문장은 주로 신성로
마제국에서 보편화되었고 일부 이탈리아 지역으로도 전파되었다. 이 파문
장은 다섯 종류의 형식을 가지고 있으며 주교 전례서에 삽입되었다. 주교들
은 범행의 유형과 상황에 따라 적합한 형태를 선택하여 활용하였다. 10세기
초 독일 푸림의 수도원장 레기노는 여섯 개의 주교 전례서 파문 의식서를
그가 편집한 법령집에 포함시켰다. 그것이 중세교회법에 채택되었고 그
가운데 〈제412조〉의 파문장이 하나의 모델로서 20세기까지 가톨릭 교회에
전해 내려왔다.

레기노 법령집 〈제413조〉의 파문장은 특별히 그릇된 행위에 대한 세 번의 경고, 그리고 불복종을 파문의 중요한 근거로 제시하였고, 파문 선고의 주체로 삼위일체 하나님, 베드로 사도와 성인들의 권위를 간결하게 언급하였다. 〈제416조〉의 파문장은 제목에서부터 '좀 더 두려운 파문'이라는 점을 강조하였다. 저주의 강도를 명확히 느낄 수 있도록 고린도전서 16장 22절의 '*anathema maranatha*'를 인용하고, 파문된 자는 심판의 날에 영혼이 파멸되는 저주를 받는 공포감에 빠지도록 하는 의도를 보이고 있다. 또한 〈제417조〉의 짧은 파문장(*Brevis*)은 동사 '쫓아낸다(*eliminare*)'를 사용하여 전 그리스도교 사회의 공동체로부터 추방한다는 것을 의미하면서 파문된 자의 활동 반경을 다른 파문장보다 훨씬 좁게 설정하였다. 대신 영혼의 파멸과 내세에서의 저주와 같은 구절을 생략함으로써 사후의 세계나 영적인 삶과 같은 관념적인 것보다는 인간 사회로부터의 추방을 강조함으로써 파문 형벌의 두려움을 현실 생활 속에서 훨씬 크게 느끼도록 의도하였다.

레기노의 법령집에 포함되어 전해진 주교 전례서 파문장들은 11세기 초에 부르크하르트 보름스의 교령집(*Decretum Libri Viginti*)에 편입되었고, 1094년 이보 샤르트르의 교령집(*Panormia*)에 짧은 파문장을 제외한 세 편의 파문장이 포함되었다. 그리고 1140년 그라티아누스의 교령집에서는 두 편을 편입함으로써 주교 전례서 파문장은 교회법학자들의 집중적인 논의와 검토의 대상이 되었다.

비정규적 파문장과 주교 전례서 파문장은 초기 형태의 파문 의식 유형에 속한다고 할 수 있다. 이는 후기에 나타나는 '신의 권위 파문장'이나 '일반 파문장'과 대조를 이루고 있으며, 파문 의식의 여러 가지 요건을 거의 모두 구비하고 있으면서도 그 구성이나 형식이 비교적 간결하다.

신의 권위 파문장은 교회의 권위에 의존해 질서를 유지해야 하는 시기에 파문의 강제성을 강화하려는 목적으로 작성된 의식서이다. 그러한 권위를 강조하기 위해서 파문 선고와 저주를 부과하는 주체의 수를 크게 증가시켰다. 일반 파문장은 파문을 야기할 수 있는 비행을 저지르지 않도록 경각심을 주기 위해 작성된 파문장이다. 특정한 사건이 발생하지 않았더라도 교회에서는 매년 주기적으로 서너 차례 파문장을 낭독함으로써 파문의 위력과 그로 인한 저주를 두려워하도록 하는 의도를 가지고 있었다.

파문장 사본은 출처에 따라 그 안에 담겨 있는 파문 의식이 각기 다른 형태를 보여주고 있다. 주교 전례서 파문장은 주로 신성로마제국에서 유포되어 사용되었기 때문에 독일 지역에 사본들이 남아 있고 이탈리아 지역에서도 유포된 것으로 알려지고 있다. 신의 권위 파문장은 잉글랜드의 남부 지방과 프랑스의 동북부 지역에서 자생한 파문 의식서이다. 일반 파문장은 프랑스와 잉글랜드 지역에서 신의 권위 파문장에 부가적으로 작성되어 사용되었다.

10세기 이후로 파문 의식이 정형화되고 파문의 의미를 강조하고자 했던 것은 북부 유럽 지역에서 야기된 정치적 혼란상에서 그 원인을 찾을 수 있다. 이 시기에는 노르만족의 침입으로 사회 안정이 크게 훼손되었으며, 카롤링 왕조의 해체로 정치적·군사적 구심점이 상실되었다. 사회 질서의 일익을 담당하고 있던 교회는 비행을 막는 데에 효과적으로 뒷받침해 주었던 세속 권력에 더 이상 의존할 수가 없게 되었다. 그러한 상황 속에서 교회는 자력으로 교회와 사회의 악행자를 처벌해야 했고, 이를 효율적으로 실행하기 위해 파문의 위력을 크게 강화해야만 했다. 잉글랜드 남동부와 프랑스의 북동부 지역에서 파문의 위력을 극대화한 신의 권위 파문장이 작성된 데에는 바로 그와 같은 정치·사회적 배경이 있었다.

비정규 파문장과 주교 전례서 파문장, 신의 권위 파문장은 모두가 10세기에 처음 나타난다. 비정규 파문장은 10세기에 절정을 보이다가 11세기 초에 사라진다. 그 대신에 저주의 내용이 강화되는 파문 의식이 정당한 것으로 받아들여지면서 신의 권위 파문장이 11세기에 널리 유포되어 사용된다. 주교 전례서 파문장은 11세기에 그 사용이 절정에 달했으나 그 이후에는 급격히 감소하게 된다. 그에 비해 신의 권위 파문장은 11세기 이후 점차 증가하기 시작하여 12세기에 그 사용이 절정에 달하게 되며 13~14세기에 서서히 감소하는 모습을 보인다.

　12세기 후반과 13세기에 이르러서 파문 선고의 형식은 중대한 변화를 겪게 된다. 12세기 중엽 교회법이 집대성되고 교령집에 대한 연구가 활발히 진행되면서 교회 법정이 사법적으로 체계화되는 양상을 띠게 된다. 특별히 그라티아누스의 교령집 편찬(1140)으로부터 교회법학자 라몬 데 페냐포르트(Raymond of Peñafort, Sant Ramon de Penyafort, 1175~1275)가 중심이 되어 그레고리우스 9세의 교령집을 편찬하는 시기, 제3차 라테란 공의회(1179)로부터 제4차 라테란 공의회(1215)의 개최 시기까지 그러한 상황이 가속화되었다. 그러한 가운데 전례 의식 속에서 선포되었던 파문 선고가 점차 교회 법정으로 이전되었다. 바로 그것이 파문장이 13~14세기에 감소하는 직접적 원인이라고 할 수 있을 것이다. 이와 더불어 14~15세기까지는 주로 자동 파문을 널리 알리는 데에 파문 의식서를 활용하게 되면서 신의 권위 파문장과 같은 장황하고 긴 파문장이 일반 파문장으로 교체되었는데 이 점이 파문장 감소의 또 다른 원인이라고 할 수 있을 것이다.

제4장 파문과 세속 권력의 협력

파문 선고가 교회 법정에서 가장 무서운 형벌[1]이었음에도 불구하고 교회는 종교적이고 신적인 권위 외에는 이를 강제할 수 있는 세속적 무기와 권력을 소유하지 못한 것이 현실이었다. 그렇기 때문에 파문 형벌을 선고했다고 할지라도 파문된 자가 자신의 잘못을 후회하고 양심의 가책을 느끼도록 하는 것은 용이하지가 않았다. 중세 사회에서는 파문된 자들 가운데 무수히 많은 사람들이 교회 법정의 파문 선고에 불복종하거나 아무런 반응을 보이지 않았다. 파문 선고가 만족할 만한 결과를 얻지 못한다고 해도 교회에는 이를 처벌할 수단이 더 이상 없었다. 이러한 상황 속에서 교회는 세속 권력에 도움을 요청할 수밖에 없었다. 이를 위해 교회는 사회의 선을 위해서는 언제든지 세상의 통치자들이 교회를 지원해야 하는 의무를 가지고 있다는 점[2]을 집요하게 주장하였다.

---

1) Cyrille Vogel, "Les Sanctions infligées aux laics et aux clercs far les conciles gallo-romains et mérovingiens," *Revue de drot canonique* 2 (1952), pp.5~29. Vogel은 'excomunicatio'가 성만찬 참여와 집전 금지, 예배당 출입과 교회의 활동 금지, 그리스도교 공동체로부터의 완전한 추방 등의 의미를 담고 있음을 설명하고 있다.

2) Wilfried Hartmann (ed.), *Die Konzilien der Karolingischen Teilreiche, 843-859, Monumenta Germanica Historia, Concilia*, 3 (Hannover, 1984), pp.375~376; Genevieve Steele Edwards, *Ritual Excommunication in Medieval Frand and England, 900-1200*, Dissertation (Stanford University, 1997), pp.16~17. 855년 마꽁에서 개최된 주교회의 에서는 영혼의 치유라는 신앙적 목적을 달성하면서 징계할 수 있으며, 교회제도의 균형을 유지하면서 갖가지 범행을 저지른 악행자들을 처벌할 수 있는 점진적인 방안을 마련하고자 했다.

　교회의 판결에 불복종하는 자를 처벌하기 위해 세속 권력이 교회를
도와야 한다는 주장과 요구는 4세기경에 개최된 주교회의에서 제기되었
다.[3] M. 모렐은 이미 4세기의 주교회의에서 세속의 지원에 대한 요구가
나타나고 있음을 제시하면서 교회 측으로부터 세속 협력의 필요성이 강력히
제기되었음을 밝히고 있다. 메로빙거와 카롤링거의 법령에서도 이와 관련
된 세속 권력의 역할을 언급하고 있다.[4] 그러나 모렐은 세속의 협력이
범죄에 대한 교회의 처벌과 연계될 수 있는지의 가능성을 전혀 고려하지
않는 한계를 보여주고 있다. D. 로건은 12세기까지는 유럽의 대부분 지역에
서 교회의 파문 제재에 대한 세속의 협력이 보편적으로 이루어졌다고
보고 있다.[5] 특별히 잉글랜드에서의 세속 협력에 대해 전반적인 내용을
세밀하게 분석하고 있다. 그럼에도 불구하고 이를 유럽의 다른 지역과
비교하지는 않았다. 뿐만 아니라 교회의 징계에 대해 세속 권력이 협력할
수밖에 없었던 이유를 너무도 간략하고 상식적인 수준에서 설명하고 있다.
그 기원을 어디에서 찾아볼 수 있는지에 대해 전혀 고찰하고 있지 않다.
　선행 연구들에서 비교적 소홀하게 다루어졌던 부분을 중심으로 볼 때
다음과 같은 근본적 문제를 생각하게 된다. 먼저 중세의 사법적 환경을
돌이켜 보면서 왜 죄와 관련된 교회의 판결이 그 집행에서 세속의 협력을
필요로 했을까 하는 의문을 가지지 않을 수 없다. 세속 권력이 교회 법정의
파문을 효율적으로 집행할 수 있도록 협력한 당위성은 어디에서 찾아야
할까? 세속 권력자들은 단순히 교회의 요청이나 종교적 권위 때문에 교회에
협력하게 되었을까? 매우 흥미로운 일이지만 이에 대한 다른 이유를 제시한

3) Maurice Morel, *L'Excommunication et le pouvoir civil en France du droit canonique classique au commencement du XVe siècle* (Paris, 1926), pp.5~12.
4) Paul Hinschius, *Das Kirchenrecht der Katholiken und Protestanten in Deutschland* vol. 5 (Berlin, 1869~1897), pp.375~376.
5) F. Donald Logan, *Excommunication and Secular Arm in Medieval England* (Toronto: Pontifical Institute of Medieval Studies, 1968), pp.15~16.

연구는 찾아보기 어렵다. 따라서 본 장에서는 세속 법정에서 사용한 참회고행을 분석하고 과연 이러한 요소가 교회에 대한 세속의 협력에 어떠한 관련을 갖고 있을지 살펴보고자 한다. 이와 함께 유럽 각 지역에서 행해진 세속 협력의 내용과 과정을 살펴보고 지역 간의 차이를 비교해 보고자 한다.

1. 참회고행과 세속의 협력

교회의 사법적 영역이 확고해지는 12세기에 이르면 교회 법정의 권위를 지키기 위해서 세속의 권력에 협력을 요청하는 일이 더욱 빈번해진다. 각 지역의 세속 권력은 일반적으로 그러한 요구를 받아들이고 교회에 협력하게 된다. 그러한 요구와 협력이 가능했던 이유를 여러 가지로 생각해 볼 수 있을 것이다.

사회가 안정되고 사법적 질서가 점차 정착되어 가면서 피의 복수 (blood-feud)를 불러일으킨 사투(私鬪)가 금전의 배상으로 전환되고, 사투를 통해 판결하고자 했던 결정 방식을 정식 재판에 흡수하게 된다. 그럼에도 불구하고 여전히 왕국의 평화를 파괴하는 범죄자들이 사라지지 않았고, 평화로운 재판의 발전을 지연시키는 강력한 장애들이 산재해 있었다. 어떤 경우에는 사적인 복수가 허용되었고, 그것은 때때로 위험스런 전투로 진전되었다. 세속 법은 극악한 범죄들을 제대로 처벌하지 못한 채로 있기가 일쑤였다.

세속 정부가 모든 범죄들을 효과적으로 처벌할 수 없는 환경 속에서 국가의 입장에서는 범죄에 맞서서 법을 집행할 수 있는 압박수단이나 이를 보완할 방법이 절실히 필요하였다. 당시 국가는 사법적 수단으로 해결할 수 없는 미흡한 곳을 보충해 줄 수 있는 실제적인 도움을 교회로부터 얻게 되었다. 교회의 권징은 사법적인 면에서 국가와 교회가 협동할 수 있도록 하는 수단이 되었다. 국가의 사법적인 도구로 이용되었던 교회의 권징은 참회고행(penance)이었다.[6] 참회고행의 권징은 여러 면에서 중세 사람들의 삶과 깊은 관련을 맺고 있다. 중세의 참회고행 규정은 음식과 음주, 결혼, 성 문제, 자비, 자녀 문제, 예속인의 해방, 선서 등 갖가지 문제들을 포함하고 있어서[7] 중세 사람들의 사회 생활에 많은 영향을 미치고 있었다.

이러한 관계 속에서 왜 세속 법은 범죄를 처벌하는 데 있어 교회의 도움을 당연시했을까 하는 의문을 갖게 한다. 사법적인 면에서 세속적 영역과 교회의 영역 사이에 공동의 이익은 무엇일까? 이에 대한 실마리는 중세인들이 가졌던 죄(sins)의 개념에서 찾아볼 수 있다. 당시의 세속 법은 범행(crimes)은 죄(sins)라고 생각하였고, 세속 형벌은 징벌의 목적도 있지만 종교적 목적도 있다는 점을 끊임없이 되풀이하였다. 범죄를 자행하는 것을 표현하는 고대 아일랜드의 동사는 더럽혀지는 것(to defile), 즉 범행을 저지름으로써 육신과 영혼이 더럽혀지는 것을 의미하였다. 이러한 더럽혀 짐으로부터 범죄자를 정화하고 그의 범행을 처벌하기 위해서 세속 법은 교회의 도움을 필요로 하였다.

7세기에 잉글랜드의 주교들은 〈참회고행 지침(Penitential Code)〉을 제정 하였다. 이때 주교들은 이 규정의 효율적인 시행을 위해서 왕의 지원에 의지하려는 경향이 있었다. 헤르포드의 주교회의에서 규정한 〈참회고행 지침〉에 따르면 처벌 대상이 되는 죄는 근친 살해에서부터 음주까지 다양하 였으며, 심지어는 사람에게 피해를 입힌 죽은 쥐나 족제비까지도 처벌 대상에 포함되었다.[8] 알프레드 대왕의 법에서는 성소에 피신하여 사제에게

---

6) T. P. Oakley, *English Penitential Discipline and Anglo-Saxon Laws, Columbia University Studies in History,* CVII no. 2 (New York, 1923), I, p.156.

7) T. P. Oakley, *English Penitential Discipline and Anglo-Saxon Laws,* pp.141~142.

164

고해를 한 범죄자에 대해서 세속 형벌의 반을 감해 주었다. 다른 앵글로 색슨의 법에서는 일반적인 죄(sins)를 저지른 자는 물론이고 특수한 범죄자에게도 참회고행을 요구하였으며, 참회고행을 이행하지 않는 경우에는 벌금형을 부과하도록 되어 있었다.

프랑크 왕국에서는 참회고행을 강요하는 세속의 법이 웨일즈나 아일랜드와 앵글로 색슨 것보다 훨씬 더 빈번하고 철저히 시행되었다. 일례로 595년의 칠데베르트(Childebert) 법령을 들 수 있는데, 이 규정에서는 근친상간 죄를 범한 사람에게 참회를 요구하는 내용을 담고 있다. 카롤링 왕조의 왕들은 공적 참회고행이나 사적 참회고행을 행하도록 하는 엄중한 벌을 끊임없이 부과하였다. 이와 같은 의식은 샤를마뉴의 법령들에서도 찾아볼 수 있으며, 이들 법령에서는 범죄자를 처벌하는 데 있어 교회와 같은 방식의 처벌을 적용하였다. 또한 760~761년의 일반 법령에서는 참회고행을 강제하는 규정이 다수 있다. 779년에 프랑크 왕국에서는 근친상간의 범죄자를 처벌할 권한이 주교들에게 부여되었다. 따라서 주교의 처벌에 저항하는 사람은 재산몰수를 당해야 하는 세속적 처벌을 감수해야 했다. 802년의 법령은 주교의 선고에 복종하지 않고 부과된 참회고행을 거부하는 자들에 대해서는 세속적 제재를 강제 집행하도록 백작(count)과 순찰사(missi)에게 지시하는 규정을 담고 있다.

세속 법에서 범행자들은 세속적 형벌을 받는 것 외에도 참회고행을 수행해야 했다. 이는 범행을 제재하기 위한 중세 사회의 규범이 세속적인 요소와 교회적인 요소로 구성되어 있었음을 말해 준다. 살인이나 상해의 경우에 세속적 형벌은 보통 피해자의 친족에게 보상으로서 지불해야 하는 벌금이 있었고, 반면에 참회고행 징계는 보통 주당 3일이나 1년 중 34일간 행해야 하는 단식이었다. 범행자에게 부과된 참회고행 기간은 죄의 정도와

8) A. L. Smith, *Church and State in the Middle Ages* (London: Frank Cass, 1964), p.56.

지역에 따라 다르게 나타났다.

　세속법과 사법적 질서가 잘 정비되지 못하고 모든 범행자들을 충분히 처벌할 수 있을 만큼 세속 권력이 강하지 못한 시기에 국가의 힘이 미치지 못하는 영역에 교회의 도움을 필요로 하였다. 한편으로 안정된 사회 질서를 수립하는 것은 국가의 일일 뿐 아니라 교회에게도 중요한 사명이었다. 이러한 이유로 왕이 범행자(malefactors)를 처벌할 때 교회의 참회고행이 자연스럽게 부가되었다. 시간이 흘러서 10세기 이후가 되면 일부 범행은 교회의 법정에서 다루어야 하는 것으로 여기게 되었다. 더욱이 세속 권력은 교회 재판의 결정을 존중하는 데까지 나갔다. 이러한 관계 속에서 아마도 국가가 물리적 힘을 제공하면서 교회와 협동하는 것은 자연스러운 일이었을 것이다. 세속 권력이 사법적 절차에서 좀 더 강력한 권위를 가지고자 할 때, 그리고 법의 강제력을 위해서 참회고행의 요소를 수용할 필요가 있었던 것이다. 점차적으로 국가는 일부 범죄를 교회 법정의 영역에 양도하였고 대신에 교회 징계의 효율적 집행을 위해서 돕고 지원하였다.

2. 파문의 집행과 세속의 협력

1) 잉글랜드

　중세 시대에 교회 법정의 권위는 세속 권력의 지원에 힘입어 유지될 수 있었다. 교회는 세속의 도움을 받아 법정 출두 거부(contumacia) 자를 처벌하는 절차가 있었다. 확실히 알 수는 없지만 어느 시기부터 교회법을 위반하거나 교회 법정에 저항한 사람을 처리하는 데 있어 교회와 국가의 협력이 이루어졌다. 교회 법정의 결정에 불복종하는 사람은 이미 교회의 권위에 의해서 공적으로 파문된 자들이었다. 잉글랜드에서는 파문된 자가 40일 동안 불복종한 채로 남아 있는다면 교회의 권력자는 이를 국가의 상서원에 통보하고 체포영장 청구서(signification)⁹⁾를 제출한다. 왕의 상서원은 이를 심사하여 절차에 하자가 없는 한 그들을 체포하여 구금할 수 있도록 체포영장(*significavit* 또는 *de excommunicato capiendo*)을 주지사(sheriff)에게 발부하였다.

잉글랜드에는 주교가 상서원에 제출한 체포영장 청구서가 오늘날까지 수천 통 남아 있다. 영장청구서는 형식이 거의 공통적이고 작성 양식이 일정하다. 대부분의 경우에 영장청구서에 위반자 이름이 명기되고 때로 위반의 내용이 구체적으로 기록되었다. 영장청구서의 기록 내용을 통해서 볼 때 교회 법정에서 재판한 범죄는 매우 다양하며 십일세의 미납이 가장 일반적이었다.¹⁰⁾ 그 밖에도 결혼의 문제, 증언의 문제, 간통, 위증, 중상(defamation) 등이 교회법으로 다루어졌다. 그리고 기독교 신앙과 관련된 문제로 가톨릭 신앙의 배교, 이단, 신성모독, 사제의 결혼 등이 있으며 이러한 범죄는 가장 민감하고 심각한 사안으로 간주되었다. 1282년에 캔터베리의 대주교는 세례를 받은 16명의 사람이 가톨릭 신앙을 버리고 배교했음을 보고하였다. 1364년과 1379년에 존 볼(John Balle)이란 사람은 이단으로 파문되었다. 또 다른 시기에 노르위치와 캔터베리에서도 유사한 사례가 여러 건 있었다. 당시의 가장 유명한 이단 사건으로는 1378년 마스터 니콜라스 허버트의 파문과 1394년 노섬튼에서 파문된 5명의 롤라드 이단 사건을 들 수 있다.¹¹⁾

파문할 수 있는 권한은 주교, 대주교, 수도원장, 기타 그들의 위임을

---

9) signification 또는 라틴어 원어 *significatio*는 주교가 파문에 불복종한 자를 국왕의 상서원에 체포영장을 발부해 주도록 요구하는 청원서이다. 단순히 말한다면 '통보'라고 할 수 있으나 실제 내용으로 본다면 '체포영장 청구원'이라고 할 수 있다. 따라서 여기에서는 이를 '체포영장 청구원(서)' 또는 '영장 청구서'라고 번역하기로 한다.

10) R. C. Fowler, "Secular Aid for Excommunication," *Transactions of the Royal Historical Society* vol. VIII (London: Offices of the Society, 1914), p.115.

11) R. C. Fowler, "Secular Aid for Excommunication," p.115.

받은 재판관에게 있었다. 사실상 모든 교회 법정의 재판관이 범죄자를 파문할 수 있다. 반면에 파문된 자를 체포하도록 국왕 상서원에 영장청구서를 제출할 수 있는 권한은 매우 제한된 소수에게만 주어졌다. 영장청구권은 잉글랜드와 웨일즈의 교구 주교에게만 한정되었고 상서원에 체포영장을 청구할 대상이 되는 자는 반드시 해당 주교의 사법관할구역 안에 있어야 했다. 교구 주교 외에는 고위 성직자나 교회 재판관이라 할지라도 영장청구권을 행사할 수 없었으며, 파문에 불복하는 자의 체포를 원한다면 교구관할 주교에게 상서원 영장청구서 제출을 청원해야 한다. 만일 주교로부터 이를 거절당한다면 관구장 대주교(metropolitan)에게 요청할 수 있었다.[12]

영장청구권이 주교에게만 한정되어 부여된 것은 윌리엄 정복자의 정책에서 유래하였다. 윌리엄은 "교회법의 위반자는 주교가 지정한 장소에 출두해야 한다"는 법령을 규정하였다. 그리고 봉건 법정에서는 영적인 사건(spiritual cases)을 다루지 않도록 하였다. 주교는 교회법과 주교구법에 따라서 주교의 교회에 속하는 것을 처리해야 한다고 여겼다. 이러한 원칙을 실행하기 위해서 주교의 재판에 회부되는 것을 거부하는 사람에게 파문과 함께 세속적 강제력을 사용하도록 하였다.[13] 이러한 인식은 세속 법정에서 주교의 사법권을 분리시키고 그것의 독자성을 강조한 것이었다. 브락톤(Bracton)의 시대(1228~1268)로부터 보통법의 법률가들은 주교가 왕으로부터 세속적 관리권(temporalities)을 부여받았다고 여겼다. 그리고 파문되어 구금된 자를 특별한 사유를 들어 사면해 주도록 요구하는 왕의 명령을

---

12) F. D. Logan, *Excommunication and Secular Arm in Medieval England*, p.25; H. G. Richardson, "Azo, Drogheds, and Bracton," *English Historical Review* 59 (1944), pp.22~47. 헨리 3세의 재위 시에는 주교의 관리가 파문된 자를 상서원에 통보할 수 있었다. 주교의 관리가 통보할 수 있는 권한은 그의 일상적인 업무 권한에 속하는 것이 아니라, 주교로부터 위임받은 대리 권한에 기초하고 있다. 그러나 이러한 제도는 그리 오래 지속되지는 못했다.

13) H. G. Richardson, "Azo, Drogheds, and Bracton," pp.17~20.

주교가 거부한다면 왕이 세속관리권을 몰수할 수 있다고 생각하였다.[14]

일반적으로 세속적 강제력은 교회 법정에 출두를 거부(contumacia)함으로써 파문된 자들에게 주로 사용되었다. 그에 대한 규정은 윌리엄 정복자의 법령에서 찾아볼 수 있다. 이 법령에서는 파문된 자들에게 사용할 세속 무기에 대해 규정하고 있으며 그 무기는 교회의 법정에 불복종함으로써 파문을 당한 자들에게 사용될 수 있도록 하였다.[15] 영장청구 절차가 진행된 사례들을 통해서 볼 때 교회 법정에서 파문 선고를 받은 자에 대해서만 세속적 무기가 사용된 것은 확실하다. 이와 같이 법정 출두 거부 때문에 파문된 자에게 체포영장이 발부되었기 때문에 교회 법적 관념 위에서 체포영장(de excommunicato capiendo)의 성격을 파악할 수 있을 것이다.

법정 출두 거부(contumacy)는 법정의 질서와 법, 그 자체에 대한 불복으로 간주되었다.[16] 그것은 우선 법정에 소환되었을 때 법정에 출두하지 않거나, 재판이 종료되지 않은 상태에서 법정을 떠나 버리거나, 법정의 판결에 따르기를 거부할 때를 말한다.[17] 가장 일반적인 형태는 소환에 불응하는

---

14) *Year Book 8 Henry VI*, no. 8; H. M. Chew, *Ecclesiastical Tenants-in-Chief* (Oxford, 1932), chap. 5; *Decretals of Gregory IX* X I.31.1. 교회법학자들은 하위 성직자들의 통보권을 거부하는 보통법 법률가들과 상서원 관행에 동의하였다. 그러나 그 이유는 달랐다. The *Decretals of Gregory IX*(1234)은 주교가 세속적 무기를 요구할 수 있다는 점을 명확하게 인정하였다.

15) F. D. Logan, *Excommunication and Secular Arm in Medieval England*, p.43.

16) Alfons Gommenginger, "Bedeutet die Exkommunikation Verlust der Kirchengliedschaft?," *Zeitschrift für katholishce Theologie* 73 (1951), pp.45~46. 교부들에게 *contumacia*는 교회 권위에 일부러 완고하게 반대하는 것을 의미하였다. 그래서 그 같은 행위자는 기독교 사회로부터 배제되는 것이 마땅하다고 여겼다. 11~12세기 교회 개혁자들은 교회 계율을 강제하는 수단으로서 파문을 이용하기 시작하였다. *PL* 144. 215. 중세 전성기에 *contumacia*는 단순한 불복종을 뜻하는 것으로 그 의미가 축소되었다. 그레고리 개혁 시대 이후로 교회법학자들은 *contumacia*에 대한 그들의 가르침을 로마법에서 찾은 의미를 기초로 하였다. L. Charvet, "Contumacis, Contumax," *Dictionnaire de droit canonique* 4, pp.506~507.

17) Aemilus Fiedberg (ed.), *Corpus Iuris Canonici* (Graz: Akademishe Druck-U. Verlagsanstalt, 1956), C.11 q.3 c.43. from the Council of Tribur, p.895.

불복종이었다. 이처럼 잉글랜드에서는 매우 다른 관행이 우세하였다. 적어도 13세기부터 모든 종류의 불복종에 대해서는 일반적 형벌로서 파문이 선고되었다. 이러한 관행은 윌리엄 정복자에 의해서 확립되었다. 윌리엄은 세 차례 소환을 받고도 교회 법정에 출두하기를 거부하는 사람에 대해서 파문의 형벌로 처리하는 규정을 확립하였던 것이다.[18]

영장청구 문서의 내용으로 볼 때 법정 출두 거부로 인한 파문은 보통 민사 사건과 형사 사건에서 모두 적용되었다는 것을 알 수 있다. 뿐만 아니라, 영장청구 문서 내용은 교회 법정이 관할할 수 있는 모든 형태의 사건에서 불복종한 사람들에 대해서도 파문이 선고되었다는 것을 보여준다. 말하자면 모든 종류의 사건에서 불복종한 사람은 구분 없이 파문에 처해졌다. 그들 가운데에는 독신주의를 무시한 성직자도 있었고, 내연 관계에 있는 여자, 도둑, 간통자, 성직자 폭행자, 중상자, 위증자, 채무자, 마술사 등 다양하였다. 이들 외에도 증언, 십일세, 시체 안치권, 성직록, 결혼, 이단 혐의 등에 관련되어 재판에 소환된 다른 형태의 위반들이 있었다.[19] 이와 같이 파문은 그들이 저지른 사건의 종류에 상관없이 불복종한 사람들에게 선고되었다.

주교의 체포영장 청구가 상서원에서 거부되는 사례도 있었다. 14세기 중엽 성직자에 대한 감정이 고조되었을 때[20] 파문 처리된 사건이 교회의 사법권 영역에 속하는지의 문제를 두고 이의가 제기되기도 하였다. 이때 상서원에서 체포영장 대신 집행정지 영장(Writ of Prohibition)을 발부하여 부당하게 피해를 입는 자를 구제하려고 한 사례들이 있었다. 또한 체포영장청원서에 형식을 제대로 갖추지 않은 경우[21]에도 체포영장 발부

---

18) William Durandus, *Speculum Iuris* (Frankfurt, 1668) vol. 2. 1. de contumacia 3.
19) F. D. Logan, *Excommunication and Secular Arm in Medieval England*, pp.50~52.
20) 반성직자 감정의 결과로서 〈성직록수여제한법(1351)〉(The Statute of Provisors 1351) 과 〈교황상소금지령〉(The Statute of Praemunire 1351)이 규정되었다.
21) 주교의 체포영장 청원서에는 일정한 형식이 있다. 그 가운데 특히 주교가 왕을

가 거부되었다.

　주교가 파문된 자를 처벌하기 위해 세속 권력의 도움을 얻고자 할 때 잉글랜드와 웨일스 지방의 교구에서는 그 지역의 주교가 왕의 상서원에 파문된 자의 체포영장을 청원할 수 있었다. 그렇다고 할지라도 왕의 사법권에 속하지 않는 경우에는 왕의 상서원을 거치지 않고도 직접 주장관에게 체포영장을 청구하였다. 또한 주교가 그 지역에서 영적 지도자(spiritual lord)일 뿐 아니라 세속 영주(secular lord)를 겸하는 경우에는 교회 법정이 주교에게 체포영장을 직접 청원할 수 있고, 이때 주교는 상서원을 거치지 않고 즉각 체포를 명령할 수 있었다.22)

　이단 역시 파문이 선고되면 세속적 무기를 통해 제재받도록 되어 있었다. 그러나 14세기에 이르면 잉글랜드에서는 교회가 잦은 이단 사건을 처리하고자 좀 더 직접적이고 강력한 제도를 요구하였다. 1382년에 캔터버리 지방의 주교들은 롤라드 이단을 처벌하기 위한 특별한 절차를 왕에게 요구하였다. 왕은 이를 받아들였고 이를 처리할 수 있는 새로운 조례를 규정하였다. 이에 따르면 이단을 처리할 때 주교는 국왕 상서원에 의뢰하지 않고도 주장관(sheriffs)이나 다른 국왕 관료에게 직접 지원을 요구할 수 있는 권한이 허용되었다. 이 무렵에는 세속 권력에 허용된 형벌은 단지 투옥하는 것이었

　　그의 주군(lord)이라고 칭하지 않는 경우, 청원서에 주교 인장이 없는 경우, 파문된 자의 교구 소속 여부가 명확하지 않거나 잘못된 경우에는 상서원에서 체포영장을 발부하지 않았다.

22) F. D. Logan, *Excommunication and Secular Arm in Medieval England*, pp.111~112; 101. 왕의 사법권에 속하는 지역에서 주교가 주장관에게 직접 체포영장을 청구한 사례도 있었다. 1202년에는 버버리 미니스터(Beverley Minster)의 교무원장(provost)과 참사원(Chapter)이 자유의 헌장(charter of liberties)에 따라 요크셔(Yorkshire)의 주장관에게 직접 체포영장을 신청할 수 있음을 강조하였다. 1250년에는 그로세테스트(Grosseteste) 주교가 루트랜드(Rutland)의 주장관에게 부패한 성직자의 체포영장을 전달하여 그를 신속히 처벌하도록 하였다. 1267년에는 왕 헨리 3세가 요크의 대주교 지포드(Walter Gifford)에게 주장관에게 직접 파문된 자의 체포영장을 제출하도록 특권을 부여하였다. 1382~1401년에는 이단 문제가 확대되었을 때 직접 주장관에게 지원을 요구할 수 있었다.

다. 1388년에 이르러서 재산 몰수가 이단의 형벌에 부가되었다. 더욱이
1401년의 법령 〈화형에 대해서(*de comburendo*)〉의 제정으로 이단은 세속적
범죄로 간주되었고 화형으로 처형되는 강력한 제재를 받게 되었다.[23]

2) 프랑스

12세기까지 중세 유럽 전반에 걸쳐서 교회의 요구에 따라 일종의 세속적
조치가 취해졌다. 프랑스에서는 1216년 생스의 대주교가 소집한 믈롱의
주교회의에서 "세속 권력은 1년 하루가 지날 때까지 교회의 파문 하에
여전히 남아 있는 사람들을 체포하고 재산을 몰수해야 한다"고 규정하였다.
1년 하루 이상 파문의 상태에 있는 사람은 이단의 상태와 동일시되거나
이단으로 의심을 받는다. 뿐만 아니라, 그가 소유하고 있는 동산과 부동산의
재산을 몰수하도록 되어 있으며 체포까지 하도록 되어 있었다. 13세기
후엽에 북프랑스에서 《교회법 총론(*Summa*)》을 저술했던 사제 큐리알리스
(Curialis)는 "파문된 자는 선고 후 1년이 경과하면 투옥시키고 그의 재산을
몰수해야 한다"고 기술하였다.[24]

프랑스에서 국가가 그러한 규정을 공식적으로 처음 받아들인 것은 알비파
이단을 진압하려는 가운데서 시작되었다고 할 수 있다. 그 당시에 섭정자인
브랑쉬 카스티유는 님므(Nîmes)와 나르본(Narbonne) 지역에서 파문 선고가
무시되었다고 한탄하였다. 이러한 분위기 속에서 프랑스의 대부분 지역에
서는 알비파 문제로 그러한 절차가 확산되었다. 루이 9세(1220~1270)의
재위 첫 해에 알비파 이단의 확산은 매우 심각한 문제였다. 따라서 알비파
이단을 억누르기 위해 1229년 칙령 〈쿠피엔테스(*Cupientes*)〉가 왕의 이름으

23) F. D. Logan, *Excommunication and Secular Arm in Medieval England*, pp.68~69.
24) Ludwig Wahrmund, *Quellen zur Geschichte des römisch-kanonischen Processes im Mittelalter*, Herausgegeben von Dr. Ludwig Wahrmund (Innsbruck, 1905~1931) vol. 1, pp.3, 7~8.

172

로 반포되었고 이 칙령은 랑그독에 있는 여러 도시와 주교구에 시달되었다. 이 법령은 특별히 "파문된 자가 1년이 경과되면 법정 집행인(bailiffs)에 의해서 재산을 몰수당하게 된다"는 것을 규정하고 있다.[25]

이 법령에 따라서 봉신들과 그의 관리, 하속들은 이단을 색출하도록 명령을 받았다. 당시 이단이 창궐했던 프랑스 남부 지역에서는 주교들의 권위가 무시되었다. 이 때문에 관리들은 1년 동안 파문의 상태에 머물러 있으면서 신앙 공동체에 돌아오지 않는 사람에 대해서는 누구든지 세속적 형벌을 가해야 할 필요를 느꼈다.[26] 이때 왕의 관리들은 그들의 재산을 몰수해야 하고, 죄를 진 사람이 교회의 사면을 받을 때까지 그 재산은 반환되지 않았다.

루이 9세가 통치하던 시기에 〈쿠피엔테스〉는 매우 영향력 있는 법령이었다. 왕의 관리들(seneschals)은 그 법의 시행을 맹세하도록 명령을 받았다. 뚜르의 백작 레이몽 7세는 파리 조약에서 그 법령의 이행에 합의하였다. 보께르(Beaucaire)의 관리(seneschal)는 그 지역의 평화를 위해서 멍드의 주교에게 지원을 약속하였다. 그는 40일 동안 사면을 시도하지 않고 파문의 상태에 있는 사람들에게 주교가 부과한 벌금을 강제 집행하였다.[27]

프랑스 남부의 주교회의에서는 파문에 대한 세속적 강제 집행을 보장받기 위해서 끊임없이 압박을 가하였다. 1227년 나르봉의 지역 주교회의에서 한 고위 성직자는 세 번의 경고를 무시하여 파문을 선고받은 사람에게 뚜르의 화폐 9파운드 1실링을 벌금으로 지불하도록 하는 루이 9세의 법을

25) M. Morel, *L'Excommunication et le pouvoir civil en France du droit canonique classique au commencement du XVe siècle*, pp.69~78.

26) Gerard J. Campbell, "The attitude of the monarchy toward the use of ecclesiastical censures in the reign of Saint Louis," *Speculum: A Journal of Mediaeval Studies* Vol. XXXV No. 4 (October 1960), pp.541~542.

27) Robert Michel, *L'Administaration royale dans la sénéschaussée de Beaucaire au temps de Saint Louis* (Paris, 1910), pp.384~386.

상기시켰다. 이와 함께 이 법에는 1년 동안 파문 상태에 있을 때에는
그의 재산이 몰수되어야 한다고 규정되었다. 1229년 톨르즈(Toulouse) 주교
회의의 일곱 번째 법령에서는 어떠한 관리라도 이단을 추적하라는 명령을
성실히 이행하지 않을 때에는 그의 직책이 박탈되어야 한다고 규정하였다.
1246년 베지에(Bézier) 주교회의에서는 백작, 봉신과 시의회 의장, 도시의
바이유에게 이단을 처벌하는 데 교회에 협조할 것을 서약하도록 요구하였
다. 1326년 아비뇽의 주교회의에서는 2개월 동안 파문 상태에 놓여 있는
사람들 모두가 사면을 모색하도록 세속 권력자들이 강제력을 발휘해 줄
것을 요구하였다. 이를 무시하는 재판관들과 영주들은 아나테마의 위험에
빠지게 되며 지속적으로 불복종하면 그들의 영지가 성무금지령 하에 놓이게
된다.28) 이상과 같은 사례를 통해서 볼 때 프랑스 교회는 이단에 대해서
세속적 제재를 가하고 파문된 자들이 교회에 돌아오도록 하기 위해서
끊임없이 세속 권력에 압박을 가했던 것을 알 수 있다.29)

　　여기에서 교회로부터 파문당한 사람들 모두가 세속 권력의 제재를 받은
것은 아니었다는 점을 상기할 필요가 있다. 프랑스에서는 왕이 세속적
제재를 가하기 전에 파문이 정당했는지를 판단할 권리를 요구하였다. 파문
을 강행하기 위해서 주교가 왕권의 사용을 요구했을 때 루이 9세는 파문이
적절했는지를 알기 전에는 그의 권력을 행사할 수 없다고 주장하였다.
1269년 클레르몽의 화폐 평가 절하30)를 취한 사건에서 왕은 파문이 남용된

---

28) Henry C. Lea, *The Rise of the Temporal power.-Benefit of Clergy.- Excommunication.-*
　　The Early Church and Slavery in Studies in Church History (Philadelphia: Henry
　　C. Lea's Son & Co., 1883), p.402.

29) G. J. Campbell, "The attitude of the monarchy toward the use of ecclesiastical censures
　　in the reign of Saint Louis," p.542.

30) Edgaed Boutaric, *Saint Louis et Alfonse de Poitiers* (Paris, 1870), p.216. 1269년 클레르몽
　　의 주교는 그 지역의 화폐를 평가절하하였다. 그래서 구 화폐 20실링이 새로운
　　화폐에서는 25실링이 되었다. 루이 9세의 동생 알퐁스 툴루즈는 주교가 평가절하된
　　화폐의 사용을 거부하는 사람들을 누구를 막론하고 파문으로 처리하려 한다고

174

것인지를 결정할 권리를 주장했을 뿐 아니라 그것이 부당하다고 확신했을
때 파문을 취소토록 강제력을 행사하였다. 일부 사례에서는 주교 개인의
세속적 목적을 위해서 영적 권력이 사용되었다. 이러한 이유 때문에 1254년
루이 9세의 동생인 알퐁스 똘루즈는 십일세나 금전적 문제가 결부된 사건에
대해서는 백작의 관리들이 세속적 강제력을 사용해서는 안 된다는 것을
규정하기도 하였다.[31]

3) 독일

신성로마제국에서 진행된 헌정 질서와 변천은 사법적인 면에서 교회와
국가를 거의 분리할 수 없는 긴밀한 관계로 만들었다. 그레고리우스 개혁
시대 이래로 인노켄티우스 3세의 시대까지 교회의 주장과 요구는 신성로마
제국에 의해 거의 받아들여졌으며 독일의 법 규정에 반영되었다. 1187년
프리드리히 바바롯싸가 반포한 〈뉘른베르그 법령〉에서는 방화범을 인권박
탈(proscription)로 처벌하였다. 이를 받아들이지 않는 범죄자는 주교에 의해
서 파문 처분을 받도록 되어 있었다. 한편으로 누구든지 주교에 의해서
파문된 사람은 그가 교회와 화해할 때까지 세속 재판관에 의해서 인권박탈의
처벌을 받게 된다. 파문을 당하고 인권박탈 처분을 받고서도 1년 하루
동안 복종하지 않고 버틴다면 그는 법적 보호권을 박탈(outlaw)당함으로써
더 이상 법의 보호를 받을 수 없게 된다. 독일 지역에서는 오랫동안 중앙권력
이 무기력하고 무정부 상태가 지속되는 가운데서 법을 통일적으로 시행할
수 없었기 때문에 세속 권력은 교회의 협력에 의지하지 않을 수 없었다.
이는 결국 법의 강행을 교회 법정의 처분에 맡길 수밖에 없는 결과를
낳게 되었다.[32]

불평하였다. 이때 왕은 주교의 그러한 조치에 대해 반대 입장을 분명히 하였다.
31) Gerard J. Campbell, "The attitude of the monarchy toward the use of ecclesiastical
censures in the reign of Saint Louis," pp.543~544.

1220년에 프리드리히 2세는 법령 〈쿠피엔도(*Cupiendo*)〉를 선포하였는데
이 법령은 교회의 자유를 침해한 죄목으로 파문을 당하고서 1년이 경과했다
면 교회의 사면을 받을 때까지 황제의 공권박탈(imperial ban) 처벌을 받게
된다는 점을 명확히 하였다. 이단을 은익해 준 죄로 파문을 받은 사람이
1년 동안 사면을 받지 않고 있다면, 그는 불복종자로 간주되고, 어느 직책에
도 임명될 수 없으며, 유산상속권을 박탈당하며, 법정에서 증언할 수 없고,
원고로서 소송할 수도 없었다.[33]

　독일 지역에서는 사법제도에 다른 나라에서는 찾아볼 수 없는 특이한
제도가 있었다. 바로 황제의 파문 특권인데, 교회와 국가가 서로의 호혜적
협력을 나누는 데서부터 비롯되었다고 할 수 있다. 이 특권은 황제가 사도의
특별한 아들(*filius specialis*)로서의 신분을 가졌다는 데에서 연유하고 있다.
962년 오토 대제 이래로 신성로마 황제들은 교황에 의해서 서임을 받고
대관을 받았다. 1111년 4월 13일 하인리히 5세의 대관식 때부터 도유
의식을 행하기에 앞서 황제가 영적 신분으로서 사도의 양자로 입양되고
사도의 특별한 아들(*filius specialis*)이라고 선포하는 의식 절차가 행해졌다.[34]
이러한 절차를 통해서 사도의 아들이 된 황제에게 사도가 가질 수 있는
파문권이 부여된 것으로 여기게 되었다.

　트리에르의 대주교 디트리히는 파문에 왕의 법령 〈콘페더라티
(*Confederati*)〉를 적용하면서 교구 내의 사법권을 강화시켰다. 그러나 왕의
법령을 통한 압박에도 불구하고 파문이 반드시 효과적으로 시행되지는
못한 것으로 보인다. 대주교의 파문이 원하는 정도로 충분히 시행될 수
없는 상황이 지속되자 1310년 트리에르의 주교회의에서는 파문 선고가

32) H. C. Lea, *The Rise of the Temporal power*, pp.409~410.

33) Const. Frid. II. post Lib. Feudor.3, 8.

34) Eduard Eichmann, "Das Exkommunikationsprivileg des deutschen Kaisers im Mittelalter," *Zeitschrift der Savigny-Stiftung für Rechtsgeschichte* 32 (1911), pp.192~194.

176

많은 사람에 의해서 무시되므로 세속적 무기를 사용해야 한다고 주장하였다.35) 이미 1266년에 쾰른의 주교회의에서는 세속 권력이 1년 동안 파문 상태에 있는 사람을 복종시키지 못한다면 그 역시 파문에 처한다는 것을 규정한 바 있다. 이와 같이 독일 지역에서도 교회와 세속의 권력은 상호 협력의 필요성이 절실하였고 사법적인 면에서 서로 간에 긴밀한 관계가 맺어졌다. 그러나 궁극적으로는 이 둘의 관계에서 항상 영적 권력의 우월권이 강조되었다.36)

독일 지역에서는 남부와 북부 지역의 각기 다른 전통과 정치 사회적 분위기로 인해서 법의 관념에서 서로 다른 모습을 보여주고 있다. 따라서 주교의 파문 집행에 대한 인식이 법의 내용에 각기 다르게 나타나고 있다. 남부 독일 지역에서 통용되었던 쉬바비아의 법은 6주 하루 동안 여전히 파문 상태에 있는 사람은 세속 법정에서 인권박탈(proscription)이 되어야 하며, 파문된 자가 아닐지라도 법정에서 인권박탈 선고를 받은 사람은 같은 기간이 경과할 때 파문이 뒤따른다는 것이 상세히 규정되었다. 두 형벌을 모두 받게 된 경우에 둘 중 먼저 선고된 형벌이 사면되어야만 다른 하나의 형벌도 사면될 수 있었다.

쉬바비아 법과는 달리 독일 북부 지역에서는 교회의 요구에 무조건적으로 복종하지는 않았다. 북부 지역에서 통용되었던 작센쉬피겔(Saschsenspiegel)에서는 파문된 자가 황제로부터 법적 보호권 박탈의 선고를 받지 않았다면 파문만으로는 보통법이나 봉건법의 법적 권리와 특권을 그에게서 박탈할 수는 없다는 점을 분명히 하였다. 이 법의 정신에 따르면 교회의 징계는 특별히 영적인 것에 대해서만 사용될 수 있고, 죄인의 현실적 삶에 대해서는 영향을 미칠 수 없었다. 이러한 입장을 취하는 작센쉬피겔에 대해서 교회 측은 이 법이 교회에 극도로 비우호적인 것이라고 간주하였다. 그로 인해서

35) J. D. Mansi, *Sacrorum Conciliorum Nova et Amplissima Collectio* vol. 25, p.250.
36) H. C. Lea, *The Rise of the Temporal power*, pp.412~413.

1374년 교황 그레고리우스 11세는 작센쉬피겔을 규탄하고 이 법을 아나테마에 처하였고 모든 기독교인들은 그 법을 따르는 것이 금지되었다. 이후 교황 에우게니우스 4세(Eugenius IV) 역시 발(Bâle)의 주교회의에서 이 법을 격렬하게 규탄하였다. 그럼에도 불구하고 작센쉬피겔은 여전히 독일의 북부 지역에서 권위를 유지하며 시행되었다.[37]

맺음말

중세의 파문은 종교적 생활뿐 아니라 일상적인 사회 생활에까지 영향을 미친 가장 준엄한 교회의 형벌이었다. 파문을 당한 사람은 원칙적으로 그리스도교 공동체로부터 단절되도록 되어 있었다. 그러나 그가 파문을 선고한 교회의 권위에 저항하고 일정 기간 동안 뉘우치지 않고 불복종한 채로 있다면 그는 별수없이 세속 권력의 제재를 받게 된다.

　파문된 자의 처리를 위한 세속의 협력은 그 시행 시기와 형식에서 서유럽의 각 국가가 상이한 모습을 보이고 있다. 그렇다고 할지라도 12세기까지 각 국에서 교회의 파문 집행에 세속이 협력하는 절차와 형식이 일반화되었음을 알 수 있다.

　잉글랜드에서는 교회의 결정에 대해서 불복종하는 사람을 세속 권력이 체포하여 응징할 수 있도록 하기 위해서 주교가 왕에게 체포영장 청구(significavit)를 함으로써 세속의 협력을 받는 절차가 진행되었다. 왕의 상서원에 파문된 자의 체포영장(de excommunicato capiendo) 청구권은 주교에게만 부여되어 있었다. 이때 파문을 당하고도 40일이 지나도록 사면을 받기 위한 노력을 전혀 기울이지 않는 경우에 체포영장 청구 대상이 되었다. 이와 같이 40일을 그 기준으로 삼은 것은《그라티아누스 교령집》에 근거하

---

37) H. C. Lea, *The Rise of the Temporal power*, p.412.

178

고 있다. 그러나 그 기간은 《교령집》의 규정대로 지켜지는 것은 아니었다.
이는 지역에 따라서, 시기에 따라서 각기 다르게 나타나고 있다. 잉글랜드에
서는 대체적으로 40일을 그대로 지켰던 반면, 프랑스와 북부 독일 지역에서
는 대부분이 1년을 그 상한선으로 삼았다. 남부 독일 지역에서는 6주를
파문된 자의 불복종 유예 기간으로 삼았다. 잉글랜드에서는 체포영장이
발부된 자에 대해서 체포하고 구금하는 것이 일반적인 관행이었다. 13세기
에 구금 외에 재산을 몰수한 경우는 다섯 차례[38])를 제외하고는 그 사례를
찾아볼 수 없다.

   프랑스에서 파문된 자의 처벌에 관한 세속의 협력은 루이 9세 때에
집중적으로 나타난다. 루이 9세는 랑그독 지방에 있는 도시와 교구에 법령
〈쿠피엔테스〉를 반포함으로써 파문당한 후 1년이 경과 한 뒤에 사법집행관
(bailiffs)이 그의 재산을 몰수하도록 하였다. 프랑스 교회에서는 파문된
자가 1년이 경과되도록 뉘우치지 않으면 그를 투옥하고 그가 소유한 재산을
몰수하도록 해야 한다는 것을 지속적으로 주장하였다.

   독일 지역에서는 파문을 당하고 6주 동안 뉘우치지 않고 교회에 돌아오지
않은 사람은 황제의 공권박탈(imperial ban) 형벌을 받도록 되어 있었다.

---

38) F. D. Logan, *Excommunication and Secular Arm in Medieval England*, p.109. 1223년
   버킹햄셔의 주장관은 페이어(Lawrence Peyer)가 소유한 토지와 임대지를 몰수하였
   다. 페이어는 그곳에서 파문을 당하고 다른 지역으로 도피한 사람이었다. 같은
   해에 에식스(Essex)의 주장관은 하쿰(Robert Hakum)이라는 파문된 자의 토지를
   몰수하였다. 이 경우 그의 몸은 구속하지 못했다. 1254년 12월에는 글로스터셔
   (Gloucestershire)와 헤레고드셔(Heregordshire)의 주장관들에게 왕의 사령장이 발부
   되었는데 그 내용은 안나(Anna de Haushisia)가 사면되었으므로 이전에 발부된
   영장에 따라 시행된 그녀의 구속과 재산몰수를 해제하도록 하는 것이었다. 이
   같은 사례가 그 다음 달에 존(John de Eyvill)에 대한 사건과 관련해서 발생하였는데
   위와 같은 내용으로 된 왕의 사령장이 요크셔와 노팅엄셔(Nottinghamshire)의 주장
   관에게 전달되었다. 1281년에 존 라메슨(John Rammesdene)이 파문을 받고 5월
   13일에 체포영장이 발부되었는데, 주교로부터 사면을 받아 1281년 9월 4일 방면된
   다. 이때의 기록에는 그의 재산이 서섹스(Sussex)와 서리(Surrey)의 주장관 관리
   하에 있었다는 기록이 있다.

1220년 황제 프리드리히 2세는 법령 〈콘페더라티(*Confederati*)〉를 반포하여 그러한 내용을 법적 규정으로 구체화하였다.

각 국의 사례에서 볼 수 있는 바와 같이 교회의 사법적 권위를 지키기 위해 세속 권력의 협력을 바라는 교회의 요청이 국가에 받아들여짐으로써 교회의 결정에 불복종하는 자들에게 세속의 강력한 제재가 가해졌다. 각 국의 왕들은 그러한 강제적 제재를 담고 있는 법령을 반포하고 이의 실행을 법적으로 뒷받침하였다. 교회의 파문에 불복하는 자를 처벌하는 세속적 제도는 형식이나 절차에서 다른 지역보다도 잉글랜드에서 가장 조직적으로 이루어졌다고 할 수 있다. 잉글랜드에서는 세속적 제재를 적용할 수 있는 범죄의 종류가 다양하였다. 형사 사건의 경우에는 교회 재판관이, 민사 사건의 경우에는 원고가 주교에게 체포영장 발부 청원을 제기할 수 있었다. 프랑스의 경우에는 주로 이단을 처벌하기 위한 수단으로 세속적 강제력이 사용되었다. 그 절차 또한 상례화되지 못했을 뿐 아니라 파문자의 체포 요구가 잉글랜드만큼 빈번하지는 않았다. 독일 지역에서는 특별히 교회의 파문에 황제의 인권박탈이 가중되어 파문된 자에 대해서 엄중한 제재가 가해졌다. 이 지역의 주교들은 황제의 제재를 거치지 않고도 직접 귀족들이 파문된 자들에 대한 제재에 적극적으로 참여할 것을 요구하였다. 독일 지역에서는 다른 지역에 비해서 교회가 국가 권력에 더욱 깊숙이 연결되어 있었기 때문에 주교들은 세속적 강제력을 훨씬 더 용이하게 동원하고 이용할 수 있었다.

세속 협력에 대한 교회의 요구를 국가가 수용했던 것은 단지 영적 권위의 우월성에 근거하는 강요에 의해 비롯된 것은 아니었다. 국가의 사법적 체계가 발달하지 못하고 법이 일관성 있게 국가 영역 전반에 그 힘을 미치지 못했던 중세의 사회에서는 범죄를 막고 처벌할 수 있는 사법적 영역을 국가와 교회 모두에게 인정하고 있었던 것이다. 교회의 결정에 불복하는 자를 처벌하는 데에 세속의 도움이 필요했던 것만큼 중세 전반기에는 국가도 범죄자를 처벌하는 데 교회의 도움이 필요하였다. 궁극적으로는 사회를 부패시키고 파괴하는 범죄자를 처벌하는 책임은 국가와 교회 양자 모두에게 있다는 것을 서로가 인식하고 있었던 것이다.

교회와 국가는 사회의 붕괴와 부패를 막기 위해 서로의 도움이 필요하였다. 그러한 필요성 때문에 국가는 범죄자를 처벌하는 데 있어 교회의 제도인 참회고행을 이용하였다. 점차적으로 일부 범죄는 국가의 사법 영역에서 교회 법정의 사법권에 귀속되었다. 교회는 악행자의 영혼을 치유할 책임을 세속 권력과 함께 짊어지고 있다고 생각했기 때문에 세속 권력은 교회 법정의 협력에 나서지 않을 수 없었다. 그러한 이유 때문에 교회는 교회 법정에 불복종하는 자를 제재하기 위해 왕의 도움을 얻고 세속적 강제력을 이용하고자 했던 것이다. 이러한 점에서 본다면 세속 법정에서 사용했던 참회는 교회 법정에서 세속의 협력을 받는 과정에서 결코 소홀히 할 수 없는 연결 고리였다고 할 수 있다.

제5장 불명예효(*infamia*)와 파문

로마 사회에서는 모든 시민이 기본적으로 정상적인 사회생활을 하며 국가와 사회를 위해서 공공의 직무를 담당할 수 있는 덕망을 가지고 있다고 보았다. 그와 같이 누구나 인정할 수 있는 덕망과 존경을 가지고 흠이 없어 보이는 모습을 명예(*existimatio*)[1]라고 인식하였다. 그러나 부도덕한 행위를 하고 범죄를 저지르거나 사회적으로 지탄의 대상이 되는 직업을 가진 사람들은 파렴치한 자들로서 사회가 인정하는 명예를 유지할 수 없다고 보았다. 따라서 그러한 자들은 정상적인 시민으로서 가질 수 있는 품위와 체신을 상실했다는 것을 공적으로 선포해야 한다는 사회적 요구가 있었다. 그와 같이 부도덕한 행위와 파렴치한 직업으로 인해서 명예를 상실한 자는 불명예(*infamia*)자로 낙인찍히게 된다. 초기에는 이러한 관념은 하나의 사회적 통념이었지 법적, 사법적 의미를 가진 것은 아니었다. 그러나 점차적으로 불명예는 자연적이고 자발적인 의미를 가지는 사회적 통념으로부터 법적 강제력을 수반하는 사법적 제재 수단으로 변화되었다.

법적으로 제재를 받거나 비천한 직업에 종사하는 사람들에 대해서는 불명예자로서 그에 상응하는 국가·사회적 인식을 심어주게 되었다. 나아가서 그들이 존망받는 직책을 담당하지 못하도록 한다거나 법적 보호를

---

1) A. H. J. Greenidge, *Infamia Its Place in Roman Public Law and Private Law* (Oxford: Clarendon P., 1894), pp.1~17.

받지 못하도록 하는 제재를 부과하게 되었다. 이와 같이 명예를 상실한 사람에게는 그들의 범죄 행위나 비천한 직업으로 인해 정치적·사회적 제재와 불이익을 감수해야 하는 불리한 결과가 초래되었다. 불명예는 단순히 사회적으로 부정적 인식을 각인시키는 데 머문 것이 아니라, 현실 속에서 상당한 불이익을 받도록 하는 효력을 발생시켰다. 그러한 면에서 '*infamia*'는 '불명예효(不名譽效)'[2]라는 사법적 용어로 이해해야 한다.

로마의 불명예 관념은 로마법에 기원을 가지고 있지만 12세기에 교회법학자들의 집중적인 관심을 받게 되었고 많은 논의를 거쳐서 교회법에 도입되었다.[3] 불명예효에 대해서는 로마 시대에도 각 시대마다 각기 다른 인식과

---

2) 최병조, 〈로마형법상의 詐欺 범죄〉, 《서울대학교 法學》 48-3(2007.9), pp.15~17; 최병조, 《로마법연구 Ⅰ》(서울대학교 출판부, 1995.4), p.329; 조규창, 《로마刑法》(고려대학교 출판부, 1998.5), pp.566·689. 최병조는 *infamia*를 파렴치효라고 번역하고 있다. 이에 비해 조규창은 공화정기에는 불명예로, 후기 제정기에는 불명예형으로 구분하여 번역하고 있다. *infamia*는 명예를 상실함과 동시에 그로 인해 사회적·사법적 차별을 초래하는 결과를 가져오기 때문에 여기에서는 '불명예효'라고 지칭하고자 한다. 다만 내용상 단순히 명예를 상실하는 경우를 지칭할 때에는 '불명예'로, 그것이 사회적·사법적 불이익을 포함하는 법적 의미를 가질 때에는 '불명예효'라고 지칭하고자 한다.

3) 로마 사회에 기원하는 불명예 관념은 중세 시대에 영향을 미친 것으로 끝나지 않았다. 현대에 이르기까지 서양인들은 부도덕하거나 범죄를 저지른 자들은 시민으로서의 권리를 가질 수 없다고 보는 전통을 이어 왔다. 그러한 내용은 다음의 두 연구물에서 찾아볼 수 있다. 플레쳐(Fletcher)는 20세기 초 미국 사회의 선거권 박탈과 참정권에서의 인종차별을 로마 시대 불명예의 현재적 적용이라고 보고 있다. 에버스맨(Eversman)은 17세기 프랑스에서 배우가 불명예자로서 취급받고 사회 법정과 교회 법정에서 받는 불이익에 대해서, 그리고 1783년에는 국왕이 직접 배우는 *infamia*라는 것을 상기시켰음을 말하고 있다. George P. Fletcher, "Disenfranchisement as Punishment: Reflections on the Racial Uses of Infamia," *UCLA Law Review* 1895 (1999), pp.1895~1907; Peter Eversmann, Rob van Gaal, Rob van der Zalm, "Dancing in Chains The Comédie-Française in the Mid-Eighteenth Century," *Theaterwetenschap spelenderwijs* (Netherland: Palas Publication, 2004), pp.79~85; G. May, "Die Anfänge der Infamie im kanonischen Recht," *Zeitschrift für Rechtsgeschichte K. A.* 47 (1961), pp.77~94; Thelma S. Fenster & Daniel Lord Smail, *Fama: the politics of talk and reputation in medieval Europe* (New York: Cornell UP, 2003).

해석을 하였다. 그 내용이 완전하게 사법적 형태를 띠게 된 것은 후기 제정 시기라고 할 수 있다. 중세교회법학자들이 받아들인 불명예효의 관념은 주로 이 후기 제정 시기에 완성된 개념이었다. 그렇다고 할지라도 교회법학자들은 이에 대한 해석을 두고 많은 논란 과정을 거치게 된다. 그렇다면 중세교회법학자들이 이해하는 불명예효란 어떠한 내용을 가지고 있으며 교회법에 따른 징계와 어떻게 연관시켜 나갔을까?

그리니지(A. H. J. Greenidge)⁴⁾는 로마 시대 불명예효의 기원과 변천에 대해 집중적으로 고찰하여 정리하였다. 불명예효가 중세의 교회법에 도입되는 과정에 대해서는 리빙스톤(John M. Livingston)의 《교회법학자들의 불명예효 이해》⁵⁾에서 상세히 다루어지고 있다. 타타르축(Vincent A. Tatarczuk)⁶⁾은 판결 불명예를 중심으로, 로드머(Frank J. Rodimer)⁷⁾는 사실 불명예를 중심으로 고찰하였으며, 리빙스톤(John M. Livingston)은 이들을 모두 포괄적으로 통합하여 접근하였다. 타타르축과 로드머는 중세교회법보다는 1917년 선포된 《교회 법전(*Codex Juris Canonici*)》의 해석을 위한 기초 작업으로 이 문제에 접근하였고, 리빙스톤은 이 세 가지 요소를 모두 고찰하기는 했지만 그들 주제에 명확한 이해를 얻도록 하는 데에는 상당히 미흡함을 보여주고 있다.

본 장에서는 이러한 연구서를 중심으로 불명예효의 개념을 설정해 보고, 그 관념이 교회법에 도입되는 과정을 교회법학자들의 해석을 통해서 살펴보고자 한다.

4) A. H. J. Greenidge, *Infamia Its Place in Roman Public Law and Private Law*.
5) John M. Livingston, *Infamia in the Decretists from Rufinus to Johannes Teutonicus*, Dissertation (U of Wisconsin, 1962).
6) Vincent A. Tatarczuk, *Infamy of Law: A Historical Synopsis and a Commentary*, Dissertation (The Catholic U of America, 1954).
7) Frank J. Rodimer, *The canonical effects of infamy of fact: a historical synopsis and a commentary*, Dissertation (Catholic U of America Press, 1954).

1. 로마적 기원

로마 시대의 불명예는 단순하게 이해될 수 있는 개념은 아니었다. 그만큼 불명예 제도는 공화정 시대로부터 제정 시대에 이르기까지 그 양상이 다양하게 나타났다.

로마의 불명예에 관한 근대적 이해는 사비니(Friedrich Carl von Savigny) 의 설명에 기초하고 있다. 사비니는 그의 저서 《로마법 제도》8)에서 〈학설 휘찬(Digest)〉에 수록된 정무관(praetor)의 칙령과 고대의 문서를 검토해 볼 때 불명예는 정무관이 창안한 제도가 아니고 예부터 전해 온 법적 관념을 불명예의 개념으로 구체화한 것이며 이를 공법(public law) 형태로 적용한 것이라고 보았다. 그는 불명예는 모든 정치적 권리의 상실에 그 본질이 있다고 정의하였다. 따라서 불명예자(infamis)는 투표권이 없고 인두 세만 내는 최하시민(aerarius)이 된다. 그러한 자는 투표권이 없을 뿐 아니라 모든 명예로운 관직(suffragium et honores)을 박탈당한다. 불명예자가 되면 감독관 임의에 의해서가 아니라 일반적인 법칙에 따라서 시민권에 속한 정치적 권리를 상실하게 된다는 것이다. 사비니는 시민의 정치적 권리가 유명무실해진 제정 시대에 이르러 그와 같은 속성의 불명예가 중요성을 잃게 된다고 보았다. 무엇보다도 사비니의 주장에 따르면, 시민의 정치적 참여가 활성화되었던 시기에 불명예란 바로 모든 공적 권리(public rights)를 항구적으로 박탈당한다는 데에 그 본질이 있었다.

그리니지는 사비니의 해석에 반론을 제기하면서 그가 고대 로마법의 해석에 오류를 범하였음을 지적하였다. 사비니가 근거로 삼은 것은 학설 휘찬 48권 제7조(Digest xlviii. 7 legem Juliam de vi pivata)이다. 그런데 이 법률 조항에 언급된 불명예(infamia)는 모든 명예관직에 임명되는 것을 금지하는 것으로 명확히 정의된 것이 아니다. 자격 박탈은 로마 형법에서

---

8) Friedrich Carl von Savigny, *System des heutigen romishen Rechts* (Berlin, 1849), p.76.

다양한 형태의 범죄에 대해 각기 다른 상황 속에서 판결되었다. 그렇기 때문에 명예관직과 재판관의 자격 박탈을 불명예효로 일반화시켜서는 안 된다는 것이다.9) 율리아 법(lex Iulia de ambitu)에서 선거 입후보자가 위법행위로 인하여 유죄판결을 받았을 때에는 그 효과로서 불명예자가 되어 원로원 의원직을 상실한다고 한 규정10)의 내면을 들여다보면 그와 같은 그리니지의 해석에 정당성을 부여할 수 있다. 이 규정에서 뜻하는 바는 그 입후보자가 원로원 의원직을 상실하는 것은 불명예효의 직접적인 결과라기보다는 그에게 선고한 유죄판결이 원인이며 그로 인해 의원직 자격이 상실된다고 할 수 있는 것이다.11)

공화정 시대의 정무관 칙령은 국가의 공직에서 불명예자를 배제하는 규정을 전혀 포함하고 있지 않으며 불명예자 처리에 대한 주된 목적은 민법 절차에서 일부 제한을 두는 정도였다. 고대 법률가들의 문헌에서는 불명예의 결과로서 국가 공직으로부터 배제된다는 내용을 찾아볼 수 없다. 물론 공화정 시대로부터 점진적으로 불명예자에 대한 개념이 분명히 정의되어 왔음을 부인할 수 없지만 콘스탄티누스 대제의 조칙을 통해서 비로소 불명예자를 모든 공직과 명예직으로부터 배제하는 규정이 법적으로 마련되었던 것이다.12)

고대 로마 사회에서는 도덕성을 지닌 명예(dignatio 또는 existimatio)로운 자가 선거권을 가지고 공직자(civil honor)를 선출할 수 있으며 그러한 사람들이 명예로운 관직이나 재판관, 원로원 의원이 될 수 있었다. 도덕성을

9) A. H. J. Greenidge, *Infamia Its Place in Roman Public Law and Private Law*, pp.22~23.
10) Paulus 5. 30A; 조규창, 《로마刑法》, p.215.
11) 불명예효 이전에 유죄 판결로 원로원 의원과 법정의 배심원 자격을 박탈당하는 사례는 *Digest* 46. 7. 1과 *Digest* 3. 2. 1 등에서도 찾아볼 수 있다. *CTh*. 9. 27. 1 원수정 시대에도 유죄 판결이 의원직 제명과 관직 박탈에 직접적인 영향을 미친 것을 알 수 있다. 조규창, 《로마刑法》, pp.253·356.
12) A. H. J. *Infamia Its Place in Roman Public Law and Private Law*, p.36.

186

상실하거나 사법적으로 흠이 있다고 판결된 사람은 더 이상 명예(*existimatio*)를 유지하지 못한다. 그러한 면에서 이미 명예의 자격을 상실했다면 그는 불명예(*infamia*) 상태에 빠지는 것이다.[13]

　공화정 시대에 불명예는 감찰관이나 법무관이 선포하였다. 그리고 불명예자는 명예로운 공직에 선출되지 못하였고 재판관도 될 수 없었다. 공직선출의 자격 상실은 다양한 원인에서 비롯되었다. 불명예의 낙인도 그중의 하나였다. 집정관이나 감독관, 법무관이 불명예를 선포하고 그 대상자를 관직에 임명하지 않는 사례가 있었다. 그러나 모든 불명예가 공직 선출의 무자격이라고 일반화할 수는 없다. 원수정 시대에 하드리아누스(117~138)와 안토니우스 피우스(138~161)의 재위 기간에 불명예자가 특정 지위에 임명되는 것을 금지하는 것이 종종 언급되었다. 안토니누스 카라칼라(Antoninus, Caracalla, 211~217) 재위 시에 마르크리누스(Marcus Opellius Macrinus ca. 165~June 218)는 배석판사와 속주 총독 보좌관 같은 중요한 직책에 불명예자의 임명을 금지한다고 조심스럽게 언급하였다.[14] 이 같은 사례로 미루어 볼 때 이 시기까지는 불명예자를 중요 직책에서 배제하는 명확한 규정이 보이고 있지 않음을 알 수 있다. 콘스탄티누스 대제의 칙령이 반포되기 이전까지는 그러한 흔적이 간간이 나타나기는 하지만 그것이 보편적으로 적용될 수 있는 법으로 규정되어 법제화된 것은 결코 아니었다.

　불명예효의 낙인은 두 가지 경로를 통해서 확정된다. 하나는 즉각적인 것으로서 행위로 입증되는 경우이다.[15] 부도덕한 행위에 대한 분명한 증거

13) A. H. J. *Infamia Its Place in Roman Public Law and Private Law*, pp.2~5.
14) A. H. J. *Infamia Its Place in Roman Public Law and Private Law*, pp.103~104: *Digest*. I. 22, 2 liberti adsidere possunt. Infames autem licet non prohibeantur legibus adsidere, attamen arbitror, ut alique quoque dereto principali refertur constitutum, non posse officio adsessoris fungi.
15) Max Kaser, "Infamia und Ignominia in den römischen Rechtsquellen," *Zeitschrift*

가 있을 경우, 이를 정무관이나 법무관 앞에 가져오면 그것으로 모든 것이 확정된다. 또 다른 하나는 중개에 의한 것으로서 재판의 선고를 통해서 확정되는 경우가 있다. 이는 반드시 재판의 결과로서 재판관이 선포하도록 되어 있었다.[16]

감찰관이 선고하는 불명예로 낙인이 찍힌다면 그것은 특정 공권(公權)에 대한 자격 박탈이라는 결과를 가져온다. 자격 박탈은 신분과 지위에 따라 다르게 처분되지만 더욱 중요한 기준은 저지른 비행이나 위반이 어느 정도인가에 달려 있다. 원로원 의원이 자신의 지위에 오명을 남긴 죄를 저질렀다면 그는 원로원에서 제명된다. 기사가 그러했다면 그는 기사 백인 대에서 그 지위를 상실한다. 그러한 경우에 평민은 부족으로부터 제외되고 최하시민(aerarius)이 된다.[17] 감찰관은 최하시민에게서 그의 선거권과 병역의 권리를 박탈하였다.

불명예효를 선고하는 주체는 감찰관 이외에 법무관이 있다. 감찰관의 불명예 선고가 공직이나 군대에 입대하는 것을 금지하는 정치적인 의미를 가지고 있고 공민권에 영향을 미치는 것인 반면에, 법무관의 불명예 선고는 저열한(무가치한) 사람들이 법정에 들어오지 못하게 함으로써 법무관 법정의 위엄과 권위를 지키기 위한 것이었다. 법무관의 불명예는 감찰관 불명예 자 명단을 참고로 하였다. 또한 양자 모두는 도시 원로원의 자격 박탈을 규정한 〈율리아 도시법(Law Julia Municipalis)〉의 개념을 이용했다는 공통점이 있다.

법무관의 불명예효는 송사권(de postulando)[18]의 자격을 제한하는 사법적

---

der Savigny-Stiftung für Rechtsgeschichte, Romanistische Abteilung 73 (1956), pp.220~278. 카제르(Kaser)는 불명예를 ① 행위로 인한 불명예 ② 감찰관이 부과하는 불명예 ③ 법무관이 부과하는 불명예 ④ 법정 선고를 통해서 부과되는 불명예로 구분하여 고찰하고 있다.

16) A. H. J. Greenidge, *Infamia Its Place in Roman Public Law and Private Law,* pp.38~39.
17) A. H. J. Greenidge, *Infamia Its Place in Roman Public Law and Private Law,* pp.105~106.

인 것이다. 그와 같이 법정에 고소할 수 있는 자격을 제한당하는 불명예자는
두 가지 형태로 분류된다. 첫 번째 부류는 그의 지위나 신분 때문에 자동으로
불명예자로 취급되는 경우로서, 여성을 가장하는 사람,[19] 검투사와 같이
짐승과 싸우는 일을 하는 사람이다. 또한 불명예 제대자,[20] 장사치, 배우,[21]
매춘부,[22] 간통자, 고리대금업자가 이에 속하며, 죽은 남편의 애도기간이
끝나기 전에 과부를 결혼시킨 아버지, 그 과부와 결혼한 남자[23]도 불명예자
가 된다. 두 번째 부류는 법정의 판결을 통해서 불명예자가 되는 경우로
중죄인으로 판결을 받은 자나 형사법정에 무고(*calumnia*)한 사람[24]이다.
절도, 강도, 상해, 사기 등 은밀하게 행한 불법행위가 탄로난 자들[25]도
이 부류의 불명예자로 낙인찍힌다. 또한 파산으로 채무를 변제하지 못한
경우[26]에는 시민의 의무를 제대로 이행하지 못한 것으로 간주되어 불명예가
된다. 재산관리인이 관리 의무를 소홀히 했거나 횡령을 했을 때,[27] 후견인이
피후견인과의 결혼금지법을 위반했을 때[28] 불명예가 된다.

2세기 이후로 불명예는 도덕적 의미를 거의 상실하고 제국 행정의 악습을
방지하기 위해서 황제가 활용하는 강력한 무기가 되었다.[29] 따라서 부당하

---

18) 송사권(*de postulando*)에 관한 규정은 유스티니아누스 법전의 세 부분에서 찾아볼
수 있다. 첫째, *de postulando*의 주제에서 불명예자(*infames*)의 고소권을 제한하는
내용을 담고 있다(*Digest*, iii. 1. r, 8.). 둘째, *de his qui notantur infamia*의 주제에서는
불명예자 대상 목록을 상술하고 있다(*Digest*, iii. 1. r.). 셋째, *ex quibus causis infamia
irrogatur*에 그 밖의 불명예자에 대한 내용을 보충하고 있다(*Digest*, iii. 2.).

19) *Codex*, ix. 9. 30.
20) *Digest*, xlix. 16, 3, I.
21) *Digest*, iii. 2. 2. 5.
22) 최병조, 《로마法硏究(I)-法學의 源流를 찾아서-》, p.329.
23) *Digest*, iii. 2.
24) *Digest*, xiviii. 16, I.
25) *Digest*. iii. 2, 4, 4.
26) *Digest*, xivi. 8, 85, I.
27) *Institute*. I. 26.
28) *Digest*, xxvi. 10, 4, I.

고 부패한 재판관,[30] 죄수에 대한 가혹 행위를 용인하는 재판관, 지역
행정수도의 장관이나 원로원을 고문하도록 하는 재판관이나 지방장관은
불명예자로 처리[31]하였다. 총독직과 저택을 만든 재판관과 그 직책에 임명
된 자,[32] 하위 담당 재판관이 허용하지 않은 상소를 최고 법정에 제출한
자, 정상적인 법적 절차를 밟지 않고 권력자에게 특별 탄원서를 제출한
자,[33] 재판관을 모욕하고 법정을 무시한 자,[34] 계약 내용을 지키지 않고
위반한 자,[35] 황제와 황제의 내각에 대항해서 공모한 자,[36] 황제의 회칙을
논박하거나 왜곡한 자[37] 등이 이에 해당되었다. 특별히 380년 황제 칙령에서
는 모든 이단들과 이교도는 불명예자로 간주[38]되었다.

　이상과 같이 천한 신분이나 그릇된 행위로 인해서 불명예자로 인정되는
자들은 어떠한 시민적 권리를 상실하게 될까? 불명예가 초래하는 결과에
대해 공화정 시대에는 일반적으로 적용되는 법이 있지는 않았다. 그렇다고
할지라도 법무관들에 의해 불명예자 명단이 작성되었고 제한된 범위 내에서
그들의 자격을 제한하는 자료로 활용했던 관행을 찾아볼 수 있다. 사실
불명예자의 부류로 생각될 수 있는 사람들에게 제한을 가한 법은 공화정
시대에도 있었다. 기원전 122년에 제정된 〈아킬리아 부당취득물반환법(*Lex
Acilia Repetundarum*)〉[39]에서는 검투사와 같이 싸움을 위해 고용된 사람이나,

---

29) A. H. J. Greenidge, *Infamia Its Place in Roman Public Law and Private Law*, pp.144~153.
30) *Codex*, vii, 62, 15.
31) *Codex*, x. 32, 33.
32) *Codex*, I, 40, 8.
33) *Codex*, I, 21, 3.
34) *Codex*, II. 6. 6.
35) *Codex*, ii. 4, 4I.
36) *Codex*. ix. 8, 5.
37) *Codex*. X. 32 3t.
38) *Codex*, 1.1 (*de summa trinitate et de fide cattholica*), I.
39) 이상수, *Lex Acilia Repetundarum* (Available: http://cogito.hannam.ac. kr/legal_history/ rom_lex_acilia.hwp).

190

형사법정에서 정죄된 사람은 원로원 의원이 될 수 없다고 규정[40]하였다. 또한 〈율리아 사법(*Lex Julia de vi privata*)〉[41]과 〈율리아 반환법(*Lex Julia repetundarum*)〉[42]에서는 형법으로 정죄된 사람은 재판관(judex)에 임명되는 것을 금지하는 규정을 담고 있다. 이러한 법률이 불명예자를 명시해서 규정된 것은 아니다. 그러나 법무관들이 작성한 불명예자에 대한 자격제한을 둘 때 이들 법안을 준용하였던 것이다. 법무관들이 불명예자의 자격 제한을 정할 때는 법과 자신들의 판단이라는 이중적 기준을 가지고 있었다. 따라서 그러한 법무관들의 정책과 판결을 통해서 볼 때 불명예자에게는 원로원 진입이 금지되어 있었고 법정에서 재판관이나 증인이 될 수 없었다.[43] 뿐만 아니라 불명예자는 법정에서 변호인(cognitor)이나 대리인(procurator)으로서 남을 대신해 송사할 수가 없었다.[44]

　공화정 시대에 모든 시민은 누구나 법정에 형사고발을 할 수 있는 권리를 가지고 있었다. 그러나 불명예자는 극히 제한된 범위 내에서 그러한 권리가 금지되었다. 울피아누스(Ulpianus, 170~228)는 법무관 칙법에서 열거한 맹수 투사(bestiarii), 배우, 매춘자(lenones), 무고자(calmnia), 공모범법자(Praevarictio), 검찰관으로서 직무 수행중에 뇌물을 받은 자 등은 불명예자로서 고소가 금지되는 자라고 하였다. 울피아누스는 〈간통에 관한 율리아 법(*Lex Julia de adulteriis*)〉으로부터 그러한 사례를 찾아 적용하였고 이를 보편화시켰다.[45] 그 한 사례로서 간통을 고발하는 경우를 들 수 있다. 남편과 간통을 저지른 아내의 아버지가 동시에 쌍방 간에 고소를 했을 때 남편이 유리한

---

40) *Lex Acilia Repetundarum*, 1. 13.

41) *Digest*, xlviii. 7, t.

42) *Digest,* xlviii. 11, 6.

43) *Codex*. xii. 1, 12: Cassius Longinus non putat ei permittendum, qui propter turpitudinem aenatu motus nec restitutus est, judicare vel testimonium dicere, quia lex julia reperundarum hoc fieri vetat.

44) *Codex,* iv. 39, 9.

45) A. H. J. Greenidge, *Infamia Its Place in Roman Public Law and Private Law*, p.163.

판결을 받도록 되어 있다. 그런데 그 남편이 불명예자이거나 공모의 죄를 범한 자라는 사실이 밝혀지면 그 남편은 재판에서 누릴 수 있는 우선적인 권리를 상실하게 된다.[46] 울피아누스는 평판이 좋지 못한 사람은 존경받을 만한 인품과 존귀한 지위를 가진 사람을 고소할 수 없다고 하는 옛 로마법의 원칙을 준용한 것이다.

후기 제정기 콘스탄티누스 대제 때에는 불명예자에 대한 공직임명 자격 박탈이 공식적으로 법률로 규정되었다. 비로소 불명예자의 자격 박탈을 일반적으로 적용할 수 있는 법이 마련된 것이다. 제정 시대에 군대도 명예로운 공직으로 간주하였기 때문에 불명예자는 군대에 들어가는 것이 제한되었다. 그릇된 행위로 인해서 군단에서 쫓겨났다가 추방 기간이 만료되어 군단에 복귀하고자 할 때 그에 대한 신중한 심사를 하게 된다. 그가 만일 항구적인 불명예자가 되어 있었다면 그는 항구적으로 군단에 복귀할 수 없게 된다. 바로 이러한 내용은 5세기 호노리우스와 테오도시우스 칙법에 명확히 법률로 규정되었다.[47]

이상에서 살펴본 바와 같이 로마 시대에 불명예는 시대에 따라 그 개념과 적용 범위가 달랐음을 알 수 있다. 공화정기에 민회재판과 배심재판에서 유죄판결을 받은 범인은 불명예자가 되었다. 불명예자 또는 파렴치한 자를 호구조사 명부에 표기하였고 이들을 관직과 원로원 후보에서 배제하였다. 그러나 불명예나 파렴치는 사회적 평가로 인식된 것이었을 뿐, 법률로 규정하여 그들의 권리를 제한하고 박탈한 것은 아니었다.[48] 불명예자의 권리제한은 법률상의 효력으로 규제되는 것이 아니라 관할 정무관의 재량으로 결정되는 사법·행정 처분에 불과했다.[49]

---

46) *Digest*, xlviii. 5, 3.

47) *Digest*, xlix 16, 4.

48) E. Levy, *Zur Infamie in römischen Strafrecht*, Studi D. Riccobono, 2 (Palermo, 1936).

49) 조규창, 《로마刑法》, pp.566~567.

후기 제정기에 이르면 불명예효가 법률로서 규정된다는 점이 공화정기와 크게 다른 점이다. 단순히 사회적 통념에 따른 제재나 처분이 아니고 불명예자에 대한 자격 제한과 제재 내용을 법으로 명확히 정하여 이를 시행했던 것이다. 그러한 규정에 따라 정해진 불명예효는 증언 능력과 유언권의 상실, 관직 취임권의 박탈, 투표권과 형사고소권의 상실, 소송대리인 자격 상실, 소송대리인 선임자격 상실 등이 있다. 특별히 파렴치한 변호인에 대해서는 변호사 자격을 박탈하여 법정에서 영원히 쫓아낼 것을 규정하였다.50)

2. 중세교회법의 불명예효 수용

고대 로마사회에 기원을 둔 불명예의 사회적·법적 인식은 교회의 제도에 수용되었다. 4~5세기에 공의회들은 비도덕적이고 파괴적인 고발자들로부터 성직자들을 보호하기 위해서 부적합한 자의 법적 권리를 제한하는 내용을 규정하였다. 황제들은 그리스도교의 그러한 정책에 동의하여 로마법의 관념이 교회법에 적용될 수 있는 길을 열어주게 되었다. 381년 테오도시우스 1세 때에 소집된 제1차 콘스탄티노플 공의회는 주교구 시노드를 '주교가 재판을 관장하는 법정'이라고 규정하였다. 그리고 파문된 자, 이단, 범죄 혐의자 등은 개인적 상해를 배상받기 위한 경우를 제외하고는 주교를 고발할 수 없다고 확정하였다.51) 이 법령은 교회의 관리자인 주교를 중상하

---

50) 조규창, 《로마刑法》, pp.688~689.

51) First Council of Constantinople, 381, 법규 제6조, COD. 33-34. 법규 제6조의 조항에 따르면 교회 질서를 무너뜨리고 주교를 중상 모략해서 사제로서의 권위를 떨어트리고자 하는 사례가 많았던 것 같다. 그러한 이유로 콘스탄티노플 공의회에서는 교회 운영자를 고소하는 자는 사전에 심사를 받든지 아니면 아예 고소를 허용하지 않는다는 점을 명백히 하였다. 교회의 일로 주교를 고발하게 되면 그 이유가 무엇인지의 내용을 두고 심사를 하도록 되어 있다. 교회 문제에 관해서 이단은

여 고발하는 것을 방지하기 위해 마련한 법으로서 주교를 고발한 자는 도덕적·영적 가치를 심사받아야 한다는 점을 제도화하고자 한 것이었다.

393년 카르타고 공의회에서는 유죄 상태인 사람이 교회와 관련이 없는 일이나 '개인적인 이유(*propriae causae*)'로 제소하는 것을 제외하고는 주교 법정에 소송을 제기하거나 고발하는 것을 금지하였다.[52] 이는 바로 민·형사 상 법적 자격 제한 규정에서 언급된 '개인적 이유(*propriae causae*)'라는 정황을 인정하는 로마법적 관념을 교회법에서 받아들인 사례라 할 수 있다.[53]

419년의 카르타고 공의회에서는 로마법의 용어 '불명예효(*infamia*)'를 교회법에 도입한다. 공의회의 두 번째 회기에서 파문된 자, 불명예자(*infames*), 이단, 이교도, 유태인, 그 외에 형법에 의해 고발 자격이 금지된 자는 사사로운 개인을 대상으로 하는 경우를 제외하고는 성직자를 고소하는 것을 금지하였다. 이러한 규정은 고소 자격이 상실된 사람일지라도 그 자신이나 가족들을 위해한 범죄를 법정에 고발할 수 있도록 한 로마의 법적 관념과 유사한 것이었다.

419년의 공의회는 고발이 금지된 모든 사람은 증언도 또한 금지되어야 한다는 점을 규정하였다.[54] 그러나 이와 같이 증언을 금지한 것은 로마법에

정통 주교를 고발하는 것을 금지하였다. 또한 어떠한 이유에서든 교회로부터 정죄되고 추방된 사람 또는 사제나 평신도를 막론하고 파문된 자는 그들의 죄가 정화될 때까지 주교에 대한 고발을 허용하지 않는다고 규정하였다. 파문되거나 정죄되지 않은 사람이 주교를 고발했을 때는 관구(province)의 주교들에게 그 고발을 회부하고 주교가 범죄가 저질렀는지 확인을 받게 된다. 관구 주교들이 이를 확인할 수 없고 애매한 경우에는 상급 주교 시노드에서 고발된 주교를 소환하여 청문을 하도록 하였다. 거짓 내용을 가지고 주교를 고발하는 죄를 범하지 않도록 하기 위해서 거짓 고발을 했을 때는 벌을 받는다는 서약서를 제출해야만 그 고발장이 접수되도록 하였다.

52) Council of Cartage, 393 c. 7c.

53) Elisabeth Vodola, *Excommunication in the Middle Ages,* pp.73~74.

54) *THE CODE OF CANONS OF THE AFRICAN CHURCH.* A.D. 419. 법규 제131조.

194

서는 찾아볼 수 없는 것으로서 이는 성직자에게 훨씬 더 많은 면제권을 부여하는 조항이었다. 나아가서 공의회 법규에서는 하나의 문제를 고발했으면서도 그 고발한 내용을 입증하지 못한 사람은 다른 사건에서 증언하는 것을 허용해서는 안 된다고 규정하였다.[55] 이 조항은 황제의 회문(rescript)을 수정하여 적용한 것으로 보인다. 황제의 회문에서는 그러한 사람은 향후에 모든 사건에서 원고가 되도록 허용해서는 안 된다고 규정한 바가 있다. 이와 같은 419년의 공의회 법규를 통해서 볼 때 당시에는 성직자에 대한 고발이 상당히 빈번했고, 그 가운데에는 근거도 없고 입증할 수도 없는 중상모략이나 무고인 경우가 많았던 것으로 판단된다. 따라서 그러한 공의회의 법규는 성직자를 부당한 고발로부터 보호하고자 하는 의도에서 마련된 것이라고 할 수 있다.

5세기 카르타고 공의회의 법령이 성직자들이 저지른 죄를 감싸고 옹호하고 은폐하려고 하는 것은 아니었다. 그것은 악의를 가지고 교회를 파괴하려고 제기하는 고발을 막고, 매우 사소하고 하찮은 문제를 특별하고 심각한 문제인 것처럼 크게 과장하여 주교들이나 다른 성직자들을 괴롭히는 것을 방지하기 위해 규정된 것이었다. 그런데 시간이 경과함에 따라 성직자를 보호하려는 원래 의도가 성직자 우월권(superiority)을 표현하는 수단으로 바뀌는 경향을 보이게 된다. 6세기 말에서 7세기 초에 작성된 것으로 추정되는 《옛 갈리아 법령집(Collectio Vetus Gallica)》에서는 성직자를 고발하고자 하는 모든 평신도는 그가 속해 있는 교구의 주교로부터 허락을 얻어야 한다는 것을 규정하였다.[56]

---

in The Seven Eecumenical Councils. Philip Schaff (Edinburgh: Clark [u.a.], 1991), pp.732~733.

55) *THE CODE OF CANONS OF THE AFRICAN CHURCH.* A.D. 419. 법규 제130조, p.732.

56) Hubert Mordek, *Kirchenrecht und Reform im Frankreich: Die Collectio Vetus Gallica, die älteste systematische Kanonessammlung des fränkischen Gallien* (Berlin, 1975). *Vetus*

무가치한 고발자들로부터 성직자를 보호하고자 하는 경향은 9세기의
《위 이시도르(*psudo-isidor*) 법령집》에서 더욱 강화된다. 《위 이시도르 법령
집》은 무엇보다도 주교의 권리를 보호하고 방어하려는 의도를 강하게
보이고 있다. 법령에서는 주교가 정통 신앙에서 벗어나지 않는 한 하위
신분의 성직자는 주교에 대해서 고발하거나 재판할 수 없다는 점을 규정하였
다. 그리고 부도덕하거나 정숙하지 못한 사람들은 주교를 고발할 수 없다.
주교에 대해서는 교황의 승인이 없이 소집된 공의회에서 재판할 수 없다고
규정하였다.[57]

《위 이시도르 법령집》에서는 범죄자나 맨 처음 제기한 고발을 입증하지
못한 자들이 성직자를 형사적으로 고발하지 못하도록 금지하는 내용을
담고 있다.[58] 이는 카르타고 공의회의 법령들을 융합하여 만들어낸 결과물
이라고 할 수 있다. 이 조항에서 특별히 형사적이라고 한 것은 그러한
자들의 고발이 형사 법정이나 교회 법정에서 받아들여지지 않아야 한다는
것을 뜻하는 것이다. 그러나 이는 그들이 민사 법정에 소송을 제기하는
것까지 봉쇄하는 것은 아니었다.[59]

《위 이시도르 법령집》에서는 특별히 불명예(*infamia*)를 파문(*excommuni-*

Gallica. 585년과 626년 사이에 편집된 것으로 알려지고 있다.

57) Kathleen G, Cushing, *Papacy and Law in the Gregorian Revolution: The Canonistic
Works of Anselm of Lucca* (Oxford: Clarendon Press, 1998), p.74. 랭스의 대주교
힝크마르와 속교구 주교들 사이에, 그리고 그의 조카 라온의 주교 힝크마르와
분쟁이 발생했을 때, 《위 이시도르 법령집》이 매우 중요한 관심의 대상이 되었다.
힝크마르에 대항하는 주교들 가운데 대표적인 인물이었던 스와송의 주교 로타드
(Rothad)는 대주교나 주교회의의 권위로부터 주교의 권익을 옹호하는 《위 이시도르
법령집》을 근거로 제시하였다. 이에 대주교 힝크마르는 《위 이시도르 법령집》에
대해 매우 강력한 반감을 나타냈다. Hincmar (Available: http://www. nndb.com/people
/859/000103550/, 2009, Soylent Communications); Hinschius, *Pseudo-Isiorianae*,
pp.182·196.

58) Hinschius, *Pseudo-Isiorianae*, p.202, c.13.

59) E. Vodola, *Excommunication in the Middle Ages*, pp.75∼76.

catio, anathema)과 연계시키고 있다.[60] 즉 모든 파문된 자는 불명예자(*infames*)
라고 단정적인 어조로 표현하고 있다. 이는 불명예에 관한 로마의 사법적
관념이 교회법에 적용되면서 변형되는 모습이라고 할 수 있다. 다시 말하면
이는 로마법에서 지니는 원래적인 의미가 교회법에서 굴절되는 현상인
것이다. 그렇다고 할지라도 이와 같이 파문된 자의 속성을 불명예자로
보려는 《위 이시도르 법령집》 작성자의 관점과 의도가 중세 후반기 교회법
에 매우 큰 영향을 미쳤다는 점을 간과해서는 안 될 것이다.

　《위 이시도르 법령집》을 통해서 투영된 고대 공의회의 불명예 개념이
12세기에 교회법이 집대성될 때까지 교회법에 일반적으로 받아들여졌다.
그라티아누스와 초기의 교령집 연구가들(decretists)은 이전 문헌들의 편광
을 통해서 로마법에서 형성된 불명예자의 법적 자격을 고찰하였다. 로마의
형사법은 누구든지 개인적인 문제에 관련된 사건을 고발할 수 있도록
하였고, 이에 대해 어떠한 제한을 가하지 않았다. 초기의 교회법에서도
'개인적 이유에서(*in propriis causis*)'라는 표현을 사용하면서 불명예자의
법적 권리를 제한하지 않는 모습을 취했다. 그러나 때로는 불명예자가
개인적 문제나 교회의 일을 제소하는 것에 대해서 반대하면서 오히려
그것에 특별한 의미를 부여하였다. 한 걸음 더 나아가서 《위 이시도르
법령집》은 '개인적 이유의 사건(*propriae causae*)'을 민사 사건으로 변형시켰
다.[61]

　그라티아누스와 교령집 연구가들은 《위 이시도르 법령집》의 함축적인
표현들을 교령집에 주서하거나 끼워넣기를 통해 그러한 관념을 교령집에
수용하였다. 그러한 정신에 따라서 12세기의 교회법학자들은 파문된 자,

---

60) Hinschius, *Pseudo-Isiorianae,* pp.182·196 (참조 140·158·196·247); G. May, "Die
　　Bedeutung de pseudoisidorischen Sammlung für die Infamie im kanoische Recht,"
　　Osterreicisches Archiv für Kirchenrecht 12 (1961), pp.87~113, 191~207.

61) E. Vodola, *Excommunication in the Middle Ages,* p.75.

불명예자, 그 외에 형사적 고발 자격이 상실된 자들이 형사적으로 제소할
수는 없지만 민사 법정에는 제소할 수 있다고 여겼다.62) 이에 대한 근거를
제시하기 위해서 그와 관련된 로마의 문헌들을 점차적으로 교령집에 삽입하
게 된다.63)

소송제소 자격에 대해서 그라티아누스는 특별히 그 제소자가 현실적인
삶 속에서 얼마나 도덕적인가를 기준으로 삼고자 하였다. 그라티아누스는
법적 자격을 확고하게 수립하여 절대적인 규칙을 세우는 것보다는 재판의
모든 참여자, 즉 재판관,64) 소송인, 증인들의 도덕적 가치를 균등하게
해야 한다는 점을 중시하였다.65) 따라서 그는 이를 위해 두 가지의 원칙을
정하였다. 첫째는 일반적인 사건에서 원고는 그가 제소한 상대자인 피고와
적어도 도덕적으로 동등한 자질을 갖추고 있어야 한다는 점이다. 둘째는
매우 심각하고 중대한 범죄를 고소할 때에는 제소자의 자격 제한을 모두
철폐해야 한다는 점이다. 예외적인 범죄라고 할 수 있는 두 번째의 경우는
대역죄, 로마법에서 곡물 공급과 관련된 횡령, 제국 후기의 성직매매와
같은 중대한 범죄에 관한 것이고, 이러한 범죄의 고발에서는 불명예자
(infames)나 기타의 제소 무자격자도 법정에 고발할 수 있도록 하는 특면제도
가 있었다.66) 12세기 그라티아누스의 교회법에서는 이단과 신성모독을

---

62) C.3 q.10 c.3.

63) infamia에 관한 로마법의 법무관 칙령 혼합물이 C.3 q.7 c.2에 삽입되어 있고 형사적
제소에 관한 Digest의 법령 조항은 C.2 q.1 c.14에 발췌되어 있다.

64) Lindar Fowler, "Recusatio Iudicis in Civilian and Canonist Thought," *Studia Gratiana*
XV (1972), pp.717~785. 《유스티니아누스 법전》에서는 재판을 공정하게 진행할
수 없다고 혐의를 받는 재판관을 소송인이 거부하고 기피할 권리를 인정하였다.
그러한 관념은 중세교회법에 도입되었고 편견을 가질 가능성을 보이는 재판관을
원고가 거부할 수 있다고 보았다. 의심을 받는 재판관의 혐의가 입증된다면 그의
판결은 무효가 된다. 그러한 면에서 불명예자는 재판관이 될 수 없으며 나중에
그가 불명예자로 밝혀진다면 그 재판은 법적 정당성을 인정받지 못한다.

65) E. Jacobi, "Der Prozess im Decretum Gratiani und bei den ältesten Dekretisten,"
ZRG Kan. abt. 3 (1913), p.248.

198

그와 같은 예외적인 중대한 범죄로 취급하여 로마법과 동일한 원칙을 적용하였다.[67]

3. 교회법학자들의 해석 논쟁

불명예(*infamia*)에 관한 로마법의 규정과 이전의 교령집 문헌들은 《그라티아누스의 교령집》[68]에 편집되었고, 12세기 중엽 이후의 교회법학자들은 주로 이를 중심으로 불명예에 관해 다양한 해석을 제시하게 된다. 무엇보다도 교회법학자들에게 가장 우선적인 관심사는 과연 어떠한 범죄가 불명예를 초래하는가의 문제였다.

불명예를 설명하기 위해서 교회법학자 후구치오(Huguccio, d. in 1210)는 법률상(*ipso iure*)으로 인정되는 불명예와 법정의 재판 선고(judicial sententia)로 씌워지는 불명예를 구분하였다. 첫 번째의 경우는 일반적인 법령에 규정된 것으로서 이에 저촉되는 행위를 저질렀을 때 부과된다. 그리고 이를 확증하기 위해서는 그러한 행위에 대한 입증이 필요하다. 이는 반드시 법정의 선고를 필요로 하지는 않는다. 비천한 직업, 배우, 광대, 검투사, 사채업자, 특별히 고리대금업자 등도 이 부류에 속한다고 보았다. 후구치오가 이에 대한 설명에서 모든 불명예 행위를 총망라해서 제시한 것은 아니다. 그러나 중요한 것은 그러한 행위를 했을 때 자동적으로 불명예가 초래된다는 점을 강조하였다.[69]

후구치오(Huguccio)가 정의한 두 번째 경우는 판결 불명예(*infamia iuris*)로

---

66) *Digest* 48, 4, 7-8.
67) C.1 q.7 d.a c.5; C.2 q.7 d.p c.22.
68) C.3 q.7 c.2.
69) Huguccio Pisanus, *Summa Decretorum in Monumenta iuris canonici*; J. M. Livingston, *Infamia in the Decretists from Rufinus to Johannes Teutonicus*, pp.8~9.

서 이는 재판의 선고를 통해서 불명예가 부과된다. 판결 불명예는 범죄자가
재판에 회부되고, 고발자와 증인이 있는 법정에서 재판을 받고, 자격을
갖춘 재판관이 판결을 선고할 때 비로소 불명예자가 된다. 말하자면 공공
법정에서 유죄 판결을 받은 범죄자는 명예를 잃게 되는 것이다. 간통,
신성모독, 대역, 존속살해, 절도, 강도, 상해 등으로 법정에 고발되어 유죄
판결을 받고 형벌을 받는 자들이 판결 불명예의 대상이 되는 것이다.[70]
후구치오는 특별히 재판을 기만하는 행위에 깊은 관심을 표명했다. 흠이
없는 사람을 법정에 무고하고 중상한 자, 정당한 재판을 진행되지 못하도록
방해하거나 위장하는 행위, 증거를 무시하거나 증인에게 영향력을 행사함
으로써 부당한 방면을 얻어내기 위해서 원고와 피고 사이에 공모를 하거나
발뺌하는 행위 등에 대해서 불명예를 선고하기 위해서는 재판이 필요하다고
보았다.[71]

후구치오가 교령집 주해를 쓰기 한 세대 전에 교회법학자 루피누스
(Rufinus)는 세부적인 면에서는 약간 다른 면을 보이지만 후구치오와 동일
선상에서 불명예를 바라본 바가 있다. 루피누스는 법률상(*ipso iure*)으로
부과되는 불명예로 배우, 사채업, 매춘업 같은 비천한 직업을 맨 먼저
지목하였다. 또한 중혼(*bigamia*)[72]이나 남편 사후 1년 이내에 결혼하는
과부도 역시 법률상의 불명예 범주에 포함시켰다. 마지막 부류는 사실상

---

70) J. M. Livingston, *Infamia in the Decretists from Rufinus to Johannes Teutonicus*, pp.10~-11.
71) 후구치오는 발뺌을 하는 목적은 속임수로 동일한 범죄에 대한 이중 기소(double
    jeopardy) 예방제도의 혜택을 누리려는 데 있다고 보았다. 후구치오는 《그라티아누
    스 교령집》 C.2 q.5 c.7에 대한 주해를 통해 그와 같은 이중 기소의 원칙에 대해
    다음과 같이 강력한 확신을 가지고 있었다. "sed qualiter absolutus iterum accusationi
    exponitur, ex quo enim deficiente accusatore reus abso1vitur, aut nullo modo potest
    de eodem crimine accusari?"
72) J. M. Livingston, *Infamia in the Decretists from Rufinus to Johannes Teutonicus*, p.15.
    중세교회법에서 *bigamia*는 한 남자가 두 아내를 거느리는 것을 의미하는데 이것을
    죄로 보지는 않았다. 다만 성서에서는 감독이 한 아내의 남편이어야 한다는 원칙을
    말하고 있기 때문에, 그것은 성직을 받는 데 지장을 초래하는 것이었다.

200

로마법에 유래하는 요건이지만 후기의 많은 교회법학자들은 이것을 불명예 행위로 보지는 않았다. 일례로 시몬 비시냐노(Simon of Bisignano)는 교황 알렉산드로스 3세의 교령에 근거해서 교회법에 따르면 과부는 원하는 때는 언제든지 재혼해도 된다고 언급하였다.[73]

루피누스의 해석에 따르면 판결 불명예(*imfamia per sententiam*)는 형벌의 내용에 상관없이 부과될 수 있다. 일례로 치안판사직으로부터 파면되고 엄벌을 받을 정도의 혐의를 받는 피의자는 그가 저지른 범죄나 비행이 무엇인가에 상관없이 판결을 통해 불명예자가 될 수 있다. 루피누스는 형벌에 상관없이 재판에서 불명예를 선고할 수 있는 중대한 범죄는 절도, 무장강도, 폭행, 상해 등이라고 하였다.[74] 이때 루피누스는 공적 재판과 사적 재판, 형사 재판과 민사 재판을 구분하지 않았다. 그러나 12세기 교회법학자 롤란두스(Rolandus) 이후로 로마법의 용어 '*actio*', '*agere*' 등을 민사 소송을 가리키는 말로 사용하였고, '*accusatio*'는 형사 재판에 적용되는 것으로 여기게 되었다.[75] 그와 유사한 견해는 12세기 《쾰른의 주석집 (Summa Coloniensis)》에서도 나타난다. 이 주석집의 저자는 교회 법정 소송과 세속 법정 소송은 모두 형사 재판과 민사 재판으로 나뉘는데, 그와 같이 구분하는 기준은 고발에 의해 재판이 진행되는지, 행위와 사실에 입각해서 처리되는지에 달려 있다고 보았다.[76]

시카르두스 크레모나(Sicardus Cremonensis, 1155~1215)는 법적으로 불

---

73) 시몬 비시냐노(Simon of Bisignano)는 《그라티아누스 교령집》의 C.2 q.3 c.7에 대해 주해하면서 "Hodie tamen auctoritate Alexandri III hec potest infra tempus luctus sine infamia nubere."라고 하였다. B.N. Ms. Lat. 393A, fol. 66r.

74) Rufinus, *Summa Decretorum*, p.246, "Non inspecto genere pene, ut condempnatus furti, iniuriarum, vi bonorum raptorum, et in aliis pluribus."

75) E. Jacobi, "Der Prozess im Decretum Gratiani und bei den ältesten Dekretisten," *Zeitschrift der Savugny-Stiftung für Rechtsgeschichte Kan. Abt* vol. 34, p.228.

76) *Summa Coloniensis*, B.N. Ms. Lat. 14997, fol. 41v-42r, "Alia instituitur per accusationem, alia per actorem et reum expeditur."

명예인 경우는 남편 사망 후 1년이 지나기 전에 결혼한 과부, 배우, 직업적
검투사, 마상시합 열광자, 매춘업자, 사채업자, 고리대금업자, 축첩자, 딸을
매춘시킨 자, 간통자 등이 이에 속한다고 보았다. 중상자의 경우는 반드시
법정의 판결을 통해서만 불명예가 부여될 수 있다고 보았다. 그리고 불명예
를 초래하는 처벌은 추방, 강제 송환, 태형(fustigatio) 등을 포함한다고 하였다.
나아가서 불명예가 순전히 그러한 종류로부터(ex genere pene) 초래된 것이기
때문에 불명예자로 만드는 처벌뿐 아니라 범죄에 대한 탄핵도 이루어져야
한다고 보았다. 시카르두스는 불명예가 형벌에만 부가된다면 통상적인
형량의 증감으로 그것이 축소되거나 무효화될 수 있다고 하였다. 선고를
통해서 명예가 상실된 범죄의 경우는 형량의 증가를 통해서만 범죄에
부가된 불명예를 완화시킬 수 있다는 것이다.77)

　이제까지 살펴본 교회법학자들이 가지고 있었던 불명예에 관한 개념은
로마법에 근거하며 그 내용과 거의 유사한 것이었다. 뿐만 아니라 불명예에
처할 수 있는 범주도 로마 제정 후기의 관념에서 크게 벗어나고 있지는
않다. 그러나 점차적으로 세속 법정과 교회 법정의 사법권이 상충하는
곳에서 불명예 처분에 관한 해석이 달라지는 모습을 보이게 된다. 그와
같은 이격의 과정은 12세기의 로마법학자 아조(Azo of Bologna, 1150~1230)
에게서 뚜렷하게 나타난다. 아조는 서커스 곡예사와 같은 부끄러운 직업에
종사하는 사람이나 애도 기간이 끝나기 전에 결혼한 과부는 법적으로(ipso
jure) 불명예를 초래한다는 점에서는 교회법학자들과 같은 입장을 가지고
있다. 그러나 그는 과부의 이른 결혼으로 인한 불명예 처벌에 대해서는
좀 더 신중한 해석을 하였다. 전남편이 국가에 대해 대역죄를 저질러 처형을
당한 경우나 자기가 저지른 공적 범죄를 의식하여 자살을 한 경우에는
애도 기간이 끝나기 전에 일찍 결혼을 했다는 이유만으로는 불명예가

77) J. M. Livingston, *Infamia in the Decretists from Rufinus to Johannes Teutonicus*, pp.18~19.

초래되지 않는다고 해석함으로써 교회법학자들보다 좀 더 치밀한 모습을 보였다. 또한 빠른 재혼을 금지하는 것은 유복자가 있을 것이라는 온정적 이유 때문이 아니라, 전남편에 대한 범죄를 은폐하지 못하도록 방지하기 위한 것이라고 보았다.78)

아조는 선고를 통해(per sententiam) 부과되는 불명예의 처리에 있어 민사소송과 형사소송을 엄격히 구분하였다. 관행적인 형사소송 절차에 따라 재판을 받게 되는 형사범은 유죄 판결이 되면 불명예(defame)자가 된다. 그러나 형사 재판이 아니고 재산상의 손해를 입혀 벌금형으로 처분받았을 경우에는 특별한 경우에만 불명예가 부과된다. 절도, 강도, 상해, 계약위반 외에 묘지 훼손, 상속재산 절취 등이 그와 같은 특별한 경우에 해당된다. 이러한 경우에는 선고를 통해 불명예가 부과된다. 뿐만 아니라, 형사적인 문제가 아니고 벌금형의 경우일지라도 당사자의 위반이 공적인 성격을 지닐 때에는 역시 불명예를 부과한다.79)

아조는 형벌의 변동에 따라 불명예가 취소될 수 있다는 점에 많은 관심을 기울였다. 체형의 법적 형량이 증가하거나 벌금형 대신에 체형을 가하는 경우에는 그 범죄와 연계된 불명예가 취소된다고 보았다. 선고를 통해 불명예가 부과되었다면 법적 형량이 감소될 때 불명예도 취소된다. 아조는 타당한 이유가 있을 경우에 재판관이 형량을 변경할 수 있는 재량권을 인정하였다.80)

아조는 불명예의 효력에 대해서 다음과 같은 세 가지 결과를 언급하였다. 첫째, 불명예자는 다른 사람의 이익을 위해서 법정에 재판관으로 임명되거나 출두해서는 안 된다. 둘째, 불명예자는 재판에서 고발인이나 증인으로 출두해서는 안 된다. 셋째, 불명예자는 하인인 경우를 제외하고는 어떠한

---

78) J. M. Livingston, *Infamia in the Decretists from Rufinus to Johannes Teutonicus*, p.23.
79) J. M. Livingston, *Infamia in the Decretists from Rufinus to Johannes Teutonicus*, pp.24~25.
80) J. M. Livingston, *Infamia in the Decretists from Rufinus to Johannes Teutonicus*, p.26.

공직에도 등용될 수 없다. 이와 같은 불명예의 효력에 대해서는 교회법에서도 동일한 방식으로 되풀이되어 나타난다.[81]

　중세의 로마법학자 아조의 해석이 세부적인 면에서 교회법학자들의 견해와 다른 면을 보이고 있으나 대체적으로는 크게 달라지지 않았다. 요한네스 테우토니쿠스(Johannes Teutonicus)가 그의 《표준 주석집(Glossa Ordinaria)》에서 그라티아누스 교령집을 주해하면서 보인 불명예에 대한 해석은 아조의 견해와 매우 유사한 면모를 보인다. 그러나 공적 범죄(publicum crimen)와 사적 불법행위에 관련된 불명예 처분에 대해서는 아조의 견해와 분명하게 선을 긋고 있다. 아조는 형사 재판에서 심리하는 공적 범죄와 사적 불법행위에는 불명예가 부과되지만, 민사 소송에서는 절도, 강도, 위법행위를 제외하고 어떠한 경우에도 유죄 확정으로 인해 불명예가 부과되지 않는다고 보았다. 그러나 요한네스는 공적 재판(publico iudico)에서 진행되는 범죄의 경우는 그것이 민사적이건 형사적이건 유죄가 확정된 피고에게 불명예가 부과된다고 주장하였다. 간통을 저지른 사람에 대해서는 형사 고발이나 민사적 친자확인 소송(civil paternity suit)을 제기할 수 있으며, 유죄가 확정되면 그에게 불명예가 부과된다. 그러나 공공의 성격이 아닌 위반 사항에 대해서는 민사 소송과 형사 고발을 구분하였다. 이 경우 형사 고발에서는 파렴치효소권(破廉恥效訴權 actio famosa)에 입각해서 불명예를 부과한다. 그러나 민사 소송은 절도, 강도, 위법행위, 계약파기 등과 같은 경우에만 불명예가 부과된다.[82]

　로마법에서는 재판에서 형사적 책임과 민사적 책임의 구분이 명확하지가 않았다. 그것은 형법상의 형벌과 민사상의 불법행위 책임이 분화되지 않고 혼재되어 있었기 때문이다. 로마법이 좀 더 체계화될 때 위법행위를 공적 범죄(crimen publicum)와 사적 불법행위로 나누어서, 전자는 형사 재판으로

81) J. M. Livingston, *Infamia in the Decretists from Rufinus to Johannes Teutonicus*, p.27.
82) J. M. Livingston, *Infamia in the Decretists from Rufinus to Johannes Teutonicus*, pp.28~29.

처벌하고, 후자는 민사 재판에서 소권으로 벌금을 부과하는 것으로 되었다. 그러나 실제에 있어서는 그 구분이 명확하지 않았다.[83] 이러한 로마법의 관행은 중세에서도 크게 다르지는 않았다. 그와 같은 사실로 미루어볼 때 유죄 확정에 따른 불명예의 부과에서 민사 소송과 형사 고발을 구분하지 않은 요한네스의 견해가 이 주제에 관해 더욱 타당성을 가지고 있다고 할 수 있다.

그 밖에 요한네스는 명확한 증거가 없다거나 타당성이 없다면 어떠한 형벌도 불명예를 동반할 수 없다는 아조의 견해를 수용하였다. 뿐만 아니라, 요한네스의 《표준 주석집》은 나라를 위해서 싸우기를 겁내고 군사 의무를 행하지 않는 사람에 대한 불명예와 직업을 구하려 서두르며 다니는 사람에 대한 불명예를 언급하고 있는데 이는 로마법과 교회법에서 공히 나타나는 내용들이다.[84]

4. 불명예효의 법정 관할권

불명예 처벌에 관한 로마법의 규정과 형식이 교회법에 영향을 주었고 많은 교회법학자들이 이를 교회법에 준용하였다. 그리고 그러한 규정은 중세의 세속 법정과 교회 법정 모두에서 수용되었다. 그렇다면 세속 법정과 교회 법정의 사법적 관할권이 구분되었던 중세의 사회에서 불명예 처분을 각기 어떻게 수용했을까? 이는 중세의 이중적 사법제도를 이해하는 데 매우 중요한 기준의 하나가 될 수 있을 것이다.

지카르트 이후로 교회법학자들은 교회내 범죄와 처벌에 주된 관심사를 보여 왔지만, 애도 기간 내의 조속 재혼 문제를 제외하고는 불명예에 해당하

83) http://altair.chonnam.ac.kr/~bubdae/professor/book/class_songos01.hwp, pp.5~6.
84) J. M. Livingston, *Infamia in the Decretists from Rufinus to Johannes Teutonicus*, pp.30~31.

는 시민법 상의 규정과 범주가 교회법에도 적용된다는 입장을 견지하였다. 따라서 그러한 교회법학자들의 입장이 교령집에 그대로 채택되었다.85) 교회법의 불명예 규정이 로마법의 내용을 그대로 복사한 것은 아니지만 적어도 그 원리와 원칙은 거의 그대로 수용되었다.

그렇다면 세속 법정과 교회 법정 사이에 불명예 선고를 서로 간에 인정했는가? 특별히 교령집 연구가들이 시민법의 기준에 따라 세속 법정에서 선고된 불명예를 교회 법정에서도 여전히 유효하다고 인정했는가 하는 문제이다. 교회법학자 루피누스는 피고가 평신도라면 그의 재판은 세속 법정에서 행해져야 한다는 원칙을 인정하였다. 반면에 성직자는 언제든지 교회 법정의 재판관 앞에 소환되어야 한다고 하였다. 만약 세속 법정에서 성직자를 재판하고 유죄 선고를 한다면 이는 교회 법정에서 효력을 지니지 못한다고 보았다. 성직자에 대한 재판의 관할권은 교회 법정에 있기 때문에 성직자가 피고라 할지라도 자의로 출두하여 세속 재판관에게서 재판을 받는 경우에는 그것이 형사 사건이라고 한다면 그 성직자는 무죄이건 유죄이건 상관없이 성직이 면직된다. 민사 사건인 경우에 그에게 유리하게 판결되었다면 그가 받은 보상을 포기할지, 아니면 성직을 그만둘지 둘 중의 하나를 선택해야 한다. 그러나 민사 소송에서 패소했다면 교회가 이를 인정하고 확증해 줄 수 있다고 보았다.86)

성직자가 교회 법정에서 재판을 받아야 한다는 것은 교회법의 분명한 원칙이다. 그러나 예외적인 경우에 성직자가 세속 재판에 넘겨져 재판을 받을 수 있다는 '법정 이전(*traditio curie*)' 이론이 루피누스에 의해서 제기되었다. 성직이 해임되었을 경우에 불가피하게 관할 주교가 그를 세속 법정에 넘겨 재판을 받게 할 수 있다는 것이다.87) 그러한 경우에 세속 법정이

85) *Decretum*, IIa. C.6 q.1 c.2; Omnes vero infames esse dicimus, quos leges seculi infemes appellant.
86) Rufinus to C.11 q.1 p.274.

206

성직자를 재판할 권리를 가지고 있지만 교회법적으로 인정될 수 있는
불명예 처분은 세속 법정에서 선고할 수 없다고 하였다. 이에 반해 세속
재판관이 평신도에게 선고한 불명예는 교회에서 인정될 수 있다고 보았다.

루피누스의 이론은 요한네스 파벤티누스(John of Faenza, Johannes
Faventinus)에게 전수되었다. 요한네스는 《그라티아누스 교령집》 C.2 q.1
c.18에 대한 주석에서 교회의 재판권을 거부하는 자에게는 세속 법정의
유죄 판결이 가능하다고 생각하였다.[88] 그런데 이것을 성직자에게 적용한
다면, 그것은 '법정 이전'의 원칙을 위반하는 것이라고 주장하였다. 이러한
문제점에 관해서 그는 루피누스와 같은 선상에서 해결책을 제시하였다.
즉 주변을 오염시키는 평신도의 범죄에 대해서는 무관심한 세속 재판관이
성직자에게 유죄 판결을 선고했다면 더 이상의 심리를 거치지 않고 교회가
직권으로 이를 처리할 수 있다고 보았다.[89]

《쾰른 주석집(Summa Coloniensis)》 역시 그에 대해 유사한 해석을 하였다.
다만 이 주석집의 저자는 피고의 경우 성직자와 평신도를 구분하지 않았다.
이 경우에 유일한 요구 사항은 세속적 재판 절차가 교회법에 따른 유죄
선고에 부합해야 한다는 것이었다. 그는 세속 법정의 유죄 선고가 교회
법정에서도 유효하다고 말하는 것으로 보인다. 공개적으로 행해진 합법적
인 증인의 증언에 따라 유죄 선고가 확정되었다면 교회 법정이 이를 인정한
다고 하였다.[90] 따라서 그는 적용한 법이 교회법과 합치되는 한 세속
법정에서 불명예라고 선고된 사람은 교회에서도 불명예자로 간주된다고

87) Rufinus, p.273.
88) John of Faenza(Johannes Faventinus) to C.2 q.1 c.18 ad v, "sufficit condampnatio
secularis iudicis ad hoc ut ecclesiasticus aliud puplicat canonice."
89) John of Faenza to C.2 q.1 c.lg ad v, "condempnatum in seculari iudice (sic) laicum
cum crimen inficiari non curat."
90) Summa Coloniensis, B.N. Ms. Lat. 14997 fol. 53v, "Videtur dicere quod forensis
condempnatio etiam apud ecclesiasticum iudicem penam mereatur Quod de ea tantum
condempnatione intelligo que ad vocem legitimorum testium publice facta est."

보았다.91)

세속 법정의 판결이 교회 법정에서도 구속력을 가질 수 있는지에 대해서 이전보다 좀 더 적절하게 해석한 교회법학자는 후구치오(Huguccio)라고 할 수 있다. 그는 세속 재판관으로부터 법규에 맞게(canonice) 유죄 선고를 받은 사람은 성직자나 평신도를 막론하고 누구든지 교회가 그 유죄 선고에 동의하면 유죄로 인정된다고 하였다.92) 또한 민사 재판관에 의해서 유죄 선고를 받은 사람은 그의 범죄 행위에 대해 주교로부터 세 차례의 경고를 받게 된다. 그리고 나서도 그가 반성하지 않고 여전히 불복종한다면 평신도인 경우에는 파문에 처할 수 있고, 성직자인 경우에는 성직이 파면된다93)고 해석하였다.

후구치오는 세속 재판관은 단지 민사 소송에서만 성직자에 대해 합법적으로 선고를 내릴 수 있다는 점을 조심스럽게 언급하였다. 그러나 형사 소송에서는 성직자에 대한 세속 법정의 재판권을 인정하지 않았다. 그는 세속 법정에서 형사적으로 유죄 선고를 받은 성직자가 교회 법정 재판관의 심리 없이도 면직될 수 있는지의 문제에 대해서는, 이를 매우 경박한 생각으로 여기고 그러한 가능성을 단호히 부정하였다. 그는 어떠한 성직자도 형사 소송에 회부되어 세속 재판관에게 답변해서는 안 된다고 단호한 입장을 취하였다. 말하자면 세속 재판관이 성직자에 대한 유죄 선고나 유죄 인정을 미리 판결해서는 안 될 뿐 아니라, 그 재판관의 면전에서 그러한 판결이 행해져서도 안 된다고 주장하였다.

그와 같은 후구치오의 해석은 후대의 교회법학자들에 의해서 교회의 요청이 없는 한 성직자는 세속 법정에서 재판받아서는 안 된다는 개념으로

91) *Summa Coloniensis*, B.N. Ms. Lat. 14997 fol. 69v, "infames dicirnus quousque leges seculi...per hec infames facti qui (sic) censentur secundum nobis approbatas leges fori."
92) Huguccio to C.2 q.l c.18 ad vv. seculari iudicio, B.N. Ms. Lat. 15396, fol. 110r, "pro condempnato habetur ab ecclesia, si de iIIa condempnatione constiterit ecclesie."
93) J. M. Livingston, *Infamia in the Decretists from Rufinus to Johannes Teutonicus*, pp.34~35.

굳혀졌다. 주석집《승리한 레오(*Apparatus ad Decretum 'Ecce Vincit Leo'*)》(1202년 이후 작성됨)의 저자는 성직자가 세속으로부터 유죄 선고를 받을 수 있는지에 대해 단정적으로 거부하는 입장을 표명하였다. 다만 교회 재판관이 그릇된 성직자의 교정을 위해서 법정을 열지 않을 때에는 그 성직자를 세속 법정에서 판결해 주도록 요구할 수 있다고 주장하였다. 그리고 그 재판은 교회 재판관의 권위에 의해서 세속 법정에서 집행될 수 있다는 것을 전제로 하였다.94) 그 외에 세속의 판결이 교회 법정에서 구속력을 가지는 또 다른 경우는 피고가 평신도이거나 이미 쫓겨난 성직자일 경우와 법정 이전(*traditus curis*)의 원리에 따라 행해지는 경우들이 있다.

그러한 문제에 대해서 1210년경 작성된 주석집《자연법(*Apparatus ad Decretum, "Ius Naturale"*)》의 저자 알라누스(Alanus Anglicus, 1190~1215경 볼로냐에서 활동)는 다른 관점을 보였다. 그에 따르면 세속 법정에서 유죄 선고를 받은 사람에 대해서 교회가 다시 형벌을 부과할 수는 없다. 그러나 세속 재판관이 판결한 선고의 내용이 피고에게 불명예를 부과하기에 충분하다고 판단될 경우 주교는 뉘우치지 않는 피고를 파문할 수 있다. 이러한 면에서 본다면 세속 재판관에 의해서 불명예 처분을 받은 사람은 교회에 의해서도 불명예자로 인정된다고 할 수 있다. 그것은 불명예 법에 따라 선고된 불명예는 교회법과 거의 일치되기 때문이다.95)

이상과 같은 논의의 내용을 볼 때 교령집 연구가들(decretists)은 평신도는 세속 법정에서 재판을 받는 것이 적합하다는 것에 대해서는 이의를 제기하지

---

94) *Ecce Vincit Leo* to C.2 q.l c.18 ad v. ecclesiastico. B.N. Ms. n.a. Lat. 1576, fol. 150r, "quando iudex ecclesiasticus non sufficit ad aliquem corrigendum potest invocare iuditium seculare et tunc quod factum est in foro seculari auctoritate iudicis ecclesiastici bene valet."

95) *Ius Naturale* to C.2 q.l c.18 ad v. seculari, B.N. Ms. Lat. 15393, fol. 92v, "omnes infames secundum leges infames esse secundum canones, excepta illa que nubit infra tempus luctus."

않았다. 나아가 세속 재판관이 평신도에게 선고한 불명예는 교회 법정에서도 유효하다는 점에 일치된 견해를 보이고 있다. 그러나 성직자가 형사 사건의 피고로서 세속 법정에서 재판을 받게 되고, 그 재판이 주교의 사전 동의 없이 진행되는 한 세속 법정에서 성직자에게 내린 선고문은 구속력을 가지지 못한다고 해석하였다. 그렇다고 할지라도 특별히 불명예가 부과된 자가 뉘우치도록 하기 위해서, 또는 계속적으로 불복종하는 자를 파문하기 위해서 주교는 기술적으로는 무효인 세속 법정의 선고문을 근거로 법적인 조치를 취할 수 있다고 생각하였다.

세속 법정에서 선고한 불명예가 교회 법정에서 어떻게 수용될 수 있는지에 대한 논쟁 속에서 로마법의 불명예를 담고 있는 용어와 내용들이 교회법 학자들에 의해서 새로운 형식의 교회법적 내용으로 전환되고 해석되었음을 알 수 있다. 그 한 예로 로마법에서 사용된 '두격감소(頭格減少, *Capitis minutio*)'[96]란 말을 들 수 있다. 이 말은 로마의 재판에서 개인의 법적 권리를 소멸시키는 데에 사용하는 용어이다. 원래 로마법에서 이 용어는 명예의 상실보다는 사회적 지위의 상실을 지칭하는 말로 사용되었다. 좀 더 구체적으로 살펴보면 '두격감소'는 세 가지 형태가 있다. '두격대감소(*capitis deminutio maxima*)'는 전쟁포로나 노예와 같이 자유 박탈, 시민권 상실, 가문으로부터의 추방을 의미한다. '두격중감소(*capitis deminutio media*)'는 개인의 자유는 박탈되지 않지만 시민권 상실과 가문으로부터의 추방을 뜻한다. '두격소감소(*capitis deminutio minima*)'는 자유나 시민권을 상실하지 않지만 가문으로부터 추방되는 것이다. 이러한 의미를 담고 있는 '두격감소'에 대해서 스테파누스 토르나이(Stephen of Tournai)는 다음과 같은 신학적 정의를 내렸다. 형사적 죄(*criminaliter peccans*)를 범한 사람은

---

96) "On capitis minutio," in *The Digest Justinian*. Ch Henry Monro (Cambrige: University Press, 1904~1909), pp.253~254; DE TVTELIS. - Gaius, Institutes of Roman Law [160 AD] (in The Online Library of Liberty, 2010).

죄의 종이 되었으므로 '두격대감소'의 벌을 받는 것이다. '두격중감소'의 벌을 받는 것은 예루살렘에 있는 시민이 쫓겨나기 때문이다(*quia civis illius superne Ierosolyma esse desinit*). 마지막으로 '두격소감소'의 벌로 인해서 동료 그리스도인 무리에 참여할 수가 없게 되고, 더 이상 신의 아들이 되지 못하는 것으로 해석하였다.[97] 요한네스 파벤티누스의 주석집에서는 스테파누스와 매우 유사한 설명을 하고 있다. '대감소'는 법정이나 수도원을 침탈한 자에게 부과되고, '중감소'는 시민권이 중지될 때 교회 밖으로 내던져지는 것이고, '소감소'로 인해 가족을 돌보는 것이 금지된다고 설명하였다.[98]

요한네스의 해석은 주석집《자연법(*Ius Naturale*)》에서 약간 변형된 형태로 다시 나타난다. 이 주석집의 저자는 성직자가 면직되고 수도원에 유폐되면 그 결과로 '두격대감소'에 처하게 되고 그로 인해 자유와 시민권을 상실한다고 해석하였다.[99] 또한 직무가 정지된 성직자는 '두격소감소'의 처벌을 받게 되며 그는 교회 공동체와 성사에 참여할 수가 없게 된다. 여기서 저자는 '두격감소(*capitis deminutio*)'와 '불명예효(*infamia*)' 사이의 연관에 대해 관심을 환기시킨다. 두 용어는 동의어는 아니지만 매우 가깝게 연관되어 있다는 것이다. 그것은 명예의 상실이 불가피하게 시민으로서의 법적 지위의 박탈이라는 결과를 가져오기 때문이라고 보았다.

---

97) Stephen of Tournai to Dict. Gr. ad C.2 q.7 c.31 ad v. legibus. B.N.Ms. Lat. 3913, fol. 58v.

98) John of Faenza *Summa*, to Dict. Gr. Ad C.2 q.7 c.3l. B.N. Ms. Lat. 14606, fol. 63r, "Sic secundum canones est cepitis diminutio maxima media et minima; maxima quando traditur quis curie...vel in monesterium intrudltur, media quando civitas interdicitur, id est, extra ecclesiam eicitur, minima quando familia, id est, cura femilie interdicitur, ut in depositione vel suspensione."

99) *Ius Naturale*, to Diet. Gr. ad C.2 q.7 c.3l ad v. alteretur. B.N. Ms. Lat. 15393 fol. l02r, "Cum aliquis deponitur et retruditur in monasterium amittit libertatem et civitatem."

로마법으로부터 불명예의 개념이 교회법에 수용되는 과정에서 적용되는 것으로 '두격감소(*capitis minuto*)'가 유일한 것은 아니다. 이와 유사한 예를 '파문(*excommunicatio*)'과 '한시적 유배(*relegatio ad tempus*)'의 관계에서도 찾아볼 수 있다.

중세의 전성기에는 세속 법정과 교회 법정이 중세 사회를 관할하는 이중적 구조 속에서 재판의 합법성을 중심으로 첨예한 긴장이 야기되었다. 불명예 개념이 세속 법정과 교회 법정 모두에 수용되면서 양자의 대립과 갈등이 때때로 충돌로 나타나기도 하였다. 특별히 성직자에 대한 재판권은 철저하게 교회 법정에 있었다. 그러나 예외적인 경우에는 성직자를 세속 법정에서 재판하도록 위임하기도 하였다. 이러한 타협점을 통해 서로 다른 성격의 두 법정 사이에 야기될 수 있는 긴장을 완화시켜나갈 수 있었다.

5. 불명예의 종류

1) 판결 불명예(*infamia iuris*)[100]

(1) 로마법에서의 판결 불명예

로마 사회에서 불명예라는 용어는 '영구고시록(Edictum Perpetuum)'[101]

---

100) *infamia iuris*는 영어로는 infamy of law로 번역하고 있다. 이를 우리말로 옮길 때 영어식으로 법적 불명예라고 하면 *ipso iure infamia*와 혼동될 수 있을 뿐 아니라 그것이 가지고 있는 본질을 제대로 전달하지 못한다. 이 불명예는 판결을 필요로 하고 반드시 판결을 통해 선고된다는 것이 본질이다. 따라서 여기에서는 용어의 본래 성격에 주안점을 두어 이를 '판결 불명예'로 번역하였다.

101) 공화정 말기에는 법무관의 고시를 통해 법의 발전이 진행되었다. 원수정기에 들어서 황제가 호민관과 집정관의 직책을 동시에 소유하고 황제의 칙령과 원로원의 의결(*senatus consulta*)이 법의 기능을 가지게 되었다. 옛 법무관의 고시는 전통적 고시(*edictum tralaticium*)로 남아 더 이상의 진전이 없었다. 하드리아누스 2세는 고시록을 성문화하였다. 그 작업은 당대의 법률가 살비우스 율리아누스가 맡았다. 그는 효력이 있는 공화정 정무관들의 고시에 관한 언급, 그리고 소송을 시작하기에

의 125년 율리아누스 수정본에 처음으로 등장한다. 불명예(*infamia*)는 로마법 고전기(125~250)에 비로소 법률적 전문용어로 사용되기 시작하였다. 그렇다고 할지라도 이미 공화정 시대 법무관의 고시에는 감독관의 '불명예자(*ignominia*)' 명단에 들어 있는 사람들을 불명예적(*infamia*)이라고 묘사하는 표현들을 찾아볼 수 있다.

불명예는 기원전 443년부터 367년까지 4년마다 실시하는 호구조사의 명부 기록에서 그 기원을 찾아볼 수 있다. 이 명부에는 관직을 가질 수 없거나 특정한 공적 권리를 누릴 수 없는 사람의 경우에 그의 이름 밑에 이를 식별할 수 있는 표식을 표기하였다. 감독관은 큰 과오를 범했거나 불명예스러운 행위를 저지른 경우, 또는 명예롭지 못한 거래를 행했거나 비천한 직업을 가진 것으로 알려진 시민의 이름 아래에다 그 내용을 표기(*nota*)[102]하였다. 이러한 감독관의 표기는 불명예를 법적인 개념으로 형성시켜가는 초기의 형태라고 할 수 있다.

기원전 4세기에 이르면 법무관의 고시(*edicta praetoris*)에서 불명예효가 법적인 형벌의 개념으로 진전된다.[103] 그렇지만 로마 공화정기 법무관의 고시에서는 여전히 '판결 불명예'에 대한 언급은 찾아볼 수 없다. 다만 이 시기에도 후기 로마 사법제도에 나타나는 판결 불명예와 거의 동일한 형벌을 기술하고 있다. 감독관의 표기에는 '법률상(*ipso iure*)의 불명예'와 '판결을 통해(*per sententiam*) 부과되는 불명예'를 구분하지 않았다. 이에

적당한 방식서를 덧붙였고 고시 규정이 기초를 두거나 수정 보충하는 관련법 규정도 포함했다. 그것은 실제로 당대의 시민법과 명예법의 성문화였다. 이를 영구 고시록(*edictum perpetuum*)으로 지칭하게 되었다. H. F. Jolowicz and Barry Nicholas, *Historical Introduction to the Study of Roman Law* (Cambridge University, 1932 / 3rd ed., 1972); Fritz Schulz, *History of Roman Legal Science* (Oxford University, 1953).

102) R. W. Lee, *The Elements of Roman Law* (London: Sweet & Maxwell Ltd., 1944), p.208.

103) Vincent A. Tatarczuk, *Infamy of Law: A Historical Synopsis and a Commentary*, pp.1~4.

비해 법무관의 고시에서는 그러한 구분104)이 확실히 나타나고 있으며, 그러한 내용은 오랜 시간이 경과한 뒤에 유스티니아누스(527~565) 법전에 비로소 명확한 법률 용어로 표현되었다.

유스티니아누스 법전에 포함되어 있는 불명예효는 후기 제정기의 사례와 규정들을 모아놓은 것이며 이러한 사례를 통해서 불명예효가 어느 정도의 법적 권위를 지니고 있었는지 이해할 수 있을 것이다. 그 가운데서 '법률상 불명예효'는 다음과 같은 규정들이 있다. 319년 콘스탄티누스 대제 (306~337)는 재판관이 소송 당사자의 완벽한 증언이나 증거들을 채택하기를 기피한다면 그 재판관은 영구적으로 불명예 상태에 놓인다고 규정하였다.105) 30년 뒤 콘스탄티누스 2세는 악의로 죄수를 사망하게하고 형기가 끝났는데도 시민을 계속 감옥에 붙잡아 두는 간수에게 사형 언도를 하지 않는 재판관은 불명예가 된다고 경고하였다.106) 발렌티아누스(364~375)와 발렌스(364~378)는 재판에서 법정 무질서와 부패가 발생하지 않도록 하기 위해서 변호인이 사적인 독설을 퍼부을 경우에 그 변호인은 법적으로 불명예가 된다고 규정하였다. 콘스탄티누스 대제는 하위법정에서 승소하지도 못하고 승인받지도 못한 항소를 상위법정에 제소한 시민은 불명예가 된다고 규정하였다. 호노리우스(395~423)와 테오도시우스 2세(408~450)는 형사 재판에 소환을 받고도 재판에 출석하지 않는 자는 불명예가 된다고 규정하였다.107)

그 밖에도 황제에 맞서 반역을 음모하는 자들, 원로원이 직무와 책임을

---

104) 법무관 고시에서 법률상 불명예적으로 규정하는 대상은 군대 탈영자, 배우, 포주, 동성애자, 맹수와 싸우는 자, 중혼자 등이고, 선고를 통해 불명예가 부과되는 경우는 법정에서 위증한 자, 도둑질, 강도, 상해, 사기로 판결을 받은 자, 동업의 의무를 성실히 취하지 않은 자, 위임받는 일, 예탁금, 후견, 빚 등을 제대로 처리하지 못한 자 등이다.

105) Code of Justinian, (7.62) 15.

106) C. (9.4) 1.

107) C. (9.40) 3.

수행하지 못하도록 선동하고 교사하는 자, 황제가 발행한 회문을 의도적으로 오도하여 황제의 명령을 거스르게 하는 자, 중혼자, 남편 사망 후 1년 내에 결혼하는 자에게 불명예를 부과하는 법을 규정하였다. 또한 380년에는 정통그리스도교 신앙을 가지지 않고 이단 교리를 지지하는 자, 그리스도교를 신앙으로 받아들이지 않는 자, 그리고 412년에는 교회의 성직자에게 공식적으로 불만을 제기하면서 이에 대한 근거를 제시하지 못하는 자 등에 대해서 불명예를 부과하는 규정을 정하였다.

이상의 법령들은 후기 제정 시대에 규정된 것들이며 법률상 불명예에 속하는 사례들이다. 법률로 규정된 불명예는 이에 해당하는 과오를 저질렀을 때에 자동적으로 불명예가 부과되는 것을 의미한다. 이에 비해 재판의 판결을 필요로 하는(*ferendae sententiae*) 불명예가 있다. 이를 '판결 불명예(*infamia iuris*)'라고 하며 그에 대한 법적 규정은 제정 시기에 이루어진다. 그러나 그러한 내용의 법적 조치는 이미 공화정 시대에 법무관이 처벌한 불명예효에서 그 연원을 찾아볼 수 있다. 제정 시대에 이르면 그 내용은 훨씬 세밀하게 구체화되고 지속적으로 시행되었다. 제정 시대에 법적으로 규정된 판결 불명예는 주로 시민들의 사회적 관계를 해치는 자들을 처벌하는 조치라 할 수 있다.

유스티니아누스 법전에 규정되어 있는 판결 불명예에 속하는 경우는 동업 계약을 위반(*actio pro socio*)하는 자,[108] 다른 사람을 속이고 이득을 취하는(*actio doli*) 자,[109] 보증금을 돌려주지 않는(*actio depositi directa*) 자,[110] 자유인의 신체를 상해하거나 안전과 명예를 손상시킨(*actio iniuriarum*) 자,[111] 남의 물건을 훔친(*actio fruti*) 자,[112] 무상 봉사 계약 위반(*actio mandati*

---

108) R. W. Lee, Elements of Roman Law, p.323.
109) C. (3,2) 6.
110) C. (16.3) 1; (16.3) 5; (16.3) 32.
111) C. (2.12) 10.
112) C. (2.12) 8.

directa)자,113) 후견인의 역할을 못한(*actio tutelae*) 자 등에게 부과하는 불명예이다.114)

　법률상 불명예, 판결 불명예의 어느 경우에 해당하든지 그 방식의 차이에 상관없이 불명예자는 상당한 불이익을 받게 된다. 불명예로 인해 초래되는 처벌은 감독관이 불명예를 표기(*nota*)하던 시절에는 매우 제한된 범위 내에서 이루어졌다. 그러나 6세기 신법이 편집되는 시기까지 불명예효의 처벌은 매우 다양하게 나타난다. 감독관의 표기로 인해서 명예를 상실한 자(*ignominiati*)는 군대와 모든 공적 활동에서 제외되었을 뿐 아니라 특정한 공적 권리의 행사도 제한을 받았다. 법무관의 고시에서 규정된 불명예효는 적은 수이지만 매우 엄격하게 시행되었다. 법무관의 고시에서 불명예로운 사람은 투표권(*ius suffragii*), 공직취임권(*ius honorum*), 제소권(*ius postulandi*)을 박탈당하였다. 한때는 결혼권(*ius connubii*)까지도 제한되었다. 이러한 것은 불명예자의 시민적 권리가 삭감되는 것을 의미하였다. 따라서 그는 민회에서 투표할 수도 없고 공직을 가질 수도 없었다. 뿐만 아니라 그는 소송에서 다른 사람을 대신할 수 있는 권리가 없었다. 기원후 1세기 초에는 자유민과 결혼할 수도 없었다.

　유스티니아누스 황제 시기에는 불명예자에 대해 투표권이나 공직취임 금지 같은 고전적 형태보다는 법정에서의 권리에 제한을 가하였다. 불명예자는 소송에서 부계 친족만을 대리할 수 있었다. 더욱이 그는 형사 법정에 고소할 수 없음은 물론 공직에 들어갈 수가 없었다. 또한 유언에 의해서 유산상속이 이루어질 때 불명예자는 상속받을 수 있는 자격이 박탈되었다.

(2) 중세교회법에서의 판결 불명예

---

113) D. (17.1) 2, 5.
114) Vincent A. Tatarczuk, *Infamy of Law, : A Historical Synopsis and a Commentary*, pp.5~10.

216

로마법에 기인하고 있는 판결 불명예는 9세기까지 교회법적 형벌의 하나로 가끔 언급되었다. 5세기 초에 교회는 판결 불명예의 로마법적 개념을 교회법에 수용하였다. 419년의 카르타고 공의회에서는 불명예에 대한 언급(*omnes infamiae maculis aspersi*)과 더불어 불명예자들에게 부과하는 제한조치를 상기시켰다.[115] 또한 581년의 마콩 공의회에서는 로마제국의 판결 불명예 제도를 채택하고 이를 교회법적 형벌로 규정하였다.[116] 그러나 좀 더 포괄적이고 직접적인 내용은 9세기 중엽에 편찬된 것으로 알려진 《위 이시도르 법령집》에서 다루어지고 있다.[117] 그리고 이것은 12세기 교회법 학자들의 활동이 활발해질 때까지 판결 불명예에 대한 교회법적 개념의 한 모형으로 받아들여졌다. 12세기 중엽의 교회법 집대성이라고 할 수 있는 그라티아누스의 교령집은 판결 불명예 법에 관련된 위 이시도르 법령집의 내용을 대거 받아들였다. 그 이후 공적 교령집 편찬을 실시한 《그레고리우스 9세 추가본(*Liber Extra*)》과 《보니파키우스 8세 추가본 제6권 (*Liber Sextus*)》, 그리고 《요한 22세 추록본(*Extravagantes Johannis Papae XXII*)》과 《보통 추록본(*Extravagantes Communes*)》[118] 등과 같은 사적 편찬 교령집에서

---

115) 419년 카르타고 공의회 법규 제2조; Mansi, *Sacrorum Concilorum Nova et Amplissima Collectio*, 53 vols, in 60 (Parisiis, 1901~1927), iv, 437; 421년 카르타고 공의회, 법규 제6조와 제7조; Mansi IV, 450.

116) Concilium Matisconense 법규 제17조; Mansi, IX, 935.

117) G. May, "Die Bedeutung der pseudo-isidorischen Sammlung für die Infamie im kanonischen Recht," *Österreichisches archiv für Kircherrecht* 12 (1961), pp.87~113, 191~207.

118) *Extravagantes*는 원래 《그라티아누스 교령집》에 포함되지 않은 교령을 말한다. 그 이후에는 로마교회의 공식적 교회법령집에 들어 있지 않고 산재해 있는 교령에 적용되었다. *Extravagantes communes*는 쟝 샤프(Jean Chappuis)가 편집한 *Corpus Juris* (1499~1505)의 파리 편집본을 지칭한다. 샤프는 공적 교회법 편집에서 채택한 체계적인 방법을 이 법령집의 편집에 적용하였다. 이 법령집은 1281년부터 1482년까지 재위한 Martin IV, Boniface VIII (notably the celebrated Bull Unam Sanctam), Benedict XI, Clement V, John XXII, Benedict XII, Clement VI, Urban V, Martin V, Eugene IV, Callistus III, Paul II, Sixtus IV 등의 교황들에 의해서 반포된 교령들을 포함하였다. 이 법령집은 후에 《교회법 대전(*Corpus Iuris Canonici*)》에 포함된다.

《그라티아누스 교령집》의 내용들을 되풀이하거나 확대시키는 모습을 찾아
볼 수 있게 된다.119)

　　로마법에서와 마찬가지로 교회법에서도 판결 불명예는 '법률상(*ipso iure*)
의 불명예'와 대칭되는 개념으로 교회법에 수용되었다. 로마법에서는 법률
상의 불명예는 법률에서 규정한 비행을 저지를 경우, 법률에 규정된 비천한
직업을 가질 경우에 자동적(*latae sententiae*)으로 불명예 상태에 빠지는 것을
의미한다. 그러나 로마법과는 달리 교회법에서는 특정한 직업보다는 윤리
적·종교적 일탈 행위를 법률상의 불명예로 규정하였다. 중세교회법에서
법률상 자동적으로 불명예가 되는 경우는 다음과 같다. 첫째, 배교자·이단·
분리주의자,120) 둘째, 교회의 권위를 공격하는 자,121) 셋째, 성직매매,122)

---

119) Peter Landau, *Die Entstehung des kanonischen Infamienbegriffs von Gratian zur Glossa
　　Ordinaria* (Cologne-Graz: Bohlau, 1966).

120) C.III q.4 c.3, "Si quis uero a suo proposito retrorsum exorbitauerit, et iussa apostolicae
　　sedis libenter transgressus fuerit, infamis efficitur. Reprobari ergo oportet eorum
　　redargutiones, qui in recta fide suspecti sunt; Credentes praeterea, receptatores, defensores
　　et fautores haereticorum excommunicationi"; *Liber Sextus*, L.5 T.7 c.13, de Haereticis,
　　"decernimus subiacere, firmiter statuentes, ut, postquam quis talium fuerit
　　excommunicatione notattis, si satisfacere contempserit infra annum, ex tunc ipso iure
　　sit factus infamis, nec ad publica officia seu consilia, nec ad eligendos aliquos ad
　　huiusmodi, nec ad testimonium admittatur."

121) C.III q.4 c.9, "Hii qui episcopos persecuntur et amouere nituntur iniuste contra apostolicam
　　auctoritatem, etsi a morte prohibentur, dicente Domino"; "Nolo mortem peccatoris,
　　sed ut conuertatur et uiuat," perpetua tamen procul dubio notantur infamia, et exilio
　　digni iudicantur finitimo.

122) C.I q.3 c.15, "Si quis prebendas, uel prioratum, seu decanatum, aut honorem, uel
　　promotionem aliquam ecclesiasticam, seu quodlibet sacramentum ecclesiasticum, ut
　　puta crisma, uel oleum sanctum, consecrationes altarium uel ecclesiarum, interueniente
　　execrabili ardore auariciae per pecuniam acquisiuit, honore male acquisito careat, et
　　emptor atque uenditor, et interuentor nota infamiae percellantur, et nec pro pastu,
　　nec sub obtentu alicuius consuetudinis ante uer post aliquid exigatur, uel ipse dare
　　presumat, quoniam symoniacum est"; *Liber Sextus*, L.5 T.3 c.14, "de simonia et ne
　　aliquid pro spiritualibus exigatur vel promittatur: Insinuatum est *auribus nostris*, quod,
　　dum episcopatus tibi commissus vacaret, in ecclesiis tui episcopatus plurimi sint clerici

넷째, 고리대금,[123] 다섯째, 위법적인 결혼,[124] 여섯째, 결혼을 위한 유괴,[125] 일곱째, 간통·근친상간·강간,[126] 여덟째, 살인·낙태,[127] 아홉째, 결투,[128] 열번째, 신성모독 등이 있다. 그 밖에도 시민법에 따라 세속 법정에서 판결 불명예 처분[129]을 받으면 교회법의 자동 불명예에 해당한다고 보았다.[130]

법률상의 불명예에 해당되는 경우에는 그 혐의가 입증만 되면 자동적으로 불명예효 처벌을 받게 된다. 그런데 이에 비해 판결 불명예는 반드시 법정에서의 심리와 판결을 통해서 불명예효가 부과된다. 그와 같은 판결 불명예의 범주에 속하는 경우는 다음과 같은 것들이 있다.

첫째, 주교와 사제를 법정에 고발하였음에도 이를 입증하지 못하는 사람에게는 법정의 심리와 판결을 거쳐야 하는(*ferendae sententiae*) 판결 불명예(*infamia iuris*)가 부과된다. 물론 고위 성직자에게 신체적 가해나 중상모략을

instituti, qui per simoniam habere dicuntur ingressum, et infamaia ìnde respergì."

123) C.III q.7 c.2; *Liber Sextus* L.5 T.18 cc.1-3 de usuris.

124) C.III q.4 c.4; *Liber Sextus* L.1 T.20 c.4 de bigamis non ordinandis.

125) C.III q.5 c.9; Paucapalea, *Die Summa des Paucapalea über das Decretum Gratiani*, (ed.) J. F. von Schulte (Gissen, 1890), pp.142~143. 불명예를 초래하는 범죄 행위에 대한 11~12세기 교회법 규정이 세속법에 영향을 미치는 사례로 중세 카스티야의 성도덕 불명예 규정을 다음 논문에서 소개하고 있다. Jesus Angel solorzano Telechea, "*Fama publica*, infamy and defamation: judicial violence and social control of crimes against sexual morals in medieval Castile," *Journal of Medieval History* 33 (2007), pp.398~413.

126) C.III q.4 c.4; Paulus Hinschius, *Pseudo-Isiorianae* (Lipsiae: Officina Bernhardi Tauschnitz, 1858), p.239.

127) Hinschius, *Pseudo-Isiorianae*, p.182.

128) *Codicis Iuris Canonici Fontes*, (ed.) Casaparri (Romae: postea Civitate Vaticana, 1923~1939), n.63.

129) 세속법과 형사 법정에서 적용된 판결 불명예에 대한 내용은 배토니(Bettoni)의 논문에 상세히 정리되어 있다. Antonella Bettoni, "Fama, shame Punishment and Metamorphoses in criminal justice," *Forum Historiae Iuris* 24 (2010) (Available: http://fhi.rg.mpg.de/articles/pdf-files/1003bettoni.pdf).

130) Vincent A. Tatarczuk, *Infamy of Law: A Historical Synopsis and a Commentary*, pp.14~25.

하는 자는 자동 불명예가 된다. 그러나 이와는 다른 성격의 성직자에 대한 위해를 그라티아누스는 판결을 필요로 하는(*ferendae sententiae*) 불명예로 처벌해야 한다고 주장하였다.[131) 그러나 고발한 당사자가 성직자로부터 기만당했다는 것을 입증한다면 처벌받지 않는다. 이에 대해서 스테파누스 (*Stephanus Tornacensis*)는 최종적인 법정 유죄 판결이 있을 때까지는 고발자 자신이 성직자로부터 기만당한 희생자라는 것을 입증하는 조건으로 처벌이 보류된다고 보았다.[132) 당시의 교회에서는 특별히 교회의 대표인 주교를 법정에 고발하는 것은 불법적이라는 것을 통념적으로 믿고 있었다. 바로 주교를 대적하거나 고발하는 것을 금지한 교령집 C.III q.4 c.3의 규정이 그러한 입장을 대변하는 것으로 생각된다.

둘째, 성부 하나님과 성모 마리아를 모독하기를 되풀이하는 자는 불명예로 처벌을 받는다. 이러한 경향은 16세기로부터 19세기까지 지속되었다. 1514년 교황 레오 10세는 신성모독자는 이단에게 가한 것과 같은 정도의 처벌을 받게 된다고 하였다. 그러한 형벌은 1566년 비오 5세에 의해서 다시 한 번 강조되었다.[133)

셋째, 성스러운 공의회에서 폐기된 문서를 왜곡한 것으로 확인된 사람은 불명예자로 선포된다. 그 불명예자에게는 성직 수품이 거부되고 이미 가지고 있는 성직을 수행할 수 없다.

넷째, 트리엔트 공의회 이전까지 법정 위증자는 불명예자로 간주되었다. 다만 이는 분명한 판결 이후에 가능하다.[134)

---

131) C.II q.3 cc.1-5.

132) Stehpanus Tornacensis, *Summa Decoretorum*, (ed.) J. F. con Schulte (Gissen, 1891), p.166.

133) Roquette de Malvies, *Institutiones Iuris Canonici* 2 vols. (Parisiis, 1833), II, p.547.

134) C.XXII q.5 c.7; Si quis conuictus fuerit alios ad falsa testimonia uel periuria adtraxisse, uel quacumque corruptione sollicitasse, ipse quidem usque ad exitum uitae non conmunicet; hii uero, qui ei in periurio consensisse probantur, postea ab omni testimonio sunt remouendi, et secundum legem infamia notabuntur.: Guido a Baisio, *Commentaria*

220

다섯째, 절도는 시민법에서 매우 엄격한 벌로 처벌받도록 규정하였다. 오래 전부터 교회에서는 시대의 사회적 관념을 반영하면서 도둑으로 유죄 판결을 받은 사람에게 판결 불명예효를 부가하여 처벌하였다. 교황 스테파누스 1세의 편지로 간주되는《위 이시도로 법령집》의 문헌135)에는 도둑질이 사실상(ipso facto)의 불명예 목록에 들어 있다. 그러나 로마법에서 절도죄 (actio furti)를 법정 심리와 판결을 통해서 처벌하였던 것처럼 중세교회법에 서도 절도죄를 지은 자에게 법정의 심리와 판결을 통해 불명예효의 벌을 부과하였다.

이상과 같은 규정을 토대로 판결 불명예가 선고될 때 그러한 불명예자는 어떠한 불이익을 당하게 될까? 원래 불명예효의 가장 두려운 결과는 좋은 평판이나 명예를 상실하는 것이다. 그와 같이 명예를 상실한 자는 사회적으로나 법적으로 그 활동에서 갖가지 제약을 받았다. 중세 사회에서 불명예자는 기독교 공동체가 기피하는 인물이 되고, 천하고 회복될 수 없는 사람들의 범주에 속하게 된다. 그들은 닥쳐올 멸시와 천대가 두려워 때때로 자신들의 고향을 떠나기도 하였다. 사회적 배척 외에 중세 기독교 사회에서 나타나는 불명예자에 대한 제약은 성직 수임권과 사법적 권리로 그 범위를 크게 둘로 나누어 볼 수 있다.

---

in Decretorum Volumen (Venetiis, 1577), p.181.

135) Stephanus I. ep. I & II, cap. 2 Hinschinus, Psuedo *Decretales Psudo Isidorianae*, p.182: infames autem esse eas persona dicimus qui pro aliqua culpa notantur infamia, id est omnes qui cristiane legis normam abitiuut et statuta aecclesiastica contemnunt, similiter fures, sacrilegos et omnes capitalibus criminibus inretitos, sepulchrorum quoque violatores et apostolorum atque successorum eorum reliquorumque patrum statuta libenter violantes et omnes qui adversus patres armantur, qui in omni muudo infamia. notantur, similiter incestuosos, homicidas, periuros, raplores, maleficos, veneficos, adulteros. de bellis fugientes, et qui indigua sibi petunt loca tenere aut facultates ecclesiae astrahunt iniuste, et qui fratres calumniantur aut accusant et non probant vel qui contra innocentes principum animos ad iracundiam provocant, et omnes anathematizatos vel pro suis sceleribus ab aecclesia pulsos, et omnes quos aecclesiasticae vel seculi leges infames pronuntiant.

첫째, 고대로부터 기독교 사회에서는 불명예자에게서 성직수품 자격을 박탈하였고 이미 성직을 가지고 있다면 그의 직임을 해제하였다. 수품 금지와 직무 수행 정지는 그것이 특정한 범죄로부터 직접 연유된 것이 아니라면, 명예의 상실 때문에(*ex defactu*) 비롯된 것이라고 할 수 있다.[136] 성직수품 자격 박탈(*irregularity*)은 동일한 범죄를 되풀이한다고 해서 더욱 부가되지는 않는다. 그와 마찬가지로 판결 불명예로 처벌된 여러 가지 비행으로 인해 자격 박탈이 누적적으로 적용되지 않는다.

판결 불명예의 역사를 통해서 볼 때 법적 자격 박탈(*inhabilitas*)은 로마 사법제도에서 판결 불명예가 출현하는 당시부터 지속되어 왔다. 그러한 법적 자격 박탈은 교회의 이름으로 부여되는 어떠한 직책도 불명예자가 임명될 수 없도록 철저하게 배제하였다. 직책에 따른 성직록을 받지 못하게 할 뿐 아니라, 행정적이든 사법적이든 교회를 위해 수행하는 직무는 어떠한 것도 담당할 수 없도록 하였다.[137]

둘째, 판결 불명예로 선고를 받은 사람은 좋은 명성을 가진 자를 공식적으로 법정에 고발할 수 없다.[138] 뿐만 아니라 교회 법정에서 심리되는 모든 소송에서는 그러한 자를 자격 있는 증인으로 받아들이지 않는다. 그러나 공동선의 보호를 위해서, 그리고 명백한 불의를 방지하기 위해서 예외가 허용되었다. 불명예자일지라도 자신의 개인적 권리를 변호하기 위해서나 개인적 상해를 고소하기 위해서 법정에 나타날 수 있다.[139] 더욱이 확실한 증거를 댈 수 있는 대역죄, 이단, 성직매매 등을 고발하는 것이 허용되었다.[140]

---

136) Boenninghausen, *Tractatus Iuridico-Canonicus de Irregularitatibus*, 3 vols. (Monasterii, 1863~1866), I, p.160.

137) Vincent A. Tatarczuk, *Infamy of Law: A Historical Synopsis and a Commentary*, pp.28~29.

138) C.III q.4 cc.1-3: lnfames eos, qui sunt bonae famae, accusare non posunt.; C.III q.5 c.9; C.VI q.1 cc.2, 17.

139) *Liber Sextus*, L.II T.1 c.13 de iudiciis.

222

불명예자는 일반적으로 증인으로 법정에 출두하는 것이 금지되어 있다.
그럼에도 불구하고 때때로 증언을 하도록 교회 법정에 소환되기도 하였다.
특별히 대역죄나, 이단, 성직매매 사건을 심리하는 법정에서는 실제 이러한
일이 가능하였다. 그러한 경우에는 재판위원회에서 그 내용을 신중히 검토
하여 결정하도록 하였다.[141]

판결 불명예자는 교회 법정에서 재판에 관련된 어떠한 직무도 수행할
수 없었다. 법정의 재판관직을 수행할 수 없을 뿐 아니라, 변호인으로서의
자격도 부여되지 않았다. 다만 예외적인 경우로 소송 당사자들의 동의가
있다면 중재적 심판인으로서의 역할을 할 수 있다.[142] 또한 교회 법정에
소환된 적이 있다면 자신들의 방어를 위해서 변호인으로서 법정에 출두할
수 있다.[143] 뿐만 아니라, 그들은 친족 혈족(consaquinity)이나 배우자의
혈족(affinity)에 속하는 사람들을 위해서, 그리고 후견인으로서 뒤를 돌보고
있는 사람들을 위해 변호인으로서 교회 법정에 출두하는 것이 허용되었
다.[144]

2) 계율 불명예(*infamia canonica*)[145]

---

140) Stehpanus Tornacensis, *Summa Decoretorum*, p.194, on C.III q.4 c.1; Rufinus, *Summa Decretorum*, p.281 on the *Dictum* of Gratianus causa q.4.
141) *Dictum ad* C.II q.7 c.23.
142) Stehpanus Tornacensis, *Summa Decoretorum*, p.197 on C.II q.7 c.2.
143) *Glossa Ordinaria as* C.III q.7 c.2.
144) *Glossa Ordinaria*, 같은 문헌.
145) *infamia canonica*는 영어로 canonical infamy로 번역한다. 이를 교회법적 불명예, 또는 교회법규적 불명예라고 한다면 큰 오류를 범하게 된다. 이 불명예는 내용상으로 볼 때 기독교의 윤리적·도덕적 위반에 초점이 맞추어져 있다. 즉 이는 사회적으로 파문을 일으키거나 남에게 큰 피해를 입히는 범죄 행위라기보다는 기독교의 종교적 계율(이를 사망에 이르는 죄라고 보기도 함)을 범하는 것을 말한다. 이것은 주로 종교적 양심에 저촉되는 것이므로 참회고행을 통해 지울 수 있는 비교적 가벼운 정도의 불명예이다. 그러한 측면에서 여기에서는 이를 '계율 불명예'라고 번역하고 자 한다.

중세교회법의 개념으로 전환된 불명예 개념 가운데 가장 눈에 띄는 요소는 판결 불명예와 계율 불명예의 구분이라고 할 수 있다. 로마법에서는 법정에서 선언된 불명예와 직업이나 신분으로 인한 불명예의 구분이 있었다. 그러나 그것은 불명예가 초래되는 동기나 원인의 차이였지 불명예 자체가 가지는 내용상의 차이라고 할 수는 없다. 그런데 중세교회법에서는 바로 불명예 그 자체의 속성을 경중으로 구분하였다.

불명예를 판결 불명예와 계율 불명예로 맨 처음 구분한 교회법학자는 시몬 비시냐노(Simon de Bisignano, 1170년대 활동)[146]이다. 시몬의 해석에 따르면 판결 불명예는 씻을 수 없는 불명예로서 강력한 법적 불이익과 제한 조치가 가해진다. 이에 비해 계율 불명예는 형사적 범죄나 도덕적인 죄로 인해서 초래될 수 있으나 참회를 통해 사면될 수 있는 불명예이다.[147] 시몬은 교령집 C.6 q.1 c.3 〈신의 통치를 따르지 않는 자는 불명예자이다〉[148] 의 본문을 주석하면서 자신의 해석을 첨가하였다. 즉 사제의 권위를 따르지 않는 자는 불명예자라고 언급하고 있다. 이러한 정도의 불명예는 비교적 가벼운 정도의 상태에 있으며 이는 계율 불명예를 가리킨다. 그와 같은 경우에는 참회고행을 통해서 불명예가 사면될 수 있다고 보았다.

그에 비해 형사적 범죄로 인해서 법적 절차를 거쳐 부과된 판결 불명예는

---

146) S. Kuttner, *Repertorium der Kanonistik* (1140~1234): *Prodromus corporis glossarum* I (Vatican City, 1937), p.149. 그라티아누스의 제자로서 교령집 주석을 작성하였다. 그의 주석집 필사본은 다음과 같이 편집되어 출간되었다. *Summa in Decretum Simonis Bisinianensis Edidit* PETRUS V. AIMONE (FRIBOURG, 2007).

147) Simon de Bisignano to C.6 q.1 c.2, B.N. Ms. Lat. 3934A fol. 69r; Subaudi pro quibus dampnati fuerint in iudicio uel pro quolibet peccato mortali est quis infamis quadam canonica infamia, ut infra C.xxiii. q.iiii. Ipsa pietas, que repellit a testimonio clericorum tantum.

148) Decretum Gratiani C.6 q.1 c.3; Illi, qui illa peccata perpetrant, de quibus Apostolus ait:"Quoniam qui talia agunt regnum Dei non consecuntur," ualde cauendi sunt, et ad emendatioenm, si uoluntarie noluerint, compellendi, quia infamiae maculis sunt aspersi, et in barathrum dilabuntur, nisi eis sacerdotli auctoritate subuentum fuerit.

매우 심각한 수준이라고 보았다. 그의 범죄가 너무도 과중하기 때문에 참회고행 정도를 가지고는 그에게 부과된 불명예를 벗어버릴 수 가 없다. 오히려 그러한 불명예자는 뉘우치고 참회할 기회를 주지 않고 저주로 지옥에 떨어지도록 내버려둘 정도의 책망을 받는 것을 의미하였다.[149] 그렇다면 그러한 정도의 심각한 범죄에 속하는 행위는 어떠한 것들이 있을까? 시몬 자신은 그러한 범죄 행위를 독자적으로 제시하지는 않고 교령집 C.3 q.5 c.9에 열거된 항목을 언급하였다. 즉 살인자, 마술사, 도둑, 강간자, 간통자, 심령술사, 위증자, 신성모독자, 근친상간자, 점쟁이 등이 이에 속한다. 이러한 범죄가 드러나면 그들은 불명예에 빠지게 되고 그로 인해 다른 사람을 법정에 고발할 수 있는 자격이 박탈된다.[150]

교회법 분야에서 판결 불명예에 대한 논의를 더욱 진전시키면서 계율 불명예를 설명한 교회법학자는 후구치오(Huguccio)이다. 후구치오는 주석 집(*Summa*)을 통해서 누구보다도 훨씬 더 정밀하게 이를 분석하였다. 그는 교령 〈모든 일반적 죄인(*generalter omnes criminosi*)〉을 근거로 해서 범죄인 (*criminosi*)을 불명예자로 간주하였다. 그의 해석에 따르면 범죄인은 어떤 범죄로 인해서 성직의 진급이 거부된 자(*qui propter aliqua crimina repellunter a promotione*)라고 정의하였다. 범죄가 확정된 범인에게 판결 불명예가 부과 된다면 누구도 교황의 사면이 없이는 서품될 수 없다는 점을 강조하였다.[151] 그의 주장에 따르면 세례 이후 행한 범행은 범죄적 성직수품 부적격(*criminal*

---

149) Simon de Bisignano to C.6 q.1 c.2; Vsque *nisi eis sacerdotali auctoritate subuentum fuerit*,; de infamia dicit que aboletur per penitenciam, ut infra c.32 q.5 preceptum. Si de illa hoc intelligas, que pro crimine irrogatur in iure, refferas ad illum quod dixerat in barathrum delabuntur, non quod deleatur infamia per penitenciam, sed nisi penituerint, dampnabuntur.

150) J. M. Livingston, *Infamia in the Decretists from Rufinus to Johannes Teutonicus*, pp.59~61.

151) Huggucio to C.6 q.1 c.2 ad v. omnes illos, circa medium. B.N. Ma. Lat. 15396 fol. 140v, "quia nullus infamis debet ordinari, et infamia iuris vel iudicis nunquam remittitur nisi per apostolicum ad hoc ut talis possit promoveri."

irregular)에 해당된다. 그런데 성직을 서품받을 수 없는 정도의 범죄를
비밀스럽게 행했음에도 불구하고 서품을 받은 자는 주교에게 이를 고백해야
한다. 이 경우 주교는 그를 사면할 수도 있고 동시에 그의 서품을 인정할
수도 있다.152)

　범죄의 종류와 정도에 따라서 이에 부가되는 불명예에도 차이가 있다.
그리고 불명예의 정도에 따라서 그것이 교황으로부터 사면을 받아야 하는
것인지 아니면 교황보다 낮은 고위 성직자로부터 사면을 받아도 되는
것인지 구분이 된다. 교황으로부터 사면을 받아야 하는 불명예는 판결
불명예의 범주에 포함된다. 그러나 그보다는 경미한 불명예는 반드시 교황
으로부터 사면을 받지 않아도 되는 유사 불명예(*quasi-infamy*)라고 할 수
있다. 시몬 비시냐노는 이를 이미 계율 불명예(*infamia canonica*)라고 지칭한
바 있다.153)

　후구치오는 계율 불명예란 그것의 해제를 위해서 특별한 사면 조치를
필요로 하지 않는 형태의 불명예로 보았다. 이러한 불명예는 주로 파문
선고의 결과로 초래되는 것이며 파문 선고가 해제되면 동시에 그 불명예도
사면된다고 생각하였다. 이러한 관점은 후구치오가 쾰른 주석집의 해석을
받아들여 진전시킨 견해라고 할 수 있다. 교령집 c.6 q.1 c.3에 대한 그의
주석에서 계율 불명예는 판결 불명예를 부과할 만큼 심각하지 않은 과오로
인해 초래되는 '유사 불명예(*quasi-infamy*)'라고 지칭하면서 그 둘의 차이를
구분하고 있다. 그러나 계율 불명예를 '유사 불명예'와 동일한 것으로
보지는 않았다. 유사 불명예는 범죄로부터 초래된 것이며 이러한 형식의
불명예는 은총이나 사면을 통해 벗을 수 있으나, 계율 불명예는 간단한
요건이 충족되면 불명예로부터 회복된다. 계율 불명예는 과오를 저지른
사람이 참회고행을 행하고 회개하면 그 자체만으로 그에게 지워진 불명예는

152) Huguccio to Dist. 25 c.6 ad v. peccati. fol. 29r.
153) J. M. Livingston, *Infamia in the Decretists from Rufinus to Johannes Teutonicus*, pp.63.

226

자동적으로 거둬진다는 것이다.[154]

후구치오의 해석에서 특별히 주목해야 할 것은 계율 불명예는 범죄 그 자체보다는 파문 때문에 초래된다는 점이다. 따라서 파문을 당한 자가 사면을 받게 된다면 그가 파문 상태에 있을 때 잃었던 명예를 다시 회복하게 된다. 그렇기 때문에 파문으로 초래된 불명예를 회복하기 위해서 별도의 사면 절차가 필요하지는 않았다. 나아가서 그러한 불명예자는 파문이 사면 된다면 상위의 성직으로 진급할 수 있을 뿐 아니라 법정에서 소송인으로서의 권리를 인정받을 수 있다.

후구치오는 불명예를 경징계 파문(minor excommunication)과 중징계 파문(major excommunication) 아나테마(*anathema*)와 연결하여 설명하였다. 그는 불명예로 인해 받게 되는 엄격한 불이익을 열거하면서 이는 아나테마 파문과 같은 종류의 것이며 그러한 종류의 파문이 아니라면 그것은 성만찬이나 신도의 공동체로부터 격리되는 것은 아니라고 언급하였다.[155] 이러한 관점에서 본다면 계율 불명예는 어떠한 범죄에도 관련되어 있지 않는 경징계 파문 선고에 연계된다. 반면에 아나테마 파문을 선고 받았다고 한다면 그 파문을 사면받았다고 할지라고 불명예는 여전히 남아 있게 된다. 아나테마는 불복종하는 경우에 선고된다. 후구치오 시대에 그 불복종은 소환을 비롯한 어떠한 형식의 명령을 무시하는 행위, 나아가서 지속적으로 이에 대해 복종을 거부하는 완고한 행위로 이해되었다. 그러한 연유로

---

154) Huggucio to c.6 q.1 c.3, "Infamia excommunicationis, que et canonica dicitur... infertur per excommunicationem ut infra eadem questione, infames. et hec per penitenciam remittitur et per reconciliationem ecclesie... Quidam dicunt quod nec hec infamia aboletur per penitenciam sed tantum per restitutionem in integrum factam a pepa; et dicunt quod omnis excomunicatus etiam post reconciliationem remanet infamis, nisi restituatur a papa."

155) Hugguccio to C.4 q.1 c.2 ad v. *ostenderit*, "hec vera sunt generaliter de excommunicato id est anathematizato; sed(non) de excommunicato, id est tantum a communione sacramentorum et non fidelium separato."

아나테마 파문을 사면받은 자는 여전히 불명예 상태에 놓여 있는 것이다. 그것은 파문 선고 그 자체보다는 불복종이라는 그의 범죄 행위 때문에 불명예가 부과되었기 때문이다.156)

주석집 《승리한 레오(*Ecce Vincit Leo*)》의 저자는 계율 불명예에 대해서 후구치오와 유사한 입장을 보이고 있으나 여기에 새로운 개념을 부가하였다. 그는 계율 불명예가 파문 선고를 통해서 부과될 뿐 아니라 어떤 사망에 이르는 죄(*peccatium mortale*)157)로 인해서 초래된다고 보았다. 어떠한 면에서 그것은 특별히 심각한 선고는 아니라는 것이다. 단순히 순간적 불복종으로 인해 파문된 경우에는 반드시 성직 서임이 거부되거나 면직되는 것이 아니다. 파문을 유발한 이유가 심각한 것이 아니라면 그것의 선고로 인해서 반드시 불명예가 부과되는 것은 아니라고 보았다.158)

주석집 《승리한 레오》의 저자는 그러한 성격의 계율 불명예에 비해서 모든 면직된 자는 판결 불명예자라고 여겼다. 그리고 판결 불명예를 사면하고 성직에 복귀하도록 할 수 있는 권한은 오직 교황에게만 있다고 보았다. 판결 불명예는 그만큼 엄중한 상태에 속하기 때문에 이를 범한 성직자는 누구라도 면직되는 것이 당연하다는 것을 뜻한다.159) 면직은 모든 범죄인에

---

156) J. M. Livingston, *Infamia in the Decretists from Rufinus to Johannes Teutonicus*, pp.66~67.

157) *peccatium mortale*(mortal sin)은 사망에 이르는 큰 죄 또는 구원받지 못할 죄를 의미한다. 사망에 이르는 큰 죄는 경죄(venial sin)보다 훨씬 무거운 죄로서 그러한 죄를 저지르게 되면 신과의 관계가 단절되며, 그가 계속 뉘우치고 참회하지 않으면 구원을 받지 못한다고 여겼다. 이에 대해서는 시대에 따라서, 교파에 따라서 각기 다르게 해석하고 있으나 그들 모두는 바울 서신에 기초하고 있다. 바울은 하늘나라를 유업으로 받지 못할 죄는 음행과 더러운 것과 호색과 우상 숭배와 술수와 원수를 맺는 것과 분쟁과 시기와 분냄과 당 짓기와 분리함과 이단, 투기와 술 취함과 방탕함(갈5:19-21), 또는 음란 행위를 하는 자나 우상을 숭배하는 자나 간음하는 자나 탐색하는 자나 남색을 하는 자나 도적이나 탐람하는 자나 술 취하는 자나 후욕하는 자나 토색하는 자들(고전6:9-10)이라고 설명하였다. 다른 한편으로는 구약시대에 모세가 신으로부터 받은 십계명을 그 근거로 제시하기도 한다.

158) Ecce Vincit Leo to C.6 q.1 c.3 ad vv. *Sacerdotali auctoritate*. B.N. Ms. n.a. Lat. 1576, fol. 167r.

228

게 내려지는 것이 아니라 큰 범죄(*crimen enorme*)를 저지른 사람에게 부과되는 처벌이다. 작은 죄를 범했다면 그는 승진할 자격은 없으나 그가 가지고 있는 현재의 직책에까지 영향을 미치는 것은 아니다. 한 예로 서품을 받기 전에 간음(fornification)을 저질렀다는 것을 고백했다면 그는 참회고행을 부과받는 외에는 어떠한 제재도 받지 않는다. 그러나 큰 범죄를 저질렀다면 그것을 서품 훨씬 이전에 저질렀다고 할지라도 그 성직자는 불명예로 면직되어야 한다.160)

주석집 《승리한 레오》에서는 불명예와 동시에 면직 처분을 받아야 마땅한 범죄에 대해서 강조하고 있다. 서품 훨씬 이전에 저지른 마술 죄 때문에 성직자는 그의 현재 신분을 상실하지 않을 뿐 아니라, 장래의 승진에도 영향을 받지 않는다.161) 그러나 판결 불명예가 사법적으로 결정되었다면 그것은 용의자의 명예를 심각하게 손상시키는 결과를 가져온다. 그만큼 판결 불명예를 초래하는 범죄는 성직을 면직시킬 수 있는 정도로 죄가 과중하다. 주석집의 저자는 그와 같이 큰 범죄를 설명하기 위해서 요한의 복음에 대한 어거스틴의 해석을 담고 있는 《그라티아누스 교령집》 D. 81. c.1의 조항을 언급하였다. 교령집에서도 살인, 간통(*adulterium*), 간음(*fornicatio*), 절도, 사기, 신성모독 등 오직 여섯 가지 범죄를 지목하였다.

그와 같은 교령집의 큰 범죄 가지 수의 목록에 대해서 《승리한 레오》는 일부 다른 입장을 보이고 있다. 저자는 그 목록 가운데에 간음을 제외시키고자 하였다. 만일 그 간음 행위가 일시적인 것이었고 지속적이거나 습관적인

---

159) Ecce Vincit Leo to C.6 q.1 c.3 ad vv. *Sacerdotali auctoritate*, "talis enim post actam penitenciam infamis remanet nisi a papa sit restitutus qui potest depositum restituere."
160) Ecce Vincit Leo to Dist. 24 c.7 ad v. *crimnosa* fol. 49v.
161) Ecce Vincit Leo to Dist. 24 c.7 ad v. criminosa, fol. 49v, "de occultis peccatis nulla est infamia...potest ardinem accipere et manere in accepto"; to Dist. 50 ad v. ex premissis, "Si crimen est... enorme et occultum non est deponendus, sed a promotione repellendus."

것이 아니라면 중죄의 범주에 넣을 필요가 없다고 본 것이다. 그 대신에 그는 위증, 부정직한 아첨(*adulatio*)을 목록에 추가하였다. 주인의 잘못된 행위에 대해서 어떠한 반대도 하지 않으면서 주인을 즐겁게 하는 것이 아니면 말을 하지 않는 아첨꾼은 매우 가증한 불명예스러운 부류에 속하기 때문이라고 보았다.162) 뿐만 아니라 교령집 C.6 q.1 c.17에 열거된 범죄 행위163)는 그것에 대한 법적 선고가 필요하기는 하지만 이는 모두 '법률상 (*ipso iure*) 불명예'라고 보았다.

《승리한 레오》보다는 약간 뒤에 작성된 주석집 《자연법(*Ius Naturale*)》에서는 민사 법정에서 처리된 범죄도 판결 불명예에 포함된다고 보았다. 이에 반해 계율 불명예는 아직 재판받지 아니한 범죄에 부과되는 것으로 정의하였다. 계율 불명예는 범죄로부터 발생한 판결 불명예의 다른 이름으로서 비교적 심각하지 않은 범죄에 사용되는 것으로 해석하였다.164) 그는 판결 불명예와 계율 불명예 사이의 차이를 뚜렷하게 구분한 것 같지는 않다. 그는 파문 선고로 인해서 자격 상실이 초래되었을 경우에 선고가

---

162) Ecce Vincit Leo to Dist. 50 ad v. *ex premissis*, fol. 81r, "sunt ita adulatores quod nihil dicunt nisi quod sciunt dominis placere et numquam malefactis eorum se opponunt."

163) 교령집 C.6 q.1 c.17에서 밝히고 있는 불명예를 지니는 자의 목록을 살펴보면 다음과 같다. 그리스도교와 교회의 법을 업신여기는 자, 신성모독자, 큰 범죄를 유혹하는 자, 성유물 제단을 훼손하는 자, 주님에 맞서서 무장한 자, 세상에서 불명예자로 낙인찍힌 자, 근친상간자, 살인자, 강간자, 위증자, 악행자, 마법 행위자, 간통자, 공적 전쟁에서 도망하는 자, 교회의 재산을 탈취하는 자, 형제를 중상하고 참소하는 자, 모든 아나테마 파문을 당한 자, 악행을 저질러 교회로부터 거부당하는 자, 교황청을 떠난 자, 교령에 불복종하는 자, 분노를 보이는 자, 고위 성직자를 고발하고 그 고발에 정당한 근거를 제공하지 못하는 자, 바른 믿음과 위엄을 가지고 대화하지 않는 자 등이다.

164) Ius Naturale to Causa 6.B.N. Ms. Lat. 15393, fol. 114v., "Infamia iuris est que iuris auctoritate irrogatur, et irrogatur secundum canones dupliciter, sc. delicti perpetratione, et per sententiam; delicti perpetratione, pro omni mortali peccato,...per sententiam, cum de aliquo. crimine in criminali vel in civili iudicio condempnatur. Et quandoque, nota, infamia per sententiam irrogatur, quandoque prius irrogata confirmatur."

230

해제된다면 그 자격 상실은 더 이상 유효하지 않다고 보았다. 여기에서 저자는 판결 불명예와는 다른 형태의 불명예가 가능한 것으로 인정하고 있다. 그것은 파문으로 인해서 부과되지만 파문이 사면된 후에는 해제되는 불명예가 바로 그와 같은 형태의 것이라고 보았다. 이는 바로 계율 불명예를 의미하는 것이라고 할 수 있다.

《자연법》의 저자는 불명예의 정도 차이를 사면 후의 성직 복권 방식의 차이와 연계하여 설명하였다. 우선 성직수품 부적격(irregularity)에 대한 특면(dispensation)은 과실의 정도에 따라 그에 적합한 권위에 의해서 부과된다는 점을 전제로 하였다. 주석집의 저자는 그러한 권위를 교황과 주교로 나누었다. 교황은 완전권(plenitudo potestatis)을 소유하고 있기 때문에 모든 범죄는 교황으로부터 사면될 수 있다고 보았다. 이에 비해 교황보다 하위에 있는 주교들은 작은 범죄(minora crimina)에 대해서만 사면을 취할 수 있다고 보았다. 이와 같이 사면의 권한에 따라서 적용될 수 있는 두 종류의 불명예를 구분했다고 할 수 있다. 이러한 면에서 《자연법》의 저자는 후구치오와 유사한 견해를 보이고 있다. 더욱이 과중한 범죄를 저질렀을 경우에는 그에게 내려진 불명예가 단순히 참회를 통해 자동적으로 제거될 수 없다고 하는 점에서 두 교회법학자는 같은 입장을 취하였다. 따라서 불명예의 성격과 구분에 관해서 비교해 볼 때 《자연법》의 저자는 《승리한 레오》의 저자보다는 후구치오에 가까운 입장을 가졌다고 할 수 있다.[165]

제4차 라테란 공의회 직후에 《그라티아누스 교령집》에 대한 《표준 주석집(Glossa Ordinaria)》을 작성한 요한네스 테우토니쿠스는 후구치오나 《자연법(Ius Naturale)》의 영향을 받기도 했지만 본질적으로 《승리한 레오(Ecce Vincit Leo)》의 해석을 따랐다. 요한네스는 불명예와 성직수품 부적격에 관한 교회법학자들의 여러 견해[166]를 소개하면서 자신의 입장을 밝혔다.

---

165) J. M. Livingston, *Infamia in the Decretists from Rufinus to Johannes Teutonicus*, p.77
166) Glossa Ordinaria to Dist. 50 c.28 ad v. ignominiam; to c.2 q.3 c.7 ad v. infamiam.

그는 범죄가 명확히 드러났는지, 아니면 비밀스러운 것인지의 여부에 상관
없이 성직수품 부적격(irregularity)은 큰 범죄(*crimen enorme*)에 의해 초래된다
고 보았다.167) 그러나 서품 이전에 저지른 범죄에 대해서는 그것이 매우
중대하고 심각한 경우에만 성직이 면직될 수 있다고 하였다. 작은 과실일
경우에는 성직을 그대로 유지할 수 있고 참회를 통해서 그에게 직책을
맡길 수 있다는 입장을 보인 것이다.168)

성직수품 자격을 박탈할 만한 중대하고 심각한 큰 범죄에 대해서 요한네
스는 두 가지 원칙을 제시하였다. 첫째는 교회 법령에서 특별히 예외로
하지 않는다면 모든 범죄는 면직에 합당한 큰 죄라는 것이다. 둘째는 교회
법령에서 특별히 언급된 것이 아니라면 어떠한 범죄도 큰 죄에 속하지
않는다는 것이다. 서로 상반되는 이러한 원칙은 이율배반적이고 역설적인
것으로 보인다. 이러한 해석에 의하면 교회 법령에서 언급이 없으면 그것은
큰 죄일 수 도 있고 작은 죄일 수도 있다. 그런데 요한네스는 그러한
원칙 자체에 논의의 초점을 한정시킨 것이 아니라고 생각된다. 그는 범죄가
얼마나 과중한지의 기준은 그 범죄의 성격에 있다기보다는 그 죄가 교정될
수 있는지(*incorrigibilis*)의 여부에 달려 있다고 본 것이다.169) 한 예로 단순한

여기에서 요한네스는 범죄로 인한 성직의 면직에 대한 교회법학자들의 견해를
다음과 같이 열거하였다. 첫째는 후구치오의 견해로서 범죄를 저지른 사람은
승진할 수 없으며 동시에 다른 합법적인 직무를 수행할 수 없다(*qui semel peccavit,
non potest amodo promoveri, vel aliquos actus legitimos exercere*)는 해석이다. 둘째는
그 과실이 중대하지 않는 한 죄를 참회한 사람은 결코 성직 수품 자격을 박탈할
수 없다는 견해로서 온건한 입장이다. 셋째는 그 과실이 얼마나 크든 그것이
명백히 밝혀지지 않는다면 어떤 죄인에게도 제재를 가할 수 없다는 견해이다.
이 가운데에서서 요한네스는 두 번째 견해에 동조하고 있다.

167) Glossa Ordinaria to Dist. 25 c.6 ad v. primen.

168) Glossa Ordinaria to Dist. 24 c.7 ad v. confessi, "si quis minori crimine existens ordinari
se permiserit, non deponitur, sed imponitur ei penitentia."

169) Glossa Ordinaria to Dist.. 24 c.7 ad v. confessi, "Quidam dicunt, quod pro quolibet
crimine deponitur, nisi expressum sit in contrarium, quod pro eo deponi non debet.
Alii dicunt, quod numquam deponi debet pro aliquo nisi expressum sit, pro quo

232

간음은 참회를 통해서 얼마든지 회복이 가능하기 때문에 큰 죄가 아니라는 것이다.170)

이상에서 살펴본 요한네스의 해석을 정리해 보면 오직 과중하고 교정될 수 없는 범죄만이 판결 불명예를 초래한다. 그러한 범죄로 인해서 부과되는 형벌의 하나가 면직이고 바로 면직 처분은 판결 불명예와 직접적으로 연관된다고 할 수 있다. 그에 비해 요한네스는 계율 불명예는 구원받지 못할 큰 죄(*peccatum mortale*)로 인해 초래되는 명예의 상실이라고 보았다.171) 그렇기 때문에 계율 불명예는 선고를 통해서 처벌되는 것은 아닐 뿐 아니라 이는 참회고행을 통해서 사면될 수 있는 성격의 불명예인 것이다.172) 바로 그러한 점들이 판결 불명예와 계율 불명예를 구분하는 핵심적 차이점이라고 보았다.

3) 사실 불명예(*infamia facti*)

(1) 로마법의 기원

'사실 불명예(*infamia facti*)'라는 말은 '판결 불명예(*infamia iuris*)'에 비해 훨씬 나중에 중세 시대에 와서야 사용된 용어이다. 그렇다고 할지라도 로마법에서 사용된 악행, 추문, 불명예를 의미하는 '*turpitudo*'라는 말 속에 그와 동등한 내용을 발견할 수 있다.173) 따라서 중세의 학자들은 유스티니아

---

ego dico, quod pro quolibet crimine, in quo quis est incorrigibilis, deponi debet."

170) Glossa Ordinaria to Dist. 82 c.5 ad v. presbyter, "quia episcopus post peractam penitentiam tenetur dispensare... unde dicunt hodie pro fornicatione neminem deponendum, nisi in ea perduret, et ideo , quia hodie fragiliora sunt corpora nostra quam olim erant."

171) Glossa Ordinaria to C.6 q.1 c.2 ad v. leges, "Est autem quedam infamia canonica, que irrogatur ex quolibet peccato mortali, ...et aboletur per penitentiam."

172) Glossa Ordinaria to C.6 q.1 c.3 ad vv. nisi eis, "canonica infamia per penitentiam tollitur sed non illa que irrogatur ipso facto ver per sententiam."

173) D'Angelo, *Ius Digestorum*, vol. 1, pars I (Romae: Marietti, 1927), p.279; Amos, *The*

누스 법전의 학설 휘찬(*Digest*)과 칙법 휘찬(*Codex*)에서 많은 사실 불명예의 사례들을 발견하였다. 그들은 그러한 사례들을 통해서 판결 불명예와는 다른 형태의 것으로서 사실 불명예가 분명히 존재했다고 확신하였다.[174]

로마법에서 사실 불명예에 해당되는 사례로서 '절도 부당이득 반환청구 소권(*condictio furtiva*)'의 경우를 들 수 있다. 법률 규정에 따르면 불명예자 (*ingnominia*)는 그러한 소권을 제기할 수 없고 파렴치효로 인해 그의 소권은 중지된다.[175] 피고에게는 절도 행위로 인해 좋지 못한 평판(gravata opinio)이 그대로 남아 있다. 그렇지만 그에 맞서 있는 원고가 불명예의 오명을 짊어지고 있다고 한다면 그 원고의 제소권이 모두 중지된다. 여기서 'ignominia'는 사실 불명예에 준한다고 할 수 있다.

또 다른 사례로서 특시 명령을 들 수 있다. 폭력으로 인해 발생한 경우를 제외하고 다른 형태의 '특시 명령(特示命令 interdictum)'[176]을 받은 사람은 법적으로 불명예자는 아니다.[177] 그러나 특시 명령을 받은 자는 이미 명예가 손상되었다는 것을 내포하고 있다. 중세의 주석가들은 이러한 경우에 그는 사실 불명예에 해당한다고 보았다.

History and Principles of the Civil Law of Rome (London, 1883), p.111.

174) Frank J. Rodimer, *The canonical effects of infamy of fact: a historical synopsis and a commentary* 5. infamia facti의 존재를 부정하는 학자들도 있다. Nadaniel Lindley, *An Instruction to the study of Jurisprudence, in The law library* vol. 86 (Philadelphia, 1855), p.109.

175) *Digest* 44.7 36. Cessat ignominia in condictionibus quamvis ex famosis causis pendenant.

176) 로마법에서 권리 침해에 대해 시민법상 정해진 구제 수단이 없는 경우 정무관이 자신의 권한에 기하여 부여하는 구제수단으로서의 명령인 특시명령은 이후의 소송을 가능하게 하는 임시적인 것일 수도 있고, 최종적 처분일 수도 있다. 제시적 특시명령은 대체로 물건에 대한 권리에 관한 것으로서, 어떤 사람 또는 물건을 제시할 것을 요구하는 명령이다. 반환적 특시명령은 침탈한 물건을 반환하거나, 저지른 행위에 대해 원상회복을 하거나, 어떤 권리에 대한 특정한 방해 행위를 종료할 것을 요구하는 명령이다(출처: Britanica Online Korea).

177) *Digest* 43.16 13. Neque 'Unde vi,' neque aliud interdictum famosum est. 여기에서 famosum은 명예의 상실을 말하지만 그것이 판결 불명예를 뜻하지는 않는다.

그 밖에도 다음과 같은 사례들을 로마법에서의 사실 불명예로 볼 수 있다. 법정에서 재판 과정중에 재판관이나 정무관으로부터 질타를 받은 사람은 불명예로 보지 않는다.[178] 이러한 경우는 재판이 종료된 후에 부과되는 판결 불명예가 아니라는 것을 의미한다. 그러나 이는 내용상으로는 사실 불명예로 해석될 수 있다고 보았다. 최종 판결을 하기 전에 진실을 말하도록 하기 위해서 피고를 구타하고 고문하는 행위를 하는 것은 판결 불명예를 초래하지는 않는다. 그러나 이러한 행위를 저지른 자는 사실 불명예자로 볼 수 있다.[179] 부친의 유언을 거역하고 비판하는 아들은 판결 불명예를 초래하지는 않는다.[180] 그러나 그는 좋지 못한 평판을 받는 자와 동등하다. 이는 바로 사실 불명예를 의미하는 것이다.

공공의 여론을 통해서 추문이 조성되고 비난을 받게 되면 명예가 실추되는데 이는 사실 불명예의 전형적인 형태이다. 이에 비해 로마법에서 파렴치 효소권(*actiones famosae*)에 해당하는 비행은 판결 불명예가 부여될 수 있는 민법 소권에 해당된다. 법무관의 고시(*edicta praetoris*)에는 이러한 결과를 가져오는 소권 사례가 나열되어 있다. 그러나 사기 행위나 상해에 대한 소권은 파렴치효소권에 해당하지는 않지만 공공의 여론으로 인해 불명예는 불가피한 것이다.[181]

로마법에서 사실 불명예에 해당되는 사람들은 법정에 제소할 수가 없었고,[182] 변호인이나 대리인으로서 법정에 출석하는 것이 금지되었다.[183]

---

178) *Codex* 2.11 19, ad vervum 'reformat.' Interlocutio praesidis, quae indicta est, infamem eum de quo quaeris fecise non videtur.

179) *Codex*, 2.11 14 ad verbum 'infamiam.'

180) *Codex* 2.11 13, "Ea quae pater testamento suo filios increpans scripsit, infames quidem filios iure non faciunt, sed apud bonos et graves opinionem eius, qui patri displicuit, onerant."

181) *Digest* 37.15 2.

182) *Digest* 48.1 5, as verbum 'amiserunt.'

183) *Codex* 2.12 6.

또한 명예를 상실한 자가 상속자로 지정되었다면 그의 형제자매들은 그 유서를 변경할 수 있다.[184] 불명예나 악행, 추문 등으로 오염된 사람은 정직한 사람들의 집단에서 격리되어야 했고, 그에게는 공직에 입문할 수 있는 문이 닫혀 있었다.[185]

로마법에서는 '사실 불명예(*infamia facti*)'라는 용어 자체가 쓰이지는 않았지만 이에 해당되는 개념을 로마법에서 얼마든지 찾아볼 수 있으며, 그러한 내용은 12세기 로마법학자 아조(Azo)에 의해서 정리되었다고 할 수 있다. '*infamaia facti*'라는 용어는 아조에 의해서 처음으로 사용되었다. 아조가 이 용어를 사용하면서 의도했던 것은 판결에 의해 부과되는 것이 아니면서도 자발적으로 발생되고 법적 효력을 발생시키는 일종의 명예 상실이 존재한다는 것을 보여주는 것이었다. 아조는 로마법에 근거하여 사실 불명예에 해당되는 사례를 다음과 같이 네 가지로 제시하였다. 첫째는 부친이 그의 마지막 유언에서 아들을 나무랐다면 그 아들은 명예를 실추하게 된다. 둘째, 재판관이 소송 진행중이 아닌 곳에서 우연한 지적을 함으로써 명예 상실이 유발될 수 있다. 셋째, 절도 부당이득 반환청구소권에서 비파렴 치효소(*action non famosa*)가 아닌 유죄 판결이 이루어질 경우 피고인은 판결 불명예는 받지 않았을지라도 명예가 상실된다. 넷째, 출생이 사생아라 는 사실이 알려진다면 이는 불명예에 해당한다.[186] 아조는 이러한 불명예 사례들은 고대에도 법적으로 인정되어 전해 내려온 것이라고 보았다.[187]

---

184) *Codex* 3.28 27, "Fratres vel sorores uterini ab inofficiosi actione contra testamentum fratris vel sorois penitus arceantur; consanguinei autem, durante vel non agnatione contra testamentum fratris vel sororis de inofficioso quaestionem movere possunt, si scripti heredes infamiae vel turpitudinis vel levis notae macula adsparguntur."

185) *Codex* 12.1 2, "Neque famosis et notatis et quis scelus aut vitae turpitudo inquinat et quos infamia ab honestorum coetu segregat, dignitatis portae patebunt."

186) John M. Linvingston, *Infamia in the Decretists from Rufinus to Johannes Teutonicus*, pp.83~83.

187) Azo of Bologna, *In Ius Civile Summa*, Lugduni, 1564, II, II, 3. quia de hac infamia

236

그리고 덧붙여서 그러한 사실 불명예자는 다른 상속자들의 법적 이의 제기로 인해서 상속권을 박탈당한다고 하였다.

이상에서 살펴본 로마법의 관념으로 볼 때 사실 불명예는 유스티니아 누스 법전의 기준에 따라 해석되는 판결 불명예와 좀 더 보편적이지만 명확히 정의되지 않은 사회규범 위반행위 사이의 중간 영역에 속한다고 할 수 있다. 이러한 영역의 사실 불명예는 법정이 아닌 사회 공동체에 의해서 부과된다. 다시 말하면 그것은 부정한 행위를 저질렀다는 것이 사회 내에 널리 소문난 사람에게 내리는 사회적 낙인이다. 그렇지만 이것은 부친이나 재판관이 공적으로 나무라는 사람을 버리는 정도까지 는 가지 않는 사회적 불신이다. 이것은 사생아에게 지워진 지울 수 없는 낙인이기도 했고 불명예스럽게 여기는 직업에 종사하는 사람들을 각인시키는 표식이기도 하였다.[188]

(2) 중세교회법에서의 사실 불명예

사실 불명예에 관해서 중세교회법학자들은 유스티니아누스 법전의 사례 들을 추적하고 분석하고 있으나 아조로부터 직접적인 영향을 받았다고 할 수 있다. 그렇다면 아조 이전에는 사실 불명예에 대한 개념이 교회법에 보이지 않는 것일까? 그렇지는 않다. 교회법에서 사실 불명예의 용어를 직접적으로 사용하지는 않았을지라도 법적으로 개념이 정립되기 시작하는 것은 《위 이시도르 법령집》이 작성되는 무렵이라고 할 수 있다. 《위 이시도르 법령집》의 사료가 되었던 《안세기우스(Ansegius, 770~834) 법령집》[189]에

---

facti modicum in iure traditur.

188) Antonella Bettoni, *Fama, shame punishment and metamorphoses in criminal justice* 24 (März, 2010, Available: http://www.forhistiur.de/zitat/1003bettoni.htm).

189) 안세기우스(Ansegius)는 수도원장으로서 수도원 개혁자, 법령집 편찬자였다. 그는 샬마뉴 왕의 교회법, 루이 왕의 교회법, 샬마뉴 왕의 세속법, 루이 왕의 세속법 등 네 권의 법령집을 편찬하였고, 이를 통칭해서 프랑크 왕들의 법령집(Capitularies

서는 재판관이 될 수 없고, 고발과 증언이 허용되는 않는 부류의 사람에 대해 언급하고 있다. 그러한 사람들로는 불명예자(*infames*)뿐 아니라, 야비한 사람(*viles personae*)을 지목하고 있다.[190] 여기에서 지목된 불명예자는 판결 불명예에 해당된다고 할 수 있으며, 야비한 사람은 사실 불명예를 의미한다고 할 수 있다.

《앙길람 법령집(*Capitula Angilramni*)》[191]에서는 불명예(infamia)와 불명예자(infames)를 언급하고 있으며 이들 용어는 판결 불명예를 지칭하는 것이었다. 그런데 여기에서 그것을 대화에서 존중을 받지 못하는 사람(non rectae conversationis et bonae conversiones)과 구분하고 있는데, 이들에 대해서는 법정에 받아들이기 전에 조사가 이루어져야 한다고 언급하고 있다.[192]

《안세기우스(Ansegius) 법령집》과 《앙길람(Angilramni) 법령집》은 9세기 중엽에 작성된 《위 이시도르 법령집》에 영향을 미쳤고, 《위 이시도르 법령집》에는 그러한 법령집에서 언급한 바와 같이 불명예와 존중을 받지 못하는 사람을 구분하는 흔적들이 여러 곳에서 나타나고 있다.[193] 이들 법령들은 불명예자와 대화에서 존중을 받지 못하는 사람을 구분하는 관행을 교황 펠라기우스 2세(Pelagius II, 579~590)의 말에서 찾고 있다.[194]

of Franks)이라고 한다.

190) MGH, Legum Sectio II *Capitularia* tomus I, *Capitularia Regum Francorum*, (ed.) A. Boretius (Hannoverae, 1883) pars I, p.334, "Hoc sancimus, ut in palatiis nostris ad accusandum et iudicandum et testimonium faciendum non se exhibeant viles personae et infames, histriones scilicet, nugatores, manzeres, scurrae, concubinarii, neque ex turpium feminarum commixtione progeniti aut servi aut criminosi. Frequenter enim homines huiusmodi ex suspicione conversationis pravae et naturae, ut inferiores non videantur quod placet asserere nituntur contra digniores."

191) 《앙길람 법령집(*Capitula Angilramni*)》은 주교 앙길람누스(Angilramnus)와는 아무런 연관이 없는 위 법령집으로서 부제 베네틱트(Benedict)의 《위 법령집》을 사료로 하여 작성되었다.

192) Hinschius, *Devretales Pseudo-Isidorianae et Capitula Angilramni* (Lipsiae, 1863), n.3 p.758·761.

193) Hinschius, *Devretales Pseudo-Isidorianae et Capitula Angilramni*, pp.26·140·114·730.

238

《그라티아누스 교령집》과 《그레고리우스 9세 추가본》 등 교회법에서는 이전 교령집들을 편집하여 수용하면서 사실 불명예에 해당하는 야비한 사람 또는 대화에서 존중을 받지 못하는 사람에 대한 관념을 받아들였다. 그러나 판결 불명예라는 명확한 용어를 사용했음에도 불구하고 정작 사실 불명예에 속하는 부류를 하나의 법률 용어로 표현하지는 못했다.[195] 그렇기 때문에 사실 불명예라는 용어 자체는 교령집에서는 찾아볼 수 없고 교령집 연구가들의 주석에서 발견할 수가 있다.[196] 교령집 연구가들이 사실 불명예를 언급할 때 그들은 세 가지 경로에서 자신들의 논리적 근거를 찾았다. 첫째는 학설 휘찬과 칙법 휘찬을 중심으로 하는 유스티니아누스 법전을 추적하여 분석하였고, 둘째는 《위 이시도르 법령집》을 비롯한 위조 법령집들이 많은 시사점을 제시하였으며, 셋째는 아조와 같은 12세기 로마법학자들의 법적 관념이 교회법학자들에게 직접적인 영향을 끼쳤다고 할 수 있다.

12세기 교회법학자들은 이전에 비해 사실 불명예의 개념을 더욱 명확히 하며 이를 교회법적 관념으로 진전시키게 된다.[197] 그리고 그들은 일상적

---

194) Hinschius, *Devretales Pseudo-Isidorianae et Capitula Angilramni*, p.730, "Canonica sanctorum patum statuta sequentes, ac roborantes, omnes infames, et eorum qui non sunt eorum gentis, vel quorum fides, vita, et libertas nescitur, et qui non sunt bonae conversationis, vel quorum, vita est accusabilis, ab omni accusatione episcoporum funditus submovemus. Similiter et omnes, quos divinae leges mortuos appellant, submovendos esse ab eadem accusatione, et publicae poenitentiae submittendos iudicamus."

195) J. E. Goudsmit; R de Tracy Gould, *The Pandects: a treatise on the Roman law and upon its connection with modern legislation* (London: Longmans, Green, 1873). 이 책의 저자는 로마법에서나 교회법에서 사실 불명예는 법으로 제한되거나 규정되지 않은 영역이라고 보았다. 즉 이것은 특정한 삶의 방식과 행위의 결과로 나타나는 관심의 상실(loss of consideration)이라는 것이다. 그렇지만 이것은 고위 직책을 가지는 것이 부적합하다고 여기거나 공직으로부터 면직되며, 법정에서 증언을 신뢰받지 못하는 정도의 결과를 가져온다고 보았다.

196) F. J. Rodimer, *The canonical effects of infamy of fact*, pp.14~17.

197) T. S. Fenster & Daniel Lord Smail, *Fama: the politics of talk and reputation in medieval Europe*, p.104. 이 책의 저자들은 중세교회법학자들이 판결 불명예와 사실 불명예를

범죄의 대상이 아닌 비행에 대한 소문이나 혐의에 비중을 두어 그 용어를
사용하였다.198)

초기의 교령집 연구가(decretist)들은 사실 불명예를 지칭하는 용어로서
'*infamia facti*'를 사용하기보다는 '악평(*mala fama*)'이나 '명예손상(*infamatio*)'
이라는 용어를 자주 사용하였다. 교령집 연구가 루피누스는 그의 주석집에
서 사실 불명예라고 규정될 수 있는 개념을 언급하면서 이를 '나쁜 소문
(sinister rumor)'이라고 불렀다. 요한네스 파비아누스는 사실 불명예는 나쁜
소문 그 자체라고 하였다.199) 그러한 개념은 교령집에 대한 《표준 주석집
(*Glossa Ordinaria*)》을 작성한 요한네스 테우토니우스에 의해서 맨 처음
공식적으로 '*infamia facti*'로 표현되었다. 요한네스는 불명예를 그 성격과
여건에 따라 세 가지 형태로 나누었는데 그 가운데 하나가 사실 불명예에
속한다. 그의 구분에 따르면 불명예는 첫째, 판결 불명예로 재판의 선고를
통해서 부과되는 불명예가 있다. 둘째는 사실 불명예 또는 명예 손상으로서
교회법적 정결례를 거쳐서 사면될 수 있는 불명예가 있다. 셋째는 사망에
이르게 하는 죄(mortal sin)를 지은 경우에 계율 불명예로 지칭되며 참회고행
을 통해서 사면될 수 있는 불명예가 있다.200)

분명히 구분하였음을 강조한다; Nadaniel Lindley, "An Instruction to the study
of Jurisprudence," *The law library* 86 (1855), p.109. 린들리(Lindley)는 사실 불명예의
존재를 부정하는 학자들도 있음을 소개하고 있다. 그는 사실 불명예는 그 행위자의
부정적인 행위가 변화되는 대로 그 적용이 중지되는 형태의 불명예라고 해석하였다.

198) Giacomo Todeschini, "The Incivility of Judas: 'Manifest' Usury as a Metaphor for
the infamy of Fact(*infamia facti*)," in Money, *Morality, and culture in the Medieval
and early Modern Europe*, (ed.) Julian Vaullo and Diane Wolehak (Burington: Ashgate
Publishing Company, 2010), pp.33~45; Giacomo Todeschini, Truthfulness and Avarice
as Elements of the Christian 'infamia facto' Vocabulary (Available: http://www.mucjs.org
/Todeschini.pdf); Ruth Hill, *Hierarchy, commerce and fraud in Bourbon Spanish America*
(Vanderbilt University Press, 2005), pp.81~91.

199) John of Faenza to Dict. Gr. to C.2 q.3 c.7, "Ex hac infamia facti fame decoloratio
nascitur, frequenter enim apud honestos viros eius estimatio gravatur de quo licet
interdicitur talis rumor aspergitur."

《그라티아누스 교령집》과 《그레고리우스 9세 추가본》 교령집에서는 정결례(*purgatio canonica*)를 행함으로써 사실 불명예를 사면받을 수 있다는 점을 지속적으로 규정하였다.201) 이러한 원칙은 교령집 연구가들(decretists)과 교령 연구가들(decretalists) 사이에 공통적으로 합의된 사안이라 할 수 있으며 다만 세부적인 형식과 내용에서 약간의 차이를 보인다.

정결례란 좋지 못한 소문이 떠돌게 될 때 그 소문의 당사자는 서품을 받기 전에 또는 교회법적 권리를 행사하기 전에 그의 오명을 정화하기 위해서 치르는 의식이다. 이 정화 의식은 소문으로 인한 피해자가 자신의 결백을 서약하는 절차이다. 이때 입회인 즉 정화시켜 주는 사람들(*compurgatores*)이 그 자리에 함께하며 입회인의 수는 피해자의 신분에 따라 다르게 요구되었다. 오명을 쓴 피해자가 주교일 때는 12명의 입회인이 필요하며 사제는 7명, 부제는 3명의 입회인이 요구되었다. 그보다 하위의 신분은 더 적은 수로 충족되었다. 주교의 경우에 악평 속에 소문난 비행 정도에 따라 그 수가 증감되었다.202)

루피누스는 선출 과정중에 혐의를 받게 된 주교 당선자를 한 사례로 설명하면서 피해자는 오명을 씻기 위해서 모두가 알 수 있도록 공개적으로 정결례를 행해야 한다고 하였다. 이와 같이 소문의 피해자가 자신의 결백을 입증할 증거가 부족해서 계속 주변으로부터 의심을 받고 있을 때 정결례를 행하게 된다. 다시 말하면 악평을 제기한 사람이 충분한 증거를 제시하지

---

200) Johannes Teutonicus, *Glossa Ordinaria* ad c.2, C.VI q.1 *ad verbum 'leges'*, "Discunt tamen quidam, quod infamia, quae est irrogata per sententiam, vel quae contrahitur ipso facto, ut cum aliqua deprehenditur in adulterio, vel cum aliquis contrahit binas nuptias...haec infamia non purgatur per quamcumque poenitentiam.... Alia est infamia facti, et melius dicitur infamatio quae inducit purgationem, et illa aboletur purgatione praestita....Est etiam quaedam infamia canonica, quae irrogatur ex quolibet peccato mortali...et aboletur per peinitentiam..."

201) C.II q.5 c.16-19; X, c.13.

202) J. M. Linvingston, *Infamia in the Decretists from Rufinus to Johannes Teutonicus*, pp.86~87.

못한 상태에서 피해자가 계속 악평(mala fama) 상태에 있을 때 정결례를
통해서 이를 해소할 수 있다. 그러나 오직 평신도 한 사람만이 문제를
제기하여 명예가 손상된 성직자는 정결례를 행할 필요가 없다. 또한 주교가
악평을 받고 있는 경우에 의심을 확인시켜 줄 타당한 이유가 없다면 그에
대한 혐의만으로 정결례를 강요할 수 없다.203) 악평 때문에 주교로부터
정직 처분을 받은 성직자는 그가 재임명되기 위해서는 반드시 정결례를
행해야 하는데 이는 그가 범했다고 하는 죄 때문이 아니라 사람들 사이에
떠도는 추문 때문이다. 그렇다고 할지라도 정결례를 치르는 주된 이유는
언제나 추문에서 비롯되기 때문에 재판관 한 사람만이 의심한다고 해서
정결례가 요구되는 것은 아니다.204) 정결례는 무엇보다도 기본적으로 많은
사람으로부터 악평을 받고 있다는 것이 그 실행의 전제조건이 되며, 충분한
해명으로 악평이 해소되었다면 정결례를 받을 필요가 없었다. 그리고 악평
이 적대자에 의해 날조된 것이라는 점이 명백하다면 그 피해자는 정결례를
행할 필요가 없었다.205) 그러나 소문난 당사자가 악명을 가지고 있고 어떠한
정결례 입회인도 구할 수 없어서 정결례를 행하지 못한다면 그가 저질렀다고
소문난 범죄는 사실로 확정된 것과 같이 취급된다. 후구치오는 그러한
경우에 그 당사자가 성직자라면 그를 단순히 정직시키기보다는 면직시켜야
한다고 주장하였다.206)

　　주석집 《자연법(Ius Naturale)》에서는 사실 불명예가 발생했을 때 이를

203) Stephanus of Tournai to C.2 q.5 c.4 & c.19.
204) Huguccio to c.2 q.5 ad v. Deficientibus.
205) Rufinus, Summa to C.2 q.5, p.219.
206) Huguccio to c.26 ad v. quinquennium. 이 문제에 관해서 후구치오는 교황 알렉산드로스
　　3세의 교령을 인용하면서 설명하였다. 교령은 툴루즈의 주교에게 보낸 서한으로서
　　성직매매에 연루되어 비난을 받고 있는 대부제와 다른 성직자에 관해서 작성된
　　것이었다. 대주교는 유죄의 확정도 없이 공적 불명예로 고통을 당하고 있는 그들에게
　　교회법적 정결례를 요구하게 된다. 혐의자들이 이러한 요구에 응하지 않는다면
　　그 당사자들은 악행으로 인하여 벌을 받게 된다고 하였다.

처리하기 위한 절차를 언급하고 있다. 먼저 불명예자에게는 주교가 세 차례의 경고를 하게 된다. 맨 처음에는 사적으로 당사자에게만 개인적으로 경고를 한다. 이에 대해 변화가 나타나지 않으면 2~3명의 증인과 함께 재차 경고를 한다. 그리고 마지막에는 공개적으로 경고한다. 이와 같은 경고를 받아들여서 불명예를 씻을 만큼 근신하고 신중한 주의를 기울이지 않는다면 당사자가 성직자일 경우 그의 직책은 정직된다. 그 후로부터 일주일의 유예 기간이 주어지며 이 기간에 불명예자에 대한 고발자가 나오기를 기다린다. 이 기간 안에 고발자가 나타나지 않고 그가 깨끗하다고 보이게 되면 그가 겪고 있는 불명예에 대해 정결례를 행하도록 지시된다.[207]

그렇다면 사실 불명예자가 정결례를 행해야 한다는 것 외에 그에게 미칠 수 있는 제재는 어떠한 것들이 있을까? 그러한 제재는 로마법에서 규정된 것과 내용상 거의 동일하다고 할 수 있다. 교회법에서의 관념에 따라 적용된 내용을 살펴보면 다음과 같은 몇 가지 사항으로 분류해 볼 수 있다.

첫째, 사실 불명예 상태에 있는 사람은 다른 사람을 제소할 수 없다. 그라티아누스의 교령집에서는 판결 불명예자는 다른 사람을 법정에 제소할 수 없다고 규정하였다.[208] 이와 관련해서 루피누스는 판결 불명예뿐 아니라 사실 불명예 상태에 있을 때에도 그 당사자는 법정에서 증언을 할 수 없으며 대리인이나 변호인으로 법정에 출석할 수 없다고 하였다.[209] 사실 불명예자는 형사 재판에서 증언할 수가 없다. 증인은 의심을 받지 않고

---

207) *Ius Naturale*, C.13 *ad v. suspendat*, "accusator non aparuerit, vel in probatione defecerit, iuxta infamiam qua laborat ei est purgatio indicenda."

208) C.II q.7 c.39.

209) Rufinus, *Summa*, to C.II q.7 c.39, p.187; S. March Phillipps, "Of Incompetency of Witnesses from infamy," in *A Treatise of Law of Evidence* (London, 1822), p.28; William Steele, *A summary of the powers and duties of juries in criminal trials in Scotland* (Edinburgh, Thomas Clark, 1833), p.18.

불명예 상태에 있지 않아야 하기 때문에 명예가 손상된 사람은 형사 사건에서 증언이 허용되지 않는다는 것이다.[210]

둘째, 강력한 혐의를 받고 있는 사람은 명예로운 직책에 임명될 수 없다. 따라서 그는 성직에 나아갈 수 없다. 뿐만 아니라, 주교를 위한 행정 회계 관리인(procurator)으로도 활동할 수가 없다. 주교 주변에는 모두가 좋은 명예를 지닌 사제들이 있어야 하기 때문이다.[211] 교회법학자 스테파누스는 단순한 혐의(*suspicio*)와 악평(*mala fama*)을 구분하면서 혐의는 사제를 정직시킬 수 있을 만큼 충분한 요건이 되지 못하지만 악평은 그 요건이 된다고 보았다.[212]

셋째, 사실 불명예의 상태에 있는 사람은 그가 담당한 성직이 중지되거나 박탈된다. 비난이나 공격으로 인해 명예를 손상당한 상태에서는 사실 불명예 상태에 있는 사제가 정상적인 사목 활동을 할 수가 없기 때문에 그의 직책과 성직록을 상실하게 된다고 여겼다. 이에 대해 요한네스는 그 사제에 대한 비난이 미확인 상태로 있는 상황이라면 그의 직책을 유지할 수 있다고 보았다. 다만 혐의를 받고 있는 범죄가 너무도 크고 그로 인한 불명예를 처리하기 위해 극단적인 조치가 필요한 경우에는 주교가 그의 직책과 성직록을 박탈할 수 있다고 보았다.[213] 이 점에 관해서 스테파누스는 주교는 명예가 손상된 사제를 재판 없이 정직시킬 수 있다고 보았다. 그렇지만 사제가 교구민이나 교구의 평신도 후견인(lay patron)에 의해서 쫓겨나는 경우가 있는데 그가 주교에 의해서 면직되지 않는 한 악평에 대한 청문회가

---

210) Johannes Teutonicus, *Glossa Ordinaria*, ad verba "*pendente accusatuine.*"

211) C.II q.7 c.60, "Episcopu...semper secum presbiteros et diaconos, aut alios boni testamenti clericos habeant..."

212) Stepheb of Tournai to C.2 q.1 c.13, "Dicimus quod sacerdos non amoveatur propter suspicionem sed propter malam famam, que est quasi presumptio contra eum."

213) Johannes Teutonicus, *Glossa Ordinaria*, ad X, c.56, *de testibus et attestationibus, II, 20 ad verba "pendente accustione."*

열리기 전에 일단 당사자가 직책에 복귀하도록 해야 한다고 하였다. 스테파
누스는 악평이 자격 없는 사람들로 하여금 교회 재판에 간섭하게 하는
구실이 되어서는 안 된다는 점을 강조하였다.

　사실 불명예 상태에 있던 사람이 적절하게 정결 예식을 치렀다면 정지되
었던 성직록은 다시 지급된다. 그러나 의도적으로 이단과 연합된 경우에는
추문이 완전히 해소되고, 잘못에 대한 포기 선서와 정통의 신앙을 회복할
때까지 그의 직무와 성지록의 지급은 정지된다.214)

맺음말

로마 사회에서 형성된 불명예효 제도는 중세교회법에 수용되면서 제정
후기와 유사한 사법적 권위를 가지고 시행되었다. 로마 공화정 시대에
불명예효는 하나의 사회적 통념으로 적용되었으며 후기 제정 시대에 이르러
서 법적·사법적 의미를 가지는 강제적인 제재 조치가 되었다. 부정한 행위를
저지르거나 비천한 직업에 종사하는 사람들은 파렴치한 자들이라고 여겼다.
그들은 시민으로서 가질 수 있는 명예를 유지하지 못하기 때문에 존망
받는 직책을 담당하지 못하도록 한다거나 법적 보호를 받지 못하는 불명예
형벌을 받았다. 바로 이와 같은 로마의 불명예효 개념이 중세교회법에서도
동일하게 받아들여졌다. 그러나 중세교회법에서는 그 적용 동기와 범위,
방식에서 로마 시대와는 다른 양상을 보이고 있다.

　로마의 불명예 관념이 교회법에 도입되기 시작한 것은 4~5세기 공의회의
규정이었다. 이때 그러한 규정이 마련된 동기는 비도덕적이고 파괴적인
고발자들로부터 성직자를 보호하기 위한 것이었다. 이 내용은 419년 카르타
고 공의회에서 매우 분명하게 표출되었고, 파문된 자, 불명예자, 이단,

---

214) Frank J. Rodimer, *The canonical effects of infamy of fact*, pp.27~28.

이교도, 유태인, 고발 금지형을 받은 자 등은 성직자를 법정에 고소하지 못하도록 하는 법령이 제정되었다. 무가치한 고발자들로부터 성직자를 보호하려는 경향은 9세기의 《위 이시도르 법령집》에서 더욱 본격화되어 나타난다. 이 법령에서는 특별히 불명예를 파문과 연계시키는 과정을 보이고 있다. 여기에서는 모든 파문된 자를 불명예자로 단정적으로 표현할 정도로 파문된 자의 속성을 불명예자로 보려는 강한 의지가 엿보인다.

《위 이시도르 법령집》에 수용된 고대 공의회의 불명예 개념은 12세기 교회법이 집대성될 때까지 교회법에 일반적으로 받아들여졌다. 불명예에 관한 로마법의 규정과 이전의 교령집 문헌들은 《그라티아누스 교령집》에 편집되었고, 12세기 중엽 이후의 교회법학자들은 주로 이를 중심으로 불명예에 관해 다양한 해석을 제시하게 된다. 그러나 기본적으로는 비천한 직업에 종사하는 자와 부도덕한 범죄 행위를 저지른 자에게 불명예를 부과하는 로마적 관념을 기초로 하였고 세부적인 면에서 교회법학자들 사이에 해석상의 차이를 보이게 된다. 그러나 15세기 트리엔트 보편공의회를 거치면서 불명예 개념은 교회법에서 일정한 형태로 정형화되었다.

불명예효 제도는 중세의 세속 법정과 교회 법정 양자 모두가 수용하였다. 그러나 세속과 교회의 이원적인 재판제도 속에서 사법적 관할권을 중심으로 두 주체 사이에 긴장이 야기되었다. 세속 재판관이 선고한 불명예효가 교회 법정에서 인정될 수 있는지의 문제는 교회법학자들 사이에 첨예한 논쟁거리가 되었다.

중세교회법에 수용된 불명예효는 판결 불명예, 계율 불명예, 사실 불명예 등 세 가지 형태로 자리를 잡게 된다. 판결 불명예는 재판의 판결을 필요로 하는 불명예로서 판결의 결과로 부과되는 불명예이다. 이는 유스티니아누스 법전에 명확히 법률로 규정되어 있으며, 동업의 계약을 위반하는 자, 다른 사람을 속이고 이득을 취하는 자, 보증금을 돌려주지 않는 자, 자유인의 신체를 상해하거나 안전과 명예를 손상시킨 자, 남의 물건을 훔친 자,

무상 봉사 계약 위반자, 후견인의 역할을 못한 자 등에게 부과하였다. 이러한 로마법의 판결 불명예 선고 대상 이외에도 중세교회법에서는 성직자를 법정에 고발하고 이를 입증하지 못하는 자, 공의회 폐기 문서를 왜곡한 자, 절도 행위자 등 성직자 보호나 교회 내의 질서를 유지하려는 목적을 추가하여 적용하였다.

계율 불명예는 형사적 범죄나 도덕적 죄로 인해서 초래될 수 있으나 그 정도가 경미한 경우에 부과된다. 이는 그 정도가 비교적 가볍기 때문에 참회고행만을 통해 사면될 수 있는 불명예이다. 이는 경징계 파문으로 부과될 수 있으나 경징계 파문이 사면되면 동시에 소멸되는 불명예이기도 하다. 또한 이것은 사망에 이르는 죄(peccatium mortale)로 인해서 초래되지만 그렇게 심각한 것은 아니라고 보았다. 계율 불명예는 다른 유형의 불명예에 비해서 로마법에 근거를 두지 않고 중세교회법에서만 규정된 가장 중세적인 성격의 불명예이다.

사실 불명예는 그 기원적 형태를 절도 부당이득 반환청구소권이나 특시명령 등 로마법에서 찾아볼 수 있으나, 그 당시에는 사실 불명예라는 용어를 사용하지 않았다. 그 용어는 12세기 로마법학자 아조에 의해서 처음 사용되었고, 교회법에서는 요한네스 테우토니쿠스에 의해서 처음 사용되었다. 또한 이것은 《그라티아누스 교령집》이나 《그레고리우스 9세 추가본》과 같은 교령집에 그 용어가 사용된 것은 아니고, 주로 교령집 연구가나 교령 연구가들의 주석에서 언급된 용어이다. 사실 불명예는 실제 범죄 행위 그 자체보다는 소문으로 떠돌거나 의심을 받음으로써 초래되는 불명예이다. 초기 교령집 연구가들은 이를 악평(mala fama) 또는 명예 손상(infamatio)이라고 지칭하였고, 나쁜 소문(sinister rumor)이라고도 했다. 이러한 부류의 불명예는 정결례(purgatio canonica)를 행함으로써 사면될 수 있다. 정결례란 좋지 못한 소문이 떠돌게 될 때 그 소문의 당사자가 서품을 받기 전에 또는 교회법적 권리를 행사하기 전에 자신의 오명을 정화하기 위해서 치르는 의식이다.

　어떠한 형태이든 불명예는 그리스도교 공동체의 질서를 무너뜨리거나 범죄로 인해서 발생한 것이기 때문에 그것에 대한 제재와 권리의 박탈은 불가피한 것으로 여겼다. 판결 불명예와 사실 불명예는 초래된 동기가 각기 다르고 사면 방식도 서로 달랐지만 그러한 불명예로 인한 제재 방식은 거의 동일하였다. 그와 같은 불명예자들은 법정에 제소할 수 있는 권리를 상실했고, 성직에 서품되거나 승진할 수 없었으며, 성직에 있는 자는 그의 직책이 중지되거나 박탈된다. 이와 같은 엄중한 제재 조치에 비해서 계율 불명예는 그 사안이 경미한 것으로 보기 때문에 그에 대한 특별한 제재 조치를 언급하지 않았다. 경징계 파문과 함께 부과된 계율 불명예는 그에 대해 제재가 가해지더라도 이는 불명예효로 인한 것이라기보다는 파문의 결과로부터 비롯되는 것이었다.

　중세교회법에 수용된 불명예효는 로마법으로부터 기원하는 것이지만 교회법학자들은 이를 그리스도교 공동체의 필요에 맞추어 변형시켜 적용하였다. 중세교회법에서 수용된 불명예효는 불법적이고 부당한 범죄에 대한 제재 수단의 하나가 되었다는 것이 분명하다. 그런데 이 제재 조치는 중세교회의 가장 엄격한 징계 수단인 파문과 매우 밀접한 관계를 가지고 있다. 파문의 기원은 고대 교회 공동체에서 찾아볼 수 있지만 중세의 파문은 그 대상과 적용 범위가 크게 확대되었다. 그 과정에서 불명예효 개념이 파문을 규정하는 중세교회법에 큰 영향을 미쳤다고 할 수 있다.

제6장 파문과 사법적 자격의 상실

중세교회에서는 파문된 자가 사회질서 유지 기능을 가진 법정을 오염시킨다는 것은 결코 허용할 수 없는 일이었다. 그렇기 때문에 중세교회법에서는 파문된 자에게서 모든 사법적 권리를 박탈하고자 하였다. 그러나 그와 같은 사법적 불이익을 어디까지 적용해야 하는지의 문제는 간단한 것이 아니었다. 파문된 자를 기독교 공동체로부터 격리해야 한다는 관념은 사도의 시대에서 그 기원을 찾아볼 수 있으나 그에게 사법적으로 불이익을 준다는 개념은 성서에서 그 근거를 찾아볼 수 없었다. 그렇기 때문에 중세의 교회법학자들은 로마법 가운데 유사하게 적용할 수 있는 내용을 찾아서 교회법에 차용하여 그러한 것에 대한 개념을 설정하였다.

현대의 학자들은 중세교회의 파문에 대해 큰 매력을 느끼지 못한 것 같다. 다른 주제에 비해서 연구물이 매우 적은 편이고 파문에 관련된 주제에 다양하게 접근하지도 않았다. 특히 파문된 자의 사법적 자격 박탈에 관해 다룬 것은 보돌라(Vodola)의 《중세의 파문》[1]이 유일하다. 보돌라 역시 책의 제목에 어울리게 파문의 내용에 전반적으로 접근해 보려는 의도를 가지고 있었던 것으로 보이지만 사법적 내용에 큰 비중을 두었다.

본 장에서는 그동안 중세의 파문을 다각도에서 바라보고 접근하면서

---

1) Elizabeth Vodola, *Excommunication in the Middle Ages* (Berkley/Los Angeles/London: U of Califonia P, 1986).

필연적으로 거쳐야 하는 사법적 자격 상실 문제를 다루고자 한다. 여기에서는 보드라의 연구성과를 크게 참조하면서 원사료의 추적에 심혈을 기울였다. 사료를 중심으로 사법적 자격 박탈이 교회법에 도입되는 과정을 살펴봄으로써 파문의 의미와 본질을 이해하고자 하였다. 나아가 교회법에 적용된 사법적 자격 박탈의 정도는 무엇인지, 그리고 파문된 자에 대한 법정의 입장은 무엇인지를 파악하고자 한다.

연구 과정에서 드러난 것은 그러한 질문에 대한 교회법적 해석이 하나의 결론으로 답할 수 있는 것이 아니라는 것이었다. 따라서 본고는 이 주제에 대한 하나의 해답을 구하기보다는 원래의 해석이 무엇이고, 어떻게 변질되어 가는가에 더욱 큰 관심을 가질 수밖에 없었다. 따라서 중세교회법학자들의 다양한 견해와 해석 논쟁을 통해서 중세 사회에 강력한 위력을 보였던 파문 제재의 사법적 측면을 살펴보고자 한다.

1. 파문된 자의 사법적 자격 박탈

후기 제정 시대의 불명예효 개념이 중세교회법에 수용되었고, 불명예효로 인해 법적 자격이 상실된다는 로마법 관념이 중세교회의 파문에 적용되었다.[2)]

초기 기독교 시대 로마법이 교회법에 영향을 미치기 시작할 때에 교회법에 수용된 불명예의 개념은 단순화되면서도 보편적으로 적용될 수 있는

---

2) 장준철, 〈중세교회법에서의 불명예효(*infamia*) 수용〉, 《역사와 경계》 77 (2010), pp.235~267. 중세에 불명예의 문제는 교회법과 교회 법정에서만 수용된 것이 아니라 세속 법정에서도 많은 해석과 논의를 거치게 된다. 그 예를 다음 논문에서 참고할 수 있다. Jesus Angel Solorzano Telechea, "*Fama Publica*, infamy, and defamation: Judicial violence and social control of crimes against sexual morals in medieval Castile," *Jounal of Medieval History* 33 (2007), pp.398~413.

250

형태를 취하였다. 그 무렵 그리스도교 공동체에서는 질서 유지를 위해서 불명예에 대한 로마법의 정신을 유효적절하게 활용하고자 하였다. 그 한 예로 신약의 데살로니카 전서에서 도덕적 불명예를 언급하면서 이를 공동체로부터 추방하는 파문과 연계시키는 내용을 찾아볼 수 있다.

한편으로 교회에서는 주교를 비롯한 성직자들을 무분별하게 고발하는 것에 대해 법적으로 대응할 수단으로서 불명예효를 교회법에 수용할 필요가 있었다. 이 과정에서 정교한 로마법의 내용들이 아직은 사법적인 면과 법정 운영이 미숙하였던 교회에 짧고 단순화된 형태로 변형되어 들어오게 된다. 문맥이 잘 연결되지 않거나 수정되어 버렸기 때문에 내용은 불분명하고 애매한 경우가 많았다. 바로 이러한 문제들은 12세기에 이르러 교회법이 집대성되고 학문적으로 발달할 때 해석상의 문제를 야기하게 되었다. 따라서 그라티아누스와 교령집 연구가(decretists)들은 원래의 의미를 확인하고 정확한 내용을 규명하기 위해 수없이 로마법의 원전과 문헌을 추적하면서 많은 노력과 수고를 하게 된다.[3]

로마법의 용어 '불명예(*infamia*)'는 카르타고 공의회에서 처음으로 교회법에 도입된다. 공의회의 두 번째 회기에서는 파문된 자, 불명예자(*infames*), 이단, 이교도, 유태인 등 형법에서 규정한 부류의 사람들은 개인적 사건(*in causis propriis*)을 제외하고는 성직자를 고발하는 것이 금지된다고 규정하였다.[4] 이 규정에서 알 수 있는 바와 같이 로마법의 불명예 개념이 교회법에 도입될 때에는 파괴적이고 사소한 형사 고발로부터 주교를 비롯한 성직자를 보호하기 위한 것이었다. 그러한 전통이 9세기에 《위 이시도르 법령집》에 반영되었다.

3) E. Bodola, *Excommunication in the Middle Ages*, pp.70~71.
4) THE CODE OF CANONS OF THE AFRICAN CHURCH. A.D. 419. 법규 제131조 in *The seven ecumenical councils*. Philip Schaff (Edinburgh : Clark [u.a.], 1991), pp.732~733.

9세기에 랭스의 대주교 힝크마르와 그의 조카 롱의 주교 힝크마르 사이에 분쟁이 발생했을 때 무가치한 고발자들로부터 성직자를 보호해야 한다는 것이 강하게 제기되었으며, 《위 이시도르 법령집》에서 이를 중심적인 주제로 삼게 되었다. 《위 이시도르 법령집》에서는 "모든 파문된 자는 불명예자(*infames*)"라고 규정하였다.[5] 법령집의 저자는 파문과 불명예를 연계시키면서 불명예효를 파문된 자에 대한 처벌 기준으로 삼고자 하였다. 즉 불명예로 인해 받게 되는 사법적 불이익을 파문된 자에 대해서도 동일하게 적용하려고 시도한 것으로 볼 수 있다. 이와 같이 파문된 자의 속성을 불명예자로 보려는 《위 이시도르 법령집》 작성자의 관점은 중세 후반기 교회법에 매우 큰 영향을 미치게 된다. 파문으로 인한 사법적 불이익을 규정하는 것은 12세기 이후의 중세교회법에서 매우 중요한 주제가 되었기 때문에 그 모형이 되는 불명예에 대한 교회법적 개념을 규명하기 위해 많은 교회법학적 논쟁이 제기되었다.

그라티아누스와 교령집 연구가들은 파문과 불명예에 관련된 《위 이시도르 법령집》의 함축적인 표현을 《그라티아누스 교령집》에 주서(朱書)하거나 끼워넣기를 하면서 개념을 명확히 규명하고자 하였다. 그 과정에서 불명예에 관련된 로마법의 문헌들을 교령집에 병합하게 된다. 파문된 자와 불명예자, 그 밖에도 법에서 지목된 자들은 형사적 고발이 금지된다는 《위 이시도르 법령집》의 관념을 따르는 한편, 그라티아누스는 소송인들의 사법적 자격 문제를 고찰하였다.

그라티아누스는 소송인들의 자격을 주로 세상에서 저지른 도덕적 죄의 정도에 비추어 바라보았다. 그는 법적 자격에 대해 확고한 규칙을 세우기보다는 재판에 참여하는 모든 구성원, 즉 재판관, 소송인, 증인 등이 도덕적으로 동등한 상태에 있어야 한다는 점을 중시하였다. 이를 위해 그는 두 가지

5) G. May, "Die Bedeutung der pseudoisidorischen Sammlung für die Infamie im kanonischen Recht," *Österreichisches Archiv für Kirchenrecht* 12 (1961), pp.87~113.

원칙을 제시하였다. 첫째는 재판에서 원고는 그가 맞서 있는 피고와 적어도 도덕적으로 동등해야 한다는 것이다.[6] 둘째는 일부 범죄는 매우 과중한 것이기 때문에 이를 고발하는 사람에 대한 제한 조치를 모두 취소해야 한다는 것이다.[7] 첫 번째의 경우에 도덕적으로 동등해야 한다는 것의 기준은 그의 신분이 불명예나 파문의 상태에 있지 않아야 한다는 것을 말한다. 어느 누구든지 그러한 신분에 해당한다면 그는 재판에 참여할 수 없다. 그러나 이것이 민사 재판에까지 영향을 미치는 것은 아니었다.

두 번째의 경우는 로마법 가운데 형사법 특면제도를 적용하여 교회법에 수용한 것이다. 로마법에는 대역죄나 곡물 횡령처럼 죄의 정도가 매우 무거운 예외적인 범죄를 저지른 자를 고소할 경우에 고소한 자가 불명예의 상태에 있거나 무가치한 신분이라 할지라도 그로 인해 초래되는 형사고소권 박탈을 면제해 주는 제도가 있다. 바로 그와 같은 로마법의 특면제도를 그라티아누스가 교회법에 도입한 것이다. 《그라티아누스 교령집》에서는 그러한 예외적인 범죄에 이단과 신성모독을 포함시켰다.[8] 이러한 예외 규정은 주교에 대해서는 평신도나 하위 성직자가 어떠한 것도 법정에 고소할 수 없다고 한 《위 이시도르 법령집》의 규정과 대립되는 내용이다. 이는 12세기 교회법이 《위 이시도르 법령》의 시대보다 내용상 진일보한 것이라고 할 수 있다. 나아가서 교회법이 집대성되는 이 시기에는 그 이전 시대보다도 훨씬 더 정교하고 면밀하게 로마법을 검토하고 해석하여 이를 수용하는 모습을 보였다.

---

6) C.2 q.7 d.p. c.25, "Unde generaliter colligitur, quod in accusatione equalitas fidei et conuersationis inter accusantem et accusatum semper consideranda est, ut is, qui accusat uel par, uel superior inueniatur."

7) C.15 q.3 c.3. 이와 관련해서 그라티아누스는 주교가 평신도나 하위 성직자의 고발로부터 보호를 받아야 한다는 위 이시도르의 법령을 거부하였다. 그것은 고발자가 오직 범죄자이거나 불명예자일 경우에만 적용할 수 있다고 보았다.

8) C.1 q.7 d.a. c.5; C.6 q.1 d.a. c.23.

이 두 가지 원칙은 서로 이율배반적이라고 할 수 있다. 하나는 재판 참여자에게 도덕적 자격을 적용하자는 것이고 다른 하나는 그 자격을 모두 철폐해야 한다는 것이다. 그러나 두 번째의 예외 규정이 첫 번째의 도덕적 자격에 대한 규정을 무력화시키는 것은 아니다. 오히려 원칙으로 정한 도덕적 자격을 엄격하게 적용함으로써 결코 묵과할 수 없는 심각한 범죄까지도 처벌할 수 없게 하는 모순적 상황을 방지할 수 있게 한 예외 규정이라고 할 수 있다.

《그라티아누스 교령집》에 담겨 있는 파문된 자의 사법적 지위에 대한 규정은 향후 수십 년 동안 교회법학에서 절대적 권위를 가졌다. 그라티아누스의 해석을 받아들이면서도 이를 한 걸음 더욱 진전시킨 교회법학자는 롤란두스(Rolandus)이다. 그라티아누스가 재판에 참여하는 소송인들이 도덕적으로 동등해야 한다는 관점을 제시한 것에 비해, 롤란두스는 그러한 원리 위에서 본다면 파문된 자는 다른 파문된 자를 고발할 수 있다고 보았다. 또한 불명예자는 형사적 고발권을 박탈당하지만, 그 자신이나 가족이 상해를 당했을 때는 이를 법정에 고발할 수 있다는 로마법의 해석을 받아들였다.9)

교령집 연구가 루피누스(Rufinus, d. 1192)는 파문된 자의 법적 자격 상실을 언급하면서 범죄를 저지르고도 계속해서 불복종하여 파문당한 사람과 불복종만으로 파문된 사람을 구분하였다. 이러한 구분에 따라서 후자에게는 파문이 사면되는 대로 박탈되었던 법적 권리가 원상회복되지만, 범죄를 저질러서 파문을 당한 자는 그가 저지른 범죄가 고쳐질 때까지 그 권리가 박탈된다고 해석하였다.10)

루피누스의 제자 스테파누스(Stephen of Tournai, 1128~1203)는 루피누스가 구분한 것에 더 나아가 자동 파문(*latae sententiae*)을 두 번째 파문의

9) *Die Summa Magistri Rolandi*, (ed.) R. Thaner (Innsbruck, 1874) C.4 q.1, pp.19~20.
10) Rufinus, *Summa* C.4 q.1 v. De prima questione, pp.273~74.

범주에 포함시켰다. 자동 파문은 재판을 거치지 않고 자동으로 부과되는 파문이다. 그는 재판을 통해서 범죄가 확정됨과 동시에 파문된 자만이 법적 권리를 박탈당해야 한다고 주장하였다. 이러한 견해는 《쾰른 주석집 (*Summa Coloniensis*)》(1169)에서도 나타난다.[11]

스테파누스는 파문된 상태에 있는 자라고 할지라도 극악한 범죄를 법정에 고발할 수 있다고 한 그라티아누스의 예외적인 규정에 회의적인 자세를 나타냈다. 이는 그 문제에 관한 그라티아누스의 견해를 정면으로 거부하는 것이었다. 다만 그는 피고의 파문이 원고의 파문보다 더욱 엄중한 범죄라고 한다면 한 파문당한 자가 다른 파문당한 자에게 소송을 제기하는 것이 가능하다고 믿었다.[12]

이상에서 살펴본 바와 같이 그라티아누스와 교령집 연구가들은 파문당한 자의 사법적 권리에 대해 일관성 있고 통일된 이론을 가지지 못했다. 파문당한 사람이 원고로서 제소할 권리를 제한하는 것은 도덕적 결함이 없는 피고를 보호하기 위한 것이라는 점에는 모두 일치된 견해를 가지고 있다. 그렇다고 하더라도 파문된 자의 법적 권리는 완전히 차단되어서는 안된다는 것 역시 교회법학자들이 공통적으로 인정하는 점이었다. 《그라티아누스 교령집》은 파문된 자의 법적 자격 상실을 형사 재판에 국한하고 민사소송의 제소권을 허용하였다. 그러한 교령집의 해석이 근간을 이루기는 하지만 교령집 연구가들은 세부적인 면에서 다양한 설명을 하게 된다. 또한 그들은 교령집에서 다루지 않은 여러 문헌을 세심하게 검토하면서 자신들의 견해를 뒷받침하기도 하였다.

교령집 출간 이후 30여 년 동안 파문된 자의 법적 자격 상실에 대해서는 교령집을 중심으로 다양한 논의가 진행되었다. 그러나 그러한 교령집 연구

---

11) *Summa "Elegantius in iure divino" seu Coloniensis*, (ed.) G. Fransen adlaborante S. Kuttner, *MIC A-1* (New York, 1969 and Vatican City, 1978) vol. 2, p.121.

12) E. Bodola, *Excommunication in the Middle Ages*, pp.80~81.

가들의 논쟁은 교황 알렉산드로스 3세(Alexander III, 1159~1181)의 교령
〈질의(*Quaesitum*)〉(1171~1179)의 작성과 더불어 새로운 구심점을 가지게
되었다. 교령 〈질의〉는 파문된 자는 모든 법적 구제 절차를 박탈당한다고
주장하였다.[13] 이러한 해석은 파문된 자의 법적 권리를 완전히 차단해서는
안 된다고 해석한 교령집 및 초기 교령집 연구가들의 논의 원칙과 대립되는
것이었다. 이러한 〈질의〉의 논점은 이후의 교회법학자들에게 강력한 영향
을 미치게 되고, 교황 인노켄티우스 3세(Innocent III, 1198~1216)의 교령이
반포될 때까지 교회법에서 주류를 이루게 된다.

1180년대에 바지아누스(Bazianus)는 교령 〈질의〉의 논지에 동조하면서
로마법에서 불명예자가 대역죄 같은 큰 범죄를 저지른 자를 고소할 수
있다고 한 극히 작은 예외 규정조차도 파문된 자에게는 허용되어서는
안 된다고 서술하였다.[14] 또한 무명의 주석집 〈임명된 교사(*Ordinaturus
magister*)〉는 교령 〈질의〉가 파문된 자의 형사상 또는 민사상의 고발을
봉쇄했다고 기술하였다.[15] 그러한 해석에 따라 주석집의 저자는 파문된
자는 이단, 성직매매, 대역죄 같은 예외적인 범죄조차도 고발할 수 없다고
기술하였다.

그렇다면 파문된 자의 법적 자격에 관해 그라티아누스와 교령집 연구가들
의 유연한 입장이 교황 알렉산드로스 3세의 〈질의〉에서 예외를 인정하지
않는 강경한 입장으로 변화하게 된 이유는 무엇일까? 그러한 변화는 교회법

---

13) 1, Comp. 1.23.2 *Quaesitum*.
14) Bazianus (D. 117), Gloss on C.4 q.1 c.1, v. Laicus Vat. 2494, fol. 104va, "Prohibetur,
nunquid excommunicatus auditur, cui nec excommunicationis causa ante absolutionem
agere licet, ut 〈in〉 decretali Axexan. III, Quaesitum, nec alii loqui nisi que ad eandem
per excommunicationem pertinet, ut C.xi q.iii."
15) *Ordinaturus magister*(1180~1182), C.4 pr., v. Quidam, Bamberg, can. 13, fol. 92va
(B), "Quod quidam negant. Item, in crimne simonie hereseos et lese maiestatis, et
si uelit prosequi suas uel suorum iniurias ubi passim quisquis admittitur, admittetur
ad accusationem. Quod quidam concedunt. Sed uidetur non esse admittendus."

256

학자들의 법리적 해석 그 자체에 원인이 있는 것이 아니라, 12세기 말에 프랑스 남부 지역에 확산된 이단을 엄단하려는 로마교회의 강경한 대책에서 비롯된 것이라고 할 수 있다. 교황 알렉산드로스 3세에게 있어서 이단의 문제는 그의 재임 기간 내내 신경을 곤두서게 만든 사안이었다. 1162년 알렉산더는 랭스의 대주교 앙리에게 플랑드르 지방에 출현한 이단에 대해 조사하여 보고하도록 하였다. 그는 이듬해에 투르의 공의회를 주재하면서 이단 대책의 심각성을 환기시켰다. 투르 공의회 법령 제10조에서는 새로운 해악에 대해 새로운 처방과 대책이 절실하다고 규정하였다. 나아가서 교황은 비밀리에 전파되는 이단을 조사하기 위해 조사기구(inquisitio)를 구성하는 것이 정당하다고 주장하였다.16)

1184년 알렉산드로스 3세는 교령 〈폐기하는 것에 대해서(Ad abolendam)〉를 통해 주교들은 주교구 내에 기생하고 있는 이단을 색출하도록 하기 위해 특별한 증인들의 청문 조사를 진행하도록 지시하였다.17) 또한 프랑스 지역에 널리 전파되고 있던 왈도파를 이끌던 왈도에게 설교를 하지 못하도록 금지하였다. 이와 같은 일련의 과정들을 통해서 당시에 교황과 로마교회가 얼마나 이 문제를 심각하게 여기고 있었는지를 알 수 있다.

12세기 말에서 13세기 초반까지 이단을 근절하기 위한 교회의 투쟁은 교회법 이론에 영향을 미치게 된다. 알렉산드로스 3세는 교령을 통해 로마교회의 강경한 입장을 각 지역에 표명하였고, 교회법에 이단 처벌의 근거와

---

16) 12~13세기 이단의 확산과 이에 대한 교회의 대응은 다음과 같은 자료에서 확인할 수 있다. Richard Kieckhefer, *Repression of Heresy in Medieval Germany* (Philadelphia: U of Pennsylvania Press, 1979); R.I. Moore, *The Birth of Popular Heresy* (Toronto: U of Toronto P, 1995); Stephen O'Shea, *The Perfect Heresy: The Revolutionary Life and Death of the Medieval Cathars* (New York: Walker & Company, 2000); Rion Klawinski, *Chasing the Heretics: A Modern Journey through the Medieval Languedoc* (Minnesota; Ruminator Books, 1999).

17) Malcolm D. Lambert, *Medieval Heresy* (Cambridge, Oxford: Blackwell Publshishers, Inc., 1992), pp.72~74.

정당성을 마련하고자 하였다. 교령 〈질의〉는 그와 같은 교황과 로마교회의 입장을 반영한 것이라고 할 수 있다.

교령 〈질의〉가 반포된 이후로 교회법학자들은 〈질의〉의 정신을 충실히 따랐다고 할 수 있다. 카탈로니아의 무명의 저자는 파문된 자는 법정에서 완전히 출입이 금지되어야 한다고 주장하였다. 법정에서 원고는 상대방을 근거 없이 중상하거나 명예를 훼손하지 않도록 선서를 하도록 되어 있다. 그러나 파문된 자에게도 그러한 선서를 하도록 허용하는 것은 돼지에게 진주를 던져주는 것과 같다고 하는 격앙된 어조를 거침없이 표현하였다.[18]

카탈로니아의 저자는 모든 파문된 자는 이단이라고 수사적으로 표현하기도 하였다. 사실 교회법이 집대성되고 교회법 이론이 체계적으로 집적되어 가면서 파문에 대한 이론도 점점 정교해지고 명확해진다. 또한 이단이 로마가톨릭교회에 큰 위협적 존재로 떠오르게 되자 이단을 처벌할 수 있는 가장 엄한 교회법적 형벌로 그들을 제재하게 된다. 이러한 과정에서 이단자는 파문으로 처벌하고, 이단과 같이 불복종하며 기독교 공동체에 해악을 끼쳐서 파문된 자는 이단과 같다는 개념이 확산되었다.

이단의 해악을 절박하게 여겼던 교회법학자 후구치오(Hugucio, d. 1210)는 이단의 창궐로 인한 위기와 압박감을 그의 교회법 주석집에 최대한 반영하게 된다. 그는 파문된 자의 법적 권리를 일원화해서 보려고 하지 않았다. 후구치오는 이교도와 유태인과 같이 고발이 금지된 자들은 그들의 법적 권리가 어느 정도 인정될 수 있는 반면, 이미 씻을 수 없는 죄로 단죄되고 그와 함께 자동으로 파문된 이단들은 개인적 상해를 위해서나 예외적 범죄를 고발할 수 있는 권리가 모두 박탈된다고 하였다.[19] 후구치오

---

18) *Quaestiones Barcinonenses* III (1170s), nos.9 and 10, Barcelona, Arch. Coron de Aragon, S. Cugat 55, fol. 55rb.

19) Huguccio, *Summa de* C.2 q.7 c.25, v. Accusare, "Nisi suam uel suorum iniuriam prosequantur. Tunc enim credo eos esse admittendos, scilicet paganos et Iudeos. Sed heretici in nulla causa si uelint agere debent audiri si heresim dampnatam secuntur,

258

는 1년 이상 불복종하여 파문된 자들, 나아가서 모든 파문된 자들은 영원히 사법적 고발과 증언으로부터 배제된다는 전례 없이 강경한 견해를 보이기까지 하였다.[20]

후구치오는 중징계 파문된 자(major excommunicate)와 경징계 파문된 자(minor excommunicate)를 구분하는 그라티아누스의 문헌을 받아들이면서 중징계 파문된 자를 특별히 '아나테마 파문을 받은 자(anathematizatus)'라고 지칭하였다.[21] 전통적으로 파문 가운데 아나테마는 이단과 같이 돌이킬 수 없는 파행을 저지른 자에게 부과하는 중징계였다. 따라서 아나테마 파문을 당한 자를 이단과 동일시할 수 있는 법적 근거가 마련되었다. 그와 같이 중징계된 자에게는 어떠한 예외적 권리도 허용될 수 없다는 것이 후구치오의 신념이었다.[22]

후구치오는 분명히 파문은 불복종할 때에만 부과된다는 교령집 연구가들의 원칙을 옹호하였지만 파문된 자들이 마치 이단과 같은 범주에 속하는 것으로 여겼다. 따라서 파문된 자는 고발과 증언이 영원히 금지된다고 주장하였다. 뿐만 아니라, 법적 권리의 박탈은 경징계 파문된 자에게도

---

et in nulla causa possunt agere contra aliquem ciuiliter uel criminaliter. Nec etiam in propria iniuria uel criminibus exceptis."

20) Huguccio, *Summa de* C.4 q.1 d.a. c.1, v. *De prima*, "Videtur quod post reuersionem sit recipiendus ad accusationem uel testimonium Sed vi. a. I. Qui crimen contra, ubi dicitur qui crimen intendit inquirendum est an antea fuerit criminosus. Sed dicunt subinteligendum est, et non penituerit. Sed dico generaliter quod mullus apostata ante uel post reuersionem est admittendus ad accusationem uel testimonium. Similiter nullus excommunicatus iuste."

21) "The Third Lateran Council, 1179: Heretics Are Anathma" in *Heresy and Authority in Medieval Europe*, (ed.) by Edward Peters (Philadelphia, U of Pennsylvania P, 1980), pp.168~169. 이단을 아나테마 파문으로 처벌하는 것은 고대 공의회에서 수차례 규정된 바 있으며, 1179년 제3차 라테란 공의회 〈법규 제27조〉에서 이를 다시 한 번 확인하였다. 그러한 관념이 후구치오에 의해 그와 같이 정리되었다고 할 수 있다.

22) Huguccio, *Summa*(1188~1190) de C.4 q.1 c.2 v. Ostenderint.

적용되어야 한다고 하였다. 교령집 연구가들은 중징계 파문된 자에게까지 개인적 이유와 예외적 사건의 경우에 고발권을 인정한 바 있으나 후구치오는 그러한 예외적 권리를 전면 거부하였다. 다만 그러한 예외적 권리는 경징계 파문된 자에게만 부여되어야 한다고 하였다.[23]

12세기 말 이단이 널리 확산되고 그로 인해 파문된 자들의 수가 크게 증가하자 그들에 대한 법적 지위를 명확히 하려는 교령들이 빈번하게 작성되었다. 교황 루키우스 3세(Lucius III, 1181~1185)는 그의 교령 〈우리는 깨달아야 한다(Intelleximus)〉에서 파문된 자는 피고로서만 법정에 출석해야 한다고 주장하였다.[24] 인노켄티우스 3세는 《그라티아누스 교령집》에서 보여준 파문된 자에 대한 사법적 예외 규정을 폐기해야 한다고 하였다. 그에 따라 형사 법정(denunciatio)[25]과 이단 심문법정(inquisitio)[26]에서 파문된 자들이 범죄를 고발하는 것을 금지하였다. 인노켄티우스는 경징계 파문된 자도 역시 어떠한 법적 권리를 존중받을 위치에 있지 못한다고 해석하였다. 이는 경징계 파문된 자에 대해서만 예외적 권리를 인정한 후구치오의 강경한 입장보다 훨씬 더 강화된 자세라고 할 수 있다. 이후의 교령에서 다만 경징계 파문된 자의 사법적 권리 박탈은 그의 파문이 사면될 때 중지된다는 점을 명백히 하였다.

파문된 자의 사법적 자격 박탈을 강화해 가는 경향은 호노리우스 3세(Honorius III, 1216~1227)의 교령에서도 보인다. 호노리우스는 한 파문된 자가 다른 파문된 자를 고발하는 것을 긍정적으로 생각한 롤란두스의

---

23) Huguccio, *Summa*, 같은 문헌.

24) Decretalium D. *Gregorii Papae IX Compilatio*, 2.1.7, "Excommunicatus in iudicio, nisi tamquam reus, stare non possit." (이하에서는 Gregorii IX의 교령집은 X 2.1.7과 같이 표기함)

25) X 5.1.20, "propter quod in eos fuit excommunicationis sentenlia promulgata, vel praefatum episcopum de iam dictis excessibus non fuisse praemonitum ab eisdem, vel ipsos conspirasse in eura, a denunciatione *ipsa penitus* repellatlis eosdem."

26) X 2.1.19.

260

관점을 거부하였다.[27] 13세기 초엽까지 교황의 법령에서는 파문된 자에게 형사적 고발뿐 아니라 민사적 제소를 철저히 금지하는 규정을 마련하게 된다. 이와 같이 파문된 자의 사법적 권리를 감소시키는 경향은 장기간 지속되었고 교황 그레고리우스 9세(Gregorius IX, 1227~1241) 때에 최고조에 달하게 된다.

2. 파문 이의신청(*exceptio*)

중세교회법에서는 파문된 자에게 사법적 권리를 제한하였다. 그러나 파문된 사실을 드러내지 않고 법정에 소송을 제기해서 원고로서 재판에 참여하는 사례가 적지 않았다. 그렇지만 원고가 파문된 자라는 것을 법정이 인지하는 한 파문되지 아니한 피고는 재판을 무위로 돌릴 수 있는 유리한 위치를 차지하게 된다. 그러한 이유로 법정이 원고가 파문된 사실을 미처 인지하지 못했거나 인지했어도 그대로 재판을 진행하는 경우에 피고는 원고의 파문 사실을 법정에 고지하고 재판을 중지시키거나 연기시킬 수 있다. 이를 파문 이의신청(*exceptio*)이라고 한다.

'파문 이의신청'이라는 용어를 교회법에서 처음 사용한 교회법학자는 후구치오이다.[28] 후구치오는 파문된 자가 법정에서 원고로 서는 것을 방지할 목적으로 이의신청 제도의 실행을 주장하였다. 중세교회법 이론에 도입된 이의신청은 로마법정에서 불명예자를 상대로 제기하는 이의신청 제도에 그 기원을 두고 있다. 이 제도는 유스티니아누스 대제 때 폐지되지만 그

---

27) X 2.25.8.

28) Huguccio, *Summa de* C4 q.1 c.2, v. *Ostenderint*, "Sed ecce, de excommunicatione constat, uel forte ipse accusat me, et ego excipio quod ipse est excommunicatus uel fuerit, et ipse replicat contra me quod iniuste sit uel fuerit excommunicatus, est audiendus?"

이전까지는 법정에서 불명예자(*infames*)를 배제할 목적으로 이용되어 왔다.29) 교회법학이 발전되는 시기에 로마법에 대한 계속적인 연구를 통해서 로마법정에서 시행되었던 이의신청 제도가 교회법에서도 필요하다고 인식했던 것으로 보인다.

재판에 회부된 사건에서 원고가 파문의 혐의가 있다고 하는 이의신청이 제기되면 소송은 계속 진행되지 않는다. 이의신청을 제기한 쪽에서는 이를 입증하는 기간과 절차가 필요하다. 원고가 파문된 자라고 확인된다면 그가 사면받을 때까지 소송이 연기될 수 있다. 그렇지 않으면 그의 제소 자체가 무효가 된다. 파문의 이의신청은 두 종류가 있다. 첫째는 강제적 이의신청(peremtory exception)으로서 재판이 진행되는 도중에 제기될 수 있다. 둘째는 지연 이의신청(diletory exception)으로 재판이 시작되기 전에 제출되어야 한다.30)

교황 그레고리우스 9세는 교령 〈파문 이의신청(*Exceptionem*)〉에서 파문 이의신청의 중요성을 매우 강조하였고 그러한 절차에 절대적인 가치를 부여하였다. 그레고리우스는 어느 누구도 파문된 자와 접촉함으로써 영혼을 위태롭게 해서는 안 된다는 점을 매우 중시하였다. 그렇기 때문에 파문 이의신청은 재판이 진행되는 동안에도 언제든 제기할 수 있다고 보았다. 그러나 피고가 파문된 원고에 대해 파문 이의신청을 하지 않을 경우에는 재판관이 직권으로 파문된 원고를 재판에서 배제해야 한다고 하였다.31)

파문의 이의신청을 고의로 악용하는 사례도 있었다. 파문 이의신청을 제기했지만 원고의 파문이 혐의 없는 것으로 확인되었음에도 불구하고 피고가 재판을 지연시킬 목적으로 계속해서 이의신청을 제출하여 재판의 진행을 지체시키게 된다. 이때 제출한 이의신청은 하나의 속임수이고,

---

29) *Instutio*, 4. 13. 11.
30) E. Bodola, *Excommunication in the Middle Ages*, pp.86~87.
31) X 2.25.12, *Exceptionem*.

계속 문제를 삼음으로써 상대방을 심리적으로 지치게 만들려는 의도적인 행위이다. 교회법에서는 그와 같은 속임수를 방지하기 위해 그러한 행위로 인해 발생한 모든 비용을 피고가 부담하도록 하였다. 이와 같이 파문 이의신청의 효력을 강화시키면서도 그것의 남용에 대해서도 적절한 대책을 강구하고자 했던 교령 〈파문 이의신청〉은 1234년 《그레고리우스 9세 추가본(*Liber Extra*)》 법령집에 채택됨으로써 〈파문 이의신청〉의 해석은 보통법으로서 권위를 가지게 된다.[32]

그레고리우스 9세는 파문된 자의 사법적 자격 박탈에 관해서 교회법의 전통을 따르면서 강경하고 보수적인 입장을 취했다. 그러한 그의 태도는 교령 〈법률 그 자체에 의하여(*Ipso iure*)〉에서 분명히 나타난다.[33] 이 교령에서는 사법적 자격 제한을 피하려는 목적으로 파문된 자가 교황으로부터 답서(*rescriptum*)를 얻어내고 그를 근거로 재판을 진행했다면, 그 답서에 의존해 진행된 모든 절차는 자동적으로 무효화된다고 설명하였다.

교황 그레고리우스 9세가 대변한 1230년대까지의 강경한 교회법학자들의 분위기는 교황 인노켄티우스 4세(Innocent IV, 1243~1254)의 완화된 해석으로 새로운 전기를 맞이하게 된다. 교황 인노켄티우스 4세는 그레고리우스의 교령 〈파문 이의신청〉에서 밝힌 파문된 원고를 재판에서 추방할 수 있는 재판관의 직권에 대해 다른 해석을 하였다. 즉 재판관이 직권으로 원고를 재판에서 배제한 것을 피고가 거부할 수 있도록 허용해 주어야 한다는 것이다. 재판을 유리하게 이끌 수 있고 승소할 수 있다고 확신하는 피고는 재판관 직권에 의한 결정을 무효화하고자 할 것이다. 인노켄티우스는 특별히 피고에게 유리한 증거가 확보된 재판에서 재판관이 파문 이의신청을 기각할 재량권을 가지고 있으며, 교회법은 파문된 원고에게 맞서서

---

32) X 2.25.12, *Exceptionem*.
33) Hostiensis, *Lect. X* 2.28.8, v. *Merito dubitet*; K. Pennington, "The French Recension of Compilatio tertia," *BMCL* 5 (1975), pp.53~72.

재판에 임하고 재판 절차에 복종하는 피고를 벌하지 않을 것이라고 해석하였
다.[34)

1244년 5월 인노켄티우스 4세는 파문된 자의 사법적 권리 박탈을 일부
완화시켜 주는 입장을 취하게 된다. 인노켄티우스는 교령 〈새 교령(Novelle)〉
을 작성했고 이 교령은 공의회에서 다시 선포되면서 강력한 법적 효력을
가지게 된다. 〈새 교령〉에 포함된 '피아(PIA)'에서는 재판중에 파문 이의신
청이 제기될 경우 이를 소급해서 적용할 수 없다는 점을 밝히고 있다.[35)
인노켄티우스는 이의신청이 제기되면 재판의 진행이 정지되어야 한다는
것과 재판관들은 이의신청이 제출되면 공적 파문된 자들을 법정에서 퇴출해
야 하는 의무를 가지고 있다는 점을 분명히 했다. 그러나 재판 진행중에
이의신청이 제기된 경우에 파문된 자가 재판에 참여하여 진행한 이전의
모든 절차와 내용은 무효화되지 않고 그대로 유지된다는 것을 주장하였다.
파문 이의신청을 제출한 피고에게는 이를 입증할 수 있도록 8일간의 기간이
주어지고, 피고는 이를 명쾌하게 입증해야 하며, 기간 내에 제대로 입증하지
못하면 재판을 지체함으로써 발생한 모든 경비를 부담하도록 하였다.[36)

'피아'에서 파문 이의신청에 대해 규정한 인노켄티우스 4세의 해석은
그동안 유지되어 온 파문된 자에 대한 강경한 법적 규제를 완화시키는
매우 파격적인 내용이었다. 더욱이 이의신청을 제출한 피고에게 원고의
파문을 입증할 수 있는 기간을 8일간으로 한 것은 16일을 허용하던 이전의
관행에 역행하는 것이었다. 이러한 규정은 파문을 당한 자에게 오히려
유리한 완화 조치가 되었고 이의신청을 제기하는 피고에게는 상대적으로
불리한 결과를 낳게 되었다.

---

34) Innocent IV, *Apparatus de* X 2.25.12.
35) Innocent IV, *Apparatus, Pia* VI 2.12.1, v. Durantis, recension 1 (1246-51), Fulda
   D. 10, fol 4vb-5ra.
36) E. Vodola, *Excommunication in the Middle Ages*, p.91.

264

1245년 5월 제1차 리용 공의회 직전에 브리타뉴 지역의 주교들에게 보낸 인노켄티우스의 훈시 내용을 살펴보면 파문 이의신청을 경시하거나 폐기하려는 것이 아니라 오히려 파문 이의신청의 중요성을 강조한 것이었다. 또한 파문된 자들은 원고나 증인으로서의 모든 사법적 행위로부터 그리고 모든 다른 법적·공적 직무로부터 배제된다고 훈시하기도 하였다.[37] 그렇다면 왜 인노켄티우스는 전통적인 교회법적 해석을 그와 같이 완화하면서 큰 파장을 불러올 수도 있는 여지를 남겨놓은 것일까? 이 문제에 있어서 인노켄티우스는 나름대로 타당한 이유를 가지고 있었다. 법정에서 파문된 자를 배제하려는 것은 파문된 자가 법정에 들어옴으로써 다른 사람들에게 파문이 오염될 수 있는 위험을 제거하려는 데에 그 목적이 있었다. 나아가서 순수한 신도들을 보호하고 법정의 순수성을 유지하면서 신도들로부터 법정의 권위와 경의를 이끌어내려는 것이었다. 그런데 여러 지역의 법정에서 진행되고 있는 재판의 과정에서 파문 이의신청으로 많은 문제가 나타났다. 파문되지 않은 순수한 피고를 보호하려는 파문 이의신청 제도가 오히려 정당한 재판을 방해하고 시간을 질질 끌어 법정을 무기력하게 만들고 질식시키는 결과를 가져온 것이다. 선한 의도에서 시작된 제도가 악용되는 사례가 너무도 많았던 것이다. 이와 같은 부작용을 방지하고 원래의 목적에 따라 이의신청 제도가 선용될 수 있도록 뭔가 대책을 세워야 할 필요성이 요청되는 시점이었다고 할 수 있다. 그러한 시기에 인노켄티우스 4세는 '피아'를 통해서 전통적인 교회법에 위배된다고 볼 수 있는 위험성을 감수하면서까지 새로운 해석을 내놓게 된 것이다. 그러나 이는 전통을 충실히 따르면서 문구의 한 획, 한 획을 소홀히 하지 않는 당시 교회법학자들에게 충격적인 파장을 불러일으키게 된다.

---

37) Lobineau, *Bretagne* II, pp.393~394, "excommunicati vitentur, et in judiciis ab agendo, testificando, et aliis actibus legitimis, necnon publicis offciis, quamdiu in excommunicatione permanserint, repellantur..."

무명의 주석가는 교황이 한 마디로 모든 법을 파괴하려고 한 것이 아닌가 하고 의문을 품었다.[38] 1246년 4월 인노켄티우스 4세의 〈새 교령〉이 반포된 직후 교회법학자 페테루스 삼프손(Peter Sampson)은 '피아'에서 파문된 자의 법적 권리 박탈을 일부 완화해 준 것은 재판 그 자체가 아닌 법적 집행에만 적용되어야 한다고 서술하였다. 법정에서는 여전히 파문된 자들은 소송을 금지당하고 그들을 위한 법 집행은 무효가 된다는 점을 강조하였다.[39] 이와 같이 인노켄티우스의 '피아'는 강력한 반발에 부딪혔고 교황 자신의 진의가 무엇인지 의심을 받기까지 하였다.

그럼에도 불구하고 일각에서는 '피아'의 가치를 인식하고 그것의 타당성을 인정하는 분위기가 상당히 무르익었다. 교황청 신부인 고트프레두스 (Gotfredus de Trano)는 재판에서 피고가 파문 이의신청으로 그의 적대자를 성공적으로 물리쳤다 할지라도 그것은 그 자신이 모든 혐의를 벗고 자유롭게 되었다는 것을 의미하는 것이 아니라 오직 재판의 판결에 불과하다고 주장하였다.[40] 이러한 고트프레두스의 해석은 교황의 주장을 합리화한 것이라고 볼 수 있다. 이에 응답이라도 하는 것처럼 교황은 고트프레두스의 주석을 미화하면서 제기된 논쟁을 가라앉히고자 하였다. 교황은 "파문 이의신청으로 결과가 뒤바뀐 판결이 사건의 내용으로만 보면 패소할 수 있는 측을 유익하게 하는 것"이라고 지적하였다.[41] 그러나 인노켄티우스는

---

38) 이 주석의 내용이 인노켄티우스 4세의 피아(Pia)를 비판하는 내용임에도 불구하고 다음과 같은 인노켄티우스의 주석집에 포함되어 있다. Innocent IV, *Apparatus, Pia* VI 2.12.1, v. *Durantis*, recension 2 (1251-54), edition of 1570, Venice, p. 355a-b, "Et dicunt iura que contradicunt per hanc decretalem sublata. Verumtamen alii dicunt quod non est presunmendum quod papa tot iura uoluerit uno uerbo tollere. Item, quod non reuocatur, quare stare prohibetur, ..."

39) Peter Sampson, *Lectura*(1250s), Exceptionem (X 2.25.12), v. Condempunandus, Vienna MSS 2083, fol. 27vb(Va).

40) Gotfrdus de Trano, *Apparatus* (1243~1245), *Pia* VI 2.12.1, v. *Duratiuris*, Fulda D. 10. fol 8vb.

41) Innocent IV, *Apparatus, Pia* VI 2.12.1 v. *Duraturis*, recension 1 (1246~1251) Fulda

법정이 자체의 재판 질서를 무시당하지 않고 유지되어야 한다는 점을
특별히 강조하였다. 그의 그러한 주장은 세속 법정이 교회 법정의 판결을
무시한다고 사제들이 종종 불평하고 규탄하는 것으로부터 자극을 받아
제기된 것으로 보인다.

'피아'의 가치와 의미를 인식하고 이에 동조한 글을 쓴 교황청 재판관
베르나르두스(Bernard of Compostella)는 '피아'의 완화된 내용이 파문된
자가 교황의 답서(rescriptum)를 탄원할 수 없다는 옛 전통에 비추어 본다면
놀라울 만큼 획기적이라는 점을 인정하였다. 그러나 베르나르두스는 원고
가 교황의 답서를 얻기 전에 파문되었을 경우에 그가 사면을 받아내겠다는
조건이 보장된다면 이는 더 이상 문제될 것이 없다고 보았다. 즉 파문된
자에 의해서 간청된 교황의 답서가 법률상 무효는 아니라고 주장하였다.[42]

'피아'의 완화 내용을 중심으로 파문된 자의 사법적 자격 제한에 대한
논의가 지속되는 가운데 교황청의 부사제 마리누스(Marinus of Eboli, 임기
1244~1252)는 자신의 논고에서 교황의 답서를 받게 되었을 당시 파문된
상태에 있던 원고에 맞서서 이의신청을 제기한 사례를 하나의 모형으로
제시하였다. 이에 대해 에기디우스(Egidius de fuscarariis)는 그러한 이의신청
이 더 이상 타당하지 않다고 주장하였다.[43] 이 무렵 에기디우스가 작성한
논저 《오르도(Ordo)》는 매우 중요한 법률교과서의 하나였기 때문에 '피아'
의 해석에 대한 당시의 분위기를 충분히 알 수 있을 것이다.

'피아'의 완화된 내용이 상당히 호응을 받았고 이에 많은 교회법학자들이
동조하였으나 여전히 전통적 해석을 고수하며 그 같은 분위기를 역전시킨

D. 10, fol. 4vb-5ra.

42) Kessler, P.-J. "Untersuchungen über die Novellen-Gesetzgebung Papst Innocenz' IV."
Part 1-3 ZRG Kan. Abt 31 (1942), pp.142~320; 32 (1943), pp.300~383; 33 (1944),
pp.56~128; part 2. pp.344~346.

43) P. Herde (ed.), Marius von Eboli, "Super revocatoriis" und "De cinfirmationibus" (Rome,
1964), p.217.

교회법학자가 있다. 13세기 중엽의 탁월한 교회법학자로서 교황 인노켄티우스 4세의 측근에서 법률적 자문을 했던 호스티엔시스(Hostiensis, 1200~1271)는 '피아'의 완화를 받아들이는 시대적 조류에 합류하지 않았다. 호스티엔시스는 파문된 자가 교황의 답서를 받았다 할지라도 재판관은 그레고리우스 9세의 교령 〈법률에 의해서〉에 입각하여 주저하지 말고 그것을 무효화시켜야 한다고 주장하였다.[44]

호스티엔티스는 교황의 가장 가까운 측근으로 긴밀한 관계를 유지하고 있었기 때문에 인노켄티우스의 〈새 교령〉에 대한 주석집을 작성할 때 교황의 의도와 의견에 대해 깊은 경의를 표하였다. 그러한 가운데 그의 주석집에서는 '피아'에 대해 날카로운 비판을 하지 못하고 흐려져버렸다. 그러나 주석집을 작성한 때로부터 20년이 지난 뒤 호스티엔시스는 《그레고리우스 9세 추가본》에 대해 수많은 강론을 하게 되었을 때 인노켄티우스 4세의 교묘한 해석에 대해 강한 혐오감을 보였다. 그는 그레고리우스 9세의 교령 〈파문 이의신청〉은 여전히 유효한 법이라고 단언하였다. '피아'의 완화는 공적으로 파문된 자들에게 그렇게 유익한 혜택을 주는 것도 아니라고 보았다. 그리고 무가치한 소송인을 법정에서 배제하도록 법무관에게 요구한 로마법의 원칙을 상기하도록 하였다.[45]

호스티엔시스는 로마법에서 불명예자를 법정에서 배제하고자 한 법무관의 법령은 법정의 위엄을 지키고자 하는 목적을 가지고 있었던 것처럼 파문된 자를 법정에서 배제하고자 하는 것은 파문된 자로부터 소송인을 보호하고자 하는 데 교회법의 목적이 있기 때문이라는 원칙론을 강조하였

---

44) Bernard of Compostella, Apparatus, Pia (VI 2.12.1), v. *Durantis,* recension 1 (1246~1253), Vat. MSS Vat. 1365, fol. 588vb-589ra, "Et iudicium quod cum ipso actum est tenet ante probata exceptionem excommunicationis, ut dicitur in littera. Et sic rescriptum impetratum ab excommunicato non est ipso iure nullum. Et si contrarium ineuneris notatum illu reducas ad hoc quod hic dicitur."

45) Hostiensis, *Lect*. X 2.25.12, v. *Minime*, no.3.

268

다. 판사가 파문 이의신청을 거부할 수 있다고 한 인노켄티우스 4세의
의견은 이해할 수도 없을 뿐 아니라, 그것은 오류에 불과하다고 보았다.
그는 공적으로 파문된 자는 어떠한 환경 하에서도 어떠한 법적 행위를
할 수 없다는 강한 확신을 가지고 있었다. 따라서 호스티엔시스는 있을
수도 있는 파문 이의신청의 오류에 대해서는 귀를 기울이려 하지 않았다.
뿐만 아니라 이의신청 제기로 인해 재판이 지연될 경우 발생하는 경비를
피고가 부담해서는 안 된다고 보았다. 재판을 지연시켜 이득을 보려는
잘못은 파문을 당했음에도 불구하고 원고가 슬며시 순수한 공동체에 들어가
는 것보다는 그 과오 정도가 낮다고 평가하였다.[46]

　호스티엔시스가 생각하기는 '피아'는 원칙에서나 실제에서나 잘못된
것이라고 보았다. 이미 파문 속에 빠져 있는 사람을 위해 무엇인가 양보한다
는 것은 어리석은 짓이라고 생각하였다. 나아가서 파문된 자가 그가 받은
징계에 대해 경의를 가질 수 있도록 하기 위해 가능한 모든 수단을 동원해야
한다고 주장하였다. 증오스러운 사람에게 왜 법이 유익하게 해주어야 하는
것인지, 만일 그들에게 관용을 베푼다면 어떠한 범죄와 불복종을 법이
벌할 수 있는 것인지 강한 의문을 제기하였다.[47]

　호스티엔시스는 교황과 가장 가깝고 친밀한 사이였지만 '피아'의 완화
내용에 대해서만큼은 결코 당시의 시대적 조류와 함께하지는 않았다. 호스
티엔시스의 강경한 입장은 조류의 흐름을 역류하게 만든 원동력이 되었다.
아이러니컬하게도 교황의 견해와 대립된 입장을 담고 있었으나 호스티엔시
스의 해석은 인노켄티우스 4세의 주석집(Apparatus)에 포함되었다.

---

46) Hostiensis, *Lect*. X 2.25.12, v. *Legimus*.

47) Hostiensis, *Apparatus, Pia* v. *Publice*, "Quia odiosus est, et in poenam delicti sui
et contumaciae hoc dicimus tenendum esse..."

3. 파문 이의신청의 세속적 효력

중세 유럽 사회에서는 교회법과 세속법이 동시에 사회질서 유지를 위해 작용되는 이중적 구조를 가지고 있었다. 그와 마찬가지로 교회 법정과 세속 법정이 각기의 사법권을 가지면서 독자적인 영역을 형성하였다. 사회의 갖가지 범죄와 문제들에 대해 두 사법권이 재판할 수 있는 영역을 구분했지만 현실에서는 명확히 선을 지키면서 재판이 행해진 것은 아니었다. 중세의 전성기에 이를 때까지 유럽 각 국의 군주들은 때로는 교회 법정의 월권적 행위를 금지하며 제한을 가하기도 했지만 가급적 교회의 사법권을 존중하였고 협력을 아끼지 않았다. 잉글랜드에서는 정복자 윌리엄 왕이 교회 사법권의 독자성을 인정하였고 몇 가지 단서조항을 어기지 않는 한 교회 재판의 권위를 지켜주고자 하였다. 프랑스에서는 성왕 루이 9세가 프랑스 남부에서 창궐하는 이단을 응징하는 과정에서 교회 법정의 결정을 적극적으로 옹호했던 것이 교회의 사법적 권위를 보호하는 계기가 되었다.

그렇다면 세속 권력은 교회 법정의 권위를 어떠한 방식으로 협력하고 지원하게 되는 것일까? 무엇보다도 세속 권력은 사법적으로 교회 내의 종교적인 문제뿐 아니라, 유언이나 결혼에 관련된 재산권 소송, 교회와 성직자를 해치는 각종 범죄 등 다양한 사건을 교회의 법정에서 재판이 가능하도록 하였다. 그리고 세속 권력의 강제력을 사용해서 교회 법정의 판결이 실제 구속력을 가질 수 있도록 협력하였다. 특히 교회 법정에서 파문 선고를 받은 자가 불복하고 완고한 모습을 보이면 그를 세속 권력이 체포하여 구금했던 제도를 찾아볼 수 있다.[1] 그 밖에도 교회 법정에서 결정한 판결이 세속 법정에서도 법적 구속력을 가지도록 하였다.

---

1) 장준철, 〈주교의 파문 집행을 위한 세속 권력의 협력〉, 《전남사학》 21(2003), pp.315~338.

그런데 문제는 교회법에서 규정된 파문 이의신청이 세속 법정에서도 똑같이 법적 구속력을 가질 수 있는가 하는 것이다. 세속 권력이 교회의 사법권과 교회 법정의 판결을 인정하고 그 판결이 효력을 가지도록 협력했다고 하더라도 과연 세속 법정은 파문 이의신청이 제기되었을 때 어떻게 반응했을까? 이에 대한 세속 법정의 반응은 교·속 이원적 사법적 구조를 이해하는 데 매우 중요한 단서가 되리라 생각된다. 나아가서 궁극적으로는 교권과 속권의 정치적 관계를 파악하는 데에도 도움을 줄 수 있을 것이다.

파문 이의신청에 대한 세속 법정의 수용에 관해서는 보돌라(E. Vodola)가 《중세의 파문》2)에서 간략하게 서술하고 있다. 보돌라는 세속 법정과 교회 법정의 이중적 구조에 대한 배경적 설명을 하지 않았고 세속 권력이 교회의 사법권에 대해 가지고 있었던 입장을 밝히지 않았기 때문에 그에 대한 이해가 매우 난해하다고 할 수 있다. 따라서 본 장에서는 세속 법정이 파문 이의신청에 대해 반응하기까지의 배경을 집중적으로 조명하고자 한다.

이를 위해서 중세 유럽 여러 국가 가운데 프랑스와 잉글랜드의 세속 법정을 탐구 대상으로 삼았다. 중세 전성기까지 국왕이 국가의 구심점을 이룬 나라는 이들 두 국가라고 할 수 있고, 국왕의 사법적 권위가 그들 국가의 지역 봉건 법정에까지 상당한 정도로 영향을 미치고 있었기 때문이다. 따라서 국왕과 교회의 관계, 국왕의 사법권과 교회 사법권의 관계를 파악하는 데에 프랑스와 영국에서 가장 적합한 사례들을 찾아볼 수 있을 것이다.

---

2) Elizabeth Vodola, *Excommunication in the Middle Ages* (Berkeley: U of California P, 1986), pp.159~191.

1) 프랑스 세속 법정에서의 효력

프랑스 왕 루이 9세는 1229년 4월 님므에서 법령 〈쿠피엔테스(*Cupientes*)〉를 반포하였다. 이 법령은 프랑스 남부에서 창궐한 알비파 이단을 척결하기 위한 한 방편으로 교회 재판관들에게 강한 힘을 부여하기 위한 것이었다.[3] 루이 왕은 가신들과 관리들이 열심히 이단을 색출하고 벌을 주도록 촉구하였다. 그래서 그들은 교회 법정으로부터 파문 선고를 받은 뒤 1년 이상 변화가 없고 바른 신앙을 회복하지 않는 사람들에 대해서 세속적 형벌을 주어 압박하도록 명령을 받았다. 법령은 왕의 관리들이 파문된 자들의 재산을 몰수하고 교회로부터 사면을 받을 때까지 반환해 주지 않도록 하였다. 왕의 가령들(seneschals)은 그러한 규정의 시행을 서약하도록 명령을 받았다. 툴루즈의 백작 레이몽 7세는 파리에서 협약을 맺고 법령 〈쿠피엔테스〉의 규정을 실행한다는 것에 동의하였다.[4]

루이 왕이 프랑스 내에서 교회에 협력하면서 이단을 척결하기 위해 보여준 태도는 교회의 사법권 유지에 많은 영향을 끼치게 되었다. 그러한 분위기 속에서 보카르의 가령은 파문을 받고도 40일 이상 사면을 구하지 않는 자들에게서 주교가 부과한 벌금을 강제징수하게 하여 멍드의 주교를 지원하였다.[5] 파문된 자를 압박하기 위한 세속 권력의 협력은 루이 8세에 의해서도 행해진 바가 있다. 1227년에 소집된 나르본의 지역 주교회의에서는 "루이 8세가 세 번의 경고 이후에도 태도를 바꾸지 않고 파문을 당한 사람은 투르 화폐로 9파운드 1페니를 지불하도록 하고, 그가 계속해서 파문된 채로 1년 동안을 버틴다면 그의 모든 재산을 몰수한다는 규정을

---

3) Johann Lorenz Mosheim, *An ecclesiastical history, ancient & modern* (Baltimore: Pheonix N. Wood, 1832).

4) Gerard J. Campbell, S. J., "The Attitude of the Monarchy Toward the Use of Ecclesiastical Censures in the Reign of Saint Louis," *Speculum* vol. 35 no. 4 (1960), pp.541~542.

5) Robert Michel, *L'Administration royale dans la sénéchaussée de Beaucaire au temps de Saint Louis* (Paris, 1910), pp.384~386.

제정한 바가 있다"는 점을 강조하였다. 1229년 툴루즈의 주교회의에서는 이단 색출 명령을 성실히 실행하지 않는 관리는 그의 재산을 몰수하고 그의 관직도 박탈한다는 조항을 제정하였다.[6] 1246년 베지에(Béziers)의 주교회의에서는 백작과 봉신들, 수도원장, 도시의 집정관과 행정관들은 이단에 맞서 교회에 협력할 것을 서약하도록 요구하였다.[7] 이상과 같은 사례를 통해서 볼 때 교회는 이단이 창궐하는 시기에 세속 권력으로 하여금 세속적 강제력을 사용해서 파문된 자들을 교회에 복귀시키도록 하는 데에 최선을 다하도록 압박을 해왔음을 알 수 있다.

프랑스 남부에 확산된 이단의 문제는 세속 권력이 강제력을 사용해서 파문된 자를 처리하도록 하는 계기가 되었으나 세속 권력이 교회의 그러한 요구에 쉽게 응하는 것은 아니었다. 주교들은 왕의 관리들이 파문된 사람들과의 접촉을 피하지 않았을 뿐 아니라, 파문된 자에 대해 제재를 가하지 않은 것을 규탄하였다. 세속 권력의 입장에서는 이단이 아닌 일상적인 일로 발생한 문제를 교회 법정이 처리하려는 시도에 대해서는 거부감을 나타냈다. 툴루즈의 백작 알퐁스와 그의 조사관은 십일세나 금전에 관련된 파문에 대해서는 백작령의 관리들이 강제력을 사용하지 않도록 하는 규정을 제정하였다. 이러한 점에 관해서는 루이 왕도 같은 입장을 취하였다. 1245년 십자군이 채무를 지게 되었을 때 3년간의 유예기간이 주어져야 하며, 그에게 파문이 내려졌다면 채권자가 그를 사면해 주도록 왕의 관리들이 촉구해야 한다는 법령을 제정하기도 하였다.[8] 루이 왕은 이단 혐의가 있거나 위험이 있다면 단호히 강제력을 사용하고자 하였다. 그러나 모든 종류의 파문된 자에 대해서 세속적인 칼을 사용하고자 한 것은 아니었다.

---

6) G. D. Mansi, *Sacrorum Conciliorum Nova Amplissima Collectio* (Graz: Akademische Druck- u. Verlangsanstalt, 1961), XXIII c.195.

7) G. D. Mansi, *Sacrorum Conciliorum Nova Amplissima Collectio*, XXIII c.722.

8) Gerard J. Campbell, S. J., "The Attitude of the Monarchy Toward the Use of Ecclesiastical Censures in the Reign of Saint Louis," p.544.

　파문과 관련된 사건에서 루이 왕이 선별적으로 대응했던 방식은 왕의 관리들에게서도 나타난다. 1256년경 카르카손의 피에르 도테이(Pierre d'Auteil)는 "세속 권력이 파문된 자에게 제재를 가하도록 하는 법령 〈쿠피엔테스(*Cupientes*)〉를 따르지 않았다"는 혐의로 아그드(Agde)의 주교, 성 포리갑의 수도원장, 페누예드(Fenouillèdes)의 대주교로부터 비난을 받게 된다. 피에르는 순전히 주교 자신의 사적인 이익 때문에 파문한 기사나 왕의 신하로부터 재산을 몰수하는 것은 부당한 처사라고 항변하였다. 이러한 사례로 볼 때 당시에 주교들은 이단이나 순수한 영적인 문제가 아닌 사건에 선포한 파문에 대해서까지 그 법령을 적용하고자 했음을 알 수 있다.

　오세르(Auxerre)의 주교 귀도(Guy)가 루이 왕에게 파문된 자를 응징해 주도록 요구하는 탄원서를 보냈을 때 왕은 두 사법권의 영역을 분명히 인정하면서도 그 파문이 정당한 것이었는지 확인될 때까지는 어떠한 조치도 취해서는 안 된다고 생각하였다.9) 이 탄원서를 통해서 볼 때 성직자들과 왕 사이에 내면적으로 상당한 갈등이 있었는데 그것은 왕이 파문 선고를 심사할 권리를 가지고 있는지에 관한 것이었다.10) 그러한 왕의 권리는 랭스 코뮌 문제를 둘러싸고 또 다시 제기되었다. 1235년 랭스의 대주교는 코뮌의 지도자들을 파문하였고 그들에게 선고한 파문을 강제할 수 있도록 루이 왕에게 무력의 사용을 요청하였다. 이때 루이 왕은 그가 파문의 정당성을 확인하기 전까지는 어떠한 무력의 사용도 승인할 수 없다며 요구를 거절하였다. 왕은 파문을 초래한 사건은 세속적인 문제였고 그러한 부류의

---

9) John of Joinville, *The Life of St Louis*, trans. René Haque (New York, 1955), pp.38~39.

10) Maurice Morel, *L'Excommunication et le pouvoir civil en France* (Paris, 1926), p.62. 파문이 정당한지에 대한 심사를 시도한 사례는 1195년 필립 아우구스투스와 영국 왕 리차드 사이에 맺은 협약에서도 나타나고 있다. 이 협약에서는 루앙의 대주교가 프랑스 왕과 그의 신하들의 영지에서 파문을 선고하거나 금지령을 선포한다면 파문과 금지령이 정당한지 확인할 때까지 대주교의 영지인 레 장델리(Les Andelys)를 점유하고 그 선포가 정당하다면 이를 돌려주고, 부당하다면 영지를 몰수한다고 규정한 바가 있다.

274

세속적 사안은 왕의 법정 관할권에 속한다고 보았다. 이러한 왕의 태도에 대해 교황까지 나서서 그러한 주장을 철회하고 파문된 자들을 응징하도록 요구하였으나 루이 왕은 자신의 주장을 굽히지 않았다. 결국 루이 왕의 권위로 임명되고 왕의 사법권을 위임받은 고위 성직자단이 이 사건에서 대두된 파문의 정당성을 가리게 되었다. 파문 심사를 통해 랭스의 대주교가 선포한 파문은 정당하다고 판결되었다. 그럼에도 불구하고 루이 왕은 파문의 정당성을 판정할 수 있는 사법권을 인정받을 수 있었다는 점에서 큰 성공을 거둔 셈이 되었다.11) 이와 더불어 세속적 문제는 반드시 왕의 법정에 속한다는 것을 재확인하게 되었다.

파문의 정당성을 확인할 수 있는 권리와 세속적인 문제는 왕의 사법적 권위 하에서 심리될 수 있다는 것을 인정받게 되었지만 정당하게 파문된 자가 왕의 법정에서 어떠한 법적 권리를 행사할 수 있는지의 문제가 여전히 논란의 대상이 되었다. 교회법에 따르면 파문된 자에게는 사법적 자격이 박탈된다. 그러나 혐의를 받고 있는 피고는 파문된 자 할지라도 교회 법정이든 세속 법정이든 어느 곳에서나 법정에 서야 한다고 보았다. 그렇지만 파문된 자는 원고가 될 권리를 가질 수 없고 법정에서 증인으로 행동할 수 없다고 보았다. 그렇기 때문에 법정에 소를 제기하려면 먼저 파문을 사면받아야 했다. 이러한 교회의 입장과는 달리 루이 왕의 법령에서는 파문된 자가 교회 법정에서는 원고가 되는 것을 금지하지만 세속 법정에서는 원고로서 법정에 서는 것을 허용한다고 규정하였다.12) 이에 비해 《노르망 법전(Summa de Legibus Normanniae)》은 세속 법정에서 파문된 자는 그 자신이나 남을 위해서 제소할 수 없다고 규정하고 있어서 루이 왕의 법전보다는

---

11) Pierre Joseph Varin, *Archives administratives de la ville de Raims* (Paris, 1839), pp.579~582.
12) *Les Établissements de Saint Louis*, (ed.) Paul Viollet (Paris, 1881), Book 1, Chapter cxxvii.

교회법적 관점에 가까운 모습을 보인다.[13) 13세기 프랑스의 법률가 필립
드 보마누아르(Philip de Beaumanoir, 1250~1296)는 파문된 자는 재판관이나
변호인, 또는 증인으로서 법정에 서는 것이 허용되지 않는다고 기술하였다.[14)

장 드 주앵빌(Jean de Joinville, 1224~1317)이 샬롱(Châlons)의 피에르와
성 우르바누스 수도원장 임명을 둘러싸고 논쟁을 벌이게 되었을 때 샬롱의
주교가 루이 왕에게 파문된 자의 사법적 자격에 대해서 질문을 하게 된다.
주앵빌이 파문 상태에 있었기 때문에 주교는 그것을 구실로 그의 주장과
권한을 봉쇄하려 한 것이다. 프랑스 내의 일부 주교들은 파문된 자는 원고로
서뿐 아니라 피고로서도 세속 법정에 설 수 없다는 입장을 가지고 있었다.
그러한 부류에 속하는 주교의 질의에 대해 루이 왕은 그의 주장을 현실로
받아들였다. 그러나 왕은 피고가 법정의 소환을 피하기 위해서 원고의
파문을 이용한다는 것을 잘 알고 있었다. 그래서 고등법원에서는 원고가
파문되었다는 이유로 법정에서 원고에게 답하기를 거부하거나, 파문된
증인의 증언을 기피하고자 할 때, 파문 책임을 제기한 당사자가 상대방이
파문되었다는 사실을 즉각적으로 증명하는 경우를 제외하고는 법정에서
그의 말을 받아들이지 않을 것이라고 기술하였다. 그것은 왕이 원하는
바이기 때문이라고 하였다.[15)

12세기 초반 프랑스 국왕과 고위 성직자들 사이에 전개된 사법적 논쟁을

---

13) *Coutumiers de Normandie*, II, *La Summa de legibus Normannie,* (ed.) E. J. Tardif
(Paris-Rouen, 1896), Capitulum lxi.
14) Philip de Beaumanoir, *Coutumes de Beauvaisis*, (ed.) Amádée Salmon (Paris, 1899~1900),
no.191.
15) *Les Olim ou Registres des Arréts* I, (ed.) Arthur Beugnot (Paris, 1839), pp.738·1268.
리용 공의회에서는 교회 법정에 관해 이와 유사한 내용을 다음과 같이 규정하였다.
"Si quis igitur excommunicationem opponit, specem illius et nomen excommunicatoris
exprimat sciturus eam rem se deferre deberre in publicam notionem, quam infra
octodierum spatium (die, in quo proponitur, minime computato) probare valeat
apertissimis documentis." *Corpus Juris Canonici*, II, xii, 1, in VI (II, c.1005).

통해 볼 때 루이 왕은 이단에게 선포된 파문에 대해서는 교회의 요구를 적극적으로 받아들였고, 그들의 재산을 몰수할 뿐만 아니라 세속 법정에서 조차도 그들의 권리를 박탈하는 데 동의하였다. 그런데 문제는 파문이 반드시 이단에게만 선포되는 것이 아니라, 갖가지 다른 사안에도 적용되었다는 점이다. 심지어 주교들이 도시의 정치력을 확대하기 위한 수단의 하나로 파문을 이용하거나, 주교 자신의 물질적인 이익을 위해 주교의 말을 듣지 않는 자들에게 거침없이 파문을 선고하기도 하였다. 이러한 파문이 과연 세속 법정에서 구속력을 가질 수 있는지의 문제가 대두될 수 있었다. 루이 왕은 세속적인 성격의 사건은 세속 법정에서 심리되고 판결되는 것이 마땅하다고 보았고, 그러한 경우 교회 법정에서 선포한 파문은 세속 법정에서 구속력을 가지지 못한다고 여겼다. 그러나 파문이 정당한 것이고 그에 대한 입증이 가능하다면 파문된 자는 법정에서 재판관이나 원고, 증인으로 설 수 없다고 판단하였다. 그러한 면에서 국왕 법정에서는 파문의 정당성이 인정되는 한 '파문 이의신청'이 받아들여졌다고 보아야 할 것이다.

1268년 시행된 왕의 법령에서는 피고가 즉각 원고의 파문을 입증하지 못한다면 그의 이의신청은 거부된다고 규정하였다. 이러한 규정에 따라서 고등법원에서는 파문 이의신청의 타당성 검증을 수용하게 되었다. 파리 고등법원에는 이와 관련해서 두 개의 사건 기록이 남아 있다. 하나의 사건은 1269년에 제기된 것으로, 고등법원이 브리타뉴 출신의 피고 고프리두스 (Gaufridus de Plessaico)의 소청을 받아 심리에 들어간 것이었다. 지역의 봉건 법정에서 제소를 당한 고프리두스는 원고가 파문된 자였으므로 법정에 파문 이의신청을 제기하였다. 그러나 재판을 담당한 장 르루(Jean le Roux) 백작의 가령이 렌(Rennes)에서 고프리두스에 맞서 제소된 재판을 강행하려 하였다. 파문 이의신청이 재판에서 받아들여지지 않자 파리의 국왕 고등법원에 소청을 제기하였다. 그때 고등법원에서는 교회법학자인 페테루스 삼프손

(Peter Sampson)과 교황청 재판관 두란티(Duranti)의 해석에 따라 피고가
브리타뉴 법정에 제기한 파문 이의신청은 유효한 것이라고 판정하였다.16)

파리 고등법원에 제기된 또 하나의 사건은 1270년 생 리퀴(St. Riquier)의
시장과 수도원장 사이의 재판이었다. 시장과 수도원장은 생 리퀴의 사법권
을 공유하고 있었다. 그런데 수도원장이 시장의 치안판사 임명을 거부하자
시장이 소송을 제기하였고, 이미 파문을 당한 바 있던 시장은 수도원장의
파문 이의신청으로 그 재판에 참여할 수가 없게 되었다. 이에 분노한 시장은
고등법원에 사적인 문제로 수도원장을 제소하였다. 수도원장은 다시 파문
이의신청을 제기하였다. 이때 시장은 자신이 받은 파문은 개인적인 부도덕
행위로 초래된 것이 아니라 그의 공적 업무 때문에 비롯된 것임을 들어
강력히 항변하면서 사적인 문제로 제소한 재판에 영향을 미쳐서는 안
된다고 주장하였다. 그러나 법정에서는 그가 받은 파문이 사적인 내용을
담고 있는 재판에서도 여전히 유효하다고 해석하였고, 시장의 제소를 기각
하였다.17)

국왕 고등법원의 또 다른 내용에서는 원고를 무력화시켜 재판을 기피할
목적으로 파문 이의신청을 제기한 사례들이 많다고 언급하고 있는 것으로
볼 때, 고등법원에 빈번하게 파문 이의신청이 제기된 것으로 보인다. 그러한
개별적인 사건에 대한 기록은 남아 있지 않지만 위의 두 사건에서 보는
바와 같이 타당하게 제기된 파문 이의신청에 대해서는 세속 법정에서
효력을 인정하고 받아들였던 것을 알 수 있다. 그럼에도 불구하고 교회
법정이 세속 법정의 사법권을 침해한다고 판단할 때에는 교회의 법적
조치를 거부하거나 무력화하려는 시도가 점차 강화되었다. 이는 궁극적으
로 파문 이의신청의 효력을 무효화시키는 결과를 초래하였다. 1244년

16) *Les Olim, ou registres des arrêts rendus par la cour du roi*, (ed.) A. Beugnot, 3vols.
(Paris, 1839~1848), I, pp.293~295.
17) *Les Olim, ou registres des arrêts rendus par la cour du roi*, I, p.830.

오를레앙 주교의 관리가 교회 법정 출두 거부로 인해 유죄 판결을 받고 파문된 자에게서 9파운드 1페니의 벌금을 강제 징수하려 한 사건이 있었다. 이때 루이 왕은 파문된 자의 지불 집행을 중지하도록 하였고, 왕의 집행관(bailiff)을 파견하여 강제권을 행사하려 한 주교의 교회 재산(temporalitis)을 몰수하도록 하였다. 이와 같이 교회의 법적 절차에 왕이 문제를 제기한 명분은 교회 법정이 왕의 사법권을 침해했다는 것이었다.18)

1274년 필립 2세는 루이 9세의 법령 〈쿠피엔테스(*Cupientes*)〉를 재확인하는 문서를 발행하여 루앙의 교회 관리들에게 보낸 바가 있다. 그러나 한편으로 필립 왕은 파문된 자에 대해 강제 집행이 추진되지 않는 경우가 있다고 하더라도 어떠한 혁신적인 방안을 찾아 이를 이행하기를 원치 않는다고 말하기도 하였다.19) 13세기 후반으로 접어들면서 파문된 자에 대한 처벌이나 그들에 맞서서 제기된 세속 법정에서의 파문 이의신청은 점차 효력을 상실하고 있었다.

13세기 말 투르 지역의 성직자들을 대표하는 앙제(Angers)의 주교 귀욤 르 맨(Guillaume Le Maine)은 세속 법정이 파문된 자들에게 원고와 증인으로서 법정에 서는 것을 허용하고 있을 뿐 아니라, 파문 사실을 확인하는 데에 판사의 서한을 이용하는 등 이의신청을 저지하는 행위가 나타나고 있음을 규탄하였다. 이 무렵 필립 4세는 파문된 자를 응징하는 법령 〈쿠피엔테스〉의 반포를 주저하였지만 국왕 법정 재판관들이 파문된 자가 원고나 변호인으로 출두하는 것을 막도록 훈시하였다. 그러한 가운데서 국왕 고등법원에서는 고의적으로 부당하게 선포된 파문에 대한 규명을 요구하는 소청이 증가하였다. 그리고 왕의 관리가 의무 수행중에 교회의 자유를 침해하여 초래된 파문을 교회가 사면해 주도록 강력히 요구하였다.

시간이 경과하면서 국왕 법정에서 파문 이의신청을 배제하고자 하는

---

18) M. Morel, *L'Excommunication et le pouvoir civil en France* (Paris, 1926), pp.85~87.
19) E. Vodola, *Excommunication in the Middle Ages*, p.171.

경향이 점점 강화되었다. 14세기의 법률가 기욤 드 브뢰이(Guillaume du Breuil, ca. 1330)는 그의 저서 《파리 고등법원의 형식》에서 형사 소송이나 불명예효를 수반하는 재판에서 파문에 대한 확증이나 자백이 없다면 증인에 맞서 제기한 파문 이의신청을 기각한다고 기술하였다.[20] 1389년에는 파리 고등법원이 파문 이의신청을 인정하지 않은 사례를 보여준다. 르망(Le Mans)의 주교는 앙주(Anjou) 여제의 법정에 집요하게 파문 이의신청을 제기하였다. 주교는 이의신청이 거부된다면 고위 세속 재판관의 판결에 동의하지 않을 것이라고 위협하였다. 난관을 타개하기 위해 여제는 고등법원에 주교가 제기한 파문 이의신청의 유효성을 타진하게 된다. 고등법원에서는 여제의 파문 이의신청 거부를 정당하다고 인정하였다.[21] 이 사건은 14세기 후반에 세속 법정에서 파문 이의신청 그 자체를 근본적으로 거부한 대표적인 사례이다.

이와 같이 파문 이의신청을 거부하는 세속 법정의 분위기는 프랑스의 법령집에 정식으로 반영되었다. 14세기 말에 자크 다브리주(Jacques d'Ablieges)는 왕의 율령, 고등법원의 재판 규정, 파리의 관습법 등을 포괄하는 《프랑스 대법령집》을 편찬하였다. 이 법령집에서는 파문된 자가 법정에서 원고나 증인으로 서는 것이 배제되지 않으며, 단순한 혐의나 도덕적 결함을 근거로 하는 모든 파문 이의신청은 법정에서 효력이 없다고 언명하였다.[22]

14세기에 말까지 세속 법정과 법령집에서 파문 이의신청의 효력을 거부하는 경향이 빈번하게 나타나고 있지만 교회법의 권위가 여전히 받아들여지고 있었기 때문에 세속 법정에서 파문 이의신청이 위력을 지닌 곳도 상당히 남아 있었다. 중세 프랑스의 법학자 보마누아르의 필립이 편찬한 《보베의

---

20) Guillaume du Breuil, *Style du Parlement du Paris*, (ed.) H. E. Lot (Paris, 1877), p.50.

21) M. Morel, *L'Excommunication et le pouvoir civil en France*, pp.212~216.

22) Jacques d'Ablieges, *Le Grand Coutumier de France*, (ed.) E. Laboulaye and R. Dareste (Paris, 1868), II 45, p.389.

관습법》은 교회의 사법권에 상당히 관대한 모습을 보였다. 다른 세속 법률가
들과는 달리 계약에 대한 소송은 원고와 피고 모두가 평신도일지라도
서로가 합의만 하면 교회 법정에서 재판될 수 있다고 언급하였다. 이 법령집
은 파문된 자가 법정에서 원고로서 어떠한 지위에 있을 수 있는지 설명하고
있지는 않다. 그러나 심각한 범죄로 인해 파문을 선고받은 상태에 있는
자는 재판관이나 변호인, 증인으로서 법정에 설 수 없다고 강조하였다.[23]

저자 미상의 법률서 《성왕 루이의 체제(1272~1273)》에서는 교회 법정
출두 거부로 인해 파문된 자에게 벌금을 부과하고 세속 권력의 재산몰수
강제집행을 인정한 반면, 세속 법정에서 원고에 맞서 제기한 파문 이의신청
을 인정하지 않았다.[24] 이 법률서의 원천은 투렌-앙주와 오를레앙 지방의
관습으로 추정된다. 《성왕 루이의 체제》에 삽입된 주해에서는 "오를레앙의
관습법이 파문을 당한 원고가 법정에 서는 것을 허용한다"고 기술되었다.
이에 비해 14세기 초엽 앙주의 관습법에서는 파문된 자가 세속 법정에서
변론이 허용되지 않는다고 기술하였다. 그리고 각처의 법정에서는 파문
이의신청을 거부하는 경향이 심화되고 있었다.[25]

그럼에도 불구하고 피에르 드 드뢰(Pierre de Dreux)의 반 성직자 투쟁을
지원했던 프아투(Poitou)에서는 파문 이의신청이 14세기까지 관습법에 유지
되었다. 이에 비해 《성왕 루이의 체제》에 기초한 《샹파뉴 법률 요약서
(Abrégé champenpois, ca. 1278)》에서는 파문된 자가 법정에 서는 것을 인정
하지 않았다. 1481년으로 추정되는 랭스의 관습법에서는 원고나 증인에게
맞서서 제기한 파문 이의신청이 유효하다고 규정하였다. 13세기 초반으로
추정되는 베르됭의 관습법에서는 파문이 즉각 입증된다면 제기된 파문

---

23) Philippe, de Beaumanoir, *Coutumes de Clermont en Beauvaisis*, (ed.) A. Salmom, 2
    vols. (Paris, 1899~1900), I, p.95.
24) *Les Etablissements de Saint Louis, accompagnés des textes promitifs et de textes dérivés*,
    (ed.) P. Viollet (Paris, 1881~1886) I c.127, vol. 2, p.241.
25) Elizabeth Vodola, *Excommunication in the Middle Ages*, pp.173~174.

이의신청이 유효하다고 규정하였다. 그리고 14세기 초에 베르됭의 재판절
차법은 법정에서 원고가 파문된 상태가 아니라는 것을 보증하기 위해서는
두 명의 선량한 사람이 배서할 필요가 있다고 규정하였다.[26] 13세기 말엽
노르망디나 툴루즈에서도 파문된 자의 법적 자격 박탈이 언급된 기록들이
잔존하고 있다.

프랑스에서 세속 권력들은 파문된 자의 재산을 몰수하는 방식으로 교회
형벌의 실행에 적극적으로 협조적인 태도를 취하였다. 또한 파문된 자의
법적 자격을 박탈하는 데에도 상당히 동의하고 있었고, 그러한 분위기는
세속 법의 규정을 통해서 반영되었다. 그러나 모든 지역이 동일하게 이를
인정한 것은 아니었다. 일부 지역에서는 재판에서 파문 이의신청을 아예
무시하고 파문된 자에게 원고나 증인으로서 법정에 서는 것을 허용하였다.
그렇다고 할지라도 세월이 흐름에 따라 그 강도는 매우 약해졌지만 일부
지역에서는 16세기까지도 파문 이의신청이 세속 법정에서 받아들여졌고,
이는 교회법이 세속 법정에서 그 권위를 인정받는 사례들 가운데 하나였다고
할 수 있다.

2) 잉글랜드 세속 법정에서의 효력

7세기경까지 잉글랜드의 지역 교구에서는 교회 수도 매우 적었고 일반
평신도들에게 세밀한 교회법을 깨우치게 하기가 매우 어려웠다. 주교들이
교회법을 실행할 수 있는 유일한 길은 왕의 협력에 의존하는 것이었다.
그러한 이유로 잉글랜드 교회에서는 《참회고행 지침서(*Penitential Codes*)》를
작성하여 평신도들로 하여금 성서적 윤리에 입각한 생활을 할 수 있도록
안내하였다. 《참회고행 지침서》는 존속 살인으로부터 쥐나 족제비가 빠진

---

26) *Le Livre des droits de Verdun,* (ed.) E. M. Meijers, and S. de Grave (Haarlem, 1940),
    p.63.

282

술을 마시는 것까지 갖가지 죄를 열거하고 있으며, 그러한 죄를 범했을 때 영혼이 정화될 수 있는 방법도 제시하였다. 그렇다고 할지라도 교회의 권위는 여전히 세속 권력의 소명을 통해서 실행될 수 있었다. 에설버트 (Aethelbert of Kent, 597년 기독교로 개종)로부터 크누트 왕 때까지 세속 권력이 교회를 대신해서 교회의 법에 저촉되는 죄인들에게 벌금을 부과하거 나 매를 때리기도 하였다. 크누트 왕은 교회법을 실행하는 데에 누구보다도 열심이었다. 그뿐만 아니라, 다른 잉글랜드의 왕들도 주교들과 매우 긴밀한 관계를 유지하면서 왕국 내에 개화된 기독교적인 행위를 촉진시키고자 하였다. 이러한 상황 속에서 윌리엄의 정복 이후까지도 교회의 사법권과 세속 사법권 사이의 갈등은 거의 없었다고 할 수 있다.[27]

노르만 정복 이전에는 잉글랜드에서 파문이 거의 선포되지 않았다.[28] 1066년 윌리엄의 잉글랜드 정복과 더불어 파문 선고는 잉글랜드 사회에 완전히 뿌리를 내리기 시작한다. 윌리엄은 잉글랜드 내에서 그의 권력을 중앙집중화하고 왕의 행정과 교회 행정을 효율적으로 개선하고자 하였다. 이러한 목적을 달성하기 위한 방법의 하나로 왕의 사법권과 교회의 사법권을 구분하고자 하였다. 1072년 윌리엄은 왕의 강령을 반포하여 촌락 법정 (hundred courts)에서 교회의 소송을 분리하였고, 영적인 문제는 교회 법정의

27) Rosalind Hill, "The Theory and Practice of Excommunication in Medieval England," HIstory 42 (1957), pp.1~3.

28) David Matthew Petyjohn, *Chunrch-State Relations in Medieval England through the Sentence of Excommunication*, Dissertation (The University of Tulsa, 1996), p.8. 잉글랜드 에서 노르만 정복 이전까지 파문이 거의 이용되지 않은 이유로는 두 가지를 들 수 있다. 첫째는 로마와 매우 먼 거리에 있어서 교황권이 이곳까지 효과적으로 미치지 못했다는 점이다. 군주의 정책이 주교의 정책과 대립할 경우에는 주교가 군주의 뜻을 따르는 것이 일반적이었다. 둘째는 잉글랜드의 교회는 정착해 가는 과정에 있었다는 점이다. 왕국 내에 확립된 권위의 토대 없이는 교회법에 따른 형벌을 실행하기가 어려웠다. 따라서 교회는 교회의 법으로 죄인을 처벌하기 위해서는 세속 권력의 협력에 의존할 수밖에 없었다. 그만큼 잉글랜드의 교회는 취약했고 수세기 동안 영아 상태에 있었다는 점을 간과해서는 안 될 것이다.

사법권에 귀속시키게 된다. 이 강령에서는 교회 법정 출두를 거부하는
자는 세 번 소환을 받을 것이며, 이에 불응하는 자는 파문될 것이라고
언급하였다.29) 윌리엄은 불복종하는 파문된 자의 출현을 막기 위해서 왕의
힘과 권력을 제공할 것이라고 하였다.

　1072년 윌리엄 왕의 강령은 교회의 권위를 높이고 파문을 효과적으로
사용하는 데에 있어 매우 중요한 전환점을 마련해 주었다. 교회는 독자적인
사법권을 가지고 영적인 문제를 재판할 수 있게 되었으며, 교회 법정은
그 자체의 문제들을 처리할 힘을 부여받게 되었다. 교회로부터 징계를
받은 자는 그의 처벌이 영적인 형벌에 머무는 것이 아니라, 그것을 무시했을
때는 세속적 처벌에 직면해야 했다. 따라서 1072년 왕의 강령은 파문된
자를 응징하는 데에 있어 세속 권력이 협력하도록 하는 법적 근거가 되었다.
윌리엄은 세속 사법권과 교회 사법권이 서로 상호간에 협력하기를 원하였
다. 1080년 릴본(Lillebonne) 회의에서 윌리엄은 교회의 파문 제재가 받아들
여지지 않으면 지역 제후의 도움을 받아 그를 주교의 재판에 데려오도록
하는 규정을 만들었다.30) 교회 사법권과 세속 사법권을 구분하고 각기의
독자성을 확립해 주고자 하는 노력은 1136년 스티븐(Stephen) 왕의 법령에서
도 나타난다. 이 법령에서는 성직자나 교회의 직원들, 그리고 그들의 재산과
교회 재산의 처분권에 대한 사법권은 주교의 손에 놓여 있다고 규정하였
다.31) 교회가 스티븐 왕의 특별한 호의를 받았기 때문에 이 시기에 잉글랜드

---

29) William Stubbs, *Select charters and other illustrations of English constitutional history
　　from the earliest times to the reign of Edward the First* (Oxford: The Clarendon Press,
　　1874), p.85; David C. Doglas and George W. Greenway, *English Historical Documents:
　　1042-1189* (New York: Oxford UP, 1953), p.604, "Sivero aliquis per superbiam
　　elatus ad justitiam episcopalem venire contempserit vel noluerit, vocatur semel, secumdo
　　et tertio; quod si nec sic ad emendationem venerit excommunicatur, et si opus fuerit
　　ad hoc vindicandam, fortitudo et justitia regis vel vicecomitis adhibeatur."

30) Donald F. Logan, *Excommunication and the Secular Arm in Medieval England* (Toronto:
　　Pontifical Institute of Mediaeval Studies, 1968), p.19.

284

에서는 성직자의 세속 법정 면제특권이 무시되거나 교회 법정에 속하는
사건을 왕의 법정에서 침해했다는 기록이 보이지 않는다.

　교회 사법권을 효율적으로 행사할 수 있도록 도우려는 잉글랜드 왕들의
노력은 파문을 당하고도 계속 불복종하는 자를 주지사가 체포하여 구금할
수 있도록 하는 데까지 나아갔다. 잉글랜드에서는 13세기 초까지 체포영장
(*excommunicato capiendo*)을 발부하여 파문된 자를 구금하는 절차가 확립되었
다. 파문을 당한 뒤에 40일이 지날 때까지 뉘우치지 않고 불복종하는
자에 대해서 주교는 그 명단을 국왕 상서원에 통보하고 체포영장 발부를
청원(*significavit*)한다. 상서원에서는 청원서를 검토한 후에 체포영장을 발부
한다. 잉글랜드 국왕 상서원에는 체포영장 발부 기록이 오늘날까지 수만
건 남아 있다. 에드워드 1세(1239~1307) 이전에 왕의 옥쇄가 찍힌 체포영장
이 있으며, 1216년에서 1221년 사이에 런던의 주교 윌리엄이 제출한 것이
가장 오래된 체포영장 청원서이다. 1611년 리치필드(Lichfield)의 주교가
보낸 청원서가 최후의 것으로 알려져 있기 때문에 약 3세기 반 동안 교회
사법권에 대한 세속 권력의 협력이 지속된 것으로 볼 수 있다.[32]

　잉글랜드의 왕이 교회 사법권을 지켜주고자 했던 것은 13세기 후반의
체포영장 발부 건수를 통해 그 정도를 알 수 있다. 1280년에서 1284년
사이에 왕의 상서원에서 1443건의 체포영장을 발부하였고 1284년에서
1288년 사이에는 1536건의 영장을 발부하였다.[33] 이와 같이 영장의 건수가
증가한 것으로 볼 때 파문을 받고도 불복종하는 자들을 교회 법정에 출두시
키기 위한 왕의 의지가 더욱 강화되었음을 엿볼 수 있다.

　사법적 권위를 지키는 데에 있어 세속 권력의 협력에 의존하게 된 교회는

31) David C. Doglas and George W. Greenway, *English Historical Documents*, p.403.
32) R. C. Fowerler, "Secular Aid for Excommunication," *Transactions of the Royal Historical Society* vol. viii (1914), pp.112~115.
33) D. F. Logan, *Excommunication and the Secular Arm in Medieval England*, p.68.

그러한 협력을 왕의 의무라고까지 생각하였다. 그러한 교회의 생각은 13세기 고위 성직자들이 제출한 불만 대장(*gravamina*)에 잘 표현되어 있다. 헨리 3세와 에드워드 1세 때 작성된 불만 대장은 왕과 관리들이 그들의 책임을 다하지 못하고 있으며 교회의 기대에 부응하지 못하고 있다는 교회의 생각을 그대로 보여주고 있다. 교회가 그러한 불만을 가지게 된 것은 집행관(bailiffs)과 주지사(sheriffs)의 무관심, 무능, 부패 등 갖가지 문제를 그 원인으로 찾아볼 수 있다. 특히 파문된 자에 대한 체포영장이 거부되기도 하였고, 주지사와 왕의 관리들이 체포한 자를 단단히 구금하지 않고 도망가게 했으며, 교회 법정에 만족할 만한 태도를 보이기 전에 왕이 체포된 자를 석방하도록 했던 것들이 주된 불만 사례들이었다.[34]

에드워드 1세는 교회의 불만을 초래한 문제들이 있었음을 인정하고 관리들의 나태함을 지적하며 교회의 불만을 달래고자 하였다. 그러나 왕이 책임감을 강하게 가지지 않는다는 지적에 대해 에드워드는 교회에 대한 왕의 협력은 자비를 베푸는 봉사로서 수행할 뿐이고, 그것이 왕의 의무는 아니라고 주장하였다. 잉글랜드 왕들은 13세기 내내 교회에 대한 협력을 이러한 관점에서 바라보았다.[35]

교회에 대한 왕과 관리들의 협력이 미진했던 것이 교회의 불만을 초래하는 원인이 되기는 했지만 정작 교회와 국왕의 관계를 불편하게 만든 것은 파문을 선고할 수 있는 대상이 누구여야 하는가의 문제였다. 이 문제는 바로 교회의 사법권과 세속 법정의 사법권이 갈등을 빚고 충돌하는 요인이기도 했다. 잉글랜드의 왕들은 자신들의 동의 없이는 왕의 관리를 파문할 수 없게 하고자 하였다. 윌리엄 1세와 헨리 2세의 예를 따르면서 헨리

---

34) W. R. Jones, "Relations of the Two Jurisdictions: Conflict and cooperation in England during the Thirteenth and Fourteenth Centuries," *Studies in Medieval and Renaissance History* 7 (1970), pp.148~149.

35) D. Matthew Petyjohn, *Church-State Relations in Medieval England through the Sentence of Excommunication*, p.60.

286

3세는 그러한 정책을 계속 관철하고자 하였고, 1231년에는 왕의 관리는 파문 대상에서 제외된다는 것을 교황 그레고리우스 9세로부터 공식적으로 인정받는 답변을 얻기까지 하였다. 교회는 그 같은 국왕 관리들의 면제권을 존중하였고, 13세기에는 두 사법권 사이에 그러한 문제로는 충돌이 거의 발생하지 않았다.36)

교회에 대한 국왕의 협력과 지원은 세속 법정에서 교회 법정의 사법권을 존중하는 분위기를 조성하였으며, 주교의 파문이 세속 법정에서 구속력을 가지도록 하는 계기를 만들어 주었다. 법률가들은 국왕 법정에서도 파문된 자들의 법적 자격 상실이 유효하다고 인정하였고, 재판관들과 변호인들은 파문 이의신청의 절차를 충실하게 받아들였다. 따라서 잉글랜드의 세속 법정에서는 피고가 이의신청을 이용해서 성공적으로 자신에게 유리한 결과를 가지도록 하였다. 잉글랜드 법에서는 이와 같이 파문 이의신청을 세속 법정에서 받아들이는 경우에 그 대상이 되는 자의 파문은 뚜렷하게 이름이 명기되어 선고된 것이어야 할 뿐 아니라 파문 이유도 분명해야만 효력을 인정할 수 있다고 보았다.37)

잉글랜드 법정에서는 상당한 논란 과정을 거치면서 파문 이의신청을 처리하는 법적 절차를 매우 단순화시켰으며, 그러한 간결한 절차가 파문 이의신청을 오랫동안 법정에서 유지시키는 결과를 가져왔다. 세속 법정에서는 민사 소송이나 형사 소송 모두에서 광범하게 파문 이의신청이 채택되었다. 부동산 소유 침탈, 토지소유권, 봉건적 의무, 동산 점유 회복 소송, 상속, 결혼지참금, 불법침해 행위, 강도 등에 관련된 갖가지 재판에서 파문 이의신청이 제기될 수 있었다.38)

파문 이의신청이 민·형사 재판 어느 곳에서나 적용될 수 있었으나 13세기

---

36) W. R. Jones, "Relations of the Two Jurisdictions," p.147.

37) E. Vodola, *Excommunication in the Middle Ages*, p.180.

38) E. Vodola, *Excommunication in the Middle Ages*, p.182.

초에는 형사적 제소를 막는 데에 효과적인 무기가 되지 못했던 것으로 보인다. 13세기 초에 작성된 것으로 알려진 법률 논저 《잉글랜드의 법과 관습》은 범죄를 저지른 피고가 범죄 고발자를 불복종하는 파문된 자로 몰아 투옥시키기 위해 영장을 얻어내려 한 속임수에 대해 경고하였다.[39] 그렇지만 14세기 초에까지도 강도 사건이나 불법침해 행위를 고발한 형사 재판에서도 파문 이의신청이 제기된 기록들이 있다. 1302년 동산 점유 회복 소송의 변론인이 작성한 문건에는 파문 이의신청이 흉악범죄의 고발이나 매우 중대한 민사 사건에서 공통적으로 접수되었음을 언급하고 있다.

　파문 이의신청은 국왕이 발부한 재판집행정지 영장(writ of prohibition)으로 인해서 무력화되는 결과가 초래되기도 하였다. 재판집행정지 영장은 교회 법정에 제소된 사람이 국왕 법정에 탄원하여 국왕의 이름으로 발행되는 법적 조치이다.[40] 이 영장은 교회 법정의 사법권에 속하지 않는 문제를 둘러싼 소송을 교회 법정에서 더 이상 집행하지 말라는 재판 중지 명령이다. 국왕에게 이 영장을 청구하는 주체는 교회 법정의 재판에서 피고로서 불리한 입장에 처해 있는 사람이다. 이 영장에는 이를 청구한 자의 이름이 기록되지는 않으며, 교회 재판의 피고로서 불리한 상황을 극복하고자 하는 사람은 세속인이건 사제이건 누구나 영장을 신청할 수 있었다.[41] 교회 법정의 사법적 권한에 속하지 않으면서도 교회 법정에서 다루어진다고 주장되어 온 본질상 세속적인 것은 세속 권력자의 성직추천권(advowson), 유언이나 결혼에 관련되지 않은 채무나 동산(chattel), 봉토(lay fee) 등에

---

39) Bracton, *De Legibus et Consuetudinibus Angliae* vol. 4, (ed.) G. E. Woodbine (New Heaven, 1942), p.328.

40) Bracton, *De Legibus et Consuetudinibus Angliae,* p.251. 이는 브락톤(Bracton)의 고전적 해석이라고 할 수 있으며 재판집행정지 영장은 주지사 법정과 봉건 법정, 심지어 국왕 법정을 대상으로 발부하기도 하였다. G. B. Flahiff, "The Writ of Prohibition to Court Christian in th Thirteenth Century," *Medieval Studies* 6 (1944), p.266.

41) G. B. Flahiff, "The Use of Prohibitions by Clerics against Ecclesiastical Courts in England," *Medieval Studies* 3 (1941), p.101.

288

관련된 소송이 일반적이었다.42)

재판집행정지 영장 발부가 시작된 것은 1165년에서 1170년 사이로 추정되지만 1180년 이전에 작성된 영장은 남아 있지 않다. 그랜빌(Ranulf de Granvill, d. 1190)의 논저43)에 처음으로 형식을 갖춘 영장이 나타났다.44) 교회 법정의 재판 진행을 봉쇄해 버리는 결과를 가져온 국왕의 재판집행정지 영장으로 인하여 교회 지도자들은 매우 불편한 심기를 감출 수 없었고 때로는 국왕 법정에 불만을 제기하기도 하였다. 그럼에도 불구하고 교회 법정에서는 국왕의 영장을 부당하다고 보지는 않았다. 다만 주교들을 분노하게 만드는 것은 재판집행정지 영장을 부당하게 사용한다는 데에 있었다. 분명히 영적 사법권에 속하는 사안임에도 무분별하게 영장이 발부되었고, 그러한 영장 때문에 재판을 중지해야 하는 문제가 발생하였다.45)

교회 법정에서는 제출된 재판집행정지 영장의 합법성을 가려서 정당한 것은 받아들이지만 부당한 것에 대해서는 국왕 법정에 심사를 요청하였다. 다만 그 이전에 교회 법정에서 진위를 가리고자 당사자인 피고를 소환하기도 하였다. 그러나 피고는 집행정지 영장 그 자체로 법정에 출두할 필요를 느끼지 않았다. 이에 교회 법정에서는 세 번을 소환하고 불응하는 자에 대해서는 교회의 형벌을 가하였다. 소환에 불응하거나 부당한 영장을 제시한 피고에 대해서는 파문으로 처벌하였으며 성직자인 경우에는 현재와 미래의 성직록을 박탈하였다.46) 영장을 발부하는 국왕도 이를 남용하거나

42) F. W. Maitland, *Roman Canon Law in the Church of England* (London: Methuen & Co., 1898), p.56.

43) Ranulf Glennvill, *Tractatus de legibus et consuetudinibus regni Angliae*, 1188 (Treatise on the laws and customs of the Kingdom of England).

44) G. B. Flahiff, "The Writ of Prohibition to Court Christian in the Thirteenth Century," p.272.

45) G. B. Flahiff, "The Use of Prohibitions by Clerics against Ecclesiastical Courts in England," p.106.

46) H. Cole, *Documents Illustrative of English History in the Thirteenth and Fourteenth*

부정하게 사용하는 사람에게 엄격한 처벌을 가하였다. 그럼에도 불구하고 국왕이 발부한 영장이 교회 법정에서 받아들여지지 않으면 국왕 법정에서 재판집행정지 심리(plea of prohibition)를 진행하게 되며, 이때 국왕이 원고가 되어 심리를 진행하게 된다.

교회 법정에 제출한 재판집행정지 영장이 부당한 것으로 판정되어 파문을 받은 자가 국왕 법정에 제소한 경우에 그는 국왕 법정에서 원고로서 재판에 출석하며 교회 법정에서 원고였던 자가 피고로서 재판을 받게 된다. 이때 피고는 파문 이의신청을 제기하여 원고가 이미 파문을 받은 자라는 것을 주장하고 이 재판의 성립을 원천적으로 봉쇄하고자 한다. 이러한 문제는 세속 법정의 사법권과 교회 법정 사법권 사이에 매우 심각한 갈등을 가져오게 되었고, 그 결과에 따라 서로간에 적대적 감정이 심화될 소지가 매우 농후하였다. 그렇기 때문에 국왕 법정의 재판관들도 이러한 사건에는 매우 심혈을 기울여 신중하게 처리하였다. 1220년 국왕 법정에서 재판집행정지 관련 소송이 열렸는데, 이는 국왕의 권한에 속하는 성직자 추천 문제로 발생한 재판이었다. 그럼에도 불구하고 재판관들은 파문된 자들은 어떠한 재판에서도 법정에 설 수 없는 것이 관습임을 설명하고 이 소송의 원고인 3명의 가사에게 먼저 파문의 사면을 받아오도록 돌려보냈다.[47]

국왕 법정은 점차적으로 재판집행정지 영장을 발부받은 사실 때문에 파문을 당한 자에 맞서 제출된 파문 이의신청을 거부하게 되었다. 브락톤(H. Bracton, d. 1268)은 《법정 비망록(Notebook)》에서 1127년에서 1239년 사이에 있었던 4건의 재판을 소개하고 있는데, 법정에서 원고들은 자신들의 재판집행정지 영장을 제출한 것 때문에 자신들이 파문을 받게 되었다는

Centuries (London, 1844), p.367, "Si autem clericus feurit hujusmodi regie prohibicionis abusor eo ipso tamquam ecclesiastice libertatis violator juxta tenorem Oxoniensis concilii per dominum Stephanum editi, ut prediximus, sententiam excommunicationis incurrat."

47) E. Vodola, *Excommunication in the Middle Ages*, p.184.

것을 호소하였고 그러한 주장이 정당하다고 인정받았음을 기록하고 있다.[48] 13세기 중엽까지 원고들은 집행정지 영장으로 인해 파문을 당했다는 사실을 스스로 법정에 고지하고 유리한 위치에서 재판을 받고자 하였다.[49] 그렇다고 해서 교회 법정에서 재판집행정지 영장을 저지하기 위해 선고하는 파문의 수가 줄어드는 것은 아니었다. 교회에서는 그러한 파문의 실효성을 여전히 확신하고 있었다.

잉글랜드의 세속 법정에서 제기된 파문 이의신청은 14세기 중엽 이후 현저하게 줄어든다. 파문 이의신청이 이처럼 잠잠해진 원인은 클라랜든 기본법(Constitution of Clarendon, 1164)[50]으로 거슬러 올라가 찾아볼 수 있을 것이다. 이 법에서는 왕의 관리에 대해서는 왕의 허락 없이는 교회가 파문할 수 없다는 원칙을 확립하였다. 그 직접적인 계기가 된 원인은 1351년의 성직임명권 조례(Statutes of Provisors, 1351)와 교황상소 금지법(Statute of Paemunire, 1353)이라고 할 수 있다. 일련의 이러한 법규로 인해서 잉글랜드 내에서 교황의 영향력이 현저하게 축소되었고 더불어서 교회 법정에서 내린 결정이 법적 구속력을 상실하도록 했던 것이 결국은 파문 이의신청의 효력을 크게 감소시켰다고 할 수 있다.

맺음말

중세교회법에서 규정한 파문 제재는 가장 엄중한 형벌이지만 그 자체가

48) Elizabeth Vodola, *Excommunication in the Middle Ages,* p.185.
49) G. B. Flahiff, "The Writ of Prohibition to Court Christian in the Thirteenth Century," p.264.
50) M. D. Knowles & Anne J. Duggan, & N. L. Brooke, "Henry II's Supplement to the Constitution of Clarendon," *The English Historical Review*, vol. 87 No. 345 (Oct., 1972), pp. 757~771; Fulltext (Available: http://www. britainexpress.com/History/medieval/clarendon.htm).

벌의 내용은 아니다. 그러나 파문을 당하게 되면 그에게 갖가지 제재가 부수적으로 가해짐으로써 실제적으로는 세속 법정의 무거운 형벌 이상으로 가혹한 위력을 가지게 된다. 파문된 자를 제재하는 규제 가운데에 법적 자격 박탈은 파문된 자의 사법적 권리를 제한하는 강력한 제재 수단이었다.

파문의 법적 자격 박탈은 불명예효로 발생한 법적 불이익을 규정한 로마법의 관념을 중세교회법에서 도입한 것이라고 할 수 있다. 로마법에서는 불명예자에게 법정 증언권, 유언권, 관직 취임권, 형사고소권, 소송 대리권 등 각종 법적 권리를 제한하였다. 교회법에서 로마법의 불명예효를 도입하는 초기 단계에서는 파괴적이거나 사소한 형사 고발로부터 성직자를 보호하기 위한 목적으로 이를 받아들였다. 그리고 9세기의 《위 이시도르 법령집》에서는 모든 파문된 자를 불명예자로 규정하고 불명예자에게 가한 법적 불이익을 파문된 자에게 똑같이 적용하고자 하였다.

교회법이 집대성되고 교회법학이 발전할 때 로마법이 면밀하게 연구되었고 로마법으로부터 많은 것들을 교회법에 도입하였다. 로마법적 관념 위에서 파문된 자의 법적 자격 박탈을 조직적으로 규정한 것은 《그라티아누스 교령집》이었다. 이 교령집은 파문된 자의 법적 제재에 대해 하나의 방향을 제시하였을 뿐 아니라, 이는 향후 수십 년 동안 교회법학에서 절대적인 권위를 가졌다. 그럼에도 불구하고 파문된 자의 법적 자격 상실에 대한 그라티아누스의 해석은 많은 논쟁을 유발하게 되었다. 그라티아누스는 재판에서 원고는 그가 맞서 있는 피고와 도덕적으로 동등해야 한다고 여겼다. 그러나 한편으로는 이단과 신성모독 같은 최악의 범죄를 저지른 자들에 대해서는 파문된 자라고 할지라도 법정에 그들을 고발할 수 있다는 예외 규정을 두었다.

그러한 예외 규정에 대해서 그 한계가 어디까지인지, 그리고 파문된 자에게 그와 같은 혜택을 부여해야 하는 것인지에 대해 많은 논쟁이 제기되었다. 교황 알렉산드로스 3세는 그의 교령 〈질의(*quaesitum*)〉에서 파문된

292

자의 법적 자격에 대한 예외적 규정을 전면 부정하는 강경한 입장을 취하였다. 교회법학에서 이에 대한 논란이 지속되었으나 교황 인노켄티우스 3세는 《그라티아누스 교령집》에서 규정된 파문된 자에 대한 사법적 예외 규정을 모두 폐기해야 한다고 주장하였다. 나아가 파문된 자들이 형사 법정과 이단 심문법정(종교재판소)에 어떠한 것도 고발하는 것을 금지하였다. 이와 같은 강경한 입장은 12~13세기 서유럽에 창궐한 이단 문제가 심각한 정도에 이르게 되었다는 것과 파문된 자와 이단을 동일시하려 한 데서 그 원인을 찾아볼 수 있다.

파문된 자의 자격 상실을 둘러싸고 격화된 또 다른 논쟁의 주제는 파문 이의신청(exceptio)이었다. 원고가 파문된 상태에 있다면 그는 원고로서의 자격을 상실할 뿐 아니라 비록 유리한 입장에 있을지라도 재판에서 불이익을 당할 수밖에 없다. 그렇기 때문에 피고는 원고가 파문된 자라는 것을 알기만 하면 법정에 그 사실을 고지하여 재판을 유리하게 끌어가고자 하였다. 그와 같은 파문 이의신청을 둘러싸고 격렬한 논쟁이 제기되었다. 교황 그레고리우스 9세는 그의 교령 〈파문 이의신청(Ecxeptionem)〉에서 파문 이의 신청 절차를 원래의 규정대로 강력하게 시행해야 한다는 점을 강조하였고 그러한 분위기는 1230년대까지 지속되었다. 그러나 1244년 교황 인노켄티우스 4세는 교령 〈새 교령집(Novelle)〉에서 파문된 자의 사법적 권리 박탈을 일부 완화해 주는 내용을 제시하였다.

인노켄티우스는 파문 이의신청이 재판에서 소급 적용될 수 없다고 주장하였다. 그리고 파문 입증 기간을 16일에서 8일로 단축하고, 입증을 하지 못한 경우에 재판을 지체한 경비를 피고에게 부담하도록 하였다. 이러한 내용은 이전의 파문 이의신청 규정을 크게 완화시키는 것이었다. 당시까지 파문 이의신청이 악용되어 정당한 재판의 진행까지 방해하고 질서를 어지럽히는 일이 너무도 많았기 때문에 그에 대한 대책으로 이러한 완화조치가 강구되었던 것이다.

그러나 이의신청의 악용 가능성에도 불구하고 교회법학에서는 소용돌이가 몰아쳤고 이에 대해 격렬한 저항이 일었다. 인노켄티우스 4세의 교회법 고문이면서 최측근의 협력자였던 호스티엔시스는 그레고리우스 9세의 교령 〈파문 이의신청〉은 여전히 유효하며 인노켄티우스 4세의 완화된 내용을 폐기해야 한다고 강경한 입장을 취하였다.

중세교회법에서는 파문된 자의 경우 법적으로 모든 자격을 상실한다는 것을 보편화시켰지만 세부적인 내용에서는 그 정도 차이를 두고 많은 논란이 제기되었다. 13세기를 경과하면서 교회의 권위가 위협받는 상황 속에서 파문에 대한 제재 조치는 완화보다는 강경 쪽으로 선회하기 시작하였다. 12~13세기에 제시되었던 완화 조치는 13세기 후반 이후로 거의 찾아볼 수 없게 된다. 그만큼 파문은 내용상으로 가장 강력한 형벌로서의 위상을 견고하게 가질 수 있게 되었다고 할 수 있다.

중세 유럽 사회에서 세속적 관습법과 더불어 교회법은 가톨릭 교회의 신앙이 전파된 모든 곳에서 위력을 발휘하였다. 중세 전반기에는 거의 세속 법정과 교회 법정의 구분 없이 각종 범죄를 재판하였고, 교회법이 지역이나 국왕의 법에 영향을 미치기도 하였다.

중세 전성기에 이르러 봉건 왕정이 성장하고 국왕이 국가의 구심점을 이루기 시작하는 프랑스와 잉글랜드 지역에서는 점차 세속 법정과 교회 법정의 사법적 관할 영역이 구분되기 시작하였다. 세속 군주들은 세속적 문제는 반드시 세속 법정에서 재판을 진행하고 교회 법정은 영적인 문제에 관련된 사건들만 재판하도록 요구하였다. 그렇다고 할지라도 세속 권력은 교회의 사법권을 존중하고 교회 법정의 판결을 세속 법정에서도 인정하도록 하였다.

성왕 루이 9세는 프랑스에서 교회 법정의 판결을 세속적 무력을 이용해 집행하도록 하는 계기를 만들어 주었다. 프랑스 남부 지방에 확산되는 이단을 근절하기 위해 교회 법정으로부터 파문된 자들의 재산을 몰수하거나 처형하는 데에 강제력을 동원하였던 것이다. 이를 계기를 반드시 이단이 아니더라도 중징계 파문을 받은 자는 40일이 경과할 때까지 뉘우치고 사면을 받지 않으면 세속 권력으로부터 재산을 몰수당하게 되었다.

잉글랜드에서는 주교의 파문에 대한 국왕의 협력이 체포영장 형식을 취하게 되었다. 파문을 당하고도 일정 기간 뉘우치지 않는 자에 대해서 주교는 국왕 상서원에 체포영장을 신청하고 영장이 발부되면 해당 지역의 주지사는 파문된 자를 강제 연행하여 구금하게 된다. 국왕이 주교의 파문에 대해 협력하는 방식은 프랑스와 잉글랜드 사이에 대조적인 모습을 보인다. 프랑스는 파문된 자에 대해 재산몰수라는 극단적인 방식을 택했고, 잉글랜드에서는 체포·구금이라는 비교적 온건한 방식을 통해 협력을 하게 된다. 프랑스 국왕이 파문된 자에 대해서 강경한 처벌을 했던 것은 그 동기가 이단에 대한 응징에서 출발했기 때문이다.

세속 권력이 교회 사법권을 존중하는 정신은 교회 법정의 결정이 세속 법정에서도 법적 구속력을 가지도록 하는 데서도 찾아볼 수 있다. 교회법에 따르면 주교로부터 파문을 받은 자는 교회 법정에서 재판관이나 원고, 또는 증인으로 출두할 수 없다. 이러한 파문된 자의 사법적 자격 박탈은 세속 법정에서 그 효력이 인정되었다. 교회 법정에서 파문된 원고에 맞서서 파문 이의신청이 제출되면 원고의 자격을 박탈할 수 있는 것처럼 세속 법정에서도 파문 이의신청이 받아들여졌다. 프랑스 국왕 고등법원의 재판 기록에서 파문 이의신청 사례를 상당수 발견할 수 있으며, 많은 세속 법령집에서도 그것의 유효성을 인정하였다. 잉글랜드 역시 12세기 이후 수세기 동안 파문 이의신청이 국왕 법정에서 제기되었고, 파문된 사실이 확인되고 정당한 절차를 통해 선고된 것이라고 인정될 때는 그 이의신청이 법정에 받아들여졌다.

주교의 파문에 대해서 법적 구속력을 인정하고 협력을 했을지라도 두 국가는 모두 두 가지 사실을 명확히 하고자 하였다. 첫째는 국왕의 관리에 대해서는 국왕의 허락 없이는 파문을 선고하지 않아야 한다는 것이었고, 둘째는 교회 법정에서는 영적인 사건만을 재판하고 세속적인 사건은 반드시 세속 법정에서 재판이 행해져야 한다는 점이었다. 점차적으로 국왕들은 교회의 사법권보다 국왕 법정의 사법권을 우월한 위치에 두고자 했으며 교회 법정의 재판 절차와 형식을 약화시키고자 하였다. 잉글랜드에서는 국왕이 재판집행정지 영장을 발부하여 부당한 교회 법정의 재판을 방지하고자 하였고, 때에 따라서는 이를 세속 법정의 사법적 영역을 확대시키는 수단으로 삼았다.

14세기에 이르면 봉건 왕정이 성장해 가고 교황의 권위가 추락하는 과정 속에서 각 지역의 교회 법정은 점차적으로 그 영역이 크게 제한되고 법적 구속력도 약해지게 된다. 그러한 경향은 성직임명권 제한이나 교황상소권 금지 등을 법령으로 규정하면서 구체화되었다. 프랑스에서는 1483년 부르주 칙령(Pragmatic Sanction of Bourges)[51]을 통해서 교황의 서임권이나 재정권을 크게 제한하였고, 잉글랜드에서는 1351년의 성직임명권 조례(Statutes of Provisors)와 1353년의 교황상소 금지법(Statute of Praemunire)[52]을 통해서 교회에 대한 국왕의 권리를 확대하였다. 이러한 일련의 과정은 교회 법정이 더 이상 사회의 질서 유지를 위해 세속 법정과 같은 권위를 가지고 작용할 수 없게 되는 상황을 만들었다. 그렇다고 할지라도 14세기 말까지는 이전과 동일한 정도는 아니지만 교회 법정은 상당한 정도의 사법적 권위를 가지고 있었고 세속 법정에서의 파문 이의신청도 어느

---

51) *Pragmatic Sanction of Bourges*, (eds.) Lambert M. Surhone & Miriam T. Timpledon & Susan F. Marseken (Mauritus: Betascript Publishing, 2010); Dorothy Melville Sinclair, *Conciliarism, Gallicanism, and the pragmatic sanction of Bourges, 1431-1452*, Thesis (M.A.) (Johns Hopkins University, 1950).

52) W. T. Waugh, "The Great Statute of Praemunire," *The English Historical Review*, Vol. 37 No. 146 (Apr. 1922), pp.173~205; Charles H. Tylor and John I. La Monte, (eds.), "The Legal Significance of the Statute of Praemunire of 1353," *Anniversary Essays by Students of C. H. Haskins* (New York, 1929), pp.57~80.

정도 유효성을 인정받았다.

    프랑스와 잉글랜드에서 국왕들이 주교의 파문 집행에 협력하는 과정을 통해서, 그리고 파문 이의신청이 국왕 법정과 같은 세속 법정에서도 그 효력을 인정받는 과정을 통해서 중세 사회는 세속 법정과 교회 법정이 같은 정도의 비중을 가지고 작용하는 사법적 이중구조로 이루어졌다는 점을 확인할 수 있었다. 그러한 국가와 교회의 이원적 구조는 중세 유럽 사회에서만 찾아볼 수 있는 특이한 현상이라고 할 수 있다. 그리고 파문 이의신청을 둘러싼 세속 법정과 교회 법정의 협력과 갈등은 국가와 교회, 교권과 속권의 관계를 설명해주는 상징적 사례라고 할 수 있을 것이다.

제7장 파문의 정치적 이용

파문을 정치적으로 이용한 사례를 총 정리한 연구로는 하비(Wilma Harvey)의 《교황의 정치적 도구로서의 파문》[1]을 들 수 있다. 400년으로부터 1300년까지를 세 단계로 나누어 파문이 정치적으로 이용되는 사례를 일목요연하게 정리하고 각 단계의 특징을 규명하였다. 다만 하비는 그와 같은 파문이 교회법적으로 어떠한 의미를 가지는지, 또한 이러한 정치적 성격의 파문이 어떠한 근거를 가지고 있으며 그 파문의 본질에 비추어 이러한 사례들을 어떻게 이해할 수 있는지 등 그것의 내면적 관계를 파고들지는 않았다.

레아(Henry C. Lea)의 《현세 권력의 출현과 파문》[2]은 중세의 파문 연구에 고전적인 책이라 할 수 있다. 중세의 봉건적 관계에서 파문이 가져온 결과를 교권과 속권의 충돌과 갈등 과정을 통해서 제시하였다.

보돌라(Elisabeth Vodola)는 1986년 역작 《중세 시대의 파문》[3]을 출간하여 큰 호평을 받았다. 파문의 개념과 파문이 사회적·정치적으로 가지는 의미에 대해서도 살펴보고 있으나, 그녀의 가장 큰 관심과 비중은 파문으로 인한

---

1) Wilma Harvey, *Excommunication as an Instrument of Papal Policy 400-1300 A.D.* (Mount Holyoke College, The requirement for the degree of B.A., 1934).

2) Henry Charles Lea, *Studies in church history. The rise of the temporal power.-Benefit of clergy.-Excommunication.-The early church and slavery* (Philadelphia, H.C. Lea's Son & Co., 1883).

3) Elisabeth Vodola, *Excommunication in the Middle Ages* (Berkelly; University of California Press, 1986).

법적 권리의 박탈에 있었고 이를 파악하기 위해 교회 법정과 세속 법정에서 제기된 파문된 자의 법적 지위를 중점적으로 고찰하였다. 많은 분량은 아니지만 정치적 의미를 가지는 파문 사례에 대해서도 살펴보고 있으며 이를 군주의 폐위와 연계시켜 설명하는 한편, 충성서약 해제를 통한 봉건적 관계의 해체와도 관련지어 소개하고 있다. 그러나 정치적 파문에 대해서는 직접적으로 다루지 않았다.

위와 같은 선행 연구들은 본 장을 작성하는 과정에서 매우 소중한 참고서이자 교과서와 같았다. 본 장에서는 한 걸음 더 나아가 11~12세기의 정치적 성격의 파문이 고대의 파문과 어떠한 면에서 다른지를 살펴보고자 한다. 이를 위해 특별히 아나테마의 정치적 이용과 충성서약의 해제에 초점을 맞추어 이 문제에 접근해 보고자 한다.

1. 11~12세기 정치적 파문의 사례들

이 시기에 교황이 정치적 목적을 위해서 파문을 사용한 것이라고 간주할 수 있는 사례는 매우 많다. 그와 같은 성격의 파문은 다음과 같이 세 가지 유형으로 나누어 고찰해 볼 수 있다.

첫 번째 사례는 교황이 황제의 정치적 문제에 개입하여 황제의 정적들을 견제하고 제재를 가한 사건들을 들 수 있다. 1047년 황제 하인리히 3세의 베네벤토 진입을 거부한 베네벤토 시민들을 교황 클레멘스 2세가 파문하였다.4) 그 이후 황제는 교황과 함께 베네벤토에 근접해 와서 도시 교외를

---

4) Philipuss Jaffe, *Regesta Pontificum Romanorum Ab condita ecclesia ad annum Post Christum Natum MCXCVIII*, 3149, "Beneventum cintendens (Heinrich imperator), cum noluissent eum cives recipere, a Rpmano pontifice, qui eum illo tunc erat, civitatem eandem exdommunicari fecit"; Leonis Marsicani et Petri Diaconi Chronica Monasterii Casiensis, (ed.) Edene W. Wattenbach MGH SS. Vol. 7, p.683.

불사르게 된다.5) 1050년 로렌의 고데프리두스가 황제에 맞서서 반란을
일으키자 교황 레오 9세는 그를 파문하게 된다. 또한 니케포루스 보토니아테
스는 동방의 황제 미카엘 7세가 독재를 했다는 이유로 황제와 왕비 마리아,
왕자 콘스탄티누스를 수도원에 유폐시키고 그 자신이 황제가 되었다. 이에
1078년 교황 그레고리우스 7세가 보토니아테스를 파문에 처하게 된다.
1125년 교황 호노리우스 3세는 하인리히 황제의 왕권 경쟁자인 콘라드를
파문하였다.6) 이들 사건을 기술한 사료들에는 파문의 절차나 파문의 성격을
알 수 있는 내용을 언급하고 있지는 않다. 그러나 11~12세기에 교황들이
선고한 파문은 이미 도덕적 문제나 이단 또는 종교적 문제와는 전혀 상관이
없는 정치적 목적을 위해 이용되고 있음을 확실히 알 수 있다.

두 번째 사례로는 성직서임권 투쟁으로부터 시작된 교·속의 갈등과
충돌을 들 수 있다. 교황 그레고리우스 7세의 교회 개혁운동은 밀라노
주교 임명을 둘러싸고 야기된 황제와 교황의 충돌이 정치적인 문제로
비화된 사건과 연계되었다. 교황과의 관계가 악화된 상태에서 황제 하인리
히 4세는 교황 그레고리우스 7세에 의해서 네 차례, 교황 우르바누스와
파스칼 2세에 의해서 각각 한 차례씩, 모두 여섯 차례의 파문 선고를
받는다. 교황 파스칼 2세와 함께 주교 서임권 논쟁을 종결시킨 바 있던

---

5) Wilma Harvey, *Excommunication as an Instrument of Papal Policy 400-1300 A.D.*,
   p.57; *HERMANNUS CONTRACTUS MONACHUS AUGIAE DIVITIS. PL* 143,
   Col 247, "Haec fuit Agnes, filia Ottonis Guillielmi Burgundiae ducis, tertia uxor
   Guillielmi magni Pictaviensis et ducis Aquilaniae jam an. 1030 defuncti, ac mater
   Agnetis imperatricis, Henrici III conjugis. Clement. imperatoris de monte Gargano
   Beneventum reversa, orto tumultu Beneventani cives quibusdam eam injuriis afficiunt.
   Unde, severam ab imperatore vindictam metuentes, eique se subdere non praesumentes,
   rebellionem ineunt [Note: Interdicto propterea a Papa suppositi. Leo Ost.]. Sed imperator,
   qui magna, ut dictum est, ex parte exercitum jam remiserat, et ad alia occupato
   animo jam patriam tendebat, tantam tunc temporis civitatem expugnatum aggredi
   distulit, interimque eo infecto negotio, sed alias universa Italia parente pacataque,
   redire disposuit."

6) *Annalista Saxo* 1128, *MGH Scr (folio)* VI, 765; Jaffe 5215.

황제 하인리히 5세 또한 1118년 겔라시우스 2세에 의해서, 1119년에는 칼릭스투스 2세[7])에 의해서 두 차례의 파문을 당한다.

성직서임 문제는 지역의 세속적 지배와 직결된 문제였기 때문에 황제의 편에서는 결코 포기할 수 없는 중대한 것이었고, 교황 역시 완전한 주교임명권을 보유하지 않는 한 기독교 수장으로서의 명실상부한 권위를 인정받을 수 없었다. 양자 모두가 물러서지 않고 대립하는 상황에서 황제는 물리적 힘을 소유하였고 교황은 법적 권위만을 소유했을 뿐이다. 두 황제에 대한 파문 제재는 교황이 취할 수 있는 최후의 수단이었고, 한편으로는 이와 같은 상징적인 제재를 가할 수밖에 없을 정도로 교황이 무기력했다는 것을 의미하기도 한다.

1076년 사순절 공의회에서 선포된 황제 하인리히 4세의 파문 선언문은 황제의 파문을 야기한 죄목과 파문에 수반되는 결과들을 제시하고 있다. 우선 그의 죄는 교회와 독일과 이탈리아 왕국 전체에게 거슬리는 전무후무한 자만심을 드러냈다는 것이다. 또한 어떠한 그리스도인일지라도 그에게 행한 모든 서약이 해제되며 그를 왕으로 섬기는 것을 금지한다고 하였다. 파문된 자[8])와 연합함으로써 신에게 돌아오지 않고, 그리스도인으로서 순종하지 않았으며, 교회를 분열시키려 하는 그를 격리시키기 위해 그에게 아나테마의 굴레를 씌운다는 것이었다.

하인리히의 불순종적인 행위에 대해서는 그레고리우스가 전년도 12월에 보낸 서한[9])에서 명백히 지적한 바가 있다. 우선 황제가 밀라노의 주교

---

7) Jaffe, 4947, "Synodi die sexto et ultimo Heinricus impator et Burdinus antipapa eorumque socii excommunicantur, quique imperatori iuraverint, fidelitate eiue solvuntur."

8) Erich Caspar, *Das Register Gregors VII*. Teil 1 *MGH Epp. sel.* 2.52a, pp.196~197; H. E. J. Cowdrey (trans.), *The Register of Pope Gregory VII 1075-1086* (Oxford, New York: Oxford UP), pp.145. 수난절 공의회에서 독일 왕의 측근 다섯 명이 로마로의 소환에 응하지 않을 경우 파문 상태에 들어간다는 것을 선포하였다. 이후부터 이 문헌을 인용할 때는 *Register*로 표기하며, Caspar의 라틴어판 쪽수를 표기하도록 한다.

문제에 대해서 로마교회에 약속한 바를 이행하지 않고 교회법(Canon)과
교령(Apostolic Decrees)을 위반하였다는 점을 한탄하였다. 또한 로마교회가
잘 모르는 사람들에게 페르모와 스폴레토 지역의 교회를 맡김으로써 황제가
교령을 또다시 위반하였고 이는 상처난 곳에 더 큰 상처를 내는 것이라고
하였다.10)

　　1118년 겔라시우스 2세11)는 하인리히 5세가 스페인으로부터 부르디누스
(Burdinus)를 데려와 교황으로 임명하고 교회에 분열의 망상을 다시 불러왔
다는 점을 들어 파문하였다.12) 교황 칼릭스투스 2세가 하인리히 5세와
대립교황 부르디누스, 그리고 그들과 내통하는 자들을 파문한 선언문에서
는 누구든지 황제에게 충성 서약을 한 자는 그 서약으로부터 해제된다고
선포하였다.13)

　　세 번째 유형의 사례로는 교황령과 주변 지역 침해에 대한 교황의 응징을
들 수 있다. 1053년 레오 9세는 베네벤토의 안전을 위협하는 노르만 왕에게
파문을 선포하였다. 그러한 정죄에도 굴하지 않고 교황령 쪽으로 영역을
확대하려는 움직임을 보이자 교황은 군대를 이끌고 노르만의 군대에 맞서게
된다. 레오 9세의 지속적인 압박으로 노르만 왕이 교황에게 복종 서약을

---

9) *Register* 3.10, "Gregor VII. macht König Heinrich IV. Vorwürfe wegen seines Umgang
　　mit Gebannten, weigen seines Vorgehens in der Mailänder Sache trotz schriftlicher
　　und mündlicher Verschicherungen, und wegen der Einsetzung von Bishöfen in Fermo
　　und Spoleto, verweist auf die kanonischen und allgemein verbindlichen Beschlüsse
　　der Fastensynode von 1075....", pp.263~267.
10) *Register* 3.10 p.265.
11) Jaffe 4887. Jaffe 4881.
12) *MGH Scriptores* vol.vi, pp.253~254; Horace K. Mann, *The Popes of the Gregorian
　　Renaissance St Leo IX to Honorius II, 1049-1130; The Lives of the Popes in the
　　Middle Ages,* vol. VIII (London: Kegan Paul, Trench, Trubner & Co., LTD., 1925),
　　pp.130~132.
13) Jaffe 4947, "Synodi die sexto et ultimo Heinricus imperator et Burdinus antipapa
　　eorumque socii excommunicantur, quique imperatori iuraverint, fidelitate eius solvuntur."

302

하면서 한때 긴장이 완화되기는 했으나, 그레고리우스 7세 때에 이르러 노르만 왕국의 교황령 진출이 적극적으로 추진되었고 교황은 침입자들에 대해서 대대적으로 파문을 선포하였다.[14] 1078년에 교황은 스폴레토와 페르모 등 교황령과 인근 지역을 침입한 로베르투스 귀스카르투스(Robertus Guiscardus)와 그의 추종자들을 파문하였다.[15] 이때 노르만 왕에게 협력적이었던 파르펜수스(Farfensus) 수도원장에게 편지를 보내 8일 안에 그의 태도를 고치지 않는다면 파문에 처할 것이라고 경고하기도 하였다.[16] 1139년 교황 인노켄티우스 2세는 노르만 왕국과 교황령의 완충지대를 침범한 노르만의 왕 로게르를 파문하였다. 1151년에는 교황 하드리아누스 4세가 베네벤토를 침입한 윌리엄 왕을 파문하였다.[17]

이상에서 살펴본 바와 같이 11~12세기 교황들이 세속 군주를 파문한 사례들을 검토해 보면, 그러한 파문들이 순수하게 신앙적이거나 도덕적인 문제에서 비롯되었다기보다는 교황의 정치적 입지를 공고하게 다지고자

---

14) *CONCILIUM ROMANUM I PRO REFORMANDO ECCLESIAE STATU.* *Celebratum anno Domini 1074.* PL 148, Col. 0751C, "In hac eadem synodo excommunicatus est Robertus Guiscardus Nortmannorum princeps, de quo in [Col. 0751C] fine libri primi epist. Gregorii supra haec referuntur: Celebravit Romae synodum, in qua, inter caetera quae ibi gesta sunt, excommunicavit atque anathematizavit Robertum Guiscardum ducem Apuliae et Calabriae atque Siciliae, cum omnibus fautoribus suis, quousque resipisceret."

15) *S. GREGORII VII VITA* Auctore PAULO Bernriedensi, Canonico regulari, *PL.* 148, Col. 0058D Robertus Guiscardus Northmannorum Dux, [excommunicatus fuit a S. Gregorio anno 1074, sed Ecclesiae obediens anno 1080. absolutus: uti pluribus deducit Baronius, ad dictos annos.] et ceteros excommunicatos visitans; statuitque cum ipsis tempus opportunum, quomodo Dominum Papam caperet et occideret: filium vero suum ad Guibertum haereticum Ravennatem; Jaffe 3689: Robertua, .dux A diae, iam anathematicatne, et Robertus de Loritello excommunicantur.

16) *PL.* 148 col. 58; Wilma Harvey, *Excommunication as an Instrument of Papal Policy 400-1300 A.D.* p.74.

17) Wilma Harvey, *Excommunication as an Instrument of Papal Policy 400-1300 A.D.*, pp.76~78.

하는 세속적 목적이 작용한 경우가 많았다는 점을 알 수 있다. 교황 레오 9세나 호노리우스 3세가 황제를 돕기 위해서 황제에게 대항하거나 경쟁 관계에 있는 자들을 파문한 사건에서는 어떠한 윤리적·종교적 문제점도 발견할 수 없다. 또한 레오 9세로부터 하드리아누스 4세에 이르기까지 남부 이탈리아에 정착한 노르만 왕들이 교황령을 침범하거나 위협하였다는 이유로 여러 차례 파문을 당하게 된다. 개혁 시대의 교황들은 교황령에 대한 세속적 지배권을 확실하게 유지하고자 하였다. 따라서 노르만 왕들의 교황령 침범은 교황들을 매우 예민하게 만들고 심각한 피해의식을 불러일으 켰다. 교황령을 침범당할 때마다 이를 방어해야 하는 긴장 속에서 로마교회 는 매번 사건이 발생할 때마다 제재를 가하기보다는 침범 가능성을 예상하고 이를 법적 규정을 통해 미연에 방지하고자 하였다. 그 일환으로 로마교회의 소유인 동시에 성 베드로의 도시인 베네벤토를 침입하는 세속 군주에 대해서는 아나테마로 처벌한다는 것을 공의회에서 공식적으로 규정하였 다.[18] 이와 같이 교황이 교황령을 지키기 위해 침범자들을 파문으로 제재하 는 것은 무엇보다도 파문을 정치적 목적으로 이용하려는 의도가 강하게 작용한 것이라고 할 수 있다.

교황령을 둘러싼 영토 문제 외에도 파문을 정치적으로 이용한 사례는 교황 수위권 강화 과정에서도 수없이 발견된다. 성직임명을 둘러싸고 교황 과 황제가 첨예하게 대립할 때에 선포된 파문들조차도 그 내면에는 교회 개혁의 성격을 지니는 동시에 교황 현세권 강화라는 정치적 목적을 수반했다 는 점을 부인할 수 없다.

교황들이 정치적 목적을 위해서 파문을 수없이 이용했다고 할지라도 그러한 제재에는 항상 신학적·교회법적 근거를 제시하고 그것의 타당성을 입증하고자 하였다. 1076년 부활절 공의회에서 선포한 하인리히 4세 파문

---

18) 제1차 라테란 공의회(1123년) 〈법규 제8조〉 *Disciplinary Decrees of the General Councils*, (ed.) H. J. Schroeder (London: B. Herder Book Co., 1937), p.184.

304

교령에서 그레고리우스 7세는 "그리스도인으로서 순종하기를 거부하였고 파문된 자와 접촉함으로써 하나님을 배반하였으며, 그의 구원을 위해 보낸 권고를 무시했기 때문에 교회로부터 그를 격리시킨다"고 선포하였다.[19] 1080년 하인리히를 재차 파문한 교령에서 그레고리우스는 황제를 교회와 교황에 대해서 불순종한 사탄으로서의 죄를 저질렀으며 음모를 꾸며 교회를 분열시킨 자라고 규탄하였다.[20] 1081년 그레고리우스는 메츠의 주교 헤르만에게 보낸 서한에서 하인리히가 교회와 제국의 파괴자이며 이단을 조장하고 공모한 자라고 파문 이유를 설명하고 있다.[21] 불순종, 교회의 분열, 음모, 교회의 파괴, 이단 등 황제가 저지른 죄라고 내세운 명분들은 분명히 그리스도교의 윤리나 교리를 위반한 것으로 인식될 수 있는 종교적 문제인 것처럼 보인다. 그러나 파문의 실제적인 원인은 도덕적이거나 신앙적인 것이라기보다는 갖가지 현실의 정치적 이해관계가 뒤얽힌 충돌에서 비롯된 것이었다. 그런데 그 목적이 정치적이건 세속적이건 간에 교속의 충돌 속에서 교황이 군주를 응징할 때는 불순종과 교회의 분열, 이단의 죄를 씌워 정죄했다는 점이 특기할 만하다.

2. 아나테마 파문의 정치적 의미

이 기간 동안에는 교황과 로마교회에 대적하는 세속 군주에 대해서 '엑스코뮤니카티오(*excommunicatio*)'로 파문하고 '아나테마(*anathema*)'를 동시에 선

---

19) *Register*, 3.10a, *Item Heinrici regis Teutonicorum, Protokoll der römischen Fastensynode von 1076*, pp.270~271.
20) *Register*, 7.14a, *Item excommunicatio regis Heinrici in Protokoll der römischen Fastensynode von 1080*, p.483.
21) *Register*, 8.21. *Gregor VII. sendet Bischof Hermann von Metz auf antragen ein programmatisched Rechtfertigungsschreiben der päpstlichen Politik gegenüber Heinrich IV*, p.544.

고하는 경우가 많이 나타나고 있다. 그레고리우스는 1080년, 1081년,[22] 1084년,[23] 그리고 우루바누스 2세가 1089년[24] 황제 하인리히 4세와 그의 추종자들을 파문했을 때, 1074년 그레고리우스 7세가 로베르투스 귀스카루투스를 파문[25]했을 때, 그리고 호노리우스 2세가 시칠리아의 로게리우스를 파문[26]했을 때, 1102년 교황 파스칼 2세가 라테란 공의회에서 하인리히 4세를 재차 파문[27]했을 때 그와 같은 이중적 형식의 파문 선고들을 찾아볼

---

22) *MHG ss.* VIII 458, "Ubi ad aures Heinrici regis et fautorum eius anathema a domino papa factum personuit, infremuit tyrannus, factiosorum strepitus in beati Petri vicarium turpia et nefanda concrepans intonui, dicentium magum eum esse et impostorem, hereticum, homicidam, fornicarium, et si quid aliud aversatur sanae doctrinae, Non debere regem, imperatoris filium, qui non sine..."

23) Jaffe, 3969, "Synodus, in qua Gregorius Clementem III. et Heinricum imperatorem iterum anathematizat"; *Bernoldi Chronicon, MGH Scriptores* 5, p.441, "Dominus autem papa collecta sinido Salerni iterum sententiam ananthematis in Gibertum hersiarchen, et Heinricum, et in omnes eorum fautores promulgavit; quod et in festivitate sancti Iohannis baptistae praeterita iam dudum Romae fecit, cum Heinricus adhuc ibi moraretur."

24) Bernold of St. Blasien. *Chronicon.* (Ed.) G.H. Pertz. *MGH Scriptores* 5 (Hanover, 1844), p.499, "Sententiam quoque anathematis, a praedecessore suo papa Gregorio promulgatam, ea discretione confirmavit, ut in primo gradu Ravennatem heresiacham cum Heinrico rege anathematinatum censeret; in secundo gradu eorum fautores, qui eisdem armis, pecunia, consilio, obedien..."

25) Jaffe 3689, "Robertua, .dux A diae, iam anathematicatne, et Robertus de Loritello excommunicantur"; *CONCILIUM ROMANUM, PL.*148 [Col. 0751C].

26) *Chronicum* PL. 173[Col. 1197D] Eos vero quos Rao ipse detinuit, periculo famis, et frigoris jugiter affligere non desistit. Quid multa universa, [Col. 1197D] quae excogitari possunt, convicia Beneventanis captioni positis inferuntur. Praeterea die noctuque minantur, ut comitem illum Rogerium anathemati [Col. 1198A] deditum super civitatem inducant Beneventanam, et de B. Petri virtute eductam, suae obtineant ditioni, et potestati.

27) Jaffe, 4410, "transacta media quadragesima celebrata, in qua omnis heresis et precipue ea, quae statum praesentis ecclsiae perturbat, quae docet et astruit, anathema contemnendum et ecclesiae ligamenta apernenda esse', anathematicatur et Heinricus imperator perptuo anathemati traditur"; Ekkehardi Chronicon Univesale 1102, p.224, *MGH Scriptores* VI.

수 있다. 사료 내용을 검토해 볼 때 이 두 파문을 구분하여 각기 다른 시점에 선고한 것으로는 보이지 않는다. 파문을 선고할 때 기본적으로 '엑스코뮤니카티오'로 단죄하고, 동시에 '아나테마'로 처벌하였다. 그런데 당시 교·속의 심각한 충돌과 긴장 관계를 살펴볼 때 아나테마를 추가적으로 부가한 것은 단순히 황제에 대한 교황의 극심한 반감이 상징적으로 표현된 것으로 볼 수 있다. 그러나 여기에는 그러한 강력한 감정적 표현 이상의 깊은 의미가 내재해 있다. 교황에게 대항하고 교황의 정책에 저항하는 세속 군주를 교회의 분열자요 이단과 같은 존재로 보려는 교황 측의 입장과 해석이 아나테마를 추가적으로 선포하게 한 것으로 생각할 수 있다.

그렇다면 적대적인 군주를 이단으로 지칭하는 이유가 무엇인지 의문을 가질 수 있다. 파문 선고를 담고 있는 교령이나 연대기적인 성격의 문헌에서 이에 대한 설명을 찾을 수가 없다. 황제나 왕들이 파문을 불러일으킨 사건들을 들여다보면 그들을 이단이라고 지칭할 수 있을 만큼 성서적인 내용에 대해, 그리고 교리적이거나 신학적인 문제에 대해 다른 해석을 했다든지, 교회의 예전의식을 위반하거나 또는 이단적 행위를 저지른 것이라고 볼 수는 없다. 그런데 왜 그들이 이단으로 취급되었을까? 파문 선고를 언급한 문헌들에서는 직접적으로 그 이유를 발견할 수 없으나 그레고리우스 7세가 메츠의 주교 헤르만에게 편지를 보내 하인리히 4세의 파문 배경을 설명한 글에서 이를 짐작해 볼 수 있다.

그레고리우스는 황제나 왕이 파문된 옛 사례를 들고 그들이 파문된 사유를 설명하였다. 어떠한 면에서 파문 제재를 받을 만한 것인지, 그리고 그 사유가 과연 타당한 것인지에 대해서 설명하였다. 이를 위해 그는 기독교 군주의 사명과 기능을 정의하고, 그 사명을 제대로 감당하지 못하는 군주는 징계를 받아야 한다고 하였다. 그레고리우스는 기독교 군주는 세상의 영토를 소유하기 위해서 존재한다기보다는 악마를 쫓아내는 구령자로 세워졌다고 보았다. 그러나 세상의 군왕들이 종교적인 방식으로 살지 않고 신을

경외하지 않는다면 악마가 세상을 지배하게 된다는 것이다. 그러한 세상의
군왕들은 신을 사랑하지 않을 뿐 아니라, 성직자가 하는 것처럼 신의 영광과
영혼들의 유익을 위해서 신도들을 인도하는 일들을 열망하지도 않는다.
더욱이 그들은 더 이상 관용할 수 없는 정도의 교만에 빠져서 남을 지배하려
는 탐욕만을 끝없이 채우려고 할 것이라는 것이다.[28]

그레고리우스는 계속해서 다음과 같이 그의 생각을 이어갔다. 그리스도
의 사제는 모든 군왕들과 신도들의 아버지요 스승이다. 아들이 아버지를,
제자가 스승을 그 자신에게 종속시키고, 땅에서 매면 하늘에서도 맬 수
있는 권한을 가진 그를 잘못된 의무감을 가지고 자신의 권력 아래 둔다면
어처구니없는 일이 될 것이다.[29] 그만큼 사제의 권위는 왕의 권력보다
높고 고귀한 것이다.[30] 선한 그리스도 신도인 왕은 사악한 군주가 되어서는
안 된다. 선한 왕은 신의 영광을 구하면서 그들 자신의 영역을 강력히
통제하지만, 사악한 군주는 신의 것을 탐욕하는 것이다. 즉 전자는 그리스도
의 몸에 속하는 왕이요, 후자는 사탄의 몸에 속하는 것이다. 황제는 제국
내에서 최고의 권력을 가지고 자신의 영역을 영원히 지배할 수 있으나,
그리스도의 몸에 속하지 않는 권력은 영원한 저주 속에서 파멸될 것이다.[31]
그런데 많은 왕과 황제들이 신의 영광을 위해서가 아니라 세상적 영광을
따라 군림하고 있다. 이와 같이 홍수처럼 불어나는 교만에 빠져 있는 왕과
황제들을 경고하고 권징하는 것은 바로 교회의 권위에 속한다. 그들이
그러한 사제의 권위를 받아들이지 않고 사제가 징계로서 부과한 참회고행과

---

28) *Register* 8.21 *Gegorius VII. sendet Bischof Hermann von Metz auf Anfrage ein
   programmatisches Rechtfertigungsschreiben der päpstlichen Polotik gegenüber Heinrich IV*,
   p.544. 그레고리우스의 이러한 해석은 Augustine of Hippo, *De doct. Christ* I.23.
   p.19의 견해를 인용한 것이다.

29) *Register*, 8.21, p.550.

30) 이러한 견해의 타당성을 강조하기 위해 그레고리우스는 테오도시우스를 파문한
   암부로시우스의 글을 근거로 제시하였다.

31) *Register*, 8.21, p.552.

308

권징을 거부한다면 그들은 그리스도의 법과 교회를 파괴하는 것이요, 이단을 일으킨 자요, 공모자인 것이다.

이상과 같은 내용으로 볼 때 그레고리우스는 이단에 대한 개념을 다른 각도에서 규정짓고 있다. 이단을 교회의 분열을 일으키는 무리로 본다면 그가 생각하는 이단은 다른 교리와 다른 신학적인 해석을 가진 분열자들뿐 아니라, 신으로부터 부여된 본질적 사명을 이행하지 아니하고 교회 질서를 어지럽히면서 사제의 권위를 무시하고 교회의 분열을 일삼는 무리 역시 그 범주에 속한다. 즉 그와 같은 분열자들은 기독교의 근본을 무력화시키고 교회를 분열시킨다는 점에서 교리적 이단자들과 다를 바가 없다고 보는 것이다. 일반적으로 엑스코뮤니카티오 파문은 교정벌(medicinal penalty)의 성격을 가지고 있으나 아나테마는 더 이상 치유나 교정을 기대하지 않는 것이고 이는 악마에게 영혼을 던져주는 것과 같은 체념을 상징한다.[32] 이러한 면에서 본다면 황제와 왕들의 파괴적 행위를 응징하기 위해서 파문을 선고할 때 엑스코뮤니카티오 파문과 함께 아나테마 파문을 동시에 선포하는 것이 당연하다고 생각했을 것이다.

교황 파스칼 2세의 "나는 모든 이단과 교회의 현재 지위를 혼란에 빠트린 자를 아나테마에 처한다. 그리고 교회의 결속을 무시하고 파괴하는 자에게 아나테마를 추가하고 가르친다"라는 말에서 알 수 있는 바와 같이 이단의 과오를 범하는 자에게 아나테마를 선고하는 것이 마땅하다는 점을 강조하였다.[33] 그런데 하인리히 4세가 그 대상에 속한다는 점을 분명히 하였다.

---

32) *Register*, 8.21, p.553.

33) *Ekkehardi Chronicon Univesale 1102, MGH Scriptores* VI, p.224, "Anathematizo omnem heresim, et precique eam quae statum presentis aecclesiae perturbat, quae docet et astruit anathema contempnendum et aecclesiae ligamenta spernenda esse. Promitto autem oboedientiam apostolicae sedis pontifici domno Paschali eiusque seuccessoribus sub testimonio Christi et aecclesiae, affirmans quod affirmat, et dampnans quod dampnat sancta et universalis aecclesia."

하인리히는 이전에 선고된 엑스코뮤니카티오를 계속해서 무시했기 때문에 이단과 같다는 것이다.[34] 교리적인 것은 아닐지라도 교황의 권위를 무시하는 군주의 행위를 파괴적인 것으로 보고 이단과 동일시한 파스칼 2세의 해석은 그레고리우스 7세의 견해와 연속선상에서 이해될 수 있다.

고대로부터 중세까지 보편공의회의 법령들을 검토해 보면 이단을 단죄할 경우 반드시 아나테마 파문으로 처벌했다는 것을 확인할 수 있다.[35] 엑스코뮤니카티오 파문은 교리적 문제보다는 부도덕한 행위나 교회법 위반 같은 비교적 돌이킬 수 있고 치유될 수 있는 것들을 징계 대상으로 삼았다. 그러나 교회의 근본이 파괴될 수 있고 기독교 사회가 완전히 분열될 수 있는 위험을 초래하는 치명적인 행위에 대해서는 강도가 높은 아나테마 파문을 선고하게 된다. 이러한 면에서 교황들은 거만한 자세로 교황에 대항하는 황제와 왕들의 위협적인 태도와 행위야말로 이단적 행위와 동일한 것이라고 판단하였다.

파문을 당하고도 이를 무시해 버리는 경우도 많았으나 이를 무시하면서도 항상 내면 의식 속에는 무거운 부담을 느끼지 않을 수 없었다. 아나테마 파문은 악마에게 영혼을 던져주는 것처럼 완전한 파멸을 의미하고 교회 묘지에도 묻힐 수 없는 저주였기 때문에 그리스도교 신앙이 지배하는 사회에서 이를 아무렇지 않게 무시해 버릴 수가 없었다. 그만큼 아나테마의 처벌은 강한 위력을 지녔다고 할 수 있을 것이다. 그러한 예를 하인리히 5세에게서 찾아볼 수 있다. 그는 파문 하에 있다는 명분을 들어 자신의 부친을 공개적으로 대적하였다. 1115년 그 자신 역시 파문을 선고받고 대립교황을 세워 자신의 입지를 강화하려고 했으나 결국 교황에 대한 모든 저항은 무위로 돌아갔고 1122년 교황에게 굴복하게 된다.[36] 아나테마

---

34) Lea, *Studies in church history. The rise of the temporal power.--Benefit of clergy.--Excommunication.--The early church and slavery*, p.375.

35) 장준철, 〈보편공의회 이단 파문 법규의 분석〉, 《서양중세사연구》 16, 2005, pp.1~30.

는 근본적으로 영혼의 구원을 가로막는 암벽과 같은 것이라고 인식하고 있었기 때문에 군주일지라도 이에 대한 강력한 압박감을 느끼지 않을 수 없었다.

돌이킬 수 없는 문제를 일삼는 황제에 대해서 아나테마를 선고한 사례는 1080년 그레고리우스 7세가 하인리히 4세를 파문한 것이 맨 처음인 것으로 확인된다. 그리고 파스칼의 경우에서 볼 수 있는 바와 같이 그 이후의 교황들도 그레고리우스와 같은 생각을 가지고 그러한 형식을 따라 아나테마를 교황권의 강화를 위해 이용했음을 알 수 있다.

3. 파문과 봉건적 관계의 해제

이 시기에 교황이 황제에게 선고한 파문에서 찾아볼 수 있는 또 하나의 특이한 점은 파문이 봉건적 관계의 해제를 동반한다는 점이다. 1076년 사순절 로마 주교회의에서 황제 하인리히 4세에게 파문을 선포한다. 이때 선언문에서는 "황제 하인리히 3세의 아들 하인리히 왕에게는 독일과 이탈리아의 통치를 인정하지 않으며, 어떤 기독교인이든 누구도 그를 따르지 않고 섬기지 않도록 하기 위해 그에게 이미 행했거나 장차 행하게 될 충성서약(oath of fealty, *vinculi iuramentum*)을 해제한다. 그리고 누구도 그를 왕으로 섬기는 것을 금지한다"[37]고 하였다.

1080년 하인리히의 지지자들이 교황의 독일제국의회 참석을 방해하게

---

36) Lea, *Studies in church history. The rise of the temporal power*, pp.379~381.

37) *Register*, 3.10a, *Item Heinrici regis Teutonicorum, Protokoll der römischen Fastensynode von 1076*, p.270, "Jeinrico regi, filio Heinrich imperatoris, qui contra tuam ecclesiam inaudita superbia insurrexit, totius regni Teutonicorum et Italie gubernacula contradico et omnes christianois a vincul iuramenti, quod sibi fecerunt vel facient, absolvo et, ut nullus ei sicut regi serviat, interdico."

될 때 하인리히에 대해 다시 파문을 선포한다. 이때 그레고리우스는 "그가 겸손해진 것을 보고 태도 변화의 약속을 받아들이면서 그를 공동체에 복귀하도록 허용했지만 로마 주교회의에서 폐위된 그가 왕권에 복귀하도록 한 것은 아니며, 그 회의에서는 그에게 이미 서약했거나 앞으로 행할 충성의 서약이 준수되어야 한다고 가르치지 않았다"[38]고 하였다.

이러한 교황의 언급은 재차 선포된 파문과 함께 충성서약 해제를 다시 한 번 강조한 것이라고 할 수 있다. 또한 1119년 랭스 공의회에서 교황 칼릭스투스 2세는 성직임명을 철회하지 않는 황제 하인리히 5세와 대립교황 보루디누스를 파문하였다. 공의회 선언문에서는 "그들이 보조할 때 교황으로부터 파문 선고 처분을 받은 많은 사람들의 이름이 낭독되었다. 그 명단 안에는 맨 앞에 하인리히 왕과 로마교회의 침범자 부르디누스가 있고 이들은 다른 사람들의 맨 앞에서 그리고 많은 다른 사람들과 함께 엄중하게 파문되었다.[39] 또한 왕이 통렬하게 깨닫지 못하고 하나님의 교회를 만족시키지 못한다면 교황의 사도적 권위에 의해서 왕에게 행한 충성서약으로부터 모든 사람을 해방한다"[40]고 하였다.

그레고리우스 7세 이후로 황제에게 파문 제재를 가한 것과 그에게 행한

---

38) *Register* 7.14a *Item excommunicatio regis Heinrici*, p.534, "Quem ego videns humiliatum multis ab eo promissionibus accepti de sue vite emendatione solam ei comunionem reddidi, non tamen in regno, a quo eum in Romana synodo deposueram, instauravi nec fidelitatem omnium, qui sibi iuraverant vel erant iuraturi, a qua omnes absolvi in eadem synodo, ut sibi servaretur, precepi."

39) Mann, *The Popes of the Gregorian Renaissance*, in *The Lives of the Popes in the Middle Ages* vol. VIII, pp.152~158.

40) *DECRETA SYNODALIA* in *Hessonis Scholastici Relatio de Concilio Remensi MGH Scriptores*. XII, p.428; *Ratio de con. Remensi,*, PL, 163, "Cumque astarent, recitata sunt multorum nomina quos praecipue excommunicare proposuerat domnus papa, inter quos primi nominati sunt rex Heinricus et Romanae ecclesiae invasor Burdinus, et prae ceteris, et cum ceteris multis sollemniter excommunicati. Absolvit etiam domnus papa auctoritate apostolica a fidelitate regis omnes quotquot et iuraverant, nisi forte resipisceret et ecclesiae Dei satisfaceret."

충성서약을 해제하는 것은 하나의 연장선상에서 이루어지는 징계였다. 1076년 로마 주교회의의 파문 선고문에서 충성서약 해제를 연계하여 하인리히를 단죄하였다. 11세기 개혁 시대에 파문된 황제는 하인리히 4세가 처음이었고 동시에 충성서약을 해제당한 것도 그가 처음이었다. 그 이후 그레고리우스는 1078년 사순절 주교회의에서 파문된 왕에게 행한 충성서약 해제를 정식으로 교령에 규정하였다.[41]

　당대에 교황의 주변에 있던 인물 가운데에는 그레고리우스의 그러한 조치를 부당한 것으로 논박한 경우도 있다.[42] 성직서임권 논쟁 당시 친황제파의 입장에서 쓰여진 문헌 《보존되어야 할 교회의 통합에 관한 책(Liber de unitate ecclesiae conservanda)》에서도 왕의 폐위와 충성서약 해제의 근거에 대한 그레고리우스의 주장을 논박하였다. 이 글은 헤르스펠트(Hersfeld)의 익명자가 서술한 것으로서 1081년 그레고리우스의 편지에 대해 답변하는 내용으로 되어 있으며 편지의 일부 내용을 인용하면서 작자의 의견을 제시하고 있다. 이 문헌에서는 그레고리우스가 로마교회의 경건한 교황 샤가리아스와 스테파누스를 언급하면서 "그들이 유일한 권위에 의해서 칠데릭 왕의 권력을 박탈하여 폐위하였고, 모든 프랑크인들이 그에게 맺은 충성서약을 해제한 것으로 보았다"고 하였다.[43]

---

41) *Register* 5.14a. *Protokoll der römischen Gastensynode von 1078,* capp.15.

42) Robert L. Benson, "The Gelasian Doctrin: Uses and Transformations," *Le Notion d'autorite au moyen age; Islam byzance, occident* 1(1) (1982), pp.33~34.

43) *Liber de unitate ecclesiae conservanda,* (ed.) W. Schwenkenbecher, *MGH, Libelli de lite imperatorum et pontificum,* Band 2 (Hannover, 1892), p.186, "Quod si ita est, immo quia ita est, videtur supradictus papa Gregorius, qui et Hildibrant, immerito hanc notam imposuisse vel Zachariae vel Stephano, religiosis pontificibus Romanae ecclesiae, ut ipso sola auctoritate sua Hildericum a regno deponerent et absolverent omnes Francigenas a juramento fidelitatis, quam illi fecissent, cum fortasse ei, qui huiusmodi erat iuxta quod supra dictum est, principes regni aliquod iuramentum dare indignum duxissent". 울리히 폰 후텐(Ulrich von Hutten)이 풀다(Fulda) 수도원에서 발견한 *Liber de unitate ecclesiae conservanda*에 대해 길크리스트(Gilchrist)는 74주제 법령집을 인용한 교황권 옹호론자들의 저작물로 보았으나, 푸리만(Freemann)은

교황의 군주 폐위권과 서약 해제권에 대한 주장에 대해서 양 측에서 논란이 제기되었음에도 불구하고 위의 내용을 담고 있는 1076년 사순절 시노드의 법령 제15조는 이후 12개의 교회법령집에 포함된다.[44] 1078년 2월 17일부터 3월 3일까지 개최된 제5차 로마 시노드에서는 파문된 이단으로부터 충성서약을 해제한다는 법령을 규정하였다.[45] 이 법령은 교황 우르바누스 2세의 법령집에 포함된다.[46] 파문의 제재와 충성서약 해제를 연계시키는 내용의 법제화는 그레고리우스 이후로 11세기 개혁 시기에 점차 일반화되었다. 따라서 이 같은 교회법적 환경은 당시의 여러 법령 편찬에 영향을 미쳤고, 바로 그 결과로 《그라티아누스 교령집》에 그와 같은 규정이 공식적으로 정리되었다고 할 수 있다.

《그라티아누스 교령집》에는 충성서약 해제에 관해 세 개의 조항을 정리해 놓고 있다. 첫째는 '충성서약 해제에 관한 교황의 권위(*Potificalis auctoritas a iuramento fidelitatis nonnullos absouit*)'를 밝혀주는 내용이다. 여기에서는 교황 샤가리아스가 무능한 프랑크 왕을 폐위하고 피피누스를 그

이 문서가 서임권 논쟁 시 친황제파에 의해 저술된 것으로 보았다. 문헌 내용을 검토해 볼 때, 이는 그레고리우스를 옹호하는 내용이 아니고 오히려 황제 편에서 교황의 주장을 비판적으로 바라보고 있다. 위의 인용문에서 그러한 흔적을 분명히 발견할 수 있다. 그러한 관점은 벤슨(Benson)의 논문에서 분명히 언급되고 있다. John Gilchrist, "The Collection in Secenty-four Titles: A Canon Law Manuel of the Gregorian Reform," pp.41~48; Tom Freeman, "St Peter did not do thus: Papal history in the Acts and Monuments" (Available: http://www.hrionline.ac.uk/johnfoxe/apparatus/freemanStPeterpart1.html) (2004); Benson, "The Gelasian Doctrine: Usese and Transformations," p.33.

44) John Gilchrist, "The recption of Gregory VII into the canon law 1073-1140," *Zeitschrift der Savigny-Stiftung für Rechtgeschichte* LIX (1973), pp.70~71. 그레고리우스 7세는 여섯 번의 시노드를 로마에서 소집하였고, 총 240개의 법령을 규정하였다. 그 가운데 163개 법령이 이후의 교회법령집에 채택되었고, 1078년 수난절 시노드의 법령 가운데 제15조는 13개 법령집의 편찬에 채택되었다.

45) Philipp Jaffé, *Monumenta gregoriana, Apud Weidmannos* (1865), p.308.

46) Francis J. Gossman, *Pope Urban II and Canon Law*, Dissertation (Catholic U of America, 1960), p.92.

314

자리에 앉히고 이전의 왕에 대해서 맺은 충성서약을 해제했다는 내용을 담고 있다.[47] 둘째는 '파문된 자에게 맺은 충성 관계는 더 이상 구속력을 갖지 못한다(*Excommunicati uinculo fidelitatis non tenentur obnoxii*)'는 내용이다. 이 법령에서는 그레고리우스 7세가 로마 시노드에 규정한 내용으로서 파문된 자는 사도의 권위에 의해 성사 참여가 금지되며 그가 개전의 모습을 보이지 않는다면 그에게 충성서약을 준수하는 것을 금지한다고 규정하였다.[48] 세 번째는 '회복하기 전에는 누구도 파문된 자에게 충성을 준수해서는 안 된다(*Ante, quum reconcilieniur, fideliiutem excommnnicutis nullus servare cogitur*)'는 것을 알아야 한다는 내용이다. 이 법령은 우르반 2세가 규정한 내용으로서 오랫동안 파문 상태에 놓여 있는 후고누스 꼼미트에게는 누구도 충성서약으로 인해 짊어지고 있는 군사적 봉사를 더 이상 이행하지 않도록 하고 있다.[49]

---

47) *Concordia Discordatium Canonum*, C.XV q.VI c.III, Corpus Iuris Canonici, Pars Prima; C III. *Pontificalis aucioritus u iurumenio fideliiuiis nonnnllos ubsolnii*. "Ahus item Romanus Pontifex, Zacharias scihcet regem Francorum non tam prò suis iniquitatibus, quam pròeo, quod tantae potestad erat inutilis, a regno deposuit, et Pipinum, Karohoob inperatoris patrem, in eius loco substituit, omnesque Francigenas a iuramento fidelitatis absoluit. Quod etiam ex frequenti auctoritate agit sancta ecclesia, cum mihtes absoluit a uinculo iuramenti, quod factum est his episcopis, qui apostolica auctoritate a pontificali gradu deponuntur."

48) *Concordia Discordatium Canonum*, C.XV q.VI c.IV; *Excommunicuti uinculo fideliiutis non tenentur obnoxii*. "Item Gregorius VII. Ro mun uè Sinodo presidens dixit. Nos sanctorum predecessorum nostrorum statuta tenentes, eos, qui excommunicatis fidehtate aut sacramento constricti sunt, apostolica auctoritate a sacramento absoluimus, et ne sibi a fideli tatem obseruent modis omnibus prohibemus, quousque ipsi ad satisfactionem ueniant."

49) *Concordia Discordatium Canonum*, C.XV q.VI c.V; *Ante, quum reconcilieniur, fideliiutem excommnnicutis nullus serware cogitur*. "Iiem Urbanus II. Episcopo Vapicensi. luratos milites Hugoni Comiti, ne ipsi, quamdiu excommunicatus est, semiant, prohibeto. Qui si sacramenta pretenderint, moneantur, oportere Deo magis seruire quam hominibus. Fidehtatem enim, quam Christiano principi iurarunt, Deo eiusque sanctis aduersanti, et eorum precepta calcanti, nulla cohibentur auctoritate persoluere."

파문 제재를 충성 의무 해제와 연계시키는 규정은 보편공의회의 법규에서
도 보이고 있다. 1179년 제3차 라테란 공의회의 〈법규 제27조〉는 프랑스
남부에 만연하고 있던 카타리와 파타리 등 이단을 제재하는 법령이다.
이 법규에서는 이단을 아나테마로 단죄하며 이들에게 피난처를 제공하거나
어떠한 방식으로든 도움을 주는 자는 같은 처벌을 받게 된다는 점을 강조하
고 있다. 뿐만 아니라 그들이 계속해서 사악한 상태에 머물러 있다면 이러한
이단에게 행한 충성서약과 경의, 모든 봉사 의무를 해제한다고 규정하였
다.[50]

이와 유사한 규정이 1215년 제4차 라테란 공의회의 〈법규 제3조〉에서도
나타난다. 이 법규에서는 특정한 이단의 이름을 거론하지 않았으나 이단에
대한 엄중한 처벌을 규정하고 있으며 세속 군주들이 이단의 제재에 적극
나서도록 기술하고 있다. 세속 군주가 교회로부터 이단 제재를 요청받았을
때 그의 영토 내에서 이단의 악취를 깨끗이 일소하기를 거부한다면 수도대주
교나 그 지역의 주교가 그를 파문한다. 그가 1년 안에 만족스러운 모습을
보이지 않고 그러한 완고함이 교황에게 보고되면 교황은 그 군주가 신하들로
부터 받는 충성의 의무를 해제하고, 정통 신앙을 가지고 있는 가톨릭교도는
누구든지 방해를 받지 않고 그의 영토를 점유하도록 한다고 규정하였다.

이상에서 살펴본 바와 같이 교회 개혁 시기에 그레고리우스 7세나 우르바
누스 2세가 황제에 대한 제재를 효과적으로 가하기 위해서 파문을 충성
의무 해제와 연계시켰던 일련의 조치는 12세기 초의 교회 법령집들에
편입되기 시작하였다. 나아가 이를 규정하고 있는 교령들이 1140년 《그라티
아누스 교령집》에 포함됨으로써 보편적인 법적 권위와 구속력을 지니게
된다. 그라티아누스가 이를 교령집에 일목요연하고 명확하게 정리함으로써
11세기 교회 개혁 시대에 제기된 논쟁점을 일단락지었다고 할 수 있을

---

50) 제3차 라테란 공의회(1179) 〈법규 제27조〉 *Disciplinary Decrees of the General Councils*,
   (ed.) H. J. Schroeder, pp.234~235.

것이다. 따라서 그러한 형식의 파문 제재가 《그라티아누스 교령집》 편찬 이후에 제3·4차 라테란 공의회 법규에서도 규정되었던 것으로 볼 때 12세기 후반과 13세기 초엽에는 그것의 당위성이 이미 상당한 정도로 인식되고 있었던 것으로 보인다.

이와 같이 세속 군주를 파문으로 제재할 때에는 충성서약의 해제를 동시에 선포함으로써 교권의 위상과 강제력을 극대화하였다. 그렇다면 이러한 강력한 처벌은 어떠한 근거 위에서 이루어졌으며, 교권이 그렇게 하지 않으면 안 되는 이유는 무엇이었을까? 우선 단순하게 대답한다면 이는 11세기 교회가 당면하고 해결해야 했던 문제들이 그만큼 절실한 대책을 요구했기 때문이라고 할 수 있다. 그런데 그것을 가능케 했던 것은 파문이 가지고 있는 속성 자체가 그 같은 제재를 가할 수 있도록 하는 가능성을 내포하고 있었기 때문이다.

파문은 죄인을 그리스도 공동체 내에서 격리시키는 조치이다. 파문을 당한 사람은 성체성사와 미사를 비롯한 각종 성사와 교회의 예전에 참여할 수 없으며 그와 접촉하는 것도 금지되어 있다. 뿐만 아니라 교회의 묘지에 매장될 수 없으며 공민으로서의 모든 법적인 권리를 박탈당한다.[51] 교회법에 따라 선포된 파문은 당사자를 단순히 교회 신도 무리에서 격리시키는 데에 그치는 것이 아니라, 공민권의 박탈까지 의미하는 전체 사회 공동체로부터의 격리와 단절을 초래하는 것이었다. 그러므로 파문된 군주에게 맺은 충성서약의 해제는 파문과 함께 부수적으로 수반되는 결과일 수 있다. 그러나 파문된 자를 사회로부터 격리시키는 관행은 초기 그리스도교 교회에서는 찾아볼 수 없다. 이러한 관행과 해석은 중세적인 것이라 할 수 있다.

파문된 자를 교회뿐 아니라 일반 사회로부터 격리시키고 모든 법적 권리를 박탈할 수 있다는 생각이 군주의 봉건적 관계를 해제시킬 수 있는

---

51) Francis Edward Hyland, *Excommunication, its nature, historical development and effects* (Washington, D.C., Catholic U of America, 1928), p.1.

당위성을 가지게 하였다. 그러한 가능성과 개연성은 얼마든지 인정할 수
있다고 할지라도 11세기 개혁 시대에 그레고리우스 7세가 그러한 정책을
처음으로 시행한 것은 참으로 과감하고 획기적인 것이었다. 이러한 획기적
인 조치를 위해서는 반드시 교회법적 권위를 지니는 선례가 필요하였다.
그레고리우스는 프랑크 왕 칠데릭을 파문한 교황 샤가리아스에게서 원하는
선례를 찾았다.[52] 메로빙거 시대에도 11세기와 같은 성격의 충성서약을
했는지, 과연 샤가리아스가 충성서약을 해제하는 조치를 취했는지에 대해
서는 중세 시대에 많은 논란이 제기되었다. 그럼에도 불구하고 그레고리우
스는 파문과 충성서약 해제를 연계시키는 내용을 1078년 가을 로마 시노드
에서 〈법규 제15조〉[53]로 규정하였다. 그리고 하인리히 4세를 파문하고
그에게 맺은 충성서약의 해제를 선포하였다.

　그레고리우스 개혁의 열렬한 지지자였고 전파자였던 베르놀드 콘스탄스
(Bernold of Constans)는 발테르(Walter)에게 보낸 서한에서 교황의 서약
해제 권한을 주제로 하여 그 권한의 근거와 사례를 상세히 설명하였다.
베르놀드는 종속관계(subjectio)를 해체시킬 수 있는 권한을 사도 베드로가
예수 그리스도로부터 부여받은 매고 푸는 권한에 연결시켰다. 그는 그러한
권한이 베드로 한 사람에게만 머무는 것이 아니라, 다른 사도들과 후계자들
에게도 부여되고 계승된다는 레오 대교황의 말을 인용하였다.[54] 바로 그러
한 사법적 권위를 가지고 교황은 성스러운 교회를 배반하고 교회에 해를
끼치는 자들을 면직하고 파문할 수 있다고 본 것이다. 그는 이러한 권한에
대한 근거로 그레고리우스 대교황과 교황 하드리아누스의 주장을 제시하였
고, 교황 스테파누스 2세의 칠데릭 왕 파문, 교황 니콜라스 1세의 로타링겐

---

52) *Liber de unitate ecclesiae conservanda*, (ed.) W. Schwenkenbecher, *MGH, Libelli de lite imperatorum et pontificum*, p.186.

53) *Register*, 5.14a, capp.15.

54) *De solutione iuramentum*, (ed.) F. Thaner. *MGH, Libelli de lite imperatorum et pontificum 2*, p.147.

왕 파문을 그러한 권한 행사의 선례로서 소개하였다.[55]

    베르놀드는 사도의 사법적 권한에 의해서 종속관계까지도 해제할 수 있다고 설명하였다. 그는 교황의 매고 푸는 권한에 의해서 교황 셀레스티누스가 네스토리우스의 지배로부터 콘스탄티노플을 해방시켰고, 교황 레오가 디오스코루스의 지배로부터 알렉산드리아를 해방시켰다는 것을 사례로 들었다. 베르놀드는 교황 스테파누스가 칠데릭 왕의 영주권을 박탈하고 복종의 서약으로부터 모든 프랑크인들을 완전하게 해제해 준 것 역시 교황의 맺고 푸는 권한에 근거한다고 보았다.[56] 이러한 베르놀드의 해석은 그레고리우스 7세를 구심점으로 하는 교회개혁가들의 교권 사상을 정리한 것이라 할 수 있을 것이다.

    그레고리우스가 선례를 찾아가면서까지 황제에 대한 충성서약 해제를 파문과 연계하려 했던 까닭은 무엇일까? 하인리히 4세는 작센 전쟁을 거치면서 대부분의 독일 지역 제후들의 지지를 받고 있었으며, 특별히 강력한 제후 고드프레이 로렌 공으로부터 막강한 군사적 후원을 받고 있었다.[57] 밀라노 대주교 성직 임명 문제로 충돌한 교황과 황제는 돌이킬 수 없는 상황에 이르게 되었다. 황제와 대립하고 있는 교황으로서는 황제의 강력한 군사력을 의식하지 않을 수 없었다. 단순한 파문 선고만으로는 황제를 제재하거나 완강한 그의 자세를 누그러트리는 것이 가능하지 않았다. 교황의 입장에서는 독일 지역을 분열시키고 황제의 지지 세력을 감소시켜야 할 필요가 절실하였다. 이러한 교황의 목표를 달성할 수 있는 방법의

---

55) *De solutione iuramentum*, p.148.

56) *De solutione iuramentum*, pp.148~149, "Item beatus Stephanus papa, de quo prediximus, omnes Francigenas a dominio et iuramento subiectionis Hilderici regis penitus absolvisse legitur. Item sanctus Iohannes papa Lodowieum imperatorem a juramento, quo ipse Adalgiso tiranno repacificatus est, absolvit, eo quod eum salute rei publicae nequaquam posset observari."

57) 이영재, 〈Gregory 7세의 교황주권론 연구〉, 숭실대학교 박사학위논문(2003), pp.100~102.

하나가 하인리히에게 맺고 있는 충성서약을 해제해 줌으로써 제후들이
황제에 대한 봉건적 의무에서 벗어나도록 해주는 것이었다. 이러한 그레고
리우스의 의도는 1076년 10월 트리브르의 제후회의 결과로 그 효력이
입증되었다.58) 독일 지역의 제후들은 궁정 법(*leges palatinae*)을 인용하면서
하인리히가 사면을 받지 못한다면 그의 권력은 실효성을 가지지 못하며
그에게 맺은 충성서약을 더 이상 지키지 않을 것을 결의하였다.59)

교황 자신이 물리적 힘을 소유하지 못한 상태에서 황제와 맞서 투쟁할
때 교황이 취할 수 있는 최후의 수단은 첫째 파문을 선포하는 것이며,
둘째 황제에 대립하고 있는 제후들의 힘에 의지하는 것이었다. 그러한
면에서 파문은 교황이 정치적 대립 속에서 취할 수 있는 최후의 수단이었고,
충성서약의 해제는 그 파문 제재가 효력을 발휘할 수 있게 해주는 효과적인
장치였다고 할 수 있다.

파문된 군주의 봉건적 관계를 박탈하는 교황의 권한이 과연 정당한
것인가에 대해서는 그레고리우스 지지자들 사이에서 의견이 일치되는
것은 아니었다. 그들 가운데 일부는 교황의 그러한 정책이 무정부 상태를

---

58) Uta-Renate Blumenthal, *Der Investiturstreit* (Sttutgart Berlin Köln Mainz: Verlag W. Kohlhammer, 1982), p.134; Elisabeth Vodola, *Excommunication in the Middle Ages*, p.21.

59) *Lamberti Hersfeldensis annales a. 1040-1077*, (ed.) V. Cl. Lud. *MGH Scriptores* V, p.186, "Fried Hesse Ad haec illi responderunt, regem illius nusquam terrarum subter fugere iudicium, quem sciat aequitatis et innocentiae incorruptissimum vindicem et advocatum fore, sed a vicino iam urgere diem anniversarium, quo excommunicatus fuisset, et principes regni hac expectatione suspensos attentosque anxie rei eventum praestolari, ut, si ante hanc diem excommunicatione non absolvatur, deinceps iuxta palatinas leges indignus regio honore habeatur, et hoc omni qui papa iubeat satisfactionis genere paratum emereri, ut solo interim anathemate absolvatur et communionis ecclesiasticae gratiam recipiat, responsurus ex integro, quacumque die, quocumque loco papa praecipiat, tamquam nihil hac conventione actum sit, omnibus quae accusatores eius obiecissent criminibus, et iuxta sententiam eius regnum vel retenturus, si obiecta purgasset, vel aequo animo, si causa cecidisset, amissurus."

초래할 것이라고 경고하였다. 그럼에도 불구하고 그레고리우스의 봉건적 충성서약 해제 법령은 점차 교회법에 수용되었다. 뿐만 아니라, 세속 법령에 서도 파문과 충성서약 해제를 연계시키는 규정이 봉건법(*Consuetudines feudorum*)에 점차 받아들여지는 결과를 가져오게 되었다.[60)]

맺음말

11세기 교회 개혁운동 이후로 교황들은 정치적 목적을 위해서 세속 군주들에게 수없이 많은 파문을 선고하였다. 이러한 파문은 대부분 정치적 성격을 띠고 있었다. 정치적 동기에서 파문을 선고한 사례들은 다음과 같이 세 가지 유형으로 분류될 수 있다. 첫째는 교황이 황제의 정적들을 견제하고 제재를 가하여 황제와 긴밀한 협력관계를 유지하고자 했던 사건들이다. 둘째는 성직서임권 투쟁을 중심으로 한 교·속의 갈등 속에서 황제를 압박하고 교황권을 강화하려 했던 사례들이다. 셋째는 교황령과 주변 지역을 침해하는 노르만 세력을 제재하기 위해 파문을 선포했던 경우들이다. 이와 같이 파문이 정치적으로 이용되는 사례들은 11세기 중엽 이후에 빈번하게 나타난다. 이러한 현상은 종교적인 문제뿐 아니라 현세적인 문제에까지 그 영향력을 확대하려는 교황권 강화와 밀접한 관계가 있음을 알 수 있다.

　11~12세기 교황들이 세속 군주들과의 극단적인 충돌 속에서 파문을 선고할 때 엑스코뮤니카티오(*excommunicatio*) 파문과 아나테마(*anathema*) 파문을 동시에 선포했다는 점을 발견할 수 있다. 고대의 보편공의회는 이단들이 교회를 분열시키고 파괴한다고 간주하였고 그러한 이단자들과 그들의 교리를 정죄할 때 특별히 아나테마 파문을 선포하였다. 중세 교황들은 세속 군주가 로마교회와 교황에 대적하면 교회를 파괴하는 행위로 보았으며

---

60) E. Vodola, *Excommunication in the Middle Ages*, pp.22~23.

이는 이단과 같다고 해석하였다. 따라서 세속 군주에게 아나테마를 선고하는 것은 이단을 정죄하는 것과 동일한 것이라고 정당화하였다.

이 시기의 정치적 성격의 파문에서 또 하나 특이한 점은 파문을 봉건적 관계의 해제와 연결시켰다는 점이다. 그레고리우스 7세는 황제 하인리히 4세를 파문할 때 그와 맺은 충성서약을 해제하였다. 그레고리우스와 개혁시대의 교회법학자들은 그 근거를 교황 샤가리아스가 칠데릭을 파문한 사건에서 찾았지만 실질적으로 그레고리우스가 처음 이러한 관행을 시작한 것으로 볼 수 있다. 파문을 충성서약 해제와 연계시키는 절차는 그레고리우스 자신의 교령에서뿐 아니라 개혁교회법학자인 베르놀드의 교회법령집에 포함된다. 뿐만 아니라, 우르바누스 2세의 교령에 규정되며, 그라티아누스의 교회법령집에 포함됨으로써 그러한 절차는 완전한 법적 권위를 가지게 되었다.

교황 클레멘스 2세(Clement II, 1046~1047) 이후로 교황들의 개혁적 정책은 성직매매나 성직자 결혼 등의 부패 척결, 변경지역의 선교, 교황 권위의 확대 등 이전에 비해 매우 적극적이며 강력한 개혁정책을 실시하게 된다. 특별히 성직매매 금지는 황제와의 갈등을 초래하게 되며 심각한 정치적 문제로 비화하게 된다. 또한 노르만 왕국의 확대로 교황령이 지속적으로 침해를 당하는 위기를 맞는 상황 속에서 교황들은 노르만 왕들에 대해 강력한 압박을 가하게 된다. 이러한 현실은 교황들로 하여금 세속 군주에 대항해서 교황의 영적 지도력과 수위적 권위를 강조하도록 하였다. 이를 뒷받침해 줄 수 있는 교황의 무기는 물리적 힘보다는 영적이고 법적인 권위였다. 교황이 세속 군주에 맞서서 가질 수 있는 가장 강력한 무기는 파문 제재였다. 파문은 영적인 형벌일 뿐 아니라, 교황에게 우호적인 세속 권력의 협력과 비호를 받아낼 수 있는 가장 효율적인 수단이기도 하였다.

교황 수위권의 강화를 추진해 나가는 과정에서 교황에게 있어 파문은 필수적인 도구였다. 그 파문의 위력을 더욱 극대화하기 위해서 교황들은 영혼을 사탄에게 던져버리는 저주를 상징하는 아나테마 파문을 적극적으로 이용하게 된다. 또한 교황들은 충성서약 해제를 선포함으로써 왕과 제후들의 관계를 단절시키고 원하는 방향으로 정치적 목적을 달성하고자 하였다. 11~12세기에 아나테마의 정죄가 이단에 대한 제재라는 고대교회의 형식을 따르지만 그 내용과 실상은 고대의 것과는 완전히 다른 것이며 그러한 이론은 정당화에 불과한 것이었다. 또한 파문과 연계된 충성서약 해제 역시 그 기원은 칠데릭 왕으로까지 거슬러 올라가지만 이는 전적으로 11세기의 산물이었다.

그렇기 때문에 11세기에 교황들이 정치적으로 이용한 파문 제재는 분명히 고대 법령 속에 나타나는 개념에서 이해될 수는 없다. 따라서 교회 개혁 시기에는 교황들이 현실 문제를 해결하기 위해서, 교황권을 강화하려는 수단으로서 파문 개념을 가공하여 확대 적용하였다고 할 수 있다. 그럼에도 불구하고 11세기 이후의 파문에 대한 이해는 새로운 형식이 부가된 것을 인정하면서 당시의 속성을 있었던 그대로 이해해야 할 것이다.

제8장 교황 중심 유럽질서와 파문

13세기는 교황의 보편적 지배권이 확립된 시기였다. 이 시기에 그러한 교황의 권위를 뒷받침해 줄 수 있는 이론적 근거가 교회법을 통해서 마련되기도 하였고, 한편으로는 교황이 국가와 세속 권력에 강력한 영향력을 발휘할 수 있을 만큼 로마교회와 교황의 입지가 크게 강화되었다. 인노켄티우스 3세, 그레고리우스 9세, 인노켄티우스 4세와 같은 걸출한 교황들이 이른바 교황 중심의 유럽 질서를 확립하여 세속과의 관계에서 그 어느 시대에도 찾아볼 수 없는 막강한 권력을 행사하였다.

서방 세계에서 교황의 보편적 지배권이 확립될 수 있는 여건이 형성되는데에는 교회법의 집대성, 교황 수위권의 강화, 복잡한 이해관계로 얽힌 서유럽 국가들의 대외적 관계 등 다양한 요소들이 작용하였다. 그런데 이러한 여건과는 별도로 부가될 수 있는 또 다른 요소로 교황의 교회법적 징벌권을 들 수 있다. 이것은 세속 권력들이 교황의 권위를 절대적으로 존중한다는 것을 전제로 하지만, 결정적인 순간에 교황의 단죄와 징벌은 막강한 위력을 발휘하기도 하였다.

교회의 징벌로서 마지막 단계의 강력한 벌은 파문이다. 교회가 사용할 수 있는 최후의 수단이다. 파문은 교황의 권위를 강화시키고 교황 중심의 유럽 질서를 확립해 가는 과정에서 교황이 사용할 수 있는 몇 가지 정치적 무기 중의 하나였다. 파문이 정치적 무기로 활용되기 시작하는 것은 11세기 교회 개혁 시대이다. 교황들이 파문을 매우 긴요한 정치적 무기로 활용했다는 것은 11세기로부터 13세기까지 나타난 공통적인 현상이지만 11~12세기와 13세기는 그 양상이 서로 다른 모습을 보이고 있다.

11~12세기에는 교황령의 수호를 위한 긴장감 속에서, 그리고 로마교회와 교황이 세속 권력의 영향력으로부터 벗어나고자 하는 투쟁 속에서 파문은 효과적인 방어수단이었다. 그리고 파문 제재를 당한 세속 권력에 대해서는 봉건적 관계를 해제시키는 것이 부가적인 벌이었다. 13세기 교황들은 호헨쉬타우펜가 황제들의 이탈리아 지배의 망령에서 벗어나고자 몸부림쳤고, 그와 같은 교황들의 필사적인 투쟁이 교황의 권위를 한 단계 더 높이 상승시키는 결과를 가져왔다. 이는 바로 교황의 보편적 지배권의 확대를 의미하였다. 교황의 정치적 무기인 파문 제재의 대상도 교황 중심의 유럽 질서를 확립하는 곳으로 모아졌다. 본 장에서는 그와 같이 변화된 환경 속에서 빈번하게 선포되었던 파문의 목적을 평화질서의 회복과 교황의 대영주권 확립으로 분류해서 13세기 교황 중심 유럽 질서 속에서 파문이 정치적으로 이용되는 과정을 살펴보고자 한다.

교황의 파문을 정치적 도구로 이용한 것을 분석한 연구로는 하비(William Harvey)의 논문[1]이 유일하다. 본 장은 하비가 설정한 방향과는 다른 각도에서 정치적 파문에 접근해 보았다. 하비가 많은 사례를 열거했다면 여기에서는 정치적 파문의 성격과 의미에 초점을 맞추어 살펴보고자 한다. 즉 정치적 파문을 교황 중심 유럽 질서의 유지 수단으로 바라보면서 이를 교회의 평화 유지 추구와 교황의 대영주권으로 구분하여 파악해 보고자 한다.

---

1) Wilma Harvey, *Excommunication as an Instrumant of Papal Policy 400-1303 A.D.* (Mount Holyoke College, BA Thesis, 1934).

1. 교황의 보편적 지배권

13세기는 영토분쟁과 왕위계승을 둘러싸고 유럽 국가들의 관계가 복잡해진
다. 노르망디와 아퀴타니아 같은 영국 왕들의 영지를 몰수하려는 프랑스
왕들의 정책으로 양국 사이에는 긴장과 대립이 지속되었다. 또한 하인리히
6세 사후에 신성로마제국의 황제 계승은 프랑스와 영국, 독일 사이에 첨예한
국제적 관심사가 되었다. 이러한 상황 속에서 교황은 유럽 국가들의 복잡한
국제관계에 직·간접적으로 개입하였고, 한편으로 각 국가의 국내적인 문제
에도 간섭하였다. 이와 같은 교황의 정치적 간섭과 개입은 11~12세기에
비해 훨씬 직접적이고 빈번한 것이었다. 이 가운데 대부분은 신앙이나
교리, 영적인 문제와 전혀 관계가 없는 현세적이며 순전히 정치적인 속성의
사건들이었다.

당시의 정치적 현실을 살펴보면서 왜 교황들이 국제관계와 각 국가의
내부 문제에 적극적으로 개입하고 간여할 수밖에 없었는지, 그리고 정치적
인 문제에 교황이 간섭할 수 있는 근거는 무엇이었는지에 대한 의문을
가지게 된다. 세속 정치에 대한 교황의 간섭 이유나 동기는 강화된 교황권을
토대로 로마교회와 교황의 지배영역을 넓히려는 현실적인 이해관계 속에서
바라볼 수 있을 것이다. 그러나 여기에서 우리의 관심을 끄는 것은 교황이
현세권을 내세울 수 있었던 교회법적·이론적 배경과 근거는 무엇이고
그것이 이전과 어떻게 달라졌는가 하는 점이다.

이탈리아 이외에 유럽의 다른 국가들에 영향력을 행사하면서 교황의
권위를 부각시키는 모습은 교황 레오 9세의 헝가리 정책에서부터 찾아볼
수 있다. 교회 개혁 시대에 그레고리우스 7세는 헝가리, 잉글랜드, 아일랜드,
코르시카, 스페인 등에 대해서 교황의 영주권이나 콘스탄티누스 기증에
기초한 특별한 교황의 지배권을 주장하기 시작하였다.[2] 현실 정치에서

2) W. Harvey, *Excommunication as an Instrument of Papal Policy 400-1303 A.D*, pp.47~49.

326

이전보다 훨씬 막강한 권력을 행사한 교황은 인노켄티우스 3세였다. 교황의
권력과 영향력을 강화해 나가기 위해서는 교황의 수위권에 대한 이론과
법적 근거를 필요로 하였다. 그러한 이론적 무기는 인노켄티우스 3세와
인노켄티우스 4세에 의해 명료하게 정리된다고 할 수 있다.

인노켄티우스 3세는 교황의 수위권을 근거로 사도 베드로가 보편교회뿐
아니라, 세상 전체(*totus mundus*), 즉 세속 전체(*totus seculum*)의 통치를 위임받
았다고 생각하였다. 인노켄티우스는 그리스도인 민중(*populus Christianus*)의
개념을 제시하고 이를 보편교회(*ecclesia universalis*)와 구분하였다. 그는 그리
스도인 민중이란 신도 전체(*universi fideles*)를 의미한다고 보았다. 인노켄티우
스에게 있어 그리스도인 민중은 어떤 특수한 교회 공동체를 의미하는
것이 아니라 기독교 세계 전체를 포함하는 종교적-정치적 의미를 가지는
것이었다.[3] 이것은 교회와 병존하면서 왕국이나 제국의 우위에 위치하는
사회적 공동체를 말하는 것으로서 개별적인 왕국은 이것에 종속되는 한
부분으로 이해되었다.

그리스도인 민중은 그리스도 국가(Christianitas)[4]와 연계하여 이해될
수 있는 개념이다. 그리스도 국가는 교황의 가르침에서 얻을 수 있는 공동의
믿음을 기반으로 형성되며 이 국가의 시민 즉 그리스도인 민중이 교회의
머리(*caput ecclesiae*)에게 영적으로 복종할 때 비로소 이 국가의 존재 가치를
인정받게 된다.[5] 인노켄티우스는 크리스티아니타스 즉 그리스도 국가의
수장으로서 교황은 세속 영역 위에 힘을 미칠 수 있는 사제적 권력을
소유하고 있으며 이는 일종의 왕권이라고 해석하였다. 그리스도의 대리자

3) Friedrich Kempf, *Papsttum und Kaisertum bei Innocent III, in Miscellanea Historiae Pontificae*, XIX (Roma, 1954), p.304.

4) Friedrich Kempf, "Die katholische Lehre von der Gewalt der Kirch über das Zeitliche in ihrer Geschichtlichen Entwicklung seit dem Investiturstreit," *Catholica* XII (1958), pp.52~60.

5) F. Kempf, *Papsttum und Kaisertum bei Innocent III*, p.309.

인 교황은 그리스도의 두 최고 권위, 즉 왕권과 사제권을 결합하였으며
세상의 정점에 서 있다고 보았다.[6]

　인노켄티우스 4세는 교황은 그리스도의 대리자이고 각 국가를 통치하는
군주들은 교황의 대리자라는 확고한 의식을 가지고 있었다. 인노켄티우스
자신이 세속 문제를 지배할 수 있는 강력한 권력을 가진다고 보지는 않았으
나 교황은 무한한 영적 재치권(*spiritual jurisdiction*)을 가진다고 주장하였다.
그리스도의 대리자로서의 위치에 있기 때문에 교황은 모든 사물과 사람에
대해 보편적 감독권을 소유한다고 믿었다. 그래서 교황은 세속에 대한
직접적이고 광범위한 영역은 아닐지라도 '죄로 인한(*ratione peccati*)' 문제는
무엇이든지 간섭할 수 있다고 보았다. 그는 이탈리아를 제외하고 다른
지역에서는 직접적인 현세적 권력을 주장하지는 않았지만 분규가 있는
국가들과 왕들 사이에 중재자로서의 자격을 가지고 재치권을 행사하는 데에
강한 열정을 보였다. 인노켄티우스는 교황이 종심재판관(*judex ordinarius*)으로
서의 권위를 가지고 있으며, 이러한 권위를 토대로 유럽과 세계 평화를
유지할 수 있고 최고 상태의 육체적 평안과 도덕적인 복지에 도달할 수
있다고 믿었다.[7]

　인노켄티우스 3세의 크리스티아니타스 사상은 인노켄티우스 4세의 단일
수장론(*regimen unius personae*)으로 발전한다. 인노켄티우스 4세는 교황은
그리스도 국가에서 유일한 수장이고 단일 수장제 하에서 교황은 현세권을
동시에 소유한다고 보았다. 이는 그리스도가 베드로에게 양검을 양도한
바가 있으며 거슬러 올라가 구약에서는 교황의 모형인 모세가 양검을
소유했다는 점을 그 근거로 삼고 있다.[8]

6) Jacques-Paul Migne, *Patrologia Latina* (1844~1855) vol. 217: 685A. (이하에서는 Migne, PL로 줄임)
7) W. Harvey, *Excommunication as an Instrumant of Papal Policy 400-1303 A.D.*, pp.88~87.
8) Wihelm Kölmel, *Regnum Christianum: Weg und Ergebnisse des Gewaltenwerhältnisse*

　교황이 현세권을 소유한다는 것은 이제 세속에 대한 통치가 교회 중심의 질서에 속한다는 것을 의미하며 이는 수장인 교황이 교·속의 모든 것을 통괄할 수 있음을 표방하는 것이었다. 이와 더불어서 황제는 제후들에 의해서 선출되지만 교황으로부터 도유를 받고 대관을 받기 때문에 전적으로 교황에게 의존한다는 관념이 교황 단일수장론의 한 구성 요소로 자리를 잡게 되었다.9) 인노켄티우스 4세는 그리스도교적 통치권은 황제직을 수여하는 교황권에 특별히 연합된 황제권이라고 생각하였다.

　인노켄티우스 4세는 세속 영역이 자체의 특수한 독자성을 소유한다는 점과 비신앙자들은 합법적 사법권과 지배권을 가질 수 있다는 것을 분명하게 인정하였다. 세속 분야에 교황이 행사할 수 있는 권한은 교황의 완전권(*Plenitudo Potestatis*)과 영적 수위권으로부터 비롯되는 것이라고 보았다. 그러나 모든 세속적 문제가 교황의 직접적인 간섭과 통제를 받는다는 것을 의도하는 것은 아니었다. 그 범위는 영적 관련이 있는 사건이나 상위의 세속 군주가 부재한 경우 등 특수한 조건 하에서 그러한 교황의 현세권이 행사될 수 있는 것으로 생각되었다.10)

　세속적인 문제에 간섭할 수 있는 교황의 권한은 교회의 범위 안에 세상을 포함시키는 질서체계에 대한 관념, 그리고 교회와 세속 세계가 통합되어 있다는 관념 속에 확립되어 있다. 수장으로서 교황의 사명은 이러한 통합체를 지키는 것이고, 그 수장은 영적·세속적 완전권을 가진 그리스도의 대리자라는 개념으로 이해되었다. 따라서 교황에게는 그리스도의 대리자로서 세속적 영역에서의 재판권이 부여되었다고 여겼다. 바로 이러한 의식 속에서 교황은 황제를 폐위시킬 권한도 소유한다고 주장하였다.

---

　　und des Gewaltenverständnisses (Berlin: Walter de Gruyter & Co., 1970), pp.254~258.

　9) Kölmel, *Regnum Christianum: Weg. und Ergebnisse des Gewaltenwerhältnisse und des Gewaltenverständnisses*, pp.253~254.

10) 장준철, 〈12·13세기의 교황 현세권이론 연구〉, 전남대학교 박사학위 논문(1995), pp.106~107.

　13세기에 교황이 간여할 수 있는 세속적 문제의 범위는 어느 정도 한정되어 있다. 그렇다고 할지라도 이는 11~12세기에 비해서 매우 확대된 개념이며 그러한 관념이 이론적으로 정리되고 교회법학자들의 논의를 거쳐서 교회법의 내용으로 구체화되었다. 교황의 정치적 권력을 이론적으로나 교회법적으로 정비해 나가는 한편 교황의 뜻과 의지를 세속의 문제에서 관철하기 위해 사용할 수 있는 무기 중 하나가 파문이었다. 이미 11세기 교회 개혁 시대 이후로 파문은 교황들의 강력한 정치적 무기로 사용되었다. 13세기에 와서 파문은 교황들에 의해서 더욱 빈번하게 사용되는 무기가 되었다.

2. 평화 유지와 파문의 선포

교황이 종심재판관으로서 각 국가들의 문제를 중재하고 때로는 재치권을 직접적으로 행사할 수 있다고 보는 관념은 13세기의 교황들에게 하나의 신념이었다. 교황들은 그리스도의 대리자로서 영적·세속적 수위권을 가지고 유럽 세계의 평화를 유지해야 한다고 생각하였다. 이러한 교황의 정책과 의도를 가로막고 저해한다면 그러한 세력은 제재를 받아야 했으며 그 수단은 파문이었다. 교황의 그러한 권한은 궁극적으로는 교황의 보편적 지배권으로 표현될 수 있다. 현세 문제에 대한 교황의 보편적 권력은 지역에 따라서 어느 곳에서는 직접적인 간섭의 형태로, 어느 곳에서는 간적접인 형태로 행사되었다.

　세속의 정치적 문제에 대해서 교황이 보편적 지배권을 행사한 사례를 두 부류로 구분하여 고찰하고자 한다. 첫 번째 사례는 유럽의 평화 유지를 명분으로 교황의 재치권을 행사하며 파문을 선포하는 경우이다. 두 번째 사례는 교황의 대영주권에 관련된 파문 사례들이다.

9세기에 카롤링 왕조의 쇠퇴로 인해서 프랑스에서는 왕의 권력이 약화되고 국가의 구심점을 상실하게 된다. 987년 카페 왕조의 출현으로 국가의 중심적인 존재로서 왕의 지배 권력은 종말을 고하게 되고, 국가의 정치적 결속력은 해체된다. 뿐만 아니라 10세기 후반까지 잔존했던 카롤링 시대의 지역 행정조직인 파구스(pagus)가 붕괴하고 그 대신 지역의 수많은 세력들이 각자의 영역을 고수하며 각 지역에서 지배권력을 소유하게 되었다. 그들은 자신들을 제어할 수 있는 최고 권력이 부재하다는 것을 잘 알고 있는 상태에서 임의로 성을 쌓고 이웃지역으로 세력을 확대하기 위해 극심한 경쟁을 벌이게 된다.[11] 지역의 통제력이 해체됨으로서 나타난 사회적 불안은 특별히 프랑스 남부 르와르강 유역에서 극심하였다.

통제력이 상실된 채 지역 세력이 난무하는 가운데서 그 피해가 여러 가지 면에서 확대되기 시작했다. 맨 먼저 그 피해의 대상으로 교회를 들 수 있다. 사회 질서와 인정법을 무시하는 지역 영주들은 재속교회나 수도원을 막론하고 교회재산을 침탈하고 성직자에게 신체적 위해를 가함으로써 교회에 심각한 피해를 입히게 된다. 10세기 초에 쓰여진 《성스런 교회의 상태(De statu sanctae ecclesiae)》의 저자는 이미 교회 재산과 사법권 침탈의 위험을 인지했던 것[12]으로 보아 10세기 말까지 그러한 두려움은 사회에 상당히 만연되었다고 할 수 있다.

점차 진행되어 가는 공권력의 해체로 인해 사회 질서를 유지할 수 있는 힘이 사라지고 공백 상태가 되었다. 그러한 통제력의 공백은 일종의 야생의 정의(wild justice)와 같은 상쟁(feud)을 새롭게 부추기는 결과를 가져왔다.

---

11) H. E. J. Cowdrey, "The Peace and the Truce of God in the Eleventh Century," *Past and Present* No. 46 (Feb. 1970), p.46.

12) H. Löwe, "Dialogus de statu sanctae ecclesiae. Das Werk. eines Iren im Laon des 10. Jahrhunderts," *Deutsches Archiv für Erforschung des Mittelalters* 17 (1961); E. Dümmler, "Über den Dialog *De statu ecclesiae*," *Sitzungsberichte der königlich preussischen Akademie der Wissenschaften zu Berlin, ph.-hist. Classe* xvii (1901), pp.362~386.

세속 영주들은 상쟁에 잘 대비하여 최대한으로 자신들의 이익을 지키기 위해 전력을 기울였고 무법적인 사회에서 최악의 상황을 피하고자 하였다. 어느 측면에서는 싸움이 상류사회의 놀이문화가 되었고 복수가 정당화될 정도로 폭력이 확산되어 갔다. 이러한 폭력은 교회만이 아니라 사회 전반에 걸쳐 큰 피해를 입혔고 사회를 황폐화시키는 결과를 가져왔다.

점점 고조되는 사회의 무질서는 무엇보다도 농민들에게 큰 고통을 안겨주었다. 봉건화되어 가는 프랑스 지역에서는 시간이 지남에 따라 교회가 기사의 군사적 기능을 인정하고 축복함으로써 기사의 군사적·사회적 기능이 강화되어 갔다. 그러한 결과로 기사계급(milites)과 빈자(paupers)의 간격이 더욱 크게 벌어지게 되었다. 이러한 11세기 초의 사회적 현상은 방어능력이 없는 빈자들의 형편을 매우 어려운 상황으로 몰아넣었다. 프랑스 북부 지역에서는 봉건화가 잘 진행되어 영주들이 영지 내 농민들을 외부 침입으로부터 보호하는 데에 심혈을 기울였다. 그러나 프랑스 남부 지역에는 사유지(allodial holdings)가 많았고 그 사유지의 농민들은 보호를 받지 못했기 때문에 외부의 폭력으로부터 쉽게 침해될 수밖에 없었다. 여성이나 상인, 순례자들처럼 무장하지 못한 농민들은 폭력으로부터 보호받아야 할 필요가 절실하였다.

농민들의 피해를 막아줄 수 있는 방법은 교회가 제도적으로 그들의 보호를 법제화해 주는 것이었다. 교회와 성직자를 보호하는 것만큼이나 농민 보호도 교회의 이익을 지키는 데에 매우 중요하였기 때문이다. 따라서 교회는 평화공의회(Peace council)를 소집하여 보호를 받아야 할 계층의 생명과 재산을 보호하기 위해 입법을 추진하고 대책을 마련하게 된다. 10세기 후엽에 아퀴타니아와 부르군드의 주교들은 공의회를 소집하였고, 이 회의에는 수도원장과 모든 계층의 평신도들도 참여하였다.[13] 이 당시의

---

13) H. E. J. Cowdrey, "The Peace and the Truce of God in the Eleventh Century," p.44.

332

공의회에는 신비한 효능을 발휘한다고 여기는 수많은 성물을 가져왔고, 평화를 회복하고 올바른 신앙을 확립하기 위한 법규들을 마련하였다. 기사들의 무분별한 폭력 외에도 폭풍, 기근, 전염병과 같은 자연재해는 삶과 생명과 재산을 파괴하였다. 이와 같은 재난들은 죄를 저지른 인간들, 특별히 무력을 가진 속인들의 폭력에 대한 신의 분노(*ignis sacer*)로 인해서 초래된 신의 형벌이라고 생각하였다.[14] 따라서 교회는 제후들이 주교들에게, 또는 신에게 복종함으로써 평화와 정의의 약속에 답변하는 것이 온당하다고 여겼다. 이는 신의 진노로 시작된 일련의 사태가 성인들의 개입으로 진정되고 치유되며, 평신도들이 평화와 정의의 협정을 맺음으로써 신의 진노에 답하고 그것이 주교의 승인을 통해 평화로 결말을 맺는 과정이라고 생각되었다. 이러한 면에서 평화의 추구는 교회 재산의 회복이나 사회 혼란의 방지에 그 무게 중심이 있다기보다는 일종의 종교적 운동의 형태를 취했다고 할 수 있다.

신의 평화(*Pax Dei*, Peace of God)는 그리스도 자신이 교회에 전해준 평화, 그리고 사도 시대 그리스도교의 원초적 관념에서 찾아볼 수 있는 평화의 회복을 의미하는 것이었다. 11세기의 역사가 아데마르(Adhemar de Chabannes)[15]는 그의 글에서 994년 리모주(Limoges)의 평화 공의회(Peace council)를 자주 언급하였다. 그는 폭력의 자제를 요청하는 주교의 요구에 부응한 아퀴타니아의 사람들을 '평화의 딸(*filia pacis*)'이라고 묘사하였다.[16]

---

14) H. E. J. Cowdrey, "The Peace and the Truce of God in the Eleventh Century," p.49.

15) Classic Encyclopedia (Available: http://www.1911encyclopedia.org/Adhemar_de_Chabannes). 아데마르(Adhemar)는 프랑스 리모주(Limoges)의 생 마르샬(St. Martial) 수도원 출신으로 역사서 *Chronicon Aquitanicum et Francicum or Historia Francorum*(*MGH Scriptores*), 성인전 *Commemoratio abbatum Lemovicensium basilicae S. Martialis apostoli*(848-1029), 서간문 *Epistola ad fordanum Lemovicensem episcopum et alios de apostolatu S. Martialis*(PL, cxli.) 등을 저술하였다.

16) *PL* cxli, c.115.

주교들의 평화는 그리스도 자신이 그의 사도들에게 위임한 것과 똑같은 평화라고 보았다. 따라서 신의 평화는 그리스도가 초대교회가 시작할 때에 사도들에게 위임한 평화의 회복을 의미하는 것이었다. 그러한 교회의 평화가 무거운 죄로 인해 파괴되었지만 죄인들이 참회를 통해서 돌아온다면 평화가 회복된다고 보았다. 따라서 폭력으로부터의 해방을 의미하는 평화는 신성하게 유지되는 질서와 치유, 정의의 회복을 뜻하는 것이었다.[17]

평화 입법의 목적은 그리스도가 그의 제자들에게 전해준 평화의 회복이었다. 그러므로 공의회는 그리스도인 공동체의 통합과 회복을 주된 사명으로 간주하게 되었다. 그것은 오염된 교회의 회복을 의미할 뿐 아니라, 동시에 사회의 평화와 정의의 회복을 뜻하였다. 주교에게는 교구 내에서 그러한 질서를 회복하고 평화를 유지할 수 있도록 영적 권한이 부여되어 있고, 이에 상응하는 영적 재치권(spiritual jurisdiction)을 행사할 수 있다. 이러한 주교의 기능은 11세기 교회 개혁 시대에 교황권과 연계되었고, 수위적 지위에 있는 교황의 주 관심대상이 되었다. 1063년 교황 특사 페드로 다미아니는 리모주의 '신의 평화' 입법에 교황의 권위를 부여하여 이를 더욱 효과적으로 실행하고자 하였다.[18]

신의 평화에 대한 관심사는 교황 우르바누스 2세에 의해서 본격화되었다. 프랑스 귀족 출신이자 클루니 대수도원장 출신으로서 우르바누스는 신의 평화를 교황권을 위해 이용할 가능성을 충분히 인식하고 있었다. 그는 클레르몽 공의회의 설교에서 그리스도인 삶의 회복을 목표로 신의 평화를 추구했던 프랑스 남부의 상황에 대해 많이 언급하였다. 클레르몽 공의회를 들여다본다면 초기의 평화 공의회에서 많은 것들을 거의 그대로 도입하였음

---

17) H. E. J. Cowdrey, "The Peace and the Truce of God in the Eleventh Century," p.51.
18) H. E. J. Cowdrey, "The Peace and the Truce of God in the Eleventh Century," p.56.

334

을 알 수 있다. 우르바누스는 그리스도교 세계의 내부 혼란에 대해서 깊은 염려를 가지고 있었다. 따라서 그는 그리스도인들이 교회의 평화를 원래의 모습으로 회복하도록 강조함으로써 평화운동에 대한 관심을 불러일으켰다. 그는 클레르몽의 연설에서 그리스도인 형제들을 겨냥한 투쟁을 끝내고 대신 그들의 무기를 이교도에 대항하는 건전한 전쟁으로 돌리도록 역설하였다.[19] 그러한 면에서 우르바누스의 십자군 운동은 평화운동의 결정판이었다고 할 수 있다.

클레르몽 공의회의 내용을 전하고 있는 《람베르트 비망록(Liber Lamberti)》의 기록에서는 수사, 성직자, 여성, 그리고 그들과 함께 있는 사람은 언제나 평화의 상태에 있어야 하고, 화요일, 수요일, 목요일에 행해진 전투는 평화의 위반으로 간주되지 않으며 가해자들에게 벌을 주지 않겠지만, 그 외에 나머지 4일 동안 행해진 폭력에 대해서는 신성 평화를 위반한 죄를 저지른 것으로 간주될 것이라고 규정하였다.[20] 11~12세기 앵글로 노르만 역사가 윌리엄(William of Malmesbury)과 오르데리쿠스(Ordericus Vitalis)가 정리한 클레르몽 공의회의 법규 제16조에서 제19조까지는 신의 휴전과 신의 평화에 관한 규정들이다. 제16조에서는 휴전해야 하는 기간을 예수공현일(Epiphany) 전 7순 일요일(대강절, Advent)부터 공현일 후 8일까지, 부활절(Easter) 전 7순 일요일부터 부활절 후 8일까지, 승천절(Rogations) 첫날부터 성령감림절(Pentecost) 후 8일까지, 매주 수요일 일몰부터 월요일 일출까지로 정하였다. 또한 주교, 수사, 수녀, 사제 등 성직자의 재산과 생명을

---

19) D. C. Munro, "The Speech of the chroniclers record of Urban at Clermont, 1095," *American Historical Review*, xi (1906), pp.231~242; A. Gieysztor, "The Genesis of the Crusades; The Encyclical of Sergius IV(1009-12)," *Medievalia et Humanistica*, v (1948), pp.3~23.

20) Robert somerville, *The Councils of Urban II*, vol. 1, *Decreta Claromotensia* (Amsterdam, 1972), pp.46·59·60. 《람베르트 비망록(*Liber Lamberti*)》은 클레르몽 공의회에 참석했던 아라스(Arras)의 주교 람베르트(Lambert)가 공의회 내용을 기록한 것이다.

위해하는 자에 대해서는 아나테마 파문으로 처벌한다는 내용을 규정하였다.[21]

교황 우루바누스가 소집한 클레르몽 공의회에서 규정된 신의 평화와 휴전에 관한 규정은 1123년 교황 칼릭스투스 2세가 소집한 제1차 라테란 보편공의회의 법규 제13조[22]에서, 교황 인노켄티우스 2세가 소집한 제2차 라테란 보편공의회 〈법규 제12조〉[23]에서, 그리고 1179년 교황 알렉산드로스 3세에 의해서 소집된 제3차 라테란 보편공의회의 〈법규 제21조〉[24]에서 확인되고 재규정되었다. 이러한 일련의 규정으로 신의 평화와 휴전은 유럽의 모든 교회로 확대되었다. 또한 1179년 제3차 라테란 보편공의회의 법규 '지켜야 하는 휴전(De treugis servandis)'은 1234년에 편집된 교황 《그레고리우스 9세 추가본(Liber Extra)》 법령집의 제1장 34절 '휴전과 평화'(L.I t.34 'De treuga et pace')[25]에 삽입되었다.

제3차 라테란 공의회에 이르기까지 사투를 규제하는 법규가 지속적으로 교회법에서 언급되고 규정되는 것으로 볼 때 사회를 혼란에 빠트리고 생명과 재산을 위협하는 전투행위가 규제에도 불구하고 일거에 쉽게 진정되지는 않았음을 알 수 있다. 각 국의 왕들도 교회법에 따라 이러한 사투를 금지했으나 효율적으로 그러한 행위를 막을 수는 없었다. 사회의 평화와 안정을 유지하는 것은 각 국의 정부보다는 오히려 교회가 더 큰 관심을

---

21) Robert somerville, *The Councils of Urban II*, pp.83~98.

22) H. J. Schroeder, *Disciplinary Decrees of the General Councils: Text, Translation, and Commentary* (St. Louise and London: B. Herder Book Co., 1937), p.187.

23) H. J. Schroeder, *Disciplinary Decrees of the General Councils: Text, Translation, and Commentary*, p.203.

24) H. J. Schroeder, *Disciplinary Decrees of the General Councils: Text, Translation, and Commentary*, p.231.

25) Gregorius IX, *LIBER EXTRA*, Liber I, Titulus 34 *De treuga et pace in Corpus Iuris Canonici* Pars Prior, Aemilius Friedberg (ed.) (Graz: Akademische Drug-U. Verlagsanstalt, 1959).

가지는 현안이 되어 버렸다. 귀족들의 사투를 제어하지 않고는 교회가 안정적으로 사회를 이끌어 갈 수 없었으며 교황이 보편적 수위권을 확대해 나갈 수 없었던 것이다.

13세기까지 기사들의 사투는 십자군 운동으로 돌려보려는 교황들의 지속적인 노력에도 불구하고 교황이 소집하는 공의회에서 이를 규제하고 처벌하는 규정을 갱신해야 했을 만큼 쉽게 진정시킬 수 없었다. 13세기의 교황들이 각 지역의 현실적인 문제들에 간섭하면서 명분이 불분명한 충돌 행위를 여러 가지 방법으로 해결하려는 사례들이 나타난다. 그러한 문제들에 대한 교황들의 관심과 간섭은 종교적이거나 영적인 문제가 아니고 순전히 현세적이고 세속적인 성격의 범주에 속하는 경우가 많았다.

교황은 국가의 정치에 간섭할 수 있다고 생각했으며 그러한 교황의 권위를 받아들이지 않을 때에는 파문과 같은 무기로 위협하였다. 특별히 호전적인 군주나 도시들에 대해서 그들의 전투 행위를 중지하도록 지속적으로 훈계하였으며 이에 응하지 않으면 파문될 것이라는 점을 강조하였다. 호노리우스 3세(1216~1227)는 밀라노와 파비아가 도시 간 분쟁을 지속하게 되자 북이탈리아에서 4년간의 휴전을 선포한 라테란 공의회의 법령을 위반했다는 점을 들어 그들 도시들을 징벌하였다.[26] 1274년 그레고리우스 10세(1272~1276)는 이들 도시에 대해 재차 파문을 선포하였다.[27] 또한 교황파와 반교황파의 투쟁 마당이 된 피렌체에 대해서도 성무금지령을 선포하였다.[28] 보니파키우스 8세(1294~1303)는 북이탈리아의 평화 유지를 위해 열정적으로 노력하였으며, 이곳을 무대로 각축을 벌인 프랑스, 영국, 독일에 대해서 신의 휴전에 동의하지 않는다면 교회의 징벌을 가할

---

26) Honor, III, *Register* 27: cited by Mann, vol. 13, p.22.

27) Gregor X, *Register* p.483; cited by Mann vol. 15, p.365.

28) Augustus Potthast, *Regesta Pontificum Romanorum inde ab anno MCXCVIII ad a. MCCCIV*, n. 20749.

것이라고 위협하였다.[29]

교황의 지도력 하에 유럽 내에서 평화를 유지하고 유럽의 통합을 이룩하려는 교황들의 야망이 십자군 운동의 열기를 조장하였다. 그러한 면에서 십자군 운동은 유럽의 평화와 복지를 수호하는 수단으로서 보편왕국의 이념을 구현하는 길이라고 할 수 있다. 따라서 도시와 국가들을 평화로 이끌어 가는 것은 교황과 보편교회의 사명으로 간주되었다. 이러한 사명감 속에서 교황은 각 지역의 분쟁에 간섭할 수 있는 명분을 찾았다. 그뿐만 아니라 그러한 각 지역의 분쟁과 투쟁이 성지 회복을 지연시키고 있다는 점을 크게 부각시켰다.[30]

1198년 인노켄티우스 3세는 영국과 프랑스의 전쟁을 끝내고 그들의 힘을 생산적인 목적을 위해 사용하도록 하기 위해서 십자군에의 참여와 성지 회복을 언급하였다. 교황은 잉글랜드 왕 리차드 1세와 프랑스 왕 필립 아우구스투스에게 각각 서한을 보냈다. 이 서한에서 인노켄티우스는 2개월 안에 전쟁을 끝내지 않으면 그들의 영토에 성무금지령을 선포하겠으며, 전쟁에 대한 그들의 힘과 열정을 성지 회복에 돌리라고 강력히 권고하였다.[31] 인노켄티우스는 헝가리의 안드류 왕에 대해서도 유사한 조치를 취하였다. 안드류는 형제간에 분쟁을 벌였는데 교황은 안드류의 반역 행위에 대해 그가 철회하지 않는다면 파문을 내리겠다고 경고하였다. 그리고 그가 이전에 약속한 십자군 원정에 나가지 않는다면 역시 같은 교회의 벌로 징계할 것이라고 엄중히 말하였다.[32]

십자군 원정의 출병 지연으로 교황과 심각한 충돌을 빚은 사례는 황제

---

29) R. W. Carlyle and A. J. Carlyle, *A history of medieval political theory in the west* (Blackwood, Edinb, 1950), vol. v, p.375.

30) William Harvey, *Excommunication as an Instrument of Papal Policy 400-1300 A.D.*, pp.90~91.

31) Innocentius III, *P.L.* 214, col.329, Reg I, 355; Reg I, 230, *P.L.* 214, col.196.

32) Innoncentius III, *P.L.* 214, col.8. Reg. 110.

338

프리드리히 2세에게서 찾아볼 수 있다. 프리드리히는 그의 재임 기간 동안 이탈리아 지배에 심혈을 기울였으며 교황령에 서슴없이 진출하여 명실상부하게 이탈리아 전역을 지배하고자 하였다. 황제의 간섭과 위협으로부터 교황령을 지키고 보호하려 했던 교황 그레고리우스 9세는 프리드리히를 십자군 원정에 출병시킴으로써 그가 교황령에서 일으키는 분쟁을 완화시키고자 하였다. 그러나 교황의 뜻대로 움직여 주지 않자 그레고리우스는 1227년과 1239년 두 차례에 걸쳐 황제에게 파문을 선고하였다.[33]

교황 그레고리우스가 내린 파문에도 전혀 개의치 않고 종횡무진으로 활개를 치며 교황령을 장악했던 프리드리히는 교황 인노켄티우스 4세의 단호한 저항에 부딪히게 된다. 추기경들이 투옥되거나 로마 밖으로 추방된 상태에서 가까스로 일부 추기경이 아나냐에 모여 시니발트 피에스키를 인노켄티우스 4세 교황으로 선출하였다. 교황이나 로마교회의 입장에서 볼 때 황제의 행위는 오만방자한 것이었고 더 이상 방관할 수 없는 상황이었다. 1245년 교황 인노켄티우스 4세는 이탈리아에서 신속히 탈출하여 프랑스 리용에서 공의회를 개최하고 황제 프리드리히의 폐위를 선언하게 된다.[34] 이후 프리드리히는 황제의 권위를 모두 상실하고 무기력한 모습으로 말년을 보냈다. 이 사건은 단순히 프리드리히의 황제권 상실에 그친 것이 아니라 그 뒤를 계승한 신성로마 황제들로 하여금 강력한 권력을 더 이상 행사할 수 없게 만들어 버렸다.

교황 인노켄티우스 4세는 교황에게 가장 위협적이며 파문에도 굴하지 않았던 프리드리히를 폐위시킴으로써 비로소 교황에게 맞설 수 있는 모든 세속 권력을 제거할 수 있었다. 인노켄티우스 4세는 인노켄티우스 3세

33) Horace K. Mann, *The Lives of the Popes in the Middle Ages,* vol. XIII: *The Popes at the Height of Their Temporal Influence* (London: Kegan Paul Co. LTD, 1925), pp.214·284.

34) Ernst Kantorowicz, *Frederick The Second 1194-1250* (New York: Frederick Ungar Publishing Co., 1957), p.555~563.

처럼 유럽 내에서 세속 권력에 맞서서 교황 중심의 질서를 수립하였다. 이와 같이 세속 권력과의 치열한 충돌 속에서 교황들은 가능한 모든 수단을 동원하였는데, 일차적으로는 파문을 최후의 수단으로 이용하였지만 파문의 효력이 미치지 못할 경우에는 황제를 폐위시켜 자신의 목적과 뜻을 달성하고자 하였다. 이러한 과정 속에서 교황은 서유럽 사회에서 보편적 지배권을 행사할 수 있었고 파문은 그러한 교황의 행로에서 매우 중요한 수단이 되었다.

3. 교황의 대영주권과 파문

12~13세기 교황의 보편적 지배권 확립을 위해서 적극적으로 추진한 정책의 하나로 교황의 봉건적 영주권(feudal suzerainty)을 들 수 있다. 현실적으로 복잡하게 뒤얽힌 국제적 관계와 지역의 정치적 문제들에 직·간접적으로 깊이 간여할 수 있는 효율적인 방법은 일정 지역에 대해 교황이 영주권을 인정받는 것이었다. 이러한 교황의 구상이 어느 곳에서나 실현될 수는 없었다. 그러나 교황의 도움과 협력이 필요한 지역에서는 교황의 봉건적 영주권을 인정하는 경우가 상당히 있었고, 일부 지역에서는 그러한 관계를 받아들이도록 강요당하기도 하였다. 교황의 대영주권을 인정하는 지역에서는 교황이 그 지역 세속 권력의 보호자요 후원자의 역할을 수행하면서 그들 지역의 권익 옹호를 위해 파문을 이용하는 사례가 빈번하였다.

교황이 세속 국가에 대해 대영주권을 행사하기 시작하는 것은 11세기 그레고리우스 개혁 시대로 거슬러 올라가 기원을 찾아볼 수 있다. 11세기 교회 개혁 시대는 교황권의 강화를 추구하고 교황의 현세적 권력을 확대하고자 시도하는 때였고, 교황은 영적 권력의 우월권을 봉건적 영주권이라는 가시적인 관계로 설정하고자 하였다. 그러한 면에서 교황 그레고리우스

7세(1073~1085)는 교황 레오 9세(1048~1054)와 다른 입장을 보였다. 레오
는 헝가리의 왕 앤드류가 교황의 도움과 보호를 요청했을 때 헝가리에
대해 어떠한 봉건적 영주권도 요구하지 않았고 그것은 황제의 권리라고
양보하는 모습을 보였다. 그러나 그레고리우스는 이전에 스테파누스 왕이
헝가리를 교황의 보호 하에 둔 적이 있음을 상기시키면서 솔로몬 왕에게
헝가리가 교황의 봉토임을 주장하였다.35) 이때 교황은 솔로몬이 독일 왕으
로부터 이 땅을 봉토로 받은 것이 사실이라면 왜 교황의 도움을 받으려고
하는지를 반문하였다.

세속적 영지를 교황의 봉토로 만들려는 그레고리우스의 노력은 지속적으
로 진행되었다. 헝가리의 영주권은 군주의 자발적인 헌납으로 교황에게
귀속되었다고 주장하였다. 이에 비해 콜시카와 아일랜드는 콘스탄티누스
기증을 근거로 교황에게 봉토로 귀속된 것이라고 주장하였다.36) 스페인의
경우는 고대로부터 사도좌에게 속했기 때문에 한동안 이교도가 이 지역을
점유했다고 할지라도 스페인에 대한 교황의 권리는 여전히 유효하다고
하였다.37) 그 밖에도 샬마뉴 왕의 기증을 통해서 작센의 영주권이 사도좌에
게 이전되었음을 주장하였다.38)

그레고리우스는 1075년 러시아의 왕 드미트리우스에게 보내는 서한에서
그의 아들이 사도좌에게 적절한 충성심을 보여줌으로써 왕국을 사도의

---

35) Greg. VII, Reg. 11, 13. 그레고리우스는 헝가리의 솔로몬 왕보다는 그와 대립
상태에 있던 겐사(Gensa)를 선호하고 지지하였다. Reg. 11, 63, 70.

36) John of Salisbury, Metalogicus IV, 42. P. L. 199, col.945, "Nam omnes insulae, de
jure antiquo, ex donatione Constantini, qui eam fundavit et dotavit, dicuntur ad Romanam
Ecclesiam pertinere."

37) Greg. Reg. I. 7.

38) Greg. Reg. VIII. 23, "Idem vero magnus impertor Saxoniam obtulit beato Petro,
cuius eam devicit adiutorio, et posuit dignum devotionis et libertatis, sicut ipsi Ssxones
habent scriptum et prudentes illorum satis sciunt"; Philip Jaffe, Regesta Pontificum
Romanorum, p.431.

선물로 받게 되었다고 언급하였다.[39] 또한 크로아티아의 기사 위젤린이
데미트리우스 왕에게 복수하려고 계획하는 것을 중지시키기 위해 보낸
서한에서 그레고리우스는 교황에게 신종선서를 행한 사람을 달마티아의
왕으로 세웠다는 점을 말하고 있다.[40] 1080년 이탈리아 남부의 노르만
왕국과 우호적인 관계로 돌아설 때 그레고리우스는 노르만의 왕 로베르투스
귀스카르투스가 남부에서 정복한 땅을 인정해 주는 대신 그로부터 충성서약
을 받고 정복지를 봉토로 수여하게 된다.[41]

나아가 그레고리우스는 신성로마제국에까지 교황의 영주권 이념을 확대
하려고 한 최초의 교황이었다. 그는 1081년 "황제는 성 베드로의 군사요
충신이어야 한다"고 말하였다.[42] 그는 이를 원래 영적 권력은 세속 권력보다
우월한 위치에 있다는 관념과 연계하여 그 관계를 규정하려고 하였다.

교황은 제국을 교황의 봉토로 만드는 데 성공하지는 못했을지라도 작고
미력한 국가들에 대해서는 자신의 뜻대로 과감하게 밀어붙였다. 바로 이러
한 교황의 정책은 현세적 지배를 위한 교황권 강화를 위해 교황들이 꿈꾸던
교황의 보편적 지배권을 확보하고자 하는 수단이었다. 그러한 의도와 정신
속에서 그레고리우스는 잉글랜드에 대한 봉건적 영주권을 확립하려고
시도하였다. 그러한 요구를 받은 윌리엄 정복자는 강력하게 이를 거부하였
고 교황은 더 이상 그에게 신종선서를 강요하지는 않았다.[43]

---

39) Greg. *Reg.* II. 74, "Filius vester limina apostolorum visitans ad nos venit et, quod
regnum illud dono sancti Petri per nanus nostras vellet optinere, eidem beato Petro
apostolorum principi debita fidelitate exhibita devotis precibus postulavit indubitanter
asseverans illam suam petitionem vestro consensu ratam fore ac stabilem, si apostolicae
auctoritatis gratia ac muninine donaretur."
40) Greg. *Reg.* VII. 4.
41) Greg. *Reg.* VIII, 1a. Lehnseid Robert Guiscards vor Gregor VII, "Haec omnia suprascripta
observabo tuis successoribus ad honorem sancti P, ordinatis, qui miohi, si mea culpa
non renanserit, firmaverint investituram a te mihi concessam."
42) Greg. *Reg.* IX, 3.
43) Greg. VII. *Epist. Extra. Regist.* XI. Willelmi regis Anglorum ad Gregorium VII,

교황의 보편적 지배권을 확대하려는 방편으로 각 지역에서 교황의 영주권을 확립하려고 하였음에도 불구하고 그레고리우스는 이를 파문과 연결시켜 강제하지는 않았다. 스페인은 고대로부터 교황에게 종속되어 있으므로 교황의 동의 없이는 스페인 내의 무어족을 공격할 수 없도록 금지하였다. 법령을 어기고 스페인을 공격한 원정대에 대해서는 금지령을 선포하였으나, 그 이상의 엄중한 조치는 취하지 않았다. 또한 교황은 헝가리의 왕 솔로몬에 맞서 교황의 뜻을 충실히 따랐던 겐사(Gensa)를 옹호했지만 솔로몬에 대해 파문을 선고하지는 않았다. 이처럼 그레고리우스가 강력한 제재를 가하지 않은 것은 그들 국가들이 교황의 영주권을 자발적으로 받아들이는 경우가 많았기 때문이기도 하지만 그레고리우스가 그와 관련된 문제를 엄중한 교회 징벌로 다스리기를 원치 않았기 때문이다.[44]

교황의 영주권을 지키기 위한 수단으로 파문을 이용하는 것은 몇 세대 이후 12~13세기 교황들의 정책에서 나타난다. 교황 호노리우스 2세(1124~1130)는 아풀리아의 대공 윌리엄이 사망한 뒤 아풀리아를 차지하려는 시칠리아의 왕 로게리우스를 파문하고 그에 대적하는 성전(聖戰)을 외치기까지 하였다. 윌리엄이 사망했을 때 이미 아풀리아는 교황의 봉토였고 그의 후사가 없었기 때문에 그의 영토는 몰수(escheat)되어 교황에게 귀속되어야 한다고 주장하였다.[45]

중세 전성기에 교황의 영주권을 통해서 세속 국가의 정치적 문제에까지

"Hubertus legatus tuus, religiose Pater, ad me veniens ex tua parte, me admonuit quatenus tibi et successoribus tuis fidelitatem facerem et de pecunia, quam antecessores mei ad Romanam Ecclesiam mittere solebant, melius cogitarem: unum admisi, alterum non admisi. Fidelitatem facere nolui, nec volo, quia nec ego promisi, nec antecessores meos [Col. 0748B] antecessoribus tuis id fecisse comperio." 잉글랜드를 봉토화하려는 시도는 그레고리우스 이전에 교황 알렉산드로스 2세 때도 있었으나 이를 성취하지는 못하였다. Alex. II, ep.139. *PL*. 146. col.1413.

44) W. Harvey, *Excommunication as an Instrument of Papal Policy*, pp.50~51.
45) W. Harvey, *Excommunication as an Instrument of Papal Policy*, pp.76~77.

깊숙이 간여하면서 현실 속에서 교황의 보편적 권위를 가장 크게 강화시킨 교황은 인노켄티우스 3세이다. 이 시기에 교황의 영주권을 인정함으로써 교황과 긴밀한 관계를 유지하고자 했던 지역으로는 잉글랜드와 시칠리아를 들 수 있다.

　11세기에 알렉산드로스 2세와 그레고리우스 7세가 윌리엄 정복자에게 신종선서를 통해 봉건적 관계를 맺고자 시도하였으나 윌리엄의 거부로 성사되지 못한 적이 있었다. 그러나 13세기에 와서 국내외적 문제가 복잡하게 얽힌 상황 속에서 잉글랜드 왕은 유럽 세계에서 막강한 정치적 위력을 발휘하던 교황의 힘과 도움을 도외시할 수 없었다. 잉글랜드의 존 왕은 프랑스 내에 있는 영토를 둘러싸고 프랑스의 왕 필립 아우구스투스와 충돌해 왔으며 여전히 긴장이 지속되는 상황에 처해 있었다. 그러한 현실 속에서 1204년에는 잉글랜드의 봉토 노르망디를 프랑스 왕에게 몰수당하였다.

　한편 존 왕은 국내적으로 봉건적 무정부 상태에 맞서서 중앙집권적 왕권을 강화하기 위해 봉건 귀족들과 대결할 수밖에 없는 급박한 상황을 맞이하고 있었다. 설상가상으로 존은 캔터베리 대주교 임명을 둘러싸고 교황청과 심각한 대립 상태에 빠지게 된다.[46] 그 결과 1208년에 잉글랜드 전체에 성사금지령이 선포되고, 1210년에 존 왕은 파문을 선고받게 된다. 이러한 대내외적 환경 속에서 존 왕은 필립 왕과의 전쟁에 패배함으로써 국제 관계에서 그 힘이 크게 위축되었고, 교황과의 관계 악화는 그를 더 이상 버틸 수 없는 상태로 만들어 버리고 말았다. 급기야 1213년 존 왕은 그동안 문제가 되었던 캔터베리 대주교의 선출, 교회재산의 관리권 등을 교회에 양보하였다. 뿐만 아니라, 왕권을 교황에게 양도하고 잉글랜드를 성 베드로의 지배에 귀속시킬 것을 선언하고[47] 매년 교황에게 1000마르크

---

46) Joshep Clayton, *Pope Innocent III and His Time* (Milwaukee: The Bruce Publishing Company, 1940), pp.159~165.

344

를 지불할 것을 약속하였다.[48] 잉글랜드가 로마에서 멀리 떨어져 있기 때문에 성사금지령과 파문 상태를 상당 기간 버틸 수 있었지만 존은 교황과의 관계를 우호적으로 개선하지 않고서는 사면초가의 처지를 벗어날 수가 없었다. 겉으로 보기에는 존이 자발적으로 교황의 봉건적 영주권을 인정하고 잉글랜드를 교황의 지배에 귀속시킨 것으로 보이지만 이미 수년 동안 지속된 파문은 존 왕이 모든 것을 포기하고 교황의 뜻을 받아들일 수밖에 없는 상황으로 만들었던 것이다.

존이 교황의 영주권을 받아들임으로써 그가 모든 주권과 이익을 포기한 것은 결코 아니었다. 대립적인 관계에 있던 교황을 자기편으로 끌어들임으로써 존은 자신의 정치적 입지를 강화시킬 기회를 가지게 되었다. 잉글랜드의 대영주로서 인노켄티우스와 그 이후의 교황들은 잉글랜드의 봉신들과 외부의 침략자들에 맞선 존 왕을 보호하고 지원하는 데 적극적인 입장을 취하게 된다. 1215년 존 왕이 러니미드에서 대헌장을 서명했을 때 인노켄티우스는 대헌장을 비난하면서 왕국을 혼란 속으로 몰아가는 자들을 파문하고 그들의 영토에 성무금지령을 선포하였다. 존 왕은 성 베드로의 군사(*miles*)로서 교황의 뜻을 따르는 일에 충성했으며, 이러한 태도는 성지로 향한 십자군 원정으로 표현되었다. 1216년 프랑스 루이 왕이 잉글랜드 지역 봉신들의

---

47) Innocent III, *P.L.* 216, col. 876, "Quod si forte nequiverimus eos ad hanc ultimam juramenti partem inducere, videlicet quod si per nos ipsos vel alios contravenerimus, ipsi pro Ecclesia contra violatores securitatis et pacis mandatis apostolicis inhaerebunt, nos propter hoc domino papae ac Ecclesiae Romanae per nostras patentes litteras obligavimus omne jus patronatus quod habemus in ecclesiis Anglicanis. Et omnes litteras quae pro securitate praedictorum sunt exhibendae praefatis archiepiscopo et episcopis ante suum ingressum in Angliam transmittemus. Si vero nobis placuerit, [Col. 0877B] saepefati archiepiscopus et episcopi praestabunt, salvo honore Dei et Ecclesiae, juratoriam et litteratoriam cautionem quod ipsi nec per se nec per alios contra personam vel coronam nostram aliquid attentabunt, nobis praedictam eis securitatem et pacem servantibus illibatam."

48) Sidney R. Parkard, *Europe and the Church under Innocent III* (New York: Henry Holt and Company, 1927), pp.58~67.

요청에 따라 잉글랜드를 침입했을 때 루이는 교황 사절에 의해서 파문되었고 그의 영토에는 성무금지령이 선포되었다.[49]

인노켄티우스 3세는 잉글랜드에 대해서뿐 아니라 폴란드, 헝가리, 사르디니아, 불가리아 등에 대해서도 대영주권을 행사하였다. 인노켄티우스 이후의 교황들 역시 그러한 정책을 계속 지켜 나갔다. 특별히 잉글랜드에 대해서 봉건 영주로서의 지위를 항상 의식하였고 십자군 원정을 촉진시키려는 의도와 함께 평화를 위해서는 유럽의 어느 곳이라도 간섭할 수 있다는 신념을 가지고 있었다. 교황 호노리우스 3세는 존 왕에게 지속적으로 대적하는 자들에 대해서, 그리고 루이 왕과 협조적인 관계를 유지하며 잉글랜드와 대적하였던 웨일즈에 대해서 교황특사가 시행하는 성무금지령을 방해하는 자들에게 단호히 파문을 선고하였다. 또한 교황 그레고리우스 9세는 잉글랜드 왕 헨리 3세와 대립하고 있는 잉글랜드의 대귀족들이 왕에 대한 충성 관계를 회복하지 않는다면 징계를 받을 것이라고 강력히 경고하였다. 뿐만 아니라 그레고리우스는 프랑스 왕 루이 8세가 해협을 건너가 잉글랜드 영토를 점유하고 있는 것에 대해 중단할 것을 강력히 경고하였다.

중세 전반을 통해서 볼 때 교황들은 세속 권력과 봉건적 관계를 맺고 대영주로서 권위를 가지고 그들에게 봉건세 지불의 의무를 부과하거나 그 지역의 정치적인 문제에까지 간섭하려는 노력을 꾸준히 기울여 왔다. 한편으로 세속 군주의 편에서도 의도적으로 교황과 봉건적 관계를 맺고자 하는 경우도 많았다. 정치적으로 난관에 봉착한 군주들은 자발적으로 교황의 봉신이 됨으로써 다른 강력한 세력에 종속되지 않고 위기를 모면할 수 있었다. 1143년 포르투갈의 왕 아폰수 1세(Afonso Henriques, 1109~1185)는 카스티야의 왕에게 복속되는 것을 피하기 위해 교황의 봉건적 영주권을 받아들였다. 1076년 크로아티아와 달마티아의 백작 디미트리는 영토 수호

---

49) W. Harvey, *Excommunication as an Instrument of Papal Policy,* pp.93~94; Roger of Wendover, *The Flowers of History* vol. 2 (London: Henry G. Bohn, 1849), pp.139~152.

346

를 위해서 교황의 특사로부터 대관을 받기도 하였다.[50]

또한 인근 지역을 정복하여 영토를 확장한 경우에 교황으로부터 이를 인정받는 수단으로서 교황에게 그 땅을 헌납하고 봉건적 관계를 통해서 이를 다시 봉토로 하사받는 일이 있었다. 키에프의 대공이나 프로방스 백(伯), 남부 이탈리아와 시칠리아의 노르만 군주들, 아라곤의 왕들이 이러한 방식으로 교황의 봉신이 되었다. 어떠한 상황 속에서 봉건적 관계가 맺어지든지 간에 교황의 영주권을 인정한 지역은 교황에게 종속된 교황 왕국의 일원이 되었다고 할 수 있다. 교황은 그들 지역에 대해서 보호자요 후원자이면서, 필요에 따라 세속적인 문제에 대해 얼마든지 간섭할 수 있는 권위를 가지게 된 것이다. 이러한 면에서 볼 때 교황의 대영주권은 교황의 보편적 지배권의 이상을 실현하는 데 매우 효율적인 정책이었다. 그러나 군사적 무력을 소유하지 못한 교황으로서는 이러한 정책을 성취하고 유지해 나가기 위해 교황의 권위를 대신해 줄 강력한 교회의 징벌이 필요하였다. 따라서 파문은 그 자체가 목적은 아니었지만 교황의 권위와 봉건적 영주권을 강화하고 확산시키는 데 반드시 필요한 정책적 도구였다고 할 수 있다. 다시 말하면, 파문은 교황의 보편적 지배권의 확립과 성취를 위해 이용될 수 있는 보조적인 도구이자 무기였다고 할 수 있다.

맺음말

13세기는 교황의 보편적 지배권이 완성된 시기라고 말할 수 있다. 교황 인노켄티우스 3세는 교황은 그리스도 국가(*Christianitas*)에서 사제권과 왕권을 동시에 소유하고 세상의 정점에 서 있다고 보았다. 교황 인노켄티우스

---

50) Wilhelm Georg Grewe, Michael Byers, *The Epochs of International Law* (Berlin, New York: Walter de Gruyter, 2000), pp.119~121.

4세는 교황은 그리스도 국가에서 유일한 수장이고 단일 수장제 하에서 현세권을 동시에 소유한다고 보았다. 교황이 현세권을 소유한다는 것은 이제 세속에 대한 통치가 교회 중심의 질서에 속한다는 것을 의미하며, 교황이 교·속의 모든 것을 통괄할 수 있음을 뜻하는 것이었다.

13세기의 교황들은 그리스도의 대리자로서 영적·세속적 수위권을 가지고 유럽 세계의 평화를 유지해야 한다고 생각하였다. 이러한 교황의 정책과 의도를 가로막고 저해한다면 그러한 세력은 제재를 받아야 했으며 그 제재 수단의 하나가 파문이었다. 10세기 이래로 사회의 평화를 회복하도록 하는 것은 교회의 중요한 관심거리였다. 그러한 관심 속에서 사투 금지를 다루기 위한 평화 공의회들이 소집되었고, 12세기 말까지 신의 평화와 신의 휴전이 보편공의회의 규정으로 공식화된다. 994년 리모주의 평화 공의회 이후로 수많은 지역 공의회들에서 사투 금지를 거듭 선포하였고, 12세기의 보편공의회들에서 이를 공식화했지만 여전히 쉽게 진정시킬 수는 없었다. 이에 13세기 교황들은 호전적인 군주나 도시들에 대해서 전투를 중지하도록 지속적으로 훈계하였고 이를 받아들이지 않으면 단호하게 파문으로 제재를 가하였다.

세상의 평화를 유지하고 사회 통합을 이룩하려는 교황들의 야망은 십자군 운동을 통해서 표출되기도 하였다. 십자군 운동은 귀족들의 호전성을 해소시켜 줌으로써 유럽 내의 평화를 유지할 수 있으며 이를 통해 교황이 보편적 지배권을 구현할 수 있는 길이기도 하였다. 그만큼 유럽 내의 도시와 국가들을 평화로 이끌어 가는 것을 교황과 보편교회의 사명으로 간주하였던 것이다. 십자군 운동에 가담하는 것은 보편교회의 소망일 뿐 아니라 세속 군주들의 의무이기도 하였다. 그 같은 의무를 소홀히 하는 군주에 대해서는 파문 제재를 통해 경각심을 주고 제재를 가하였다.

교황의 보편적 지배권은 교황의 대영주권 확립 속에서도 구체화되어 갔다. 교황 그레고리우스 7세가 교황의 대영주권 이념을 확립하기 시작하였고, 13세기까지 교황들은 세속 군주와 봉건적 관계를 맺으며 국가의 땅을 교황의 봉토로 만드는 정책을 적극 추진하였다. 중세 전성기의 교황들은 교황의 영주권을 통해서 세속 국가의 정치적 문제에까지 깊숙이 간여하였다. 또한 12~13세기 교황들의 정책에서는 교황의 영주권을 지키기 위한 수단으로서 파문을 이용하는 사례들이 상당히 많이 나타난다.

　13세기 교황 중심의 유럽 질서는 사회의 평화와 통합을 유지하고 교황의 대영주권 확립을 통해서 현실 속에 구체화되었다. 교황은 서유럽 세계를 교황의 보편왕국으로 여겼고 보편적 지배권을 행사함으로써 그와 같은 세계를 확립하고자 하였다. 파문은 그러한 교황의 야망을 실현하는 데 있어 매우 중요하고 효율적인 수단의 하나였다고 할 수 있다.

참고문헌

▪ **본 저서와 관련된 필자의 학술지 발표 논문**

〈교령 〈Unam sanctam〉에 나타난 교황의 보편적 지배권론〉,《서양중세사연구》5 (1999),
pp.43~64.
〈중세유럽의 파문 제재〉,《역사학연구》19 (2002), pp.1~30.
〈주교의 파문 집행을 위한 세속 권력의 협력〉,《역사학연구》21 (2003), pp.317~340.
〈보편공의회 이단 파문 법규의 분석〉,《서양중세사연구》16 (2005), pp.1~30.
〈보편공의회의 파문 법령 분석〉,《서양중세사연구》17 (2006), pp.1~31.
〈11세기 개혁시대의 교회법령집 분석〉,《서양중세사연구》16 (2006), pp.65~96.
〈그레고리우스 개혁의 교회법적 원천〉,《서양중세사연구》20 (2007), pp.33~66.
〈전통과 혁신: 교황 그레고리우스 7세 개혁의 양면성〉,《서양중세사연구》23 (2009),
pp.31~58.
〈11, 12세기 정치적 파문의 성격과 의미〉,《서양사연구》41 (2009), pp.137~165.
〈13세기 교황중심 유럽질서와 파문제재〉,《서양중세사연구》25 (2010), pp.126~153.
〈중세교회법에서의 불명예효(infamia) 수용〉,《역사와 경계》77 (2010), pp.1~34.
〈중세유럽 세속 법정에서 파문 이의신청의 효력〉,《역사와 경계》81 (2011),
pp.129~158.
〈중세 교회법에서 파문된 자의 사법적 자격 상실〉,《서양중세사연구》27 (2011),
pp.159~187.
〈중세 교회법에서의 불명예효〉,《서양중세사연구》28 (2011), pp.1~42.
〈중세교회 파문의식의 역사와 파문장(1)－10세기~11세기의 파문장을 중심으로－〉,
《서양중세사연구》29 (2012), pp.51~79.
〈중세교회 파문 의식의 역사와 파문장(2)－12세기~15세기의 파문장을 중심으로－〉,
《서양중세사연구》30 (2012), pp.93~120.
〈중세 수도원의 클라모르(clamor): 외침에서 탄원기도로의 변천〉,《서양사학연구》27
(2012), pp.87~119.

350

■ 1차 사료

Adémar de Chabannes, *Chronicon Aquitanicum et Francicum or Historia Francorum. MGH Scriptores* 5 (Hanover, 1844).

Adhemar, *Commemoratio abbatum Lemovicensium basilicae S. Martialis apostoli (848-1029) PL* 141 (Paris, 1844~1855).

Annalista Saxo 1128, *MGH Scr(folio)* VI.

Azo of Bologna, *In Ius Civile Summa* (Lugduni, 1564).

Bazianus D. 117, *Gloss on C.4 q.1 c.1, v. Laicus* Vat. 2494, fol. 104va.

Bernard of Compostella, *Apparatus, Pia* (VI 2.12.1), v. *Durantis,* recension 1 (1246~53), Vat. MSS Vat. 1365, fol. 588vb-589ra.

Bernold of St. Blasien, *Chronicon*, (Ed.) G. H. Pertz, *MGH Scriptores* 5 (Hanover, 1844).

Boenninghausen, *Tractatus Iuridico-Canonicus de Irregularitatibus* 3vols. (Monasterii, 1863 ~1866).

Boniface VIII, *Liber Sextus decretalium*, (Ed.) Johann Fust and Peter Schoeffer (Mainz, 1465).

BONIFACE VIII, *LIBER SEXTUS DECRETALIUM*, (Ed.) Johann Fust and Peter Schoeffer (Mainz, 1465).

Caspar, Erich, *Das Register Gregors VII*, Teil 1 *MGH Epp.*

Codex Juris Canonici, (Ed.) Pietro Gasparri (Neo-Eboraci: Kenedy, 1918).

Codicis Iuris Canonici Fontes, (Ed.) E. Casapar (Romae: postea Civitate Vaticana, 1923~1939).

Conciliorum Oecumenicorum Decreta, (Ed.) Alberigo, Giuseppe (Basilae: Herder, 1972).

CONCILIUM ROMANUM I PRO REFORMANDO ECCLESIAE STATU. Celebratum anno Domini 1074. PL 148, Col. 0751C.

Corpus Iuris Canonici, (Ed.) A. Friedberg (Graz: Akademishe Druck-U. Verlagsanstalt, 1956).

Corpus iuris civilis, (Ed.) Paul Krueger, Theodor Mommsen, Rudolf Schöll, Wilhelm Kroll (Berolini: Apud Weidmannos, 1954).

Council of Cartage (The Code of Canons of the African Church) in Nicene and Post-Nicene Fathers, Second Series Vol.14, (Ed.) Philip Schaff and Henry Wace (Buffalo, NY: Christian Literature Publishing Co., 1900).

Coutumiers de Normandie, II, La Summa de legibus Normannie, (Ed.) by E. J. Tardif (Paris-Rouen, 1896).

Cowdrey, H. E. J. (Trans.), *The Register of Pope Gregory VII 1075-1086* (Oxford, New York, 2002).

D'Angelo, *Ius Digestorum* vol.1 (Romae: Marietti, 1927).

De solutione iuramentum, (Ed.) F. Thaner, *MGH, Libelli de lite imperatorum et pontificum* 2.

DECRETA SYNODALIA in *Hessonis Scholastici Relatio de Concilio Remensi. MGH Scriptores* XII.

Decretum Gratiani, Corpus Iuris Canonici, Pars Prima, (Ed.) Aemilus Friedberg (Graz: Akademishe Druck-U. Verlagsanstalt, 1956).

Die Summa Magistri Rolandi, (Ed.) R. Thaner (Innsbruck, 1874).

Ekkehardi Chronicon Univesale 1102, MGH Scriptores VI.

First Council of Constantinople in *Nicene and Post-Nicene Fathers*, Second Series Vol.14, (Ed.) Philip Schaff and Henry Wace (Buffalo, NY: Christian Literature Publishing Co., 1900).

Gaius, *Institutes of Roman Law*, (Trans.) Edward Poste (in The Online Library of Liberty, 2010).

Gregorius IX, *LIBER EXTRA*, in *Corpus Iuris Canonici* Pars Secunda, (Ed.) Aemilius Friedberg (Graz: Akademische Drug-U. Verlagsanstalt, 1959).

Gregorius VII, *Epistolae Extra Registrum Vagantes (1073-1085)*, (Ed.) J. P. Migne, *PL.* 148.

Gregory VII, *Epistolae Vagantes of Pope Gregory VII*, (Ed.) H. E. J. Cowdrey (Oxford: Clarendon Press, 1972).

Guido a Baisio, *Commentaria in Decretorum Volumen* (Venetiis, 1577).

Hardouin, Jean, *Conciliorum Collectio Regia Maxima, ad Philippi Labbei et Gabrielis Cossartu labores haud modica accessione facta, et emendationibus plurimis additis; cum novis Indicibus* (Parisiis: Typographia Regia, 1715).

Hincmar of Reims, *Opusculum LV capitulorum* c. 33, *PL* 126.

Hinschius, P., *Devretales Pseudo-Isidorianae et Capitula Angilramni* (Lipsiae, 1863).

Hostiensis (Henricus de Segusio), *Lectura sive apparatus super quinque librisdecretalium* (Strasbourg, 1512).

Huguccio Pisanus Summa decretorum, (Ed.) Oldřich Přerovský (Adlaborante Istituto Storico della Facoltà di Diritto Canonico della Pontificia Università Salesiana, 2006).

Huizing, P., *Doctrina Decretistarum de excommunicatione usque ad Glossam ordinariam Johannis Teutonici* (Rome, 1952).

Innocent IV, *Apparatus in quinque libros Decretalium*, 1570 (Available at: http://works. bepress.com/david_freidenreich/46).

Jaffé, Philip, *Monumenta gregoriana, Apud Weidmannos* (1865).

Jaffé, Philip, *Regesta Pontificum Romanorum Ab condita ecclesia ad annum Post Christum Natum MCXCVIII* (Leipzig, 1888).

Johannes Teutonicus, *Apparatus glossarum in Compilationem tertiam(Glossa Ordinaria)*, (Ed.) Kenneth Pennington (Città del Vaticano Biblioteca Apostolica Vaticana, 1981).

John of Faenza, *Summa*, Paris, BN MS Latin 14606, fols. 1-166.

John of Salisbury, *Metalogicus* IV, 42, *PL.* 199.

Lamberti Hersfeldensis annales a. 1040-1077, (Ed.) V. Cl. Lud, *MGH Scriptores* V.

Mansi, G. D., *Sacrorum Concilorum Nova et Amplissima Collectio* 53vols. (Parisiis, 1901~1927).

Marsilius of Padua, *Defensor Pacis*, (Trans.) Alan Gewirth (Toronto: U of Toronto, 1980).

Migne, J. P., *Patrologia Latina* (Parisiis, 1844~1855).

Paucapalea, *Die Summa des Paucapalea über das Decretum Gratiani*, (Ed.) Johann Friedrich von Schulte (Giessen, 1890).

Potthast, Augustus, *Regesta Pontificum Romanorum inde ab anno MCXCVIII ad a. MCCCIV.*

Quaestiones Barcinonenses III 1170s, nos. 9 and 10, Barcelona, Arch. Coron de Aragon, S. Cugat 55.

Ratio de con. Remensi. PL, 163.

Rufinus, *Summa Decretorum*, (Ed.) Heinrich Singer (Paderborn, 1902).

S. GREGORII VII VITA Auctore PAULO Bernriedensi, Canonico regulari, *PL*. 148.

Stehpanus Tornacensis, *Summa Decoretorum*, (Ed.) J. F. von Schulte (Gissen, 1891).

Summa "Elegantius in iure divino" seu Coloniensis, (Ed.) G. Fransen, S. Kuttner, MIC A-1 (New York, 1969 and Vatican City, 1978).

THE CODE OF CANONS OF THE AFRICAN CHURCH. A.D. 419. in *The seven ecumenical councils*, Philip Schaff (Edinburgh: Clark [u.a.], 1991).

The Digest Justinian, Theodor Mommsen, Paul Krueger, Alan Watson (Philadelphia: U of Pennsylvania P, 1985).

Walram, *Liber de unitate ecclesiae conservanda*, (Ed.) W. Schwenkenbecher, *MGH, Libelli de lite imperatorum et pontificum* (Hannoverae, 1883).

■ 2차 사료

"Second Temple Period 536 BCE-70 AD" in *The New Jerusalem Mosaic* (Available: http://jeru.huji.ac.il/ec1.htm).

Alfons M. Stickler, "Concerning the Political Theories of the Medieval Canonists," *Traditio* 7 (1949~1951), pp.450~463.

Alfons M. Stickler, "De ecclesiae potestate coactiva materiali apud Magistrum Gratianum," *Salesianum* 4 (1942), pp.2~23, 96~119.

Amos, Sheldon, *The History and Principles of the Civil Law of Rome* (London, 1883).

Amstrong, Dave, *The Catholic Understanding of the Anathemas of Trent and Excommunication* (Available: http://ic.net/~eras mus/RAZ71. HTM 20 May, 2003).

Benson, Robert L. "The Gelasian doctrine: uses and transformations," in *La Notion d'autorité au Moyen Age: Islam, Byzance, Occident*, (Ed.) George Makdisi, Dominique Sourdel and Janine Sourdel-Thomine (Paris: Pes Universitaires de France, 1982), pp.13~44.

Bettoni, Antonella, "Fama, shame Punishment and Metamorphoses in criminal justice," *Forum Historiae Iuris* 24 (2010) (Available: http://fhi.rg.mpg.de/articles/1003 bettoni.htm).

Beugnot, Arthur (ed.), *Les Olim, ou registres des arrêts rendus par la cour du roi* 3vols.

(Paris, 1839).

Blumenstok, Alfred, *Der Päpstlich Schutz im Mittelalter* (Innsbruk, 1890).

Blumenthal, Uta-Renate. *Der Investiturstreit* (Sttutgart Berlin, Köln, Mainz, 1982).

Boutaric, Edgaed, *Saint Louis et Alfonse de Poitiers* (Paris, 1870).

Bracton, Henry, *De Legibus et Consuetudinibus Angliae*, (Ed.) G. E. Woodbine (New Heaven, 1942).

Brain A. Pavlac, "Excommunication and Territorial Politics in High Medieval Trier," *Church History* 60 (1991), pp.20~36.

Brundage, James A., *Law, Sex, and Christian Society in Medieval Europe* (Chicago: University of Chicago Press, 1987).

Brundage James A., *Medieval canon law* (London: Longman, 1995).

Brundage, James A., *The medieval origins of the legal profession : canonists, civilians, and courts* (Chicago: University of Chicago Press, 2008).

Calisse, Carlo, *A History of Italian Law* (Washington D.C.: Beard Books, 2001).

Campbell, G. J., "The Attitude of the Monarchy Toward the Use of Ecclesiastical Censures in the Reign of St. Louis," *Speculum* 35.4 (1960), pp.535~555.

Carlyle, R. W. and Carlyle, A. J., *A history of medieval political theory in the west* vol.v (Blackwood, Edinb, 1950).

Chew, H. M., "*Decretals of Gregory IX X I.31.1*," in *Ecclesiastical Tenants-in-Chief* (Oxford, 1932).

Clayton, Joshep, *Pope Innocent III and His Time* (Milwaukee: The Bruce Publishing Company, 1940).

Cole, H., *Documents Illustrative of English History in the Thirteenth and Fourteenth Centuries* (London, 1844).

Collins, Adela Yarbro, "The Function of 'Excommunication' in Paul," *The Harvard Theological Review* 73 (1980), pp. 251~263.

Conran, Edward James, *The Interdict*, Dissertation (The Catholic U of America, 1930).

Cowdrey, H. E. J., "The Peace and the Truce of God in the Eleventh Century," *Past and Present* 46 (1970), pp.42~67.

Cushing, Kathleen G., *Papacy and Law in the Gregorian Revolution: The Canonistic Works of Anselm of Lucca* (Oxford: Clarendon P, 1998).

Diekamp, F., *Die origenistischen Streitigkeiten im 6. Jahrhundert und das 5 allgemeine Konzil* (Münster, 1899).

Dümmler, E., "Über den Dialog *De statu ecclesiae*," *Sitzungsberichte der königlich preussischen Akademie der Wissenschaften zu Berlin, ph.-hist. Classe* 17 (1901), pp.362~386.

Durandus, William, "de contumacia," in *Speculum Iuris* vol.2 (Frankfurt, 1668).

Edwards, Genevieve Steele, *Ritual excommunication in medieval France and England, 900-1200*, Dissertation (Stanford U., 1997).

Eichmann, Eduard. "Das Excommunikationsprivileg des deutschen Kaisers im Mittelalter," *Zeitschrift der Savigny-Stiftung für Rechtgeschichte* 32 (1911), pp.160~194.

Eversmann, Peter, "Dancing in Chains The Comédie-Française in the Mid-Eighteenth Century," *Theaterwetenschap spelenderwijs* (Netherland: Palas Publication, 2004), pp.79~85.

Fenster, Thelma S. & Daniel Lord Smail, *Fama: the politics of talk and reputation in medieval Europe* (New York, 2003).

Finke, Heinrich, *Vorreformationsgeschichtliche Forschungen: Aus den Tagen Bonifaz VII* (Münster i. W.: Druck und Verlag der Aschendorffschen Buchhandlung, 1902).

Flahiff, G. B., "The Use of Prohibitions by Clerics against Ecclesiastical Courts in England," *Medieval Studies* 3 (1941), pp.101~116.

Flahiff, G. B., "The Writ of Prohibition to Court Christian in the Thirteenth Century," *Medieval Studies* 6 (1944), pp.261~313.

Fletcher, George P., "Disenfranchisement as Punishment: Reflections on the Racial Uses of Infamia," *UCLA Law Review* 1895 (1999), pp.1895~1907.

Fowler, Lindar, "Recusatio Iudicis in Civilian and Canonist Thought," *Studia Gratiana* 15 (1972), pp.717~785.

Fowerler, Robert C., "Secular Aid for Excommunication," *Transactions of the Royal Historical Society* 8 (1914), pp.113~117.

Fowler, Robert C., *Secular aid for excommunication* (London, 1914).

Freeman, Tom. " 'St Peter did not do thus': Papal history" in *The Acts and Monuments* (Available: http://www.hrionline.ac.uk/johnfoxe/apparatus/freemanStPeterpart1. html. 2004).

Gibbs, M. and K. Lang, "Special Reference to the General Council of 1215," in *Bishops and Reform, 1215-1272* (Oxford, 1934).

Gieysztor, A., "The Genesis of the Crusades; The Encyclical of Sergius IV(1009-12)," *Medievalia et Humanistica* v (1948), pp.3~23.

GIGNAC, JOSEPH N., "Anathema," *Catholic Encyclopedia* (Available: http://www.new advent.org/cathen/01455e.htm, 2003).

Gilchrist, John T., "The reception of Gregory VII into the canon law 1073-1140," *Zeitschrift der Savigny-Stiftung für Rechtgeschichte* LIX (1973), pp.35~229.

Gilchrist, John T., *The Collection in Seventy-four Titles: A Canon Law Manuel of the Gregorian Reform* (Toronto, 1980).

Gillmann, F., "Der Kommentar des Vincentius Hispanus zu den Kanones des vierten Laterankonzils(1215)," *Archiv für katholisches Kirchenrecht* 109 (1929), pp.223~274.

Gillmann, F., "Hat Johannes Teutonicus zu den Konstitutionem des 4. Laterankonzils (1215) als solchen einen Apparat verfaßst?," *Archiv für katholisches Kirchenrechts* 117

(1937), pp.453~466.

Gommenginger, Alfons, "Bedeutet die Excommunication Verlust der Kirchengliedschaft?" *Zeitschrift für katholische Theologie* 73 (1951), pp.1~71.

Gossman, Francis J., *Pope Urban II and Canono Law*, Dissertation (Catholic U of America, 1960).

Goudsmit, J. E. & R de Tracy Gould, *The Pandects: a treatise on the Roman law and upon its connection with modern legislation* (London, 1873).

Grave, E. B., "The Legal Significance of the Statute of Praemunire of 1353," *Haskins Anniversary Essays* (New York, 1929), pp.57~80.

Greenidge, A. H. J., *Infamia Its Place in Roman Public Law and Private Law* (Oxford: Clarendon P, 2002).

Grewe, Wilhelm Georg, and Michael Byers, *The Epochs of International Law* (Berlin, New York: Walter de Gruyter, 2000).

Grillmeier, A., "Der Neu-Chalkedonismus," *Historisches Jahrbuch* 77 (1958), pp.151~166.

Grillmeier, A. and H. Bacht, *Das Konzil von Chalkedon* 3vols. (Wirzburg, 1951~1954).

Guillaume du Breuil, *Style du Parlement du Paris*, (Ed.) H. E. Lot (Paris, 1877).

Hageneder, O., "Excommunikation und Thronfolgverlust bei Innocenz III," *Römische historische Mitteilungen* 2 (1957~58), pp.9~50.

Hanson, R. P., *The Search for the Christian Doctrine of God: The Arian Controversy, 318-381* (Edinburgh, 1988).

Häring, N. M., "Peter Canter's view on ecclesiastical excommunication and its practical consequence," *Medieval Studies* 9 (1949), pp.109~146.

Hartmann, Wilfried (ed.), *Die Konzilien der Karolingischen Teilreiche, 843-859, Monumenta Germanica Historia, Concilia* 3 (Hannover, 1984).

Harvey, Wilma, *Excommunication as an Instrumant of Papal Policy 400-1303 A.D.* BA Thesis (Mount Holyoke College, 1934).

Hefele, Karl Joseph von, *Histoire des conciles d'après les documents originaux* (Paris, Letouzey, 1907).

Helmholz, R. H, "Excommunication as a Legal Sanction; the attitudes of the medieval canonists," *Zeitschrift der Savigny-Stiftung für Rechtgeschite, kanonitische Abteilung* 99 (1982), pp.204~218.

Hill, Rosalind, "The Theory and Practice of Excommunication in Medieval England," *History* 42 (1957), pp.1~11.

Hill, Ruth, *Hierarchy, commerce and fraud in Bourbon Spanish America* (Vanderbilt U P, 2005).

Hinschius, Paul, *Das Kirchenrecht der Katholiken und Protestanten in Deutschland* vol.5 (Berlin, 1869~1897).

Holtzmann, W., "Die Register Papst Alexander III in den Hinden der Kanonisten," *Quellen und Forschungen aus italienischen Archives und Bibliotheken* 30 (1940), pp.10~27.

Hope, Gary, *Dialogue on Anathema and Excommunication: What do these words mean, and how do they apply to modern Protestants?* (Available: http://www.catholic outlook.com/tim1.php, 2005).

Horbury, William, "Extirpation and Excommunication," *Vetus Testamentum* xxxv, 1 (1985), pp.13~37.

Hüfner, *Das Rechtinstitut der klösterliche Exemtion in der abendliechen Kirche* (Mainz, 1907).

Huizing, Peter S. J., "The earliest Development of Excommunication *Latae Sententiae* by Gratian and the earliest decretists," *Studia Gratiana* III (MCMLV), pp.277~320.

Hunzinger, C. H., "Bann II," *Theologische Realenzklopädie* 5 (1980), pp.161-167.

Hyland, Francis Edward, *Excommunication: Its Nature, Historical Development and Effects*, Dissertation (The Catholic U of America, 1928).

Jacobi, E., "Der Prozess im Decretum Gratiani und bei den ältesten Dekretisten," *Zeitschrift der Savugny-Stiftung für Rechtsgeschichte Kan. Abt.* 34 (1913), pp.224~343.

Jacques d'Ablieges, *Le Grand Coutumier de France,* (Ed.) E. Laboulaye and R. Dareste (Paris, 1868).

Jedin, Hubert, *Kleine Konzilgeschichte* / 최석우 옮김, 《세계공의회사》 (왜관: 분도출판사, 2005).

John of Joinville, *The Life of St Louis,* (Trans.) René Haque (New York, 1955).

Jolowicz, H. F. and Nicholas, Barry, *Historical Introduction to the Study of Roman Law* (Cambridge U, 1932, 3rd ed. 1972).

Jones, W. R., "Relations of the Two Jurisdictions: Conflict and cooperation in England during the Thirteenth and Fourteenth Centuries," *Studies in Medieval and Renaissance History* 7 (1970), pp.79~210.

Kantorowicz, Ernst, *Frederick The Second 1194-1250* (New York, 1957).

Kaser, Max, "Infamia und Ignominia in den römischen Rechtsquellen," *Zeitschrift der Savigny-Stiftung für Rechtsgeschichte, Romanistische Abteilung* 73 (1956), pp.220~278.

Kempf, Friedrich, *Papsttum und Kaisertum bei Innocent III* (Roma: Pontificia Università Gregoriana, 1954).

Kempf, Friedrich, "Das Problem der Christianitas in 12 und 13 Jahrhundert," *Historisches Jahrbuch* 79 (1961), pp.104~123.

Kempf, Friedrich, "Die päpstlcihe Gewalt in der mittelalterlichen Welt," *Miscellanea Historica Pontificalis* 21 (1959), pp.153~166.

Kempf, Friedrich, "Die Katholische Lehre von der Gewalt der Kirche über das Zeitliche in ihrer geschichtlichen Entwicklung seit dem Investiturstreit," *Catholica* 12,1 (1957), pp.50~66.

Kerin, C. A., "Canonical Excommunication," *New Catholic Encyclopaedia* vol.5, p.706.

Kessler, P. J., "Untersuchungen über die Novellen-Gesetzgebung Papst Innocenz IV," Part 1, *ZRG Kan. Abt.* 31 (1942), pp.142~320 ; Part 2, 32 (1943), pp.300~383 ; Part 3, 33 (1944), pp.56~128.

Kieckhefer, Richard, *Repression of Heresy in Medieval Germany* (Philadelphia: U of Pennsylvania P, 1979).

King, N. G., "The 150 Fathers of the Council of Constantine 381," *Studia Patristica* (Berlin: Akademie-Verlag, 1957).

Klawinski, Rion, *Chasing the Heretics: A Modern Journey through the Medieval Languedoc* (Minnesota: Ruminator Books, 1999).

Knowles, M. D., Anne J. C. Duggan, and N. L. Brooke, "Henry II's Supplement to the Constitution of Clarendon," *The English Historical Review* 87, 345 (1972), pp.757~771.

Kölmel, Wihelm, *Regnum Christianum: Weg und Ergebnisse des Gewaltenverhältnisse und des Gewaltenverständnisses* (Berlin: Walter de Gruyter & Co., 1970).

K. Pennington, "The French Recension of Compilatio tertia," *BMCL* 5 (1975).

Krenbiel, Edward B., *The Interdict: Its History and Its Operation* (Washington: The American Historical Association, 1909).

Kuttner, Stephen, "Brief Note, Concerning the Canons of the Third Lateran Council," *Traditio* 13 (1957), pp.505~506.

Kuttner, Stephen, and Antonio Garcia y Garcia, "A new eyewitness account of the Fourth Lateran Council," *Traditio* 20 (1964), pp.115~178.

Kuttner, Stephen, *Repertorium der Kanonistik* 1140-1234: *Prodromus corporis glossarum* I (Vatican City, 1937).

Lambert, Malcolm D., *Medieval Heresy* (Cambridge, Oxford: Blackwell Publishers, Inc., 1992).

Landau, Peter, *Die Entstehung des kanonischen Infamienbegriffs von Gratian zur Glossa Ordinaria* (Cologne-Graz: Bohlau, 1966).

Le Goff, Jacques, *Medieval World: History of European Society* (Collins & Brown, 1990).

Lea, Henry C., *The Rise of the Temporal power.-Benefit of Clergy.- Excommunication.- The Early Church and Slavery in Studies in Church History* (Philadelphia: Henry C. Lea's Son & Co., 1883).

Lee, R. W., *The Elements of Roman Law* (London: Sweet & Maxwell Ltd., 1944).

Levy, Ernst, *Zur Infamie in römischen Strafrecht*, in *Studi in onore di Salvatore Riccobono* (Palermo, 1936).

Lindley, Nadaniel, "An Instruction to the study of Jurisprudence," *The law library* 86 (1855), pp.109~120.

Livingston, John M., *Infamia in the Decretists from Rufinus to Johannes Teutonicus*, Dissertation (U of Wisconsin, 1962).

358

Logan, Donald F., "Excommunication," *Dictionary of the Middle Ages* vol.4, pp.536~537.

Logan, Donald F., *Excommunication and the Secular Arm in Medieval England: A Study in Legal Procedure from the Thirteenth to the Sixteenth Century* (Toronto: Pontifical Institute of Medieval Studies, 1968).

Lord, James, *Excommunication, or Observations on the act of supremacy, temporal and spiritual power* (London, 1846).

Löwe, H., "Dialogus de statu sanctae ecclesiae. Das Werk. eines Iren im Laon des 10. Jahrhunderts," *Deutsches Archiv für Erforschung des Mittelalters* 17 (1961), pp.12~90.

MacEvilly, John, *An Exposition of the Epistles of Saint Paul and of the Catholic Epistles* 2vols. (Dublin, 1875).

Maitland, F. W., *Roman Canon Law in the Church of England* (London, 1898).

Makower, Felix, *Die Verfassung der Kirche von England* (Berlin, 1984).

Malvies, Roquette de, *Institutiones Iuris Canonici* 2vols. (Parisiis, 1833).

Mann, Horace K., *The Popes at the Height of Their Temporal Influence* in *The Lives of the Popes in the Middle Ages* vol.XIII (London; Kegan Paul Co. LTD., 1925).

Mann, Horace K., *The Popes of the Gregorian Renaissance St Leo IX to Honorius II, 1049-1130* in *The Lives of the Popes in the Middle Ages* vol.VIII (London: Kegan Paul Co., LTD., 1910).

March, Phillipps, S., "Of Incompetency of Witnesses from Infamy," in *A Treatise of Law of Evidence* (London, 1822).

May, G., "Die Bedeutung de pseudoisidorischen Sammlung für die Infamie im kanoische Recht," *Osterreicisches Archiv für Kirchenrecht* 12 (1961), pp.87~113, 191~207.

May, G., "Die Anfänge der Infamie im kanonischen Recht," *Zeitschrift für Rechtgeschichte K. A.* 47 (1961), pp.77~207.

May, G., "Die Bedeutung der pseudoisidorischen Sammlung für die Infamie im kanonistischen Recht," *Österreichisches Archiv für Kirchenrecht* 12 (1961), pp.87~113.

Meijers, Eduard Maurits, and J -J Salverda de Grave, *Le Livre des droits de Verdun* (Haarlem, 1940).

Michel, Robert, *L'Administration royale dans la sénéchaussée de Beaucaire au temps de Saint Louis* (Paris, 1910).

Michelet, Edouard, *Du droit de régale* (Ligugé, 1900).

Moore, R. I., *The Birth of Popular Heresy* (Toronto: U of Toronto P, 1995).

Mordek, Hubert, *Kirchenrecht und Reform im Frankreich: Die Collectio Vetus Gallica, die älteste systematische Kanonessammlung des fränkischen Gallien* (Berlin, 1975).

Morel, Maurice, *L'Excommunication et le pouvoir civil en France du droit canonique classique au commencement du XVe siècle* (Paris, 1926).

Morimichi Watanabe, "Political Theory, Western Europe: After 1100," *Dictionary of the*

Middle Ages 10, pp.20B~21A.

Mosheim, Johann Lorenz, *An ecclesiastical history, ancient & modern* (Baltimore, 1832).

Munro, D.C., "The Speech of the chroniclers record of Urban at Clermont, 1095," *American Historical Review* xi (1906), pp.231~242.

Murray, Jon Courtney, "Contemporary Orientations of Catholic Thought on Church and State in the Light of History," *Theological Studies* II (1949), pp.194~198.

Oakley, T. P., *English Penitential Discipline and Anglo-Saxon Laws* in *Columbia Univerity Studies in History* CVII no.2 (New York, 1923).

Osgood, Richard E., *The doctrine of excommunication*, Dissertation (Dallas Theological Seminary, 1950).

O'Shea, Stephen, *The Perfect Heresy: The Revolutionary Life and Death of the Medieval Cathars* (New York: Walker & Company, 2000).

Parkard, Sidney R., *Europe and the Church under Innocent III* (New York: Henry Holt and Company, 1927).

Peters, Edward (ed.), "The Third Lateran Council, 1179: Heretics Are Anathma", *Heresy and Authority in Medieval Europe* (Philadelphia: U of Pennsylvania P, 1980).

Petyjohn, David Matthew, *Church-State Relations in Medieval England through the Sentence of Excommunication*, Dissertation (The U of Tulsa, 1996).

Phaer, Clyde, *A Thirteenth Century Formula of Anathema* (Baltimore, Md.: Johns Hopkins P, 1945).

Philip de Beaumanoir, *Coutumes de Beauvaisis* 2vols., (Ed.) Amádée Salmon (Paris, 1899~1900).

Phillips, Jacob, *Das Regalienrcht in Frankreich* (Halle, 1873).

Pllard, T. E., "The Creeds of A.D. 325: Antioch, Caesarea, Nicaea," *Scottish Journal of Theology* 13 (1960), pp.278~300.

Richardson, H. G., "Azo, Drogheds, and Bracton," *English Historical Review* 59 (1944), pp.22~47.

Rodimer, Frank J., *The canonical effects of infamy of fact: a historical synopsis and a commentary*, Dissertation (Catholic U of America P, 1954).

Rogerus, de Windesora, *The Flowers of History* 2vols. (London, 1849).

Savigny, Friedrich Carl, *System des heutigen romishen Rechts* (Berlin, 1849).

Schatz, Klaus, *Allgemeine Konzilien-Brennpunkte der Kirchengeschichte* / 이종한 옮김, 《보편공의회사》 (왜관: 분도출판사, 2005).

Schreiber, George, *Kurie und Kloster im 12. Jahrhundert* (Stuttgart, 1910).

Schroeder, H. J., *Disciplinary Decrees of the General Councils: Text, Translation, and Commentary* (St. Louise and London: B. Herder Book Co., 1937).

Schulz, Fritz, *History of Roman Legal Science* (Oxford U, 1953).

Schwartz, E., "Zur Vorgeschichte des ephesus Konzils," *Historische Zeitschrift* CXII (1914), pp.137~163.

Scott, Appleby, R., "How the pope got his political muscle," *US Catholic* 64, 9 (1999), p.36.

Seller, R. V., *The Council of Chalcedon* (London, 1953).

Sinclair, Dorothy Melville, *Conciliarism, Gallicanism, and the pragmatic sanction of Bourges, 1431-1452*, Thesis(M.A.) (Johns Hopkins U, 1950).

Smith, A. L., *Church and State in the Middle Ages* (London: Frank Cass, 1964).

Smith, Callistus, *A Practical Commentary on the Code of Canon Law* vol.2 (London: B. Herder, 1952).

Smith, S. B., *Ecclesiastical Punishments* (New York, 1869).

Somerville, Robert, *The Councils of Urban II* vol.1 in *Decreta Claromotensia* (Amsterdam, 1972).

Steele, William, *A Summary of the Powers and Duties of Juries in Criminal Trials in Scotland* (Edinburgh, 1833).

Surhone, Lambert M., Miriam T. Timpledon, & Susan F. Marseken, (eds.), *Pragmatic Sanction of Bourges* (Mauritus: Betascript Publishing, 2010).

Tanner, Norman P., *Decrees of the Ecumenical Councils* (Sheed & Ward and Georgetown UP, 1990).

Tanner, Norman P. S.J. (ed.), *Lateran III in Decrees of the Ecumenical Councils* Vol.I: *Nicaea I to Lateran V* (London: Sheed & Ward Limited, 1990).

Tatarczuk, Vincent A., *Infamy of Law: A Historical Synopsis and a Commentary*, Dissertation (The Catholic U of America, 1954).

Telechea, Jesus Angel Solorzano, "*Fama publica*, infamy and defamation: judicial violence and social control of crimes against sexual morals in medieval Castile," *Journal of Medieval History* 33 (2007), pp.398~413.

Thurston, Herbert, *Excommunication by book, bell, and candle* (London: Catholic Truth Society, 1926).

Tierney, Brian, "The Continuity of Papal Theory in the Thirteenth Century. Some Methodological Considerations," *Mediaeval Studies* 27 (1965), pp.227~245.

Tillmann, Helene, *Papst Innocenz III* (Bonn, 1954).

Todeschini, Giacomo, "The Incivility of Judas: 'Manifest' Usury as a Metaphor for the infamy of Fact(*infamia facti*)," in *Money, Morality, and culture in the Medieval and early Modern Europe*, (Ed.) Julian Vaullo and Diane Wolehak (Burington: Ashgate Publishing Company, 2010).

Todeschini, Giacomo, "Truthfulness and Avarice as Elements of the Christian '*infamia facto*' Vocabulary" (Available: http://www.mucjs.org/Todeschini.pdf).

Turner, C. H., "Canons attributed to the Council of Constantinople 381," *Journal of Theological Studies* XV (1914), pp.161~174.

Ullmann, Walter, *Medieval Papalism* (London, 1949).

Ullmann, Walter, *The Growth of Papal Government in the Middle Ages* (London, 1962).

Varin, Pierre Joseph, *Archives administratives de la ville de Raims* (Paris, 1839).

Viollet, Paul, *Les Etablissements de Saint Louis, accompagnés des textes promitifs et de textes dérivés* (Paris, 1881~1886).

Vodola, Elisabeth, *Excommunication in the Middle Ages* (Berkeley/Los Angeles/London: U of Califonia P., 1986).

Vogel, Cyrille, "Les Sanctions infligées aux laics et aux clercs far les conciles gallo-romains et mérovingiens," *Revue de drot canonique* 2 (1952), pp.5~29.

Vogel, Peter, *Geschichtsdenken und Geschichts bewußtsein hochmittelalterlicher Ketzergruppen* (Berlin: Akademie Verlag, 1998).

Vogel, Peter, *Ketzer im Mittelalter* (Müchen: Bayerischer Schulbuch Verlag, 1999).

Vries, W. de., "Die Struktur der Kirche gemäß dem Konzil von Chalkedon," *Orient. Christ. Per.* 35 (1965), pp.63~122.

Wahrmund, Ludwig, *Quellen zur Geschichte des römisch-kanonischen Processes im Mittelalter* 2vols. (Innsbruck: Wagner, 1905~1931).

Waugh, W. T., "The Great Statute of Praemunire," *The English Historical Review* 37, 146 (1922), pp.173~205.

Wellhausen, J., *Die Pharisäer und die Sadduzäer* (Greifaald, 1874).

William, Stubbs, *Select Charters and other Illustrations of English Constitutional History from the earliest Times to the Reign of Edward the First* (Oxford: The Clarendon P, 1874).

Zeliauskas, Josephus, *De excommunicatione vitiata apud glossatores, 1140-1350* (Zürich: Pas Verlag, 1967).

박은구, 《서양중세 정치사상 연구》 (혜안, 2001).

이상수, *Lex Acilia Repetundarum* (Available: http://cogito.hannam.ac. kr/legal_history/rom_lex_acilia.hwp).

이영재, 〈Gregory 7세의 교황주권론 연구〉, 숭실대학교 박사학위논문 (2003).

이정민, 〈신의 평화운동의 역할과 그 역사적 의미: 샤루 공의회에서 클레르몽 공의회까지〉, 《서양중세사연구》 25 (2010), pp.33~36.

이희만, 〈君主와 宮廷人: John of Salisbury의 政治思想 硏究〉, 숭실대학교 박사학위논문 (1999).

장준철, 〈12·13세기의 교황 현세권이론 연구〉, 전남대학교 박사학위논문 (1995).

조규창, 《로마법연구I》 (서울대학교 출판부, 1995).

조규창, 《로마刑法》 (고려대학교 출판부, 1998).

최병조, 〈로마형법상의 詐欺 범죄〉, 《서울대학교 法學》 제48권 제3호 (2007), p.9, pp.15~17.

최병조, 《로마法研究(I)-法學의 源流를 찾아서-》 (서울대학교 출판부, 1995).

| abstract |

Excommunication in the Middle Ages

Chun-Chul CHANG

Chapter 1

Origin and Meaning of Excommunication in the Middle Ages

Excommunication, compound word of 'ex' and 'communicatio' means exclusion out of the communion. It was a compulsive censure imposed on heresy, violation of church law, perjury. Excommunication of the Middle Ages originated from the customs of Hebrew society and early Christian church. Hebrew society showed an effort to make solidarity and to keep purity of people, setting sinners, culprits, and unchaste people apart from community. So upon the traditional custom the ban was strengthened in their society.

On the other hand, anathema and ban in the early church was one of the most significant instruments for the fulfillment of spiritual society and the sustentation of church authority. The power of discipline was considered to be conferred by Christ to the Apostles. The discipline and censure in the Age of the Apostles were basic principles for medieval church. Excommunication was the most serious punishment which pope, bishop, universal council could sentence in dealing with the people who violated canon law and restricted the church authority.

Excommunication sentenced by the spiritual power was to limit the spiritual life of excommunicate in Christian community. It, however, resulted in limiting the temporal life, taking out his wealth, position, and security. In the middle ages there were numerous people who were outlawed, and lost lawsuit rights and feudal privileges by the sentence of excommunication. Especially when the struggle between the secular power and papacy was bitter, papacy utilized excommunication as a compulsory sword. Through the systematic collection and organization of decretals in the High Middle Ages legal interpretation and regulation of excommunication was actualized in detail. At least, the sentence of excommunication and formal procedure of its enforcement were very significant in the aspect of law of the Middle Ages.

Chapter 2

Interpretation on the Canons of General Councils for Heresy Excommunication

While the first eight general councils had been summoned by the authority of emperors, later ones from the First General Council of Lateran(1139) had been summoned by popes who even took the initiative for the most of procedures in councils. Even if the motivations of summon to councils were different from time to time, it was apparent that most of councils were summoned for the purpose of resolving the acute issues on each occasion. Especially in the aspect that the first six councils till the third General council of Constantinople(680~681) resulted in the definition of orthodox and heresy since the toleration of Christianity, they have a great signification in the history of church.

General councils had not only superlative authority to decide orthodox theology, but also established fundamental principles for church discipline in dealing with various critical affairs. Since councils were in a position of coping with those matters and making the last decisions for them, they prosecuted transgressors, and produced a lot of discipline canons in the sessions. Most austere discipline of ecclesiastical community was anathema and excommunication. Anathema and excommunication were sentenced to those who were involved in heresy, negligence of prelate, private combats intimidating the peace, default of the crusade, etc.

Main concerns of the first six councils were concentrated on the matter of heresy. Although the Third General Council of Lateran(1179) and the Fourth General Council of Lateran(1215) were not summoned mainly for the affair of heresy, heresy which had been permeated through the southern France was one of critical subjects of the councils. From the review of canons regulated in the general councils it can be said that anathema was sentenced to heresy in the most cases. Excommunication also belonged to the extreme discipline, but it was distinguished from anathema which was pronounced mostly to those who committed a crime of felony and were potentials to devastate the order of Christian society such as heresy.

On the other hand, excommunication was sentenced not to theological issues like heresy, but to the transgressors of canon law. It would be a moral and ethical misdeed, or simple violation of church law. Sins caused by such behaviors were not considered to incur critical disruptions as much as to undermine Christianity. From this point of view, it can be concluded that there was a distinct difference between anathema and excommunication in canons of ancient and medieval universal councils.

The fact that the penalty for a same crime was regulated differently according to hierarchical status in canons of councils is also attracting our concern. Such a form of regulation began from the Ephesus Council of 431 and was generalized in canons afterward. In the case of felony which could result in excommunication, canons regulated the deposition of priesthood and the deprivation of sacramental right of priest, but excommunication to laity.

Since 11th century, when the church reform movements and collection of canon laws progressed, it was imperative to clarify the essential legal management and prosecution for the maintenance of sound Christian society. Therefore, it would be essential for church to scrutinize the traditional cases of *anathema* and *excommunicatio* in order to enforce strong discipline to the violators. Accordingly, regulations of excommunication emerged from the Second Lateran Council (1139). The Fourth Lateran Council (1215) referred to the procedures and characteristics of excommunications in detail. Consequently, it became possible for church to organize precisely the substantial notion of excommunication through the general councils after 11th century.

The excommunication can be divided into *anathema* and *excommunicatio*. *Excommunicatio* was a medicinal penalty. *Anathema* in essential was not such a penalty, because it was a punishment of the unforgiven whose souls were condemned to be thrown to Satan.

In the general sentence of excommunication, the offender was given several warnings after the confirmation of the crime. The ecclesiastical forum finally proclaimed excommunication to the offender as long as he did not repent and resisted obstinately. Canon 15 of the Second Lateran Council, however, mentioned the automatic excommunication, *latae sententiae* which did not required to practice judicial procedures such as warnings or sentences. The automatic excommunication was a unique excommunication of the late Middle Ages which did not appeared in the ancient general councils.

In any way, the canons of general councils distinctively showed the efforts to clarify the legal concept of excommunication. It implies that while excommunication was the most powerful punishment of the church, it was concomitant with the other social disadvantages. The church tried to keep its authority by separating excommunicated persons from the Christian society, and by depriving them of legal rights.

Chapter 3

The History of Ritual Excommunication and Excommunication Formulae

The ritual of excommunication appeared at least after the ninth century. From this time the ritual excommunication was performed as a sort of liturgy in the pontifical. The ritual excommunication was composed in different types, structures, and languages according to times and regions in which it was performed. Although most of excommunication formulae alluded the supernatural authority, separation and prohibition punishment, and malediction in common, they showed different languages, consciousness, and length of sentences.

From the late ninth to the tenth centuries *Occasional Excommunication Formulae* were written. A most representative formula among them was that from Reims diocese. As an early form of excommunication formula, it imposed anathema on the excluded in terms of eternal perish and malediction.

Almost in the same period when the occasion formulae were circulated, *Pontificale Romano-Germanicum(PRG) Formulae* widely appeared in Holy Roman Empire and sparsely in Italy. This PRG composed of five kinds of formulae was inserted in pontifical which was used by bishop for liturgy. Bishops chose one of them for the pronouncement of excommunication in accordance to the forms of crime.

When abbot Regino of Purüm composed canon law in 900 to 906, he included six *PRG formulae* in his collection. They were collected in *Decretum Libri Viginti* composed by Burchard of Worms, and *Panormia* composed by Ivo of Chartres in the eleventh century. Gratian collected two formulae among them in his *Decretum* of 1140. Through the collection in the canon law, excommunication formulae attracted the concern of canonists, and were intensively debated by them.

The ritual excommunication molded in the ninth to the tenth centuries widely spread over medieval Europe during the twelfth and thirteenth centuries having been contained in the bishop's pontifical. Although in the High Middle Ages it was to be a general appearance that excommunication was sentenced in the ecclesiastical courts, the records of ritual excommunication still remained by the fifteenth and the sixteenth centuries.

While *Occasional Excommunication Formulae* and *Pontificale Romano-Germanicum formulae* began to build forms of ritual excommunication, *Auctoritate Dei Formula* showed an intensive intention to enforce the ritual excommunication more strongly on the faithful. Accordingly *Auctoritate Dei Formula* set forth the long list of authorities and the various kinds of curse, so that showed an attempt to maximize the horror of malediction. In comparison to it, *Mende formula* and *General Formula* were composed simplifying the punishments and prohibitions, and almost removing the curses.

The reason why the ritual excommunication took places since the tenth century can be explained in the political confusion of northern Europe. The social security was damaged by Norman invasions, and the political and military center was destructed due to the dismantlement of Carolingian dynasty. There was almost no secular power who was able to support church enough to prevent misbehavior. Under the circumstances like those, church could not help dealing with social criminals by herself. It was the political and social circumstances that *Auctoritate Dei Formula* which maximized the cursing ingredients of excommunication had been appeared in south-eastern through north-eastern France.

A mode of excommunication took a significant changing process in the late twelfth and the early thirteenth centuries. Not only the decretal collections had its apogee in *Decretum* of Gratian, but also church court showed to be systematically organized in the twelfth century. A series of decretal collections and the systematic debates on them accelerated such an inclination from the time of the third Lateran Council (1179) and the fourth Lateran Council

(1215) to the Decretal collection of Gregory IX. With the decrease of ritual excommunication, the sentence of excommunication transferred to the ecclesiastical court. Moreover, the fact that the *General Excommunication Formula* was to be used with a new type of automatic sentence of excommunication as *latae sententiae*, was another reason of decrease.

Chapter 4

The Signification for *de excommunicato capiendo* by the bishop

In the Middle Ages excommunication was the most austere discipline whose influences permeated to ordinary social life as much as to religious life. Excommunicate was, in principle, to be severed from Christian congregation, but in case he resisted the church authority and remained as obdurate for definite time without repent, he was laid under the constraint of secular power.

In England, Secular aid through the writ significavit was requested by the bishop for the king to arrest contumacious person. *Decretum* defined that secular action to enforce against the excommunicate could be requested after forty days of contumacy. But the term of contumacy appeared to be various from time to place. While in France it was a year after excommunication, England kept forty days and Germany did six weeks.

Bishops in England acquired the customary right to request a royal writ for *de excommunicato capiendo*. The right to signify excommunicates to the royal chancery for arrest was severely restricted to the bishop. In Franc St. Louis issued royal ordinance *cupientes* addressed to various cities and dioceses in Langudoc for the seizure of excommunicate's goods by bailiffs after a year of excommunication. In the side of church, clerics continuously desired that excommunicates should be imprisoned and their goods confiscated after a year of contumacy. In Germany the imperial ban was enforced on the persons who remained excommunicate of six weeks without returning back to church. Imperial outlawry was imposed on the excommunicated person according to the ordinance *Confederation* which was promulgated by Frederick II in 1220.

The category of culprits who caused the signification of bishops to the king differed among European countries. While the writ *de excommunicato cupiendo* in England was issued to the various kinds of culprit such as matrimonial case, perjury, fornication, adultery, and defamation, delinquent of tithe payment, and heresy, St Louis intended to limit the enforcement of secular arm mainly to the heresy. He strongly desired to know whether excommunication imposed was just. If it was unjust, he not only refused to accept the request of church, but tried to have church withdrawn excommunication.

The church and the state needed reciprocal aids each other to protect society from deterioration. These mutual needs allowed that the state used penance of Christian capacity in dealing with criminals. Gradually some of crimes were submitted under the control of the church courts away from that of the state. Such an inclination resulted in the support of secular power, with an atmosphere that church had burden with the secular power in curing the soul of malefactors. In conclusion, it can be said that penance was one of origins for the secular aids; on the other hand, the role to protect society from unlawful culprits was gradually transferred to the church through signification for *de excommunicato cupiendo*.

Chapter 5

The Acceptance of Infamy into Medieval Canon Law

In Roman Republic, ill-reputed persons who committed delicts such as calumnia, theft, false delatores, injuria, stellionatus, usury, robbery, or lived as bestiari, actors, lenones were stigmatized as infamy. *Infames* lost the political rights of citizen. Infamy was a perpetual disqualification from all public rights. Before the Late Roman Empire, those limitations were not executed under the legal force, but as a kind of social common sense. Constantine the Great codified an exclusion of *infames* from all the offices and honors in his rescript.

A notion of Roman infamy was accepted in Christian councils of the fourth and the fifth centuries for the purpose of protecting priests from the indictment of ill moral and subversive laymen. This inclination was reflected in the collection of *Pseudo-Isidor*. The collector of this decretals related infamy to excommunication in the strict expression "all the excommunicates are *infames*."

The conception of infamy in ancient councils accepted by Pseudo-Isidorian collection influenced the decretal collections of the 12th century. Roman source materials of infamy and canonical documents on it were inserted in the *Decretum Gratiani*. Decretists debated on the precise meaning of infamy and its affect from these times on.

Infamy was sentenced by both secular and church judges. Whether infamy sentenced by secular court could be available in the church court was a critical issue among the decretists.

Even if Infamy had its origin in the Roman Republic, it was a significant jurisdictional element in the middle ages. Infamy seemed to be one of the essential disciplines to protect priests and to keep the Christian community in safety order. So it can be said that infamy was to be a substantial subject attracting the energetic discussions among the decretists in the Middle Ages.

Infamy which was settled in medieval canon law could be divided into three categories, such as *infamy of law*, *canonical infamy*, and *infamy of fact*. Infamy of law came from the result of sentence in the court. It was sentenced to the people who accused priests to the courts, and who distorted the abandoned documents of councils, in addition to the people who were listed in Roman law.

Even though canonical infamy was caused by criminal and moral sins, it was considered to be very slight infamy. Thus, it could be removed by way of penance. Canonical infamy was just medieval conception which did not have its origin in Roman law.

Infamy of fact was caused by rumor and suspicion, rather than real crime. The early decretists called it as mala fama, infamatio, or sinister rumor. Such a kind of infamy could be removed through canonical purgation. Canonical purgation was a ceremony to refine the bad name before the ordination of priest, or the performance of canonical right.

No matter of kinds, since infamy was caused from the crimes and violations of rule in Christian community, the loss of rights were considered to be indispensible. The right to accuse others to the court, the ordination of holy position and promotion were prohibited to persons in these infamies.

Chapter 6
Excommunicates' Loss of Legal Rights in the Medieval Canon Law

Excommunicates' loss of legal rights in the medieval canon law had its origin in Roman infamy. Roman emperors in the late empire legalized the loss of legal rights against *infames* who were defamed due to their undesirable behaviors. In the beginning, infamy was accepted in canon law for the protection of priests from the destructive and trivial criminal sues against them. *Pseudo-Isidore* decretal collection rendered all the excommunicates as *infames*, so that it attempted to take off the legal rights from them.

It was *Decretum Gratiani* which systematically legalized the loss of legal rights against excommunicates, analyzing that of infamy in Roman law. Gratian considered that the plaintiffs should be equal with the defendants in moral purity. On the other hand, he admitted an exceptional case that the excommunicated could accuse enormous wickedness just like heresy and sacrilege to the criminal court. Even though the dignity of Deretum Gratiani was in the highest position, it caused a polemical controversy among the canonists.

In the subjects of strong controversy there was 'exception' which could be suggested to the judge in the court. Its purpose was not only to report that plaintiff was in the state of excommunication, but also to take off his legal rights in the court. Temporally there was an inclination to mitigate under the reign of pope Innocent IV the burden of plaintiff suspected as excommunicate. Nevertheless, the mitigation was criticized by strong conservative canonists like Hostiensis, although he was one of closest advisers to Innocent IV.

Through thirteenth century excommunicates' loss of legal rights became to be hardened. Major reason of this situation could be found in the wide spread of heresy in the century.

European society of the Middle Ages ruled by secular custom and canon law was under the dichotomous frame in which both secular court and church court with their definite jurisdictions controlled each other. Kings of France and England not only respected the jurisdiction of church, but also supported bishops to punish excommunicates effectively by help of secular arms.

According to medieval ecclesiastical law, the excommunicates could not participate in the sacraments, and severed from Christian community. Moreover, for they were placed under the loss of legal right, they could not appear as plaintiff, or witness in the courts. When an excommunicate as a plaintiff sued a person, the defendant submitted the exception of excommunication to the court and could claim for the plaintiff to have no legal right in the court.

This chapter has the purpose of understanding whether the canonical exception of excommunication was to be valid in the secular courts. In the High Middle Ages royal parliament of Paris in France and king's court in England agreed its effectiveness as long as the excommunication was properly sentenced under the legal procedure.

With the growth of king's power in the feudal regime, kings gradually influenced church in order to limit the jurisdictional boundary of ecclesiastical court. For example, English kings issued the writ of prohibition by which justice of church court should be hold, when church courts violated the rule that secular cases should be processed in the secular courts. Sometimes excommunicates used the writ with intention to avoid the loss of legal rights by the exception of excommunication.

From the middle of the fourteenth century, ecclesiastical jurisdiction was limited in some degree with a series of promulgations of king's statues which prohibited cleric investiture of pope and appeals from church courts to the papal court. In accordance of this inclination, the exception of excommunication remarkably decreased in number from the fourteenth century, although the records of it were found in the royal court by the sixteenth century. Therefore, it can be said that in the mean time the exception of excommunication lost its force of law in secular courts.

Chapter 7

Political Excommunication in the High Middle Ages

Medieval popes had numerously sentenced excommunication to the secular rulers for the political purpose since the reform movement of 11th century. Political excommunication could be categorized into three characters as follows.

First, there were cases that popes sentenced excommunication in order to keep close relationship with emperors, disciplining the powers standing against emperors.

Second, in the ages of investiture strife, popes promulgated it against emperors to press them down with the intention of strengthening the papal temporal power.

Third, it was used against Norman rulers who invaded papal state and its outskirts.

It can be said that the cases rendered above were a sort of political excommunication. This phenomenon was caused from the purpose of expanding the papacy to the temporal area.

When popes of the 11th and the 12th centuries fell into the bitter struggles against secular powers, they promulgated both excommunication and anathema simultaneously against secular rulers. The heresy which was considered to divide and to destruct the Christian community, had been condemned to anathema in the ancient Christian society. Medieval popes suspected secular rulers not only to stand against Roman Church, but also to be negligent in fulfilling the Christian mission, thus to be heretics. From this point of view, they took it granted that condemnation with anathema was appropriate to those rulers.

On the other hand, the other side of political excommunication in this period was the release of feudal relations. Pope Gregory VII absolved Heinrich IV's vassals from the oath of fealty through the promulgation of excommunication. The absolution of the oath of fealty was issued in the papal decretal of Gregory VII, and was included in the decretal collection of the canonist, Bernold of Constance. Moreover it was included in the canonical collection of Urban II. The regulation of absolving the feudal relations by excommunication was to gain the legal authority through *Decretum Gratiani*.

Judging from the above, excommunication used in the middle ages could not be interpreted from the aspect of ancient Christian discipline. So to speak, medieval popes extended the scope of excommunication in the process of strengthening the papacy to cope with the predicament of political conflicts they faced.

Chapter 8

The Universal Superiority of Pope and Excommunication

It would be possible to say that the dream for the universal superiority of pope came true during the thirteenth century. Pope Innocent III considered that pope had the sacerdotal and kingly powers coincidentally within the *Christianitas*, and stood on the summit of this world. Pope Innocent IV maintained that pope was the sole caput in the *Christianitas* and had the temporal power under the *regimen unius personae*. It evolved the conception that even the world order could be led by church, moreover under the lead of the universal papacy all the things of spiritual and mundane world could be dominated by pope.

Popes of the thirteenth century considered that they had an obligation to keep peace of European world under their spiritual and temporal superiority as the Vicar of Christ. If anybody hindered the papal policy for peace, he should be disciplined through excommunication. To keep peace in the society had been the serious matter of concern to the church since the tenth century. Popes continued to discipline the belligerent princes and cities to quit the combats, and excommunicated them without hesitation as long as they did not comply with the request of peace.

The universal superiority of pope had been expressed in the feudal lordship of pope. Since pope Gregory VII began to show the idea of feudal lordship of pope, the popes in the thirteenth century contracted feudal relations with secular powers, and were eager to transform the lands of kingdoms as their fiefs. Accordingly, in order to maintain the feudal lordship of pope, popes frequently excommunicated the opponents obstructing those relationships against papal power.

Therefore it can be said that the universal superiority of pope was empowered through the effort of recovering the social peace, and the construction of the feudal lordship of pope. The Church of Rome and pope considered the western European world as the universal kingdom of papacy. In the way excommunication was one of the powerful and efficient arms for pope to realize the desire of universal superiority.

찾아보기

380

382

지은이 **장 준 철** (張俊哲)

전북대학교 사학과 학사·석사, 전남대학교 박사, 오하이오 주립대학 수학, 캔사스 주립대학 연구교수,
전북사학회 회장, 한국서양중세사학회 회장, 원광대학교 박물관장을 역임했고 현 원광대학교 사학과
교수로 재직중

주요 논문으로 〈중세 수도원의 클라모르(Clamor): 외침에서 탄원기도로의 변천〉, 〈중세교회법에서의
불명예효〉, 〈전통과 혁신: 교황 그레고리우스 7세 개혁의 양면성〉, 〈그레고리우스 개혁의 교회법적 원천〉,
〈11세기 개혁시대의 교회 법령집 분석〉 등이 있다.

서양중세교회의 파문

장 준 철 지음

초판 1쇄 발행 2014년 7월 22일

펴낸이 | 오일주
펴낸곳 | 도서출판 혜안
등록번호 | 제22-471호
등록일자 | 1993년 7월 30일

주소 | ㉾ 121-836 서울시 마포구 서교동 326-26번지 102호
전화 | 3141-3711~2 / 팩시밀리 | 3141-3710
E-Mail hyeanpub@hanmail.net

ISBN 978-89-8494-511-1 93920

값 30,000 원